Simon Wizemann

Finanzmarktregulierung und Kartellrecht

Marktordnungsrecht der Finanzdienstleistungen

Mohr Siebeck

Simon Wizemann, geboren 1991; 2014 Bachelor LL.B. Unternehmensjurist (Universität Mannheim); 2017 erstes juristisches Staatsexamen, 2019 zweites juristisches Staatsexamen; Wissenschaftlicher Mitarbeiter am Lehrstuhl für Bürgerliches Recht, Handels- und Kartellrecht der Universität Mannheim; Rechtsanwalt in Frankfurt; 2022 Promotion.
orcid.org/0000-0001-8039-0763

Mannheim, Univ., Diss., 2022

ISBN 978-3-16-162151-2 / eISBN 978-3-16-162152-9
DOI 10.1628/978-3-16-162152-9

ISSN 2191-0464 / eISSN 2569-4448 (Studien zum Regulierungsrecht)

Die Deutsche Nationalbibliothek verzeichnet diese Publikation in der Deutschen Nationalbibliographie; detaillierte bibliographische Daten sind über *http://dnb.dnb.de* abrufbar.

Das Buch wurde von Beltz Grafische Betriebe in Bad Langensalza auf alterungsbeständiges Werkdruckpapier gedruckt und gebunden.

Printed in Germany.

Meinen Eltern

Vorwort

Die Arbeit wurde im Herbst-/Wintersemester 2022/23 von der Abteilung Rechtswissenschaft der Universität Mannheim als Dissertation angenommen. Rechtsprechung und Literatur befinden sich auf dem Stand von Oktober 2022. Die Links wurden zuletzt am 23. Oktober 2022 abgerufen.

Mein herzlicher und aufrichtiger Dank gebührt zunächst meinem Doktorvater, Herrn Prof. Dr. Jens-Uwe Franck, LL.M. (Yale). Er hat mich bei seinem Antritt in Mannheim bereitwillig als Teil des Lehrstuhlteams übernommen und seitdem meinen akademischen Werdegang bis hin zum Abschluss dieser Arbeit gefördert, sowohl durch wertvolle Hinweise zur Themenfindung und zur Erstellung der Arbeit als auch durch den Austausch bei verschiedensten Gelegenheiten. Ebenfalls bedanken möchte ich mich bei Herrn Prof. Dr. Moritz Renner für die Übernahme des Zweitgutachtens und für die Erteilung wichtiger Hinweise zur Verbesserung dieser Arbeit, sowie bei Herrn Prof. Dr. Erik Röder für die Übernahme des Vorsitzes bei der mündlichen Prüfung.

Gefördert wurde die Arbeit durch die Stiftung Geld und Währung im Rahmen des Promotionsstipendienprogramms sowie durch einen Druckkostenzuschuss, sowie durch den Open-Access-Publikationsfonds der Universität Mannheim.

Besonderer Dank gilt meinem ehemaligen Büronachbarn Dr. Fabian Uebele sowie meinen Lehrstuhlkolleginnen und -kollegen Kerstin Hoffmann, Max Schipke, Nils Stock, Stefanie Binder (geb. Miller), Franziska Hahn und Lucca Kaiserauer, die die Zeit am Lehrstuhl so besonders gemacht haben. Für anregende Diskussionen und moralischen Beistand sei im Besonderen Sven Lütchens, Johannes Persch und Matthias Vollmar gedankt.

Großen Anteil am Gelingen dieser Arbeit hatte auch meine Freundin Julia, die mir in allen Höhen und Tiefen des Projekts zur Seite stand.

Zu guter Letzt sei meinen Eltern gedankt, die mich in allen Lebensphasen unterstützt haben und ohne die diese Arbeit nicht möglich gewesen wäre. Ihnen ist diese Arbeit gewidmet.

Frankfurt, Dezember 2022 Simon Wizemann

Inhaltsübersicht

Inhaltsverzeichnis

Abkürzungsverzeichnis

a.a.O.	am angegebenen Ort
a.E.	am Ende
ABA	American Bar Association
AEUV	Vertrag über die Arbeitsweise der Europäischen Union
Antitrust Bull.	The Antitrust Bulletin
BaFin	Bundesanstalt für Finanzdienstleistungsaufsicht
BBankG	Gesetz über die Deutsche Bundesbank
BB	Betriebsberater
Bd.	Band
BFLR	Banking & Finance Law Review
BGB	Bürgerliches Gesetzbuch
BKartA	Bundeskartellamt
BKR	Zeitschrift für Bank- und Kapitalmarktrecht
BMR	Benchmark Regulation Verordnung (EU) 2016/1011 des Europäischen Parlaments und des Rates vom 8. Juni 2016 über Indizes, die bei Finanzinstrumenten und Finanzkontrakten als Referenzwert oder zur Messung der Wertentwicklung eines Investmentfonds verwendet werden, und zur Änderung der Richtlinien 2008/48/EG und 2014/17/EU sowie der Verordnung (EU) Nr. 596/2014, ABl. 2016 L 171/1
bspw.	beispielsweise
BT-Drs.	Bundestagsdrucksache
CCP	Central Counterparty
CDS	Credit Default Swap
CompLRev	Competition Law Review
CMA	Competition and Markets Authority (UK)
CMLJ	Capital Markets Law Journal
CMLR	Common Market Law Review
CoRe	European Competition and Regulatory Law Review
CRD	Capital Requirements Directive
CRD IV	Richtlinie 2013/36/EU des Europäischen Parlaments und des Rates vom 26.6.2013 über den Zugang zur Tätigkeit von Kreditinstituten und die Beaufsichtigung von Kreditinstituten und Wertpapierfirmen, Abl. 2013 L 176/338
CRR	Capital Requirements Regulation Verordnung (EU) 575/2013 des Europäischen Parlaments und des Rates vom 26.6.2013 über Aufsichtsanforderungen an Kreditinstitute und Wertpapierfirmen, Abl. 2013 L 176/1
CSDR	Central Securities Deposit Regulation Verordnung (EU) Nr. 909/2014 des Europäischen Parlaments und des Rates vom 23. Juli 2014 zur Verbesserung der Wertpapierlieferungen

	und -abrechnungen in der Europäischen Union und über Zentralverwahrer sowie zur Änderung der Richtlinien 98/26/EG und 2014/65/EU und der Verordnung (EU) Nr. 236/2012, Abl. 2014 L 257/1
DB	Der Betrieb
ders./dies.	der-/dieselbe
DMA	Verordnung (EU) 2022/1925 des Europäischen Parlaments und des Rates vom 14. September 2022 über bestreitbare und faire Märkte im digitalen Sektor (Gesetz über digitale Märkte), ABl. 2022 L 165/1
DSGVO	Verordnung (EU) 2016/679 des Europäischen Parlaments und des Rates vom 27. April 2016 zum Schutz natürlicher Personen bei der Verarbeitung personenbezogener Daten, zum freien Datenverkehr und zur Aufhebung der Richtlinie 95/46/EG (Datenschutz-Grundverordnung), Abl. 2016 L 119/1
E.	Entscheidung
EBA	European Banking Authority (Europäische Bankenaufsichtsbehörde)
EBA-VO	Verordnung (EU) 1093/2010 des Europäischen Parlaments und des Rates vom 24. November 2010 zur Errichtung einer Europäischen Aufsichtsbehörde (Europäische Bankenaufsichtsbehörde)
EBI	European Banking Institute
EBLR	European Business Law Review
ECFR	European Company and Financial Law Review
ECJ	European Competition Journal
ECLR	European Competition Law Review
EG	Europäische Gemeinschaft
EGV	Vertrag zur Gründung der Europäischen Gemeinschaft
EIOPA	European Insurance and Occupational Pensions Authority (Europäische Aufsichtsbehörde für das Versicherungswesen und die betriebliche Altersversorgung)
ELRev	European Law Review
EMIR	European Market Infrastructure Regulation Verordnung (EU) Nr. 648/2012 des Europäischen Parlaments und des Rates vom 4. Juli 2012 über OTC-Derivate, zentrale Gegenparteien und Transaktionsregister, Abl. 2012 L 201/1
EPC	European Payment Council
ESMA	European Securities and Markets Authority (Europäische Wertpapier- und Marktaufsichtsbehörde)
ESMA-VO	Verordnung (EU) Nr. 1095/2010 des Europäischen Parlaments und des Rates vom 24. November 2010 zur Errichtung einer Europäischen Aufsichtsbehörde (Europäische Wertpapier- und Marktaufsichtsbehörde)
ESRB	European Systemic Risk Board
ESRB-VO	Verordnung (EU) Nr. 1092/2010 des Europäischen Parlaments und des Rates vom 24. November 2010 über die Finanzaufsicht der Europäischen Union auf Makroebene und zur Errichtung eines Europäischen Ausschusses für Systemrisiken
ErwG	Erwägungsgrund
EU	Europäische Union
EuG	Europäisches Gericht
EuGH	Europäischer Gerichtshof

EuR	Europarecht
EUV	Vertrag über die Europäische Union
EuZW	Europäische Zeitschrift für Wirtschaftsrecht
EWiR	Entscheidungen zum Wirtschaftsrecht
EWR	Europäischer Wirtschaftsraum
EWS	Europäisches Wirtschafts- und Steuerrecht
EZB	Europäische Zentralbank
FCA	Financial Conduct Authority (UK)
FinDAG	Gesetz über die Bundesanstalt für Finanzdienstleistungsaufsicht
FKVO	Verordnung (EG) Nr. 139/2004 des Rates vom 20. Januar 2004 über die Kontrolle von Unternehmenszusammenschlüssen („EG-Fusionskontrollverordnung"), ABl. 2004 L 24/1
Fn.	Fußnote
FS	Festschrift
GrCh	Charta der Grundrechte der Europäischen Union
GRUR	Gewerblicher Rechtsschutz und Urheberrecht
GWB	Gesetz gegen Wettbewerbsbeschränkungen
HBLR online	Harvard Business Law Review Online
hg.	Herausgegeben
Horizontal-LL	Mitteilung der Europäischen Kommission v. 14.1.2011, Leitlinien zur Anwendbarkeit von Artikel 101 des Vertrags über die Arbeitsweise der Europäischen Union auf Vereinbarungen über horizontale Zusammenarbeit, Abl. 2011 C 11/1
Hs.	Halbsatz
Int. J. Ind. Organ.	International Journal of Industrial Organization
ISIN	International Securities Identification Numbers
ISO	Internationalen Organisation für Normung
JAE	Journal of Antitrust Enforcement
JBF	Journal of Banking & Finance
JBL	Journal of Business Law
JCLE	Journal of Competition Law & Economics
JECLAP	Journal of European Competition Law & Practice
JEEA	Journal of the European Economic Association
JIBLR	Journal of International Banking Law & Regulation
JLE	The Journal of Law & Economics
JMCB	Journal of Money, Credit and Banking
JZ	JuristenZeitung
KAGB	Kapitalanlagegesetzbuch
KStG	Körperschaftssteuergesetz
KWG	Kreditwesengesetz
LeerverkaufsVO	Verordnung (EU) Nr. 236/2012 des Europäischen Parlaments und des Rates vom 14. März 2012 über Leerverkäufe und bestimmte Aspekte von Credit Default Swaps
LFMR	Law and Financial Markets Review
LJ	Law Journal
m.w.N.	mit weiteren Nachweisen
MAR	Market Abuse Regulation Verordnung (EU) Nr. 596/2014 des Europäischen Parlaments und des Rates vom 16. April 2014 über Marktmissbrauch

	(Marktmissbrauchsverordnung) und zur Aufhebung der Richtlinie 2003/6/EG des Europäischen Parlaments und des Rates und der Richtlinien 2003/124/EG, 2003/125/EG und 2004/72/EG der Kommission, Abl. 2014 L 173/1
MIF	Multilateral Interchange Fees (Interbankenentgelte)
MiFID	Markets in Financial Instruments Directive Richtlinie 2004/39/EG des Europäischen Parlaments und des Rates vom 21. April 2004 über Märkte für Finanzinstrumente, zur Änderung der Richtlinien 85/611/EWG und 93/6/EWG des Rates und der Richtlinie 2000/12/EG des Europäischen Parlaments und des Rates und zur Aufhebung der Richtlinie 93/22/EWG des Rates, Abl. 2004 L 145/1
MiFID II	Richtlinie 2014/65 des Europäischen Parlaments und des Rates vom 15.5.2014 über Märkte für Finanzinstrumente sowie zur Änderung der Richtlinien 2002/92/EG und 2011/61/EU, Abl. 2014 L 173/349
MiFIR	Markets in Financial Instruments Regulation Verordnung (EU) Nr. 600/2014 des Europäischen Parlaments und des Rates vom 15. Mai 2014 über Märkte für Finanzinstrumente und zur Änderung der Verordnung (EU) Nr. 648/2012, Abl. 2014 L 173/1
MIF-VO	Verordnung (EU) 2015/751 des Europäischen Parlaments und des Rates vom 29. April 2015 über Interbankenentgelte für kartengebundene Zahlungsvorgänge, Abl. 2015 L 123/1
MIT	Merchant Indifference Test
MMR	Multimedia und Recht
NJW	Neue Juristische Wochenschrift
NZG	Neue Zeitschrift für Gesellschaftsrecht
NZKart	Neue Zeitschrift für Kartellrecht
OECD	Organisation for Economic Co-operation and Development
OTC	Over the counter
ProspektVO	Verordnung (EU) 2017/1129 des Europäischen Parlaments und des Rates vom 14. Juni 2017 über den Prospekt, der beim öffentlichen Angebot von Wertpapieren oder bei deren Zulassung zum Handel an einem geregelten Markt zu veröffentlichen ist und zur Aufhebung der Richtlinie 2003/71/EG, Abl. 2017 L 168/12
PSD	Payment Services Directive (Zahlungsdiensterichtlinie)
PSD1	Richtlinie 2007/64/EG des Europäischen Parlaments und des Rates vom 13. November 2007 über Zahlungsdienste im Binnenmarkt, zur Änderung der Richtlinien 97/7/EG, 2002/65/EG, 2005/60/EG und 2006/48/EG sowie zur Aufhebung der Richtlinie 97/5/EG, Abl. 2007 L 319/1
PSD2	Richtlinie (EU) 2015/2366 des Europäischen Parlaments und des Rates vom 25. November 2015 über Zahlungsdienste im Binnenmarkt, zur Änderung der Richtlinien 2002/65/EG, 2009/110/EG und 2013/36/EU und der Verordnung (EU) Nr. 1093/2010 sowie zur Aufhebung der Richtlinie 2007/64/EG, Abl. 2015 L 337/35
PSR	Payment Systems Regulator (UK)
RdZ	Recht der Zahlungsdienste
Rev.	Review
Rev. Ind. Organ.	The Review of Industrial Organisation
RevFS	The Review of Financial Studies

RevNE	The Review of Network Economics
RIW	Recht der internationalen Wirtschaft
Rn.	Randnummer
S&P	Standard & Poor's
SAG	Gesetz zur Sanierung und Abwicklung von Instituten und Finanzgruppen
SRM-VO	Single Resolution Mechanism-Verordnung Verordnung (EU) Nr. 806/2014 des Europäischen Parlaments und des Rates vom 15. Juli 2014 zur Festlegung einheitlicher Vorschriften und eines einheitlichen Verfahrens für die Abwicklung von Kreditinstituten und bestimmten Wertpapierfirmen im Rahmen eines einheitlichen Abwicklungsmechanismus und eines einheitlichen Abwicklungsfonds sowie zur Änderung der Verordnung (EU) Nr. 1093/2010
SSM-VO	Single Supervisory Mechanism-Verordnung Verordnung (EU) Nr. 1024/2013 des Rates vom 15. Oktober 2013 zur Übertragung besonderer Aufgaben im Zusammenhang mit der Aufsicht über Kreditinstitute auf die Europäische Zentralbank, ABl. 2013 L 287/63
T2S	TARGET2-Securities
T2S-LL	T2S-Leitlinie Leitlinie 2012/473/EU der Europäischen Zentralbank vom 18.7.2012 über TARGET2-Securities (Neufassung), EZB/2012/13, ABl. 2012 L 215/19, zuletzt geändert durch Leitlinie (EU) 2019/1007 der EZB vom 7.6.2019, ABl. 2019 L 163/108
Urt.	Urteil
VO 1/2003	Verordnung (EG) 1/2003 des Rates vom 16. Dezember 2002 zur Durchführung der in den Artikeln 81 und 82 des Vertrags niedergelegten Wettbewerbsregeln, ABl. 2003 L 1/1
Vorb.	Vorbemerkungen
Wash. Univ. J. L & P	Washington University Journal of Law and Policy
WM	Wertpapier-Mitteilungen, Zeitschrift für Wirtschafts- und Bankrecht
WpHG	Wertpapierhandelsgesetz
WuW	Wirtschaft und Wettbewerb
YEL	Yearbook of European Law
YJReg	Yale Journal on Regulation
ZAG	Zahlungsdiensteaufsichtsgesetz
ZBB	Zeitschrift für Bankrecht und Bankwirtschaft
Zfbf	Schmalenbachs Zeitschrift für betriebswirtschaftliche Forschung
ZfgK	Zeitschrift für das gesamte Kreditwesen
ZHR	Zeitschrift für das gesamte Handelsrecht und Wirtschaftsrecht
ZIP	Zeitschrift für Wirtschaftsrecht
ZWeR	Zeitschrift für Wettbewerbsrecht

Einleitung

A. Anliegen der Untersuchung

Die Finanzkrisen in den USA und folgend in Europa und der ganzen Welt rückten die Finanzmärkte in das Blickfeld der Allgemeinheit. Die Bedeutung der Finanzmärkte als Katalysator für erfolgreiches Wirtschaftswachstum[1] wurde schmerzlich bewusst. Als Reaktion auf diese Krisen wurden Regulierungsmaßnahmen ergriffen, die die Auslöser der Finanzkrisen beseitigen sollten. Hierzu wurden verschiedene Finanzdienstleistungen erstmalig einer Regulierung unterstellt, so etwa im Bereich der systemisch relevanten Dienstleistungen, die zur Finanzkrise beitrugen.[2] In weiteren Bereichen wurden bestehende Vorschriften vereinheitlicht und erweitert, wie etwa für Handelsinfrastrukturen und Wertpapierfirmen[3] oder Zahlungsdienste.[4] Auch der Aufsichtsrahmen wurde reformiert. In der Europäischen Union wurden das Europäische Finanzaufsichtssystem geschaffen,[5] die Bankenunion errichtet[6] sowie mit Maßnahmen zur Vorbereitung der Kapitalmarktunion begonnen.[7] Das übergeordnete Ziel dieser Maßnahmen ist die Sicherung der Systemstabilität.[8]

Die Regulierungsmaßnahmen stellen lediglich eine Säule des Ordnungsrechts der Finanzmärkte dar. Ein zweites Element ist das Kartellrecht, das sektorübergreifend Anwendung findet. Es enthält Vorgaben für das Marktver-

---

[1] *de Haan/Schoenmaker/Wierts*, Financial Markets and Institutions, S. 7.

[2] Dies betraf vor allem außerbörslich gehandelte Derivate, ErwG 4 EMIR.

[3] Durch die Überarbeitung der Richtlinie über Märkte für Finanzinstrumente (MiFID II) und die Schaffung einer neuen Verordnung (MiFIR).

[4] Durch die Erneuerung der Zahlungsdiensterichtlinie (PSD2) und die neugeschaffene Verordnung über Interbankenentgelte (MIF-VO).

[5] Bestehend aus EBA, ESMA, EIOPA, ESRB und den nationalen Aufsichtsbehörden. Siehe etwa den Überblick bei *Lehmann/Manger-Nestler*, ZBB 2011, 2.

[6] Maßgeblich ausgestaltet durch die SSM- und die SRM-VO; hierzu etwa *Assmann/Buck-Heeb*, in: Assmann/Schütze/Buck-Heeb, Handbuch des Kapitalanlagerechts, § 1, Rn. 66. Zur Rolle der Bankenunion im Integrationsprozess, *Binder*, in: Binder/Gortsos, The European Banking Union, S. 1, 13–15; *Grundmann*, in: Grundmann/Micklitz, The European Banking Union and Constitution, S. 85.

[7] Europäische Kommission, Grünbuch v. 18.2.2015, Schaffung einer Kapitalmarktunion, COM(2015) 63 final; zum Fortschritt, Final Report of the High Level Forum on the Capital Markets Union, abrufbar unter www.europa.eu/!gU33Hm.

[8] Siehe nur ErwG 2, 12 SSM-VO; ErwG 10 SRM-VO.

halten im Wettbewerb und verbietet wettbewerbsbeschränkende Vereinbarungen und einseitige wettbewerbswidrige Verhaltensweisen marktmächtiger Unternehmen.[9]

Nach der herkömmlichen Konzeption der beiden Rechtsgebiete soll Regulierungsrecht den Rahmen zur Verhinderung oder Beseitigung von strukturellem Marktversagen setzen, während Kartellrecht als Antwort auf das Fehlverhalten individueller Marktteilnehmer dient.[10] Regulierungsrecht soll nach dieser Vorstellung ein generell funktionsfähiges Marktumfeld generieren, innerhalb dessen das Kartellrecht einzelnes Fehlverhalten sanktioniert und abstellt.[11] Dennoch beeinflussen die beiden Materien sich gegenseitig. Es lassen sich Überschneidungen im Anwendungsbereich der Materien ermitteln (hierzu I.), woraus im Einzelfall Zielkonflikte resultieren können (hierzu II.). Die Ermittlung und Bewertung dieser Interdependenzen zwischen Finanzmarktregulierung und Kartellrecht sind Hauptgegenstand der vorliegenden Arbeit. Daran anschließend sollen Vorschläge für eine klarere Aufgaben- und Kompetenzverteilung sowie verbesserte Kooperationsmechanismen ermittelt und bewertet werden (hierzu III.).

Der Schwerpunkt wird hierbei auf das europäische Kartell- und Regulierungsrecht gelegt, da im Bereich der Finanzmärkte vor allem die Europäische Kommission als Kartellbehörde tätig wurde und auch die Regulierung weitgehend durch europäisches Recht auf Grundlage der Binnenmarktkompetenz determiniert ist.

I. Ermittlung von Überschneidungsbereichen zwischen Kartellrecht und Finanzmarktregulierung

Kartell- und Regulierungsrecht der Finanzmärkte überschneiden sich in ihrem Anwendungsbereich ebenso wie im Zielkanon. Überschneidungen mit dem Kartellrecht ergeben sich vor allem bei der Regulierung der Finanzdienstleistungen, also bei denjenigen Vorschriften, die das Produktangebot am Markt durch Zugangsansprüche, Entgeltregeln oder Manipulationsverbote regulieren. Diese Vorschriften decken sich teilweise mit den kartellrechtlichen Ge- und Verboten für das Marktverhalten. Dies betrifft sowohl Vorschriften für reine B2B-Dienstleistungen, wie etwa die gegenseitige Bereitstellung von Informationen zwischen Banken für gemeinsame Produktangebote, als auch für gemischte Dienste, die privaten ebenso wie institutionellen Kunden angeboten werden, etwa im Bereich des Wertpapierhandels und des Zahlungsverkehrs.

---

9 Art. 101 und 102 AEUV, §§ 1, 19 GWB.

10 *Almunia*, Rede v. 16.5.2011, Competition Policy Issues in Financial Markets, Speech/11/337: „Whereas regulation tackles broad structural market failures, you need competition policy to tackle the harmful behaviour of individual market participants."

11 *Schneider*, in: Wiedemann, Handbuch des Kartellrechts, § 33, Rn. 43.

Weniger Überschneidungen ergeben sich hingegen bei der Regulierung der Finanzdienstleister selbst, also bei den rechtlichen Anforderungen an die Binnenstruktur und die interne Organisation von Finanzmarktakteuren.

Erstes Anliegen dieser Untersuchung ist es, zunächst diejenigen Konstellationen zu identifizieren, in denen kartellbehördliche Entscheidungen und Regulierung sich in ihrem Anwendungsbereich überschneiden. Dies lässt sich insbesondere bei Zugangsansprüchen zu Finanzmarktinfrastrukturen und bei der Behandlung von Kooperationen zwischen Wettbewerbern zur Schaffung neuer Produkte sowie gemeinsamer Standards feststellen. Nachdem dieser Überschneidungsbereich herausgearbeitet wurde, sollen die ermittelten Konstellationen auf wechselseitige Auswirkungen zwischen Kartellrecht und Regulierung überprüft werden.

In den ermittelten Konstellationen lässt sich regelmäßig feststellen, dass die Kartellbehörden dem Regulierungsgeber zeitlich zuvorkamen. Dabei liegt die Vermutung nahe, dass der Kartellrechtsanwendung eine Anstoßfunktion zukam: Die kartellrechtlichen Entscheidungen könnten als Anknüpfungspunkt für die Schaffung von Regulierungsrecht gedient haben. Die Fallpraxis der Kartellbehörden könnte sowohl den Regulierungsbedarf offengelegt als auch inhaltliche Vorgaben oder Anregungen zur Ausgestaltung der Regulierung gegeben haben.

Ebenso lassen sich Fallgestaltungen ermitteln, in denen der Kartellrechtsanwendung möglicherweise eine Ersatzfunktion für Regulierung zukommt, das Kartellrecht also an die Stelle von Regulierung trat. Die Entscheidungen der Kartellbehörden könnten als Präzedenzfälle dienen, die aufgrund der Abschreckungswirkung dieser Entscheidungen marktweite Geltung erlangten. Als solche könnten sie faktisch die Rolle von Regulierung eingenommen beziehungsweise eine solche obsolet gemacht haben.[12] Speziell das Instrument der Verpflichtungszusage[13] ermöglicht es den Kartellbehörden, weitgehende Verhaltensänderungen der betroffenen Unternehmen zu erwirken.

II. Ermittlung und Bewertung von Zielkonflikten

Nach der Ermittlung der Überschneidungsbereiche und der Untersuchung einer etwaigen Anstoß- oder Ersatzfunktion des Kartellrechts werden diese Konstellationen unter Berücksichtigung der verschiedenen Zielsetzungen der Materien bewertet.

Im Ausgangspunkt mag man sowohl die Anstoß- als auch die Ersatzfunktion der Kartellrechtspraxis als effizient und wünschenswert ansehen. Richtet man den Blick jedoch auf die gesamtwirtschaftliche Funktion der Finanzmärkte sowie deren Besonderheiten, ergibt sich ein ambivalentes Bild. Ein durchweg

---

[12] *Ibáñez Colomo*, in: Garben/Govaere, The Division of Competences between the EU and the Member States, S. 112, 119.

[13] Art. 9 VO 1/2003, § 32b GWB.

positiver Effekt des Wettbewerbsprozesses wird – anders als in den meisten Wirtschaftssektoren – für die Finanzmärkte mit Blick auf Stabilitätserwägungen bestritten. In der ökonomischen Literatur wird vielfach ein Ausgleichsproblem zwischen Systemstabilität und Wettbewerb erörtert, wonach mehr Wettbewerb zu erhöhter Instabilität führen kann. In diesen Studien wird darauf verwiesen, dass Wettbewerb auf Finanzmärkten eine erhöhte Risikobereitschaft der Akteure begründe und infolgedessen die Stabilität des Finanzsystems insgesamt gefährde.[14]

Insoweit ergibt sich aus den Charakteristika der Finanzmärkte ein andersartiges Spannungsverhältnis zwischen Regulierung und Kartellrecht, als es insbesondere aus den Netzwirtschaften bekannt ist. In den Netzwirtschaften gibt es regelmäßig zwei wettbewerbsrelevante Probleme: Zum einen begehren Wettbewerber möglichst günstigen Zugang zu einem spezifischen Netz. Zum anderen bestehen versorgungspolitische Interessen an einem Netzausbau auch in Gebieten, die rein ökonomisch betrachtet unrentabel sind. Der Ausgleich der konfligierenden Interessen beschränkt sich daher weitestgehend auf die Frage, inwieweit verschiedene Kostenfaktoren des Netzausbaus auf Zugangspetenten umgelegt werden dürfen, ohne dem Netzinhaber einen Kosten- und Wettbewerbsvorteil beim Angebot der netzgebundenen Versorgungsleistung zu schaffen.

Die Finanzmärkte sind hingegen durch eine vielfältigere Interessenlandschaft geprägt. Es handelt sich um ein weitläufiges Ökosystem mit unterschiedlichsten Marktteilnehmern, von Endkunden über regionale Institute hin zu überregionalen und weltweit tätigen Finanzinstituten, die jeweils nicht lediglich an der Versorgung mit einer Ware oder Dienstleistung (wie Gas, Wasser, Elektrizität) interessiert sind, sondern an einer Vielzahl von Dienstleistungen, die im Finanzsystem verknüpft sind. Hinzu treten die Zentralbanken als unabhängige Akteure, deren vorrangiges Mandat in der Aufrechterhaltung der Preisstabilität besteht. Spannungen bestehen zwischen Erwartungen an die Rentabilität der Finanzdienstleistungen, funktionierendem Wettbewerb zwischen den Marktteilnehmern, und der Sicherheit und Stabilität des Gesamtsystems.

III. Aufgaben- und Kompetenzabgrenzung und Kooperationsmechanismen als Lösungsansatz

Aufbauend auf den Erkenntnissen aus der Analyse der Fallbeispiele soll versucht werden, Rückschlüsse für die Behandlung zukünftiger Konstellationen zu ziehen. Zunächst lassen sich Fallgruppen bilden, die unabhängig vom Einzelfall wiederkehrende Charakteristika aufweisen. Für diese Fallgruppen sollen diejenigen Handlungsoptionen identifiziert werden, die dem jeweiligen

[14] Vgl. hierzu *Corbae/Levine*, Competition, Stability, and Efficiency in Financial Markets, S. 38, 39, mit einer umfassenden Übersicht über die Literatur auf S. 40–45.

Marktversagen typischerweise am ehesten gerecht werden. Gerade hinsichtlich der Behandlung des Zielkonfliktes zwischen Wettbewerb und Systemstabilität soll eine empfehlenswerte Aufteilung zwischen Kartellrecht und Regulierung identifiziert werden.

Bei der Betrachtung der untersuchten Einzelfälle ergeben sich über die konkreten Konstellationen hinaus grundsätzlichere Fragen der Aufgaben- und Kompetenzverteilung zwischen Kartellbehörde und Gesetzgeber. Die Europäischen Verträge beinhalten klare Vorgaben zur Kompetenzverteilung zwischen den Mitgliedstaaten und der Union. Weniger klar ist hingegen geregelt, inwieweit die Unionsorgane bei einer bestehenden Verbands- und Organkompetenz durch Regulierung in den Markt eingreifen dürfen, wenn die potenziell zu regelnden Marktgegebenheiten zugleich Gegenstand des Kartellrechts sind. Es sollen hierbei einerseits die rechtlichen Vorgaben auf Beschränkungen der Eingriffsbefugnisse untersucht werden. Andererseits sollen in Anknüpfung an die untersuchte Fallpraxis Praktikabilitätsgesichtspunkte berücksichtigt werden.

B. Ausschluss einzelner Themen

Entsprechend dem skizzierten Forschungsinteresse sollen Fallkonstellationen ermittelt werden, in denen die tatsächliche Anwendung des Kartellrechts zu einer Veränderung des Regulierungsniveaus geführt oder jedenfalls Anstöße für den Gesetzgeber gegeben hat, die regulatorischen Rahmenbedingungen zu überdenken. Bloß hypothetische Fragestellungen, wie etwa zum Einsatz der Fusionskontrolle zur Verhinderung von systemischen Risiken, eignen sich zu einer solchen Analyse nicht und sollen dementsprechend nicht näher behandelt werden.

I. Marktstrukturkontrolle

Dies betrifft zunächst den Bereich der Marktstrukturkontrolle. Bei dieser nehmen sowohl Kartell- als auch Regulierungsbehörden und der Gesetzgeber eine Marktbeurteilung vor, mit dem Ziel einer Marktergebniskontrolle.

Aus kartellrechtlicher Warte erfolgt dies durch die Fusionskontrolle.[15] Die Regeln der Fusionskontrolle nehmen insoweit eine Sonderstellung im Kartellrecht ein, da sie auf eine *ex ante*-Bewertung der zukünftigen Wettbewerbsverhältnisse ausgerichtet sind. Es sollen Wettbewerbsbeschränkungen durch externes, anorganisches Wachstum verhindert werden.[16]

Überschneidungen ergeben sich hier einerseits mit aufsichtsrechtlichen Regeln zum institutionellen Aufbau der Marktteilnehmer, andererseits mit Konstellationen, die nicht spezifisches Marktverhalten der Unternehmen betreffen, sondern wo Wettbewerbsverzerrungen durch externe Einflüsse, wie das

---

[15] *Kling/Thomas*, Kartellrecht, § 8, Rn. 3.

[16] *Kling/Thomas*, Kartellrecht, § 8, Rn. 3, 5.

Verhalten von Regierungen, bewirkt werden. Letzteres betrifft insbesondere das im Rahmen der Finanzkrisen virulent gewordene Phänomen der impliziten Staatsgarantien.[17] Diese Probleme, grob zusammengefasst unter dem Stichwort *too big to fail*,[18] können durch spezifische Regulierung erfasst werden.[19] Ebenfalls denkbar ist eine (erweiterte) Anwendung der Fusionskontrollvorschriften.[20] Allerdings verbleibt es in diesem Bereich bei hypothetischen Überlegungen, die in den angeführten Quellen ausführlich abgehandelt wurden.

II. Kapitalmarktrecht

Ebenfalls ausgenommen werden soll das Verhältnis zwischen Kartell- und Kapitalmarktrecht, letzteres vor allem in Form des Marktmissbrauchsrechts. Das Marktmissbrauchsrecht konstituiert wie das Kartellrecht (mit Ausnahme der Fusionskontrolle) eine *ex post*-Kontrolle. Überschneidungen ergeben sich weitestgehend nur bei der Durchsetzung der jeweiligen materiellen Normen, mithin nicht bei der Frage, ob und wie das Kartellrecht auf die Schaffung von (*ex ante*-)Regulierungsrecht einwirkt. Zudem ist die Thematik bereits umfassend monographisch abgedeckt.[21]

C. Gang der Untersuchung

Im ersten Teil der Arbeit soll dargestellt werden, inwieweit Kartellrecht und Regulierungsrecht nebeneinander anwendbar sind, und warum dies mit Blick auf die Regelungsziele der beiden Bereiche zu Friktionen führen kann. Bereits hier soll – in der gebotenen Kürze – gezeigt werden, wie die beiden Materien sich überschneiden und wie Kartellrecht auf Regulierungsrecht einwirkt oder gar als Regulierungsinstrument genutzt werden kann.

Daran anschließend sind die Besonderheiten der Finanzmärkte und der korrespondieren Regulierung aufzuzeigen, die die Zielkonflikte mit der Kartell-

---

[17] Monopolkommission, XX. Hauptgutachten, Rn. 1400–1468.

[18] Bank for International Settlement, Global systemically important banks.

[19] Umfassend *Engel*, Systemrisikovorsorge; *Hellwig*, Gutachten E zum 68. DJT; *Mendelsohn*, Systemrisiko und Wirtschaftsordnung im Bankensektor; Monopolkommission, XX. Hauptgutachten, Rn. 1469–1669, 1676–1742.

[20] Umfassend *Rengier, L.*, Too Big to Fail als Frage des Kartellrechts; *Zimmer*, Gutachten G zum 68. DJT, S. 25–40; *Zimmer/Rengier*, ZWeR 2010, 105; knapp Monopolkommission, XX. Hauptgutachten, Rn. 1670–1675.

[21] *Backhaus*, Anwendbarkeit und Anwendung des Kartellrechts auf den Kapitalmarkt sowie dessen Verhältnis zum Kapitalmarktrecht; *Goldmann*, Kapitalmarkttransaktionen als Kartellrechtsverstoß; *Seier*, Kartellrechtsrelevante Marktmanipulationen; *Wessling*, Wettbewerbsbeschränkungen auf Märkten für börsennotierte Aktien und Aktienderivate; grundlegend zu ausgewählten Konstellationen *Bueren/Weck*, BB 2014, 67–75; *Bueren*, WM 2013 (Heft 13), 585–595; *Fleischer/Bueren*, DB 2012, 2561–2568; *Fleischer/Bueren*, ZIP 2013, 1253–1264.

rechtsanwendung erst begründen (zweiter Teil). Diese beiden Kapitel dienen als Rahmen für den darauffolgenden Untersuchungsteil.

Der dritte Teil stellt den Schwerpunkt der Arbeit dar. Darin wird analysiert, inwieweit Kartell- und Regulierungsrecht unterschiedliche Anforderungen an Marktteilnehmer stellen. Ausgangspunkt dieser Analyse sind die kartellrechtlichen Entscheidungen der Europäischen Kommission im Bereich der Finanzmärkte sowie einige ausgewählte nationale Entscheidungen und Vorschriften.

Ausgehend von diesen Entscheidungen werden Vergleiche mit dem jeweiligen Regulierungsrecht gezogen. Als Vergleichsgrundlage dient der jeweils regulierte Sachverhalt, also die konkret erfasste Finanzdienstleistung. Sofern Regulierungsrecht geschaffen wurde, wird untersucht, inwieweit sich die kartellbehördlichen Verfügungen mit den jeweiligen Vorschriften in Anwendungsbereich und Rechtsfolgen überschneiden. Hieraus soll abgeleitet werden, ob die Kartellrechtspraxis eine Vorbild- oder Anstoßfunktion für zeitlich später geschaffenes Regulierungsrecht eingenommen hat. Spiegelbildlich wird dargestellt, wie sich die Regulierungsvorschriften auf das Kartellrecht auswirken, im Einzelnen ob ein eigenständiger, unregulierter Anwendungsbereich für die Kartellrechtsanwendung verbleibt oder ob die Regulierungsvorschriften die Anwendung des Kartellrechts auf Konkurrenzebene ausschließen.

Aufbauend auf die so gefundenen Erkenntnisse sollen im vierten Teil normative Überlegungen zu einer kohärenten Abgrenzung zwischen kartell- und regulierungsrechtlichen Maßnahmen angestellt werden. Auf materieller Ebene soll der Frage nachgegangen werden, wie Aufgaben und Kompetenzen anhand der einschlägigen Ermächtigungsgrundlagen abgegrenzt werden können. Infolge der sehr weitgehenden Möglichkeiten, Vorschriften zur Rechtsangleichung nach Art. 53 Abs. 1 und Art. 114 Abs. 1 AEUV zu erlassen, verbleibt vor allem der Verhältnismäßigkeitsgrundsatz als begrenzendes Korrektiv für gesetzgeberische Maßnahmen.

Auf institutioneller Ebene werden verschiedene Handlungsinstrumente anhand ihrer rechtlichen Rahmenbedingungen auf ihre Eignung zur Schaffung eines effektiven Regulierungsrahmens untersucht. Die Handlungsinstrumente umfassen verbesserte Kooperationsmechanismen, die Verschiebung von Kompetenzen zu den Fachbehörden sowie die Errichtung von Unionseinrichtungen. Anleihen werden vor allem bei der britischen Finanzmarktregulierung genommen, die zum einen das Instrument der Marktuntersuchung als Grundlage für kartellrechtliche wie auch gesetzgeberische Maßnahmen kennt. Zum anderen wurden den britischen Finanzaufsichtsbehörden kartellrechtliche Befugnisse zugewiesen. Die Schaffung von Unionseinrichtungen erinnert an die staatliche Monopolisierung der Netzindustrien.

Die Arbeit schließt mit einer Zusammenfassung der Ergebnisse.

1. Teil

Kartell- und Regulierungsrecht – zwei Seiten derselben Medaille?

Die Ausübung wirtschaftlicher Handlungsfreiheiten wird durch rechtliche Regeln ermöglicht, die Eigentumsrechte definieren und dadurch Tauschgeschäfte erlauben. Diese Regeln erlauben es dem einzelnen Marktakteur, seine Handlungsfreiheiten auszuüben.[1] Werden die Marktakteure unter diesen Rahmenbedingungen sich selbst überlassen, wird sich unter der Voraussetzung vollständiger Konkurrenz das Pareto-Optimum herausbilden, ein Zustand effizienter Ressourcenallokation.[2] Aufgrund der Unvollkommenheiten der Realität, typischerweise als Marktversagen bezeichnet, treten diese Wirkungen der Konkurrenz kaum einmal dem Idealtypus entsprechend ein.[3]

Als Antwort hierauf werden Kartell- und Regulierungsrecht eingesetzt, um diesen Unvollkommenheiten zu begegnen. Sie setzen als Marktordnungsrecht komplementär die Rahmenbedingungen für den Zutritt und die weitere Teilnahme am Marktgeschehen, indem sie positive Anforderungen formulieren, Verhaltenspflichten und Verbote aufstellen, jeweils gerichtet auf die Beseitigung unterschiedlicher Kategorien von Marktversagen.[4] Trotz dieser übereinstimmenden Zielsetzung unterscheiden sich die beiden Rechtsgebiete, sowohl in der Herangehensweise als auch im Zielkanon. Im folgenden Kapitel werden daher die Unterschiede und Gemeinsamkeiten zwischen Kartell- und sektorspezifischem Regulierungsrecht herausgearbeitet. Dabei werden die Zielsetzungen und damit korrespondierend die Gründe für die Existenz der beiden Materien in den Blick genommen, ebenso die Verfahren und Entscheidungsvarianten, also die institutionellen Rahmenbedingungen der Durchsetzung.

Aufbauend auf die Vergleichsergebnisse sollen Kriterien herausgearbeitet werden, die die Abgrenzung der beiden Materien zum Zwecke der Kategorisierung ermöglichen. Diese Kategorisierung ermöglicht einerseits, die rechtlichen Rahmenbedingungen für der Anwendung eines Instruments zu identi-

---

[1] Grundlegend *Demsetz*, American Economic Review 57 (1967), 347, insb. S. 347–350; *Buchanan*, The limits of liberty, S. 17–20, 107–108, passim; siehe auch *Cremer*, in: Fehling/Ruffert, Regulierungsrecht, § 5, Rn. 92–93; *Erlei/Leschke/Sauerland*, Institutionenökonomik, S. 284–289.

[2] *Cremer*, in: Fehling/Ruffert, Regulierungsrecht, § 5, Rn. 16–18.

[3] *Cremer*, in: Fehling/Ruffert, Regulierungsrecht, § 5, Rn. 94–95.

[4] *Laguna de Paz*, ECLR 33 (2012), 77, 78.

fizieren. Andererseits stellen diese Kriterien den Analyserahmen bereit, der herangezogen werden kann, um das effektivste Handlungsinstrument für die Behandlung zukünftig identifizierten Marktversagens auszuwählen. Daneben soll in Grundzügen dargestellt werden, wie Kartellrecht ausnahmsweise in Abweichung von der entwickelten Abgrenzung als Regulierungsrecht eingesetzt wurde.

§ 1 Kartellrecht

Kartellrecht umfasst in Europa und Deutschland im Wesentlichen drei Säulen: das Kartellverbot aus Art. 101 AEUV und §§ 1–3 GWB, das Missbrauchsverbot aus Art. 102 AEUV und §§ 18–21 GWB sowie die Fusionskontrollvorschriften der FKVO und der §§ 35–43a GWB.[5] Wenn im Folgenden von Kartellrecht (oder synonym Wettbewerbsrecht) gesprochen wird, bezieht sich dies vornehmlich auf die benannten Regelungen des europäischen und deutschen Kartellrechts. Bezüge zu weiteren ausländischen Rechtsordnungen werden gesondert hergestellt.

Der zweite Abschnitt in den Wettbewerbsregeln des AEUV beinhaltet mit Art. 107–109 AEUV die Vorschriften des Beihilfenrechts. Diese bleiben in der vorliegenden Arbeit außen vor. Die Beihilferegeln bestehen im Wesentlichen aus einer Notifizierungspflicht und einem Prüfverfahren für staatliche Beihilfen an Unternehmen und ergänzen somit den Schutz des Wettbewerbs vor nationalstaatlichen Eingriffen in den Wettbewerbsprozess.[6]

A. Regelungsziel des Kartellrechts

I. Unverfälschter Wettbewerb

Das Kartellrecht ist unabhängig vom konkreten Marktumfeld auf unverfälschten Wettbewerb ausgerichtet. Normativ ist dies in Protokoll Nr. 27 zu den Europäischen Verträgen niedergelegt, nach dem „der Binnenmarkt […] ein System umfasst, das den Wettbewerb vor Verfälschungen schützt“.[7] Trotz der Auslagerung des Wettbewerbsziels aus Art. 3 Abs. 1 lit. g) EG in die Protokolle ist das Wettbewerbsziel mit Primärrechtsrang ausgestattet, steht also den in Art. 3 EUV verankerten Zielen gleich.[8] Die Art. 101 ff. AEUV als dieses Ziel

---

[5] Die Art. 53 ff. EWR-Abkommen sind praktisch identisch mit den Art. 101 ff. AEUV und werden auch entsprechend ausgelegt, *Füller*, in: KK-KartR, Bd. 3, Art. 101 AEUV, Rn. 1. Sie werden daher im Folgenden nicht gesondert erwähnt.

[6] Vgl. *Säcker*, in: MüKoWettbR, Bd. 5, Grundlagen, Rn. 8.

[7] Protokoll Nr. 27 v. 9.5.2008 über den Binnenmarkt und den Wettbewerb zu den Verträgen, ABl. 2008 C 115/309.

[8] Art. 51 EUV; vgl. *Kersting/Walzel*, in: KK-KartR, Bd. 3, Art. 101 AEUV, Rn. 510.

ausgestaltende Vorschriften sind darauf ausgerichtet, Wettbewerbsstörungen als eine spezifische Kategorie von Marktversagen zu beseitigen.[9]

Wettbewerb lässt sich per se nicht definieren, ohne die darin enthaltenen Freiheitspositionen durch die Definition einzuschränken.[10] Ein früher Definitionsversuch durch den Ökonomen *von Hayek* beschreibt Wettbewerb als „Verfahren zur Entdeckung von Tatsachen, die ohne sein Bestehen entweder unbekannt bleiben oder doch zumindest nicht genutzt werden würden."[11] Umgekehrt lassen sich Bedingungen feststellen, unter denen der Wettbewerb nicht funktioniert, sodass im Wettbewerbsrecht an die Beschränkungen der wirtschaftlichen Freiheiten angeknüpft wird.[12] Mit diesen Ausführungen soll ausgedrückt werden, dass der Wettbewerb als Prozess zu verstehen ist, der schützenswert ist, ohne dass durch entsprechende Maßnahmen ein konkretes Marktergebnis erzielt werden soll; vielmehr wird die Annahme zugrunde gelegt, dass jedwedes Marktergebnis, das aus dem Wettbewerbsprozess resultiert, wünschenswert ist. Wettbewerb sei also als eine Möglichkeit zur „Voraussage der Art, der Struktur oder der abstrakten Ordnung, die sich bilden wird, erstreckt sich aber nicht auf eine Voraussage besonderer Ergebnisse."[13] Dies geht zurück auf das Verständnis des Wettbewerbs als „unsichtbare[r] Hand", die – ohne dass dies von den Marktakteuren intendiert ist – ein sozial vorteilhaftes (Gesamt-)Marktergebnis hervorbringt, wenn diese bloß entsprechend ihrer Eigeninteressen frei am Markt agieren können.[14]

Wettbewerb entsteht dort, wo Marktteilnehmer von ihren Handlungsfreiheiten im Wirtschaftsverkehr Gebrauch machen.[15] Häufig findet dieser Prozess im Preiswettbewerb Ausdruck. Konsumenten entscheiden sich zwischen verschiedenen Produkten ähnlicher oder identischer Qualität für das preisgünstigere Produkt. Andere Varianten des Wettbewerbs finden über die Faktoren Produktqualität, Produktinnovation oder über Nebenfaktoren wie Vertragsbedingungen oder Service Eingang im Kampf um Marktanteile.[16]

In diesem Sinne setzt Wettbewerb die Existenz von Märkten voraus, auf denen mindestens zwei Anbieter antagonistisch ihre Marktposition zu Lasten anderer zu verbessern suchen.[17] Geschützt wird von den Wettbewerbsvor-

---

[9] *Kerber*, in: Möslein, Regelsetzung im Privatrecht, S. 59, 69.

[10] *Kling/Thomas*, Kartellrecht, § 5, Rn. 91; *Maritzen*, in: KK-KartR, Bd. 1, § 1 GWB, Rn. 37 m.w.N.

[11] *von Hayek*, Der Wettbewerb als Entdeckungsverfahren, S. 3.

[12] *Mestmäcker/Schweitzer*, Europäisches Wettbewerbsrecht, § 3, Rn. 1.

[13] *von Hayek*, Der Wettbewerb als Entdeckungsverfahren, S. 5.

[14] *Smith*, An Inquiry into the Nature and Causes of the Wealth of Nations, Book 4, Chapter 2, Nachdruck, Vol. 1, S. 456.

[15] *Mestmäcker/Schweitzer*, Europäisches Wettbewerbsrecht, § 3, Rn. 4.

[16] Vgl. *Bailey*, in: Bellamy & Child, European Union Law of Competition, Rn. 2.116.

[17] *Fritsch*, Marktversagen und Wirtschaftspolitik, S. 6; *Kling/Thomas*, Kartellrecht, § 2, Rn. 5.

schriften letztlich also die Handlungsfreiheit dieser Marktteilnehmer im Wirtschaftsverkehr, in deren Rahmen sie zu einer autonomen Entscheidungsfindung hinsichtlich des Marktverhaltens befähigt sein sollen (sogenanntes Selbständigkeitspostulat).[18] Folge des Wettbewerbsprozesses ist das Ausscheiden ineffizienter Marktteilnehmer aus dem Markt.[19] Dieses ist ein notwendiger Bestandteil des Wettbewerbsprozesses.[20]

Neben dem Schutz der wirtschaftlichen Handlungsfreiheiten hat der Wettbewerb aus sich selbst heraus weitere Funktionen.[21] Er hat eine Allokationsfunktion inne, soll also dazu führen, dass knappe Ressourcen jeweils dort zum Einsatz kommen, wo dies am effizientesten ist. Zugleich wird Einkommen entsprechend dem Leistungsprinzip verteilt.[22] Nicht zuletzt soll infolge des Wettbewerbsdrucks Innovation gefördert werden (sogenannte Entdeckungsfunktion des Wettbewerbs).[23]

II. Weitere Zielgrößen?

Anstelle des reinen Wettbewerbsschutzes gibt es verschiedene weitere Zielgrößen, die als Desiderat des Wettbewerbsrechts in den Blick genommen wurden. Zum einen wurde, angestoßen durch verschiedene Entwicklungen in den USA, in Europa angedacht, statt dem reinen Schutz des Wettbewerbs als Prozess Effizienzkriterien in die wettbewerbsrechtliche Beurteilung aufzunehmen.[24]

Zum anderen sind im Primärrecht weitere Zielsetzungen angelegt, die im Wettbewerbsrecht Berücksichtigung finden können oder eventuell sogar müssen, sodass auch insofern Zielkonflikte entstehen können.[25]

1. Konsumenten- und Gesamtwohlfahrt

Als Alternative zum Schutz des Wettbewerbs als Institution wird zum Teil die Konsumenten- und Gesamtwohlfahrt als ökonomische Zielgröße in den Blick

---

[18] *Zimmer*, in: Immenga/Mestmäcker, Bd. 1. EU, Art. 101 Abs. 1 AEUV, Rn. 107.

[19] *Carletti/Smolenska*, OECD Background note, DAF/COMP/WP2(2017)8, Rn. 20; *Schneider*, in: Wiedemann, Handbuch des Kartellrechts, § 33, Rn. 28.

[20] EuGH, Urt. v. 6.9.2017, *Intel*, C-413/14 P, EU:C: 2017:632, Rn. 134; *Basedow*, in: FS Immenga, S. 3, 10; *Deregulierungskommission*, Marktöffnung und Wettbewerb, Erstes Kapitel: Deregulierung als Programm?, Rn. 11.

[21] Vgl. *Kersting/Walzel*, in: KK-KartR, Bd. 3, Art. 101 AEUV, Rn. 520–521.

[22] *Knieps*, Wettbewerbsökonomie, S. 5.

[23] *Knieps*, Wettbewerbsökonomie, S. 4–5; vgl. bereits *von Hayek*, Der Wettbewerb als Entdeckungsverfahren, S. 14.

[24] Sog. *more economic approach*, vgl. hierzu *Mestmäcker/Schweitzer*, Europäisches Wettbewerbsrecht, § 3, Rn. 3–64.

[25] Vgl. hierzu z.B. *Basedow*, in: FS Everling, S. 49–68. Zur Berücksichtigung dieser Ziele im Rahmen des Art. 101 AEUV siehe *Schweitzer*, in: Monopolkommission, Politischer Einfluss auf Wettbewerbsentscheidungen, S. 21–38.

genommen.[26] Gesamtwohlfahrtsmaximierung bedeutet dabei die Maximierung der Summe aus Konsumenten- und Produzentenrente. Konsumentenwohlfahrt hingegen bedeutet Maximierung der Konsumentenrente, wobei Konsument nicht lediglich (End-)Verbraucher, sondern sämtliche Nachfrager meint.[27]

Der EuGH führte hierzu aus, dass diese Größen allenfalls mittelbar geschützt würden, eben durch den Schutz des Wettbewerbs als Institution.[28] Auch die Verbraucher sind – soweit nicht in Art. 101 Abs. 3 oder Art. 102 Abs. 2 lit. b) AEUV ausdrücklich erwähnt – lediglich mittelbare Profiteure des Wettbewerbsschutzes, soweit sie von positiven wie negativen Marktentwicklungen als Abnehmer abhängig sind.[29]

2. *Gemeinwohlbelange*

Hinsichtlich der Allgemeinwohlbelange, insbesondere aus den Querschnittsklauseln der Europäischen Verträge,[30] ist umstritten, ob und inwieweit diese im Rahmen der Kartellrechtsanwendung Eingang finden sollen.[31] Da diese zumeist ebenso wie das europäische Kartellrecht Primärrechtsrang einnehmen, ist eine Berücksichtigung dieser Ziele unumgänglich.[32] Es verbleibt insoweit

---

[26] Für einen Überblick zu der diesbezüglichen Literatur siehe *Fuchs*, in: Fleischer/Zimmer, Effizienz als Regelungsziel im Handels- und Wirtschaftsrecht, S. 69, 76, dortige Fn. 29. Darstellungen zu weiteren Zielen des Wettbewerbsrechts finden sich bspw. bei *Kling/Thomas*, Kartellrecht, § 2, Rn. 1–46; *Kerber/Schwalbe*, in: MüKoWettbR, Bd. 1, Grdl., Rn. 66–282, insbesondere Rn. 133–148. Zum Primat der Konsumentenwohlfahrt als Ziel des Kartellrechts in den USA siehe bspw. *Foer/Durst*, Antitrust Bull. 63 (2018), 494–508.

[27] *Schwalbe/Zimmer*, Kartellrecht und Ökonomie, Fn. 11 auf S. 11.

[28] Zu Art. 102 AEUV: EuGH, Urt. v. 17.2.2011, *TeliaSonera*, C-52/09, EU:C:2011:83, Rn. 24; Urt. v. 14.10.2010, *Deutsche Telekom/Kommission*, C-280/08 P, EU:C:2010:603, Rn. 176, 180; Urt. v. 21.2.1973, *Continental Can*, Rs. 6/72, EU:C:1973:22, Rn. 26. Zu Art. 101 AEUV: EuGH, Urt. v. 19.3.2015, *Dole Food und Dole Fresh Fruit Europe/Kommission*, C-286/13 P, EU:C:2015:184, Rn. 125; Urt. v. 6.10.2009, *GlaxoSmithKline*, C-501/06 P, C-513/06 P, C-515/06 P, C-519/06 P, EU:C:2009:610, Rn. 63; Urt. v. 4.7.2009, *T-Mobile Netherlands BV u.a.*, C-8/08, EU:C:2009:343, Rn. 38; Generalanwältin *Kokott*, Schlussanträge v. 19.2.2009, *T-Mobile Netherlands BV u.a.*, C-8/08, EU:C:2009:110, Rn. 51. Ähnlich *Foer/Durst*, Antitrust Bull. 63 (2018), 494, 508.

[29] *Mestmäcker/Schweitzer*, Europäisches Wettbewerbsrecht, § 3, Rn. 88.

[30] Querschnittsklauseln enthalten Ziele der Union, die in allen Politikbereichen zu berücksichtigen sind, wie etwa den Umweltschutz in Art. 11 AEUV, *Breuer*, Das EU-Kartellrecht im Kraftfeld der Unionsziele, S. 42.

[31] Siehe hierzu umfassend *Breuer*, Das EU-Kartellrecht im Kraftfeld der Unionsziele, passim; *Kokott/Dittert* und *Schweitzer*, jeweils in: Monopolkommission, Politischer Einfluss auf Wettbewerbsentscheidungen, S. 15 bzw. S. 21. Siehe auch *Schulz*, Kartellrecht als „Regulierungsinstrument", S. 33–41.

[32] *Kokott/Dittert*, in: Monopolkommission, Politischer Einfluss auf Wettbewerbsentscheidungen, S. 15–17. Vgl. aber *Basedow*, in: FS Everling, S. 49, 57–67, der einen Vorrang der Marktintegration gegenüber anderen Zielen im EG-Vertrag herausarbeitet; ebenso

die Frage, wie dies mit den kartellrechtlichen Vorschriften in Einklang zu bringen ist. Hier werden im Wesentlichen zwei Lösungsansätze verfolgt: eine teleologische Reduktion der Wettbewerbsvorschriften im Spannungsfeld zu Gemeinwohlbelangen[33] oder eine Berücksichtigung im Rahmen der kartellrechtlichen Ausnahmeregelungen, sofern deren Voraussetzungen erfüllt sind.[34]

Systemkonform dürfte eine Berücksichtigung von Gemeinwohlbelangen nur dann möglich sein, wenn man sie unter die Voraussetzungen der Ausnahmevorschriften, vor allem also der Art. 101 Abs. 3 AEUV oder des § 2 GWB, subsumieren kann. Ist dies nicht möglich, dürfen die Belange nicht berücksichtigt werden. Eine sonstige Einbeziehung allgemeinpolitischer Interessen ohne diesen konkreten Anknüpfungspunkt ist nicht zulässig. Die vom EuGH in *Wouters* postulierte und unter anderem in *Meca-Medina* fortgeführte Rechtsprechungslinie,[35] wonach einzelne Vereinbarungen abhängig von den Umständen ihres Zustandekommens und ihrer Zielrichtung von Vornherein nicht dem Kartellrecht unterfallen sollen, dürfte auf Sonderkonstellationen[36] beschränkt sein und keinen allgemeinen Grundsatz beinhalten.[37] Um der diesbezüglichen

---

Immenga/Mestmäcker, in: Immenga/Mestmäcker, Bd. 1. EU, I. Abschnitt. Einleitung, A., Rn. 67.

[33] *Roth*, in: FS Mestmäcker, S. 411, 433–434 mit Blick auf die *Wouters*-Rechtsprechung des EuGH, Urt. v. 19.2.2002, *Wouters*, C-309/99, EU:C:2002:98. Wohl ebenfalls für eine allgemeingültige Möglichkeit der Einschränkung des Anwendungsbereichs *Wiedemann*, in: Wiedemann, Handbuch des Kartellrechts, § 2, Rn. 3b, der allerdings festhält, dass der Ansatz des EuGH nur für einige spezielle Sektoren relevant würde.

[34] Statt aller *Mestmäcker/Schweitzer*, Europäisches Wettbewerbsrecht, § 14, Rn. 86 m.w.N.; *Ellger*, in: Immenga/Mestmäcker, Bd. 1. EU, Art. 101 Abs. 3 AEUV, Rn. 327.

[35] EuGH, Urt. v. 19.2.2002, *Wouters*, C-309/99, EU:C:2002:98, Rn. 97: „Es ist aber auch zu berücksichtigen, dass nicht jede Vereinbarung zwischen Unternehmen oder jeder Beschluss einer Unternehmensvereinigung, durch die die Handlungsfreiheit der Parteien oder einer der Parteien beschränkt wird, automatisch vom Verbot des Artikels 85 Absatz 1 EG-Vertrag erfasst werden. Bei der Anwendung dieser Vorschrift im Einzelfall sind nämlich der Gesamtzusammenhang, in dem der fragliche Beschluss zustande gekommen ist oder seine Wirkungen entfaltet, und insbesondere dessen Zielsetzung zu würdigen[.]" Siehe auch Urt. v. 18.7.2006, *Meca-Medina*, C-519/04 P, EU:C:2006:492, Rn. 42–47; Urt. v. 18.7.2013, *OTOC*, C-1/12, EU:C:2013:127, Rn. 93–96; Urt. v. 4.9.2014, *API*, C-184/13 bis C-187/13, C-194/13, C-195/13 und C-208/13, EU:C:2014:2147, Rn. 46–48.

[36] Insb. delegierte Rechtsetzungsbefugnisse und Regelsetzung durch Verbände, die deren Tätigkeit immanent ist.

[37] *Eilmansberger/Bien*, in: MüKoWettbR, Bd. 1, Art. 102 AEUV, Rn. 23; *Ellger*, in: Immenga/Mestmäcker, Bd. 1. EU, Art. 101 Abs. 3 AEUV, Rn. 326–328; *Grave/Nyberg*, in: LMRKM, Kartellrecht, Art. 101 Abs. 1 AEUV, Rn. 291; *Schweitzer*, in: Monopolkommission, Politischer Einfluss auf Wettbewerbsentscheidungen, S. 21, 33–37; *Zimmer*, in: Immenga/Mestmäcker, Bd. 1. EU, Art. 101 Abs. 1 AEUV, Rn. 164, 167.

Unklarheit entgegenzuwirken, wäre eine Lösung durch den Gesetzgeber wünschenswert.[38]

Für die Gemeinwohlbelange gilt in Entsprechung zu den Wohlfahrtszielen, dass diese dem Wettbewerbsziel nachgeordnet sind in dem Sinne, dass sie lediglich mittelbar als (gewünschter) Erfolg des Wettbewerbsprozesses gefördert und geschützt werden.[39] Nichtsdestoweniger finden sie keinen Eingang in die wettbewerbliche Würdigung, wenn nicht eine der benannten Sonderkonstellationen vorliegt oder die Voraussetzungen der Ausnahmevorschriften erfüllt sind.

B. Verfahren und Entscheidungen

Zur behördlichen Durchsetzung des Kartellrechts sind in der Europäischen Union die Europäische Kommission und die nationalen Wettbewerbsbehörden berufen, in Deutschland das Bundeskartellamt.[40] Die Wettbewerbsbehörden haben sowohl ein Aufgreif- als auch ein Auswahlermessen hinsichtlich ihrer Maßnahmen; es gilt das Opportunitätsprinzip.[41] Daneben steht die private Durchsetzung des Kartellrechts vor den nationalen Gerichten.[42]

I. Entscheidungsarten

Die wichtigsten Instrumente der Kommission in Kartell- und Missbrauchsfällen sind Abstellungsverfügungen nach Art. 7 Abs. 1 VO 1/2003 und Bußgeldentscheidungen nach Art. 23 VO 1/2003. Bei ersterer wird eine Zuwiderhandlung gegen die Wettbewerbsregeln festgestellt sowie die Verpflichtung ausgesprochen, die Zuwiderhandlung abzustellen. Hierzu werden konkrete Abhilfemaßnahmen festgeschrieben, entsprechend den in der Verordnung genannten Maßnahmen verhaltensorientierter oder struktureller Art.[43] Die Maßnahmen sind am Verhältnismäßigkeitsgrundsatz zu messen, sodass strukturelle Maßnahmen lediglich in Betracht kommen, wenn verhaltensorientierte Maßnahmen nicht die gleiche Wirksamkeit entfalten.[44]

---

[38] Für eine Modifikation des heutigen Art. 101 Abs. 3 AEUV und einen neuen Abs. 4, *Monti*, CMLR 39 (2002), 1057, 1096–1097; *Breuer*, Das EU-Kartellrecht im Kraftfeld der Unionsziele, S. 786–789, schlägt etwa vor, einen Katalog an gemeinwohlfördernden Vereinbarungen herauszuarbeiten. Als Beispiel wird auch die deutsche Ministererlaubnis in § 42 GWB genannt, *Franck*, in: Haucap/Budzinski, Recht und Ökonomie, S. 235, 247–254, insb. 252–254.

[39] Vgl. BKartA, Hintergrundpapier AK Kartellrecht 2020, S. 6.

[40] Art. 4 und 5 VO 1/2003; Art. 21 Abs. 2 FKVO; § 48 GWB.

[41] *Emmerich/Lange*, Kartellrecht, § 12, Rn. 3.

[42] Insbesondere können Unterlassungs-, Beseitigungs- und Schadensersatzansprüche geltend gemacht werden, vgl. §§ 33, 33a GWB.

[43] *Emmerich/Lange*, Kartellrecht, § 13, Rn. 6.

[44] So ausdrücklich Art. 7 Abs. 2 S. 2 und 3 VO 1/2003.

Eine Möglichkeit der einvernehmlichen Verfahrensbeendigung ist die Entscheidung nach Art. 9 VO 1/2003, mit der Verpflichtungszusagen von Unternehmen für verbindlich erklärt werden können. Sie kann zur Anwendung kommen, wenn die angebotenen Zusagen geeignet sind, die in einer vorläufigen Beurteilung festgestellten wettbewerbsrechtlichen Bedenken der Kommission auszuräumen.

Für die Kommission hat die Verpflichtungszusage den Vorteil eines eingeschränkten Prüfungs- und Begründungserfordernisses;[45] sie ist also Instrument für eine schnelle, einvernehmliche Verfahrensbeendigung.[46] Zudem ist der Verhältnismäßigkeitsgrundsatz nur eingeschränkt anwendbar.[47] Es wird lediglich überprüft, „ob die fraglichen Verpflichtungszusagen die von der Kommission gegenüber den beteiligten Unternehmen mitgeteilten Bedenken ausräumen und diese Unternehmen keine weniger belastenden Verpflichtungszusagen angeboten haben."[48] Dies wird mit der Erwägung begründet, das jeweilige Unternehmen lasse sich bewusst auf die Zusagen ein, im Wissen darum, dass diese über potenzielle Abstellungsverfügungen hinausgehen können.[49]

Für die Unternehmen hat die Verpflichtungszusage neben der Verfahrensbeschleunigung den Vorteil, dass keine Bindungswirkung hinsichtlich der Wettbewerbsverstöße für etwaige nachfolgende Schadensersatzprozesse eintritt.[50]

II. Ermittlungsbefugnisse

Zur Erarbeitung der tatsächlichen Grundlagen für die Entscheidungen hat die Kommission verschiedene Möglichkeiten, den jeweiligen Sachverhalt zu ermitteln. Zum einen kann sie einzelfallbezogen Befragungen und Unter-

---

[45] *Ritter/Wirtz*, in: Immenga/Mestmäcker, Bd. 1. EU, Art. 9 VO 1/2003, Rn. 19.

[46] *De Smijter/Sinclair*, in: Faull/Nikpay, The EU law of competition, Rn. 2.126.

[47] Vgl. *Ward/Bourke/Kristoff*, in: Bellamy & Child, European Union Law of Competition, Rn. 13.108.

[48] EuGH, Urt. v. 29.6.2010, *Alrosa*, C-441/07, EU:C:2010:377, Rn. 41.

[49] EuGH, Urt. v. 29.6.2010, *Alrosa*, C-441/07, EU:C:2010:377, Rn. 48. Zur Kritik hieran siehe bspw. *Schweitzer*, in: FS Möschel, S. 637, 645–648: Insbesondere wird bei dieser Auslegung des Verhältnismäßigkeitsgrundsatzes nicht berücksichtigt, dass das für die Unternehmen mildeste Mittel nicht zugleich das Wettbewerbsziel in optimaler Weise fördern muss.

[50] Vgl. § 33b GWB; *Bechtold/Bosch/Brinker*, EU-Kartellrecht, Art. 9 VO 1/2003, Rn. 13. Zu beachten bleibt allerdings das Urteil des EuGH in der Sache *Gasorba u.a.* Nach diesem „gebieten es sowohl der in Art. 4 Abs. 3 EUV genannte Grundsatz der loyalen Zusammenarbeit als auch das Ziel einer wirksamen und einheitlichen Anwendung des Wettbewerbsrechts der Union, dass das nationale Gericht die vorläufige Beurteilung der Kommission berücksichtigt und als Indiz oder als Anfangsbeweis für die Wettbewerbswidrigkeit der in Rede stehenden Vereinbarung im Hinblick auf Art. 101 Abs. 1 AEUV betrachtet", EuGH, Urt. v. 23.11.2017, *Gasorba u.a./Rapsol*, C-547/16, EU:C:2017:891, Rn. 29. Aus dieser Entscheidung wird gefolgert, dass Verpflichtungszusagen in Zukunft weniger attraktiv für Unternehmen werden könnten, *Fasoula*, CoRe 2018, 60, 64.

suchungen durchführen, Art. 18–22 VO 1/2003, zum anderen kann sie weitreichendere Sektoruntersuchungen nach Art. 17 VO 1/2003 hinsichtlich ganzer Märkte oder Wirtschaftszweige vornehmen.

III. Eigenes Fusionskontrollregelwerk

Ein eigenes Verfahren ist für den Bereich der Fusionskontrolle angeordnet. Nach einer Anmeldung durch die beteiligten Unternehmen wird ein abgestuftes Freigabeverfahren durchgeführt, das mit Untersagung, Freigabe unter Auflagen oder einer unbedingten Freigabe des angemeldeten Zusammenschlusses endet, Art. 8 FKVO. Eine Besonderheit des materiellen Fusionskontrollrechts besteht im Prüfungsmaßstab. Es wird eine Prognose getroffen, wie die Wettbewerbssituation sich im Vergleich mit oder ohne den angemeldeten Zusammenschluss entwickeln würde, während sonst lediglich rückwirkend Verhalten der Unternehmen bewertet werden.[51]

§ 2 Regulierungsrecht

Während das Kartellrecht mit dem eingangs genannten Drei-Säulen-Modell umschrieben werden kann,[52] ist das Regulierungsrecht als jüngeres Rechtsgebiet nicht klar umgrenzt.[53] Daher soll zunächst der Begriff des Regulierungsrechts umrissen werden, bevor dessen Grundlagen dargestellt werden. Anhand der Darstellung der Gründe und Ziele des Regulierungsrechts lassen sich die Besonderheiten der Finanzmarktregulierung herausarbeiten.[54] Diese Darstellung dient zudem im weiteren Fortlauf der Arbeit als Anhaltspunkt, wie das Zusammenwirken von Kartell- und Regulierungsrecht funktionieren kann.[55] Im Regulierungsrecht insbesondere der Netzwirtschaften wurden verschiedene Lösungsansätze zum Nebeneinander mit dem Kartellrecht entwickelt, die in der späteren Bewertung als Vergleichsgröße für das Recht der Finanzmärkte herangezogen werden können.

---

[51] Art. 2 Abs. 2, Abs. 3 FKVO; Europäische Kommission, Leitlinien zur Bewertung horizontaler Zusammenschlüsse, ABl. 2004 C 31/5, Rn. 9.

[52] Siehe oben S. 10. Gleichwohl ist auch der Begriff des Kartellrechts nicht abschließend definiert, siehe etwa *Franck/Stock*, YEL 39 (2020), 320.

[53] *Ruffert*, in: Fehling/Ruffert, Regulierungsrecht, § 7, Rn. 1.

[54] Siehe unten S. 53 ff.

[55] Siehe etwa zur Heranziehung des telekommunikationsrechtlichen Drei-Kriterien-Tests unten S. 236 ff.

A. Begriff des Regulierungsrechts

Der Begriff der Regulierung beziehungsweise des Regulierungsrechts ist definitorisch kaum zu fassen.[56] Ausgangspunkt ist ein ökonomischer Begriff, wonach Regulierung jeder staatliche Eingriff in dasjenige Ermessen ist, das ein Individuum oder eine Organisation ausüben kann.[57] Diese Eingriffe werden unterstützt durch die Drohung mit Sanktionen im Falle von Zuwiderhandlungen.[58]

In der Rechtswissenschaft ist der Begriff des Regulierungsrechts Gegenstand intensiver Diskussion.[59] Ausgangspunkt war ein gänzlich konturloser Regulierungsbegriff, der jegliche staatliche Regelung umfasste.[60] Dieser Begriff wurde nach und nach zunächst um einen Sektorbezug,[61] um einen Bezug zum Wettbewerb[62] und schließlich um die Gemeinwohlverpflichtung ergänzt.[63] Noch spezifischer wird der Regulierungsbegriff für die Netzindustrien verwendet, wo Regulierungsrecht aus denjenigen Normen bestehen soll, die insbesondere der Schaffung und Erhaltung von Wettbewerb auf den nachgelagerten Märkten, also der Beseitigung von *bottleneck*-Situationen,[64] dienen soll (sogenannter enger Regulierungsbegriff oder Regulierung im engeren Sinne).[65] Anderweitige Begriffsverständnisse nähern sich der Regulierung nicht als Oberbegriff einer bestimmten Rechtsmaterie, sondern aus einer funktionalen Perspektive. Regulierung soll danach vor allem verhaltenssteuerndes Recht umfassen, etwa in Abgrenzung zur Infrastruktur- oder Interessenausgleichsfunktion von Recht.[66]

---

[56] *Basedow*, in: FS Immenga, S. 3, 4; *Brenner*, EuR 2014, 671, 674.

[57] *Viscusi/Harrington/Sappington*, Economics of antitrust and regulation, S. 435.

[58] *Viscusi/Harrington/Sappington*, Economics of antitrust and regulation, S. 435.

[59] Siehe für eine Aufarbeitung der Diskussion etwa *Fetzer*, Staat und Wettbewerb in dynamischen Märkten, S. 10–17; *Kühling*, Sektorspezifische Regulierung in den Netzwirtschaften, S. 11–16, 20–30; *Ruffert*, in: Fehling/Ruffert, Regulierungsrecht, § 7, S. 332–361; *Schulz*, Kartellrecht als „Regulierungsinstrument", S. 49–60.

[60] Angelehnt an eine wörtliche Übersetzung des englischen Begriffs *regulation*, siehe *Ruffert*, in: Fehling/Ruffert, Regulierungsrecht, § 7, Rn. 4; ähnlich *Basedow*, in: FS Immenga, S. 3, 4.

[61] *Möschel*, in: FS Immenga, S. 277, 278.

[62] *Schmidt-Volkmar*, Das Verhältnis von kartellrechtlicher Missbrauchsaufsicht und Netzregulierung, S. 30; *Schulz*, Kartellrecht als „Regulierungsinstrument", S. 57.

[63] *Ruffert*, in: Fehling/Ruffert, Regulierungsrecht, § 7, Rn. 58.

[64] Eine *bottleneck*-Situation liegt vor, wenn der Zugang zu einem nachgelagerten Markt abhängig vom Zugang zu einem natürlichen Monopol ist, *Ibáñez Colomo*, LSE Working Paper 08/2016, S. 4. Typisches Beispiel hierfür ist das Bahnschienennetz, welches im Eigentum des ehemaligen Staatskonzerns Deutsche Bahn steht. Weitere Anbieter benötigen Zugang zu dieser kaum replizierbaren Infrastruktur, um ihre Dienste anbieten zu können.

[65] *Fuchs*, in: Körber, Wettbewerbsbeschränkungen auf staatlich gelenkten Märkten, S. 9, 15.

[66] *Hellgardt*, Regulierung und Privatrecht, S. 47–64. Als Beispiel für die Infrastrukturfunktion wird das Gesellschaftsrecht angeführt (S. 56); ein naheliegendes Beispiel ist

Für die Zwecke dieser Arbeit ist zu berücksichtigen, dass es sich bei den Finanzmärkten nicht um klassische Netzindustrien mit (ausschließlich) den typischen Zugangsproblemen handelt. Daher soll eine weitere Auslegung des Begriffs Regulierungsrechts verwendet werden, die nicht lediglich auf die Schaffung und Erhaltung von Wettbewerb auf nachgelagerten Märkten abzielt. Insofern wird der Begriff des Regulierungsrechts verstanden als Summe derjenigen Vorschriften, die sektorbezogen die Rahmenbedingungen für einen funktionierenden Wettbewerb durch die Beseitigung von Marktversagen schaffen und Gemeinwohlinteressen verfolgen sollen.[67] Dieser Regulierungsbegriff geht über das Kartellrecht hinaus insoweit, als über Wettbewerbsstörungen hinaus andere Formen von Marktversagen adressiert werden können und Aspekte der Verteilungsgerechtigkeit aufgenommen werden.[68] Hierauf wird im Folgenden als „Regulierung im weiteren Sinne" in Abgrenzung zur Regulierung der Netzindustrien Bezug genommen.

B. Gründe, Ziele und Werkzeuge sektorspezifischen Regulierungsrechts

Regulierungsrecht stellt einen Eingriff in die grundrechtlich geschützten wirtschaftlichen Handlungsfreiheiten der betroffenen Unternehmen und Einzelpersonen dar. Deshalb bedarf es eines rechtfertigenden Grundes für die Regulierung.[69] Dieser liegt regelmäßig in Störungen der Marktfunktionen, also in Marktversagen.[70] Für die Ermittlung von Marktversagen wird auf ökonomische Methoden zurückgegriffen. Mithilfe ökonomischer Analysen werden Abweichungen vom Modell perfekten Wettbewerbs festgestellt.[71] Dabei ist zu berücksichtigen, dass abseits von hypothetischen Modellen jeder Wettbewerb imperfekt ist, sodass qualifizierte Fälle von Marktversagen herauszuarbeiten sind.[72] Neben Marktversagen als ökonomisch determiniertem Regulierungsgrund (hierzu I.) stehen die Gemeinwohlinteressen und insbesondere die Versorgungsgewährleistung (hierzu II.).

---

sicherlich auch der *numerus clausus* des Sachenrechts. Als typisches Beispiel für die Interessenausgleichsfunktion wird das dispositive Vertragsrecht genannt (S. 59–60).

[67] Ähnlich *Fetzer*, Staat und Wettbewerb in dynamischen Märkten, S. 14; *Lepsius*, in: Fehling/Ruffert, Regulierungsrecht, § 19, Rn. 1; *Ruffert*, in: Fehling/Ruffert, Regulierungsrecht, § 7, Rn. 58.

[68] Siehe auch unten S. 30 f. und S. 36 f.

[69] *Möschel*, in: FS Immenga, S. 277, 280.

[70] *Fuchs*, in: Körber, Wettbewerbsbeschränkungen auf staatlich gelenkten Märkten, S. 9, 12; *Möschel*, in: FS Immenga, S. 277, 280; *Ruffert*, in: Fehling/Ruffert, Regulierungsrecht, § 7, Rn. 11, 18–21.

[71] *Kerber*, in: Möslein, Regelsetzung im Privatrecht, S. 59, 69.

[72] *Kirchner*, in: Assmann u.a., Markt und Staat in einer globalisierten Wirtschaft, S. 41.

I. Marktversagen als Grund für Regulierung

Im Einzelnen wird zwischen den folgenden – nicht abschließenden – Kategorien von Marktversagen unterschieden.[73]

1. Natürliche Monopole

Zunächst können natürliche Monopole den Markt beeinflussen. Diese treten vor allem in den sogenannten Netzindustrien[74] auf. Hier hat Regulierungsrecht in Europa seinen Ursprung: Regulierung wurde als Werkzeug zur Liberalisierung ehemals staatlich geschützter Monopole genutzt.

Natürliche Monopole sind dadurch gekennzeichnet, dass es aufgrund der Subadditivität der Kosten am günstigsten und damit ökonomisch sinnvollsten ist, die gesamte Nachfrage durch einen einzigen Anbieter abzudecken;[75] die Reproduktion des jeweiligen Monopolguts ist aus wirtschaftlichen oder tatsächlichen Gründen nicht sinnvoll.[76] Solche Konstellationen treten auf, wenn neben Bündelungsvorteilen der Einsatz irreversibler Kosten erforderlich ist, wenn also der eingesetzte Aufwand bei sinkender Nachfrage unwiederbringlich ist.[77]

Der sich hieraus ergebende Regulierungsbedarf ist klar abzustecken. Es ist präzise zu differenzieren, wie weit der Regulierungsbedarf tatsächlich reicht, welcher Bestandteil des Angebots konkret nicht (ökonomisch sinnvoll) reproduzierbar ist.[78] Für die Netzindustrien ist nunmehr anerkannt, dass nicht für den gesamten Markt, sondern lediglich hinsichtlich der Infrastruktur und des

---

[73] Siehe hierzu etwa *Brümmerhoff/Büttner*, Finanzwirtschaft, S. 57–99; *Cremer*, in: Fehling/Ruffert, Regulierungsrecht, § 5, Rn. 94–119; *Fritsch*, Marktversagen und Wirtschaftspolitik, S. 84–325; *Leschke*, in: Fehling/Ruffert, Regulierungsrecht, § 6, Rn. 23–70. Die genaue Klassifizierung oder Einordnung eines Marktphänomens in eine der Fallgruppen ist keine Voraussetzung für Regulierung, sondern dient der Vereinfachung bzw. der Veranschaulichung.

[74] Insb. Energie, Telekommunikation, Verkehrsinfrastruktur, (Ab-)Wasser, vgl. *Knieps*, Wettbewerbsökonomie, S. 22.

[75] *Kerber/Schwalbe*, in: MüKoWettbR, Bd. 1, Grdl., Rn. 644; *Knieps*, Wettbewerbsökonomie, S. 23; *Spulber/Yoo*, in: Blair/Sokol, Oxford Handbook of International Antitrust Economics, Vol. 1, S. 380, 382.

[76] *Deregulierungskommission*, Marktöffnung und Wettbewerb, Erstes Kapitel: Deregulierung als Programm?, Rn. 10.

[77] *Knieps*, in: Knieps/Brunekreeft, Zwischen Regulierung und Wettbewerb, S. 9, 13.

[78] Sog. disaggregierter Regulierungsansatz, *Knieps*, in: Knieps/Brunekreeft, Zwischen Regulierung und Wettbewerb, S. 9, 10; *Ricketts*, in: Crew/Parker, International Handbook on Economic Regulation, S. 34, 45: „The duty to encourage competition can therefore be interpreted as a policy of isolating the natural monopoly element from the surrounding potentially competitive activities."

Zugangs zu dieser Regulierung erfolgen muss.[79] Über das Monopol hinausgehende Regulierungseingriffe werden hingegen als schädlich angesehen.[80]

Im beschriebenen Fall natürlicher Monopole, insbesondere der Netzindustrien, ist Regulierungsziel ein Zugang zum *bottleneck*-Gut für Wettbewerber auf den nachgelagerten Märkten, also die Ermöglichung von Wettbewerb um die netzgebundenen Güter und Dienstleistungen.[81] Maßgeblich ist hierbei zu berücksichtigen, dass Zugangs- (und damit verbundene Entgelt-)Regulierung nur eine *second best*-Lösung darstellen kann, wenn und soweit intermodaler Wettbewerb besteht.[82] Unter Umständen kann die Regulierung in dieser Konstellation gar negative Auswirkungen auf die Wettbewerbssituation haben, wenn durch den eröffneten Zugang Systemwettbewerb unattraktiver gemacht wird.[83]

2. *Externe Effekte*

Ein weiterer Auslöser für Marktversagen können externe Effekte sein. Externe Effekte sind Auswirkungen der Leistungserbringung auf unbeteiligte Dritte.[84] Dritte können sowohl benachteiligt oder auch begünstigt werden (negative oder positive externe Wirkungen). Infolge der Drittwirkungen spiegelt der Preis der Leistung deren Chancen und Risiken nicht angemessen wider. Werden sie weder ausgeglichen noch sonst internalisiert, führen sie zu Fehlanreizen für die Aktivitäten des jeweiligen Marktteilnehmers.[85] Insbesondere bei öffentlichen Gütern spielt dies eine Rolle. Öffentliche Güter sind durch Nichtrivalität im Konsum und Nichtausschließbarkeit Dritter gekennzeichnet.[86] Ohne entsprechende Regelungen ist es für einen Produzenten häufig vorteilhaft, zulasten der Allgemeinheit negative externe Effekte an öffentlichen Gütern in Kauf

---

[79] *Basedow*, in: FS Immenga, S. 3, 17; *Leschke*, in: Fehling/Ruffert, Regulierungsrecht, § 6, Rn. 99.

[80] *Knieps*, in: Knieps/Brunekreeft, Zwischen Regulierung und Wettbewerb, S. 9, 10.

[81] *Schalast/Abrar*, ZWeR 2009, 85, 87–88.

[82] *Ibáñez Colomo*, LSE Working Paper 08/2016, S. 6.

[83] *Kirchner*, in: Assmann u.a., Markt und Staat in einer globalisierten Wirtschaft, S. 41, 44, 48; *Knieps*, in: Knieps/Brunekreeft, Zwischen Regulierung und Wettbewerb, S. 9, 18; *Laguna de Paz*, ECLR 33 (2012), 77, 79; am Beispiel des Telekommunikationsmarktes *Schalast/Abrar*, ZWeR 2009, 85, 102–103.

[84] *Viscusi/Harrington/Sappington*, Economics of antitrust and regulation, S. 454.

[85] *Möschel*, in: FS Immenga, S. 277, 281.

[86] *Knieps*, Wettbewerbsökonomie, S. 4. Aufgrund dieser spezifischen Charakteristika werden öffentliche Güter sowie meritorische und demeritorische Güter verschiedentlich als eigenständige Gründe für Regulierung betrachtet, siehe etwa *Cremer*, in: Fehling/Ruffert, Regulierungsrecht, § 5, Rn. 115–119 und insb. Rn. 95; *Leschke*, in: Fehling/Ruffert, Regulierungsrecht, § 6, Rn. 35–53.

zu nehmen.[87] Öffentliches Gut kann auch das Funktionieren eines Marktes sein.[88]

Externen Effekte kann auf zweierlei Arten begegnet werden: Entweder werden sie von vornherein verhindert oder sie werden internalisiert. Externe Effekte entstehen häufig infolge der imperfekten Zuordnung von Eigentumsrechten.[89] Insoweit ist eine Möglichkeit, Vorschriften über die Nutzung in Form von Ge- und Verboten aufzustellen oder Auflagen zu erlassen.[90] Wo dies nicht möglich oder nicht gewünscht ist, sollte eine Internalisierung erfolgen. Da vertragliche Regelungen zwischen den Betroffenen, insbesondere bei öffentlichen Gütern, typischerweise nicht ausreichen, um die Effekte zu internalisieren, ist es in diesen Fällen geboten, per staatlicher Intervention einen Ausgleich zu schaffen. Instrument hierfür sind sogenannte Pigou-Steuern oder Subventionen, durch die die externen Effekte entsprechend dem Verursacherprinzip zugeteilt werden.[91]

3. Netzwerkeffekte

Eine Untergruppe externer Effekte und somit ebenfalls potenzieller Auslöser von Marktversagen sind Netzwerkeffekte. Positive Netzwerkeffekte haben zur Folge, dass die Attraktivität eines Leistungsangebots steigt, je mehr Kunden dieses nutzen.[92] Dies kann aufgrund der unmittelbaren Verbesserung des Angebots bei steigender Nutzerzahl gelten (direkte Netzwerkeffekte)[93] oder aufgrund der veränderten Interaktion mit einer zweiten Kundengruppe (indirekte Netzwerkeffekte).[94] Diese Effekte treten häufig bei Plattformen auf und

---

[87] *Basedow*, in: FS Immenga, S. 3, 9.

[88] *Deregulierungskommission*, Marktöffnung und Wettbewerb, Erstes Kapitel: Deregulierung als Programm?, Rn. 9 a.E.; *Picot*, Zfbf 2009 (61), 655, 664.

[89] *Brümmerhoff/Büttner*, Finanzwirtschaft, S. 65–66.

[90] *Fritsch*, Marktversagen und Wirtschaftspolitik, S. 151–152.

[91] *Brümmerhoff/Büttner*, Finanzwirtschaft, S. 72–75. Pigou-Steuern sind Instrument zur Verhaltenssteuerung und dienen nicht vorrangig fiskalischen Zwecken.

[92] Grundlegend *Katz/Shapiro*, American Economic Review 75 (1985), 424. Siehe auch *Kerber/Schwalbe*, in: MüKoWettbR, Bd. 1, Grdl., Rn. 289.

[93] *Katz/Shapiro*, American Economic Review 75 (1985), 424, z.B. Fax, Telefon; *Franck/Peitz*, Market definition and market power in the platform economy, S. 13, z.B. Instant-Messaging-Dienste wie WhatsApp.

[94] *Katz/Shapiro*, American Economic Review 75 (1985), 424: Steigen die Käuferzahlen eines Computers, ist dies für alle Käufer vorteilhaft, da mehr Software angeboten wird; ähnlich beim Zugang zu Reparaturleistungen bei einer Automarke, *Katz/Shapiro*, a.a.O., S. 425; siehe auch *Franck/Peitz*, Market definition and market power in the platform economy, S. 14. Dass die Bereitstellung von Software für die Anbieter mit steigender Nutzerzahl attraktiver wird, stellt einen gruppenübergreifenden externen Effekt dar. Zur ungenauen Verwendung der Begriffe indirekte Netzwerkeffekte und gruppenübergreifende externe Effekte, *Franck/Peitz*, a.a.O., Fn. 12 und 13.

können, müssen aber nicht, in beide Richtungen wirken.[95] Aufgrund dieser positiven externen Effekte, die aus der Nutzung der Leistung für die jeweils andere Marktseite resultieren, ist es zumeist effizient, lediglich eine oder jedenfalls wenige Plattformen anzubieten.[96] Es besteht daher eine Tendenz zum sogenannten Tipping des Marktes, also ein Übergang zu einem monopolistischen Markt.[97]

Zudem geht die Entwicklung (digitaler) Plattformen regelmäßig mit hohen Fixkosten einher.[98] Aus dieser Nähe zu natürlichen Monopolen resultieren Vorschläge, diese ähnlich wie natürliche Monopole in den Netzindustrien zu regulieren, insbesondere Zugangsansprüche zu FRAND-Bedingungen[99] zu schaffen.[100] Zu beachten sind allerdings die Besonderheiten von Plattformmärkten. Zum einen kann es – anders als in den Netzindustrien – wirtschaftlich oder tatsächlich möglich sein, das Netzwerk zu reproduzieren und damit ein sogenanntes Multihoming, also die parallele Nutzung verschiedener Netzwerke zu ermöglichen.[101] Zum anderen ist es generell möglich, dass aus dem Wettbewerbsprozess Marktmacht entsteht, gerade auf zweiseitigen, typischerweise innovationsgeprägten Märkten.[102] Netzwerkeffekte und daraus resultierende Marktmacht auf zweiseitigen Märkten stellen somit nicht zwingend Marktversagen beziehungsweise Wettbewerbsversagen dar.

4. Informationsasymmetrien

Zuletzt sind Konstellationen mit asymmetrischen Informationslagen, insbesondere im Kontext des Verbraucherschutzes, Grund für Regulierung. Im Modell vollständiger Konkurrenz wird unterstellt, dass sämtliche Marktteilnehmer umfassend informiert sind. Informationsmängel sind dementsprechend Situationen, in denen Marktteilnehmer – insbesondere aufgrund hoher Informations-

---

[95] Zum Begriff der Plattform, insb. in der Erscheinungsform der zweiseitigen Plattform, *Franck/Peitz*, Market definition and market power in the platform economy, S. 15–17.

[96] So bereits *Kühling*, Sektorspezifische Regulierung in den Netzwirtschaften, S. 39.

[97] Siehe *Schweitzer/Haucap/Kerber/Welker*, Modernisierung der Missbrauchsaufsicht für marktmächtige Unternehmen, S. 21.

[98] *Dreher*, ZWeR 2009, 149, 153.

[99] FRAND ist die Abkürzung für *fair, reasonable, and non-discriminatory*. Der Begriff stammt aus dem Patentrecht und bezeichnet die Bedingungen, unter denen ein Angebot auf Abschluss eines Lizenzvertrages als angemessen erachtet wird, *Meinhardt*, in: Weber, Rechtswörterbuch, Stichwort FRAND.

[100] Zur Regulierung digitaler Märkte z.B. *Schweitzer/Haucap/Kerber/Welker*, Modernisierung der Missbrauchsaufsicht für marktmächtige Unternehmen, S. 33–37.

[101] *Schweitzer/Haucap/Kerber/Welker*, Modernisierung der Missbrauchsaufsicht für marktmächtige Unternehmen, S. 22.

[102] Vgl. *Schwalbe/Zimmer*, Kartellrecht und Ökonomie, S. 78.

kosten – in einer Weise uninformiert sind, dass der Markt versagt.[103] Häufig tritt dieses Problem in Form der sogenannten Prinzipal-Agenten-Konstellation auf.[104] Aufgrund der ungleichen Interessenlage bezüglich der aufgewendeten Zeit und der Ressourcen zur Informationsbeschaffung[105] bedarf es eines Korrektivs durch Regulierung.[106]

Die Antwort auf die Frage nach der passenden Regulierung bei Informationsasymmetrien ist zum Teil schwierig zu finden. Im Ausgangspunkt sollen die Asymmetrien beseitigt werden. Allerdings ist es häufig nicht ausreichend, die Marktteilnehmer zu verpflichten, gewisse Informationen zur Verfügung zu stellen. Unternehmen sind in einzelnen Konstellationen ohnehin bereits verpflichtet, dies zu tun.[107] Das Problem stellt sich dann auf Abnehmerseite: Die Kunden nutzen die Informationen nicht, häufig aus rationaler Apathie mit Blick auf den schieren Umfang der Information.[108] Die mit der Verarbeitung verbundenen Transaktionskosten übersteigen den Mehrwert für den einzelnen Betroffenen. Insoweit sind verschiedene Lösungsansätze denkbar:[109] Auf Seiten der überlegenen Partei können vertragliche Gestaltungsmöglichkeiten durch gesetzliche Vorgaben beschränkt werden, um das – nur rationale – Ausnutzen der Informationsasymmetrien zu verhindern; es können etwa Mindeststandards gesetzt werden.[110] Ebenfalls können die Anforderungen an die Informationsbereitstellung dergestalt erhöht werden, dass der Informationsempfänger die wesentlichen Informationen tatsächlich entnehmen kann, ohne

---

[103] Grundlegend *Akerlof*, Quarterly Journal of Economics 84 (1970), 488. Neben dem namensgebenden Beispiel des Gebrauchtwagenmarktes wird am Beispiel der Krankenversicherung für über 65-Jährige aufgezeigt, wie der Marktmechanismus infolge von Informationsasymmetrien gänzlich versagen kann, *Akerlof*, a.a.O., S. 492–494. Siehe auch *Fritsch*, Marktversagen und Wirtschaftspolitik, S. 249.

[104] *Mankiw/Taylor*, Economics, S. 401–402.

[105] Typisches Beispiel sind Vertragsbedingungen, insbesondere AGB. *Per se* können schlechte Vertragsbedingungen durch den Wettbewerbsprozess ausselektiert werden, wenn und soweit diese für die Marktteilnehmer von Bedeutung sind und diese deshalb Ressourcen in die Informationsbeschaffung investieren. In den Massengeschäften des täglichen Lebens spielen diese jedoch nur so selten eine Rolle, dass sie keinen spürbaren Einfluss bei der Auswahl des Vertragspartners ausüben, *Deregulierungskommission*, Marktöffnung und Wettbewerb, Erstes Kapitel: Deregulierung als Programm?, Rn. 12; *Leschke*, in: Fehling/Ruffert, Regulierungsrecht, § 6, Rn. 60–64.

[106] *Schäfer/Ott*, Lehrbuch der ökonomischen Analyse des Zivilrechts, S. 619–620.

[107] Im Verbraucherbereich etwa aus § 491a BGB mit Blick auf den Verbraucherdarlehensvertrag oder aus § 305 Abs. 2 BGB hinsichtlich der AGB; § 325 HGB verpflichtet Kapitalgesellschaften zu regelmäßiger Bereitstellung von Geschäftsinformationen; im Aktienrecht hat jeder Aktionär aus § 131 AktG Anspruch auf Informationen.

[108] Beispielhaft für Aktionäre von Publikumsgesellschaften *Siems*, Die Konvergenz der Rechtssysteme im Recht der Aktionäre, S. 111–114. Hinsichtlich der AGB verschiedener Anbieter *Schäfer/Ott*, Lehrbuch der ökonomischen Analyse des Zivilrechts, S. 619–620.

[109] Umfassend *Fritsch*, Marktversagen und Wirtschaftspolitik, S. 282–188.

[110] Vgl. *Schäfer/Ott*, Lehrbuch der ökonomischen Analyse des Zivilrechts, S. 133.

übermäßige Transaktionskosten tragen zu müssen.[111] Verbunden werden kann dies mit Haftungsregeln, um die effektive Durchsetzung der Verhaltensstandards zu befeuern.[112]

II. Erzielung von Verteilungsgerechtigkeit

Dem Modell der rein ökonomischen Regulierung liegt die Prämisse zugrunde, dass durch die Wiederherstellung perfekten Wettbewerbs eine optimale Ressourcenverteilung erzielt wird. Wie bereits im Definitionsversuch zum Regulierungsrecht herausgestellt, treten neben die Wettbewerbsziele allerdings auch Gemeinwohlinteressen wie beispielsweise die flächendeckende Versorgung der Bevölkerung mit verschiedenen Dienstleistungen zu angemessenen Preisen.[113] Dieser normativ geprägten Zielsetzungen bedarf es, da sie im Modell perfekten Wettbewerbs vernachlässigt werden, was wiederum auf die unrealistischen Annahmen und Voraussetzungen des Modells zurückzuführen ist.[114]

Vorausgesetzt werden zunächst atomistische Konkurrenz und ausschließlich rationales Handeln aller Marktteilnehmer.[115] Nicht rationale Verhaltensweisen werden im klassischen Wettbewerbsmodell nicht berücksichtigt.[116] Zudem wird die vollständige Information aller Marktteilnehmer zugrunde gelegt.[117] Entsprechende Transaktionskosten zur Beseitigung der Informationsasymmetrien werden außen vor gelassen.[118] Diese Annahmen lassen sich in der Realität nicht oder nur äußerst selten finden.[119]

Ergebnis perfekten Wettbewerbs ist eine Pareto-effiziente Allokation von Ressourcen. Dies bedeutet, dass ein (Verteilungs-)Zustand erreicht wurde, der nicht geändert werden kann, ohne nachteilige Wirkungen bei Dritten zur Folge zu haben.[120] Pareto-Effizienz kann allerdings aus verschiedenen Ausgangslagen erreicht werden, ohne dass der jeweilige Pareto-effiziente Zustand

---

[111] So beispielsweise der Gedanke von Art. 7 ProspektVO, der neben dem allgemeinen Prospekt eine Prospektzusammenfassung von maximal sieben Seiten (Abs. 3) anordnet, die zudem keine (Quer-)Verweise enthalten darf (Abs. 11), ErwG 28–30 ProspektVO.

[112] Bspw. §§ 9, 10 WpPG bzgl. der Prospekthaftung.

[113] *Erlei/Leschke/Sauerland*, Institutionenökonomik, S. 322–323; *Fuchs*, in: Körber, Wettbewerbsbeschränkungen auf staatlich gelenkten Märkten, S. 9, 16–17.

[114] Hierzu *Kerber/Schwalbe*, in: MüKoWettbR, Bd. 1, Grdl., Rn. 149–157; insb. Rn. 153: „Für die Existenz eines solchen Gleichgewichts müssen jedoch mehrere restriktive Bedingungen erfüllt sein, was in der Realität – wenn überhaupt – nur in einer sehr geringen Anzahl von Märkten der Fall sein dürfte."

[115] *Kerber/Schwalbe*, in: MüKoWettbR, Bd. 1, Grdl., Rn. 150.

[116] Grundlegend zu den Schwächen des *homo oeconomicus*-Modells *Kahneman/Tversky*, Econometrica 47 (1979), 263–292.

[117] *Schwalbe/Zimmer*, Kartellrecht und Ökonomie, S. 16.

[118] *Kerber/Schwalbe*, in: MüKoWettbR, Bd. 1, Grdl., Rn. 154.

[119] *Schwalbe/Zimmer*, Kartellrecht und Ökonomie, S. 15.

[120] *Knieps*, Wettbewerbsökonomie, S. 8, 9.

identisch ausfällt.[121] Aufgrund der Maßgabe, dass jede Transaktion unter dem Vorbehalt der Zustimmung aller Betroffenen steht, wird die Ausgangslage, aus der sich eine Pareto-optimale Ressourcenallokation ergibt, eine maßgebliche Determinante für das Marktergebnis, ohne dass das Pareto-Kriterium einem der in Abhängigkeit von der Ausgangslage verschiedenen Zustände den Vorzug geben würde.[122] Pareto-effiziente Verteilung entspricht daher nicht zwangsläufig den Wunschvorstellungen der Bevölkerung oder dem Prinzip der sozialen Marktwirtschaft.[123] Einige Güter sind aber derart wichtig, dass die Versorgung aller Marktteilnehmer – unabhängig von der wirtschaftlichen Ausgangslage – gesichert werden muss.[124] Zudem werden die (Aus-)Nutzung öffentlicher Güter und die daraus resultierenden negativen externen Effekte vernachlässigt.[125]

Diese fehlende Berücksichtigung von Verteilungsgesichtspunkten im Modell führt dazu, dass neben dem Wettbewerbsziel weitere normative Zielsetzungen herangezogen werden müssen, um nicht nur ein effizientes, sondern auch ein soziales Marktumfeld zu schaffen.[126] Es herrscht daher eine Pluralität an Regelungszielen; anders als im Kartellrecht[127] werden neben dem Wettbewerbsziel weitere Interessen verfolgt.[128]

Diese weiteren Kriterien ergeben sich nicht zuletzt aus Verfassungsnormen und -grundsätzen oder Vorschriften des europäischen Rechts. Das Wettbewerbsziel wird hierbei der Gemeinwohlverpflichtung unterworfen. Es soll ein sozialpflichtiger Wettbewerb geschaffen werden.[129] So ordnet Art. 3 Abs. 3 S. 2 EUV eine „wettbewerbsfähige soziale Marktwirtschaft" an. Ebenso

---

[121] *Knieps*, Wettbewerbsökonomie, S. 9.

[122] *Heise*, Das Verhältnis von Regulierung und Kartellrecht im Bereich der Netzwirtschaften, S. 43; *Schäfer/Ott*, Lehrbuch der ökonomischen Analyse des Zivilrechts, S. 17–18. Vgl. bereits *von Hayek*, Der Wettbewerb als Entdeckungsverfahren, S. 11: „[D]er Markt [kann] nicht mehr herbeiführen […] als eine Annäherung an irgendeinen Punkt jener n-dimensionalen Oberfläche, durch die die reine Theorie den Horizont der Möglichkeiten beschreibt, der bei der Erzeugung jeder beliebigen Kombination der Güter und Leistungen denkbarerweise erreicht werden könnte."

[123] *Mohr*, EuZW 2019, 229, 230, *ders.*, in: Säcker/Schmidt-Preuß, Grundsatzfragen des Regulierungsrechts, S. 94, 99.

[124] *Lepsius*, in: Fehling/Ruffert, Regulierungsrecht, § 19, Rn. 3; *Ruffert*, in: Fehling/Ruffert, Regulierungsrecht, § 7, Rn. 55.

[125] Typisches Beispiel hierfür ist die Umwelt bzw. deren Schutz, vgl. *Homann*, in: Körber, Wettbewerbsbeschränkungen auf staatlich gelenkten Märkten, S. 59, 63.

[126] Vgl. *Kerber*, in: Möslein, Regelsetzung im Privatrecht, S. 59, 63–66.

[127] Siehe oben S. 15 f.

[128] *Fuchs*, in: Körber, Wettbewerbsbeschränkungen auf staatlich gelenkten Märkten, S. 9, 16; *Lepsius*, in: Fehling/Ruffert, Regulierungsrecht, § 19, Rn. 10. Für eine Auflistung der jeweiligen sektorspezifischen Regelungsziele, *Lepsius*, a.a.O., Rn. 11–24.

[129] *Lepsius*, in: Fehling/Ruffert, Regulierungsrecht, § 4, Rn. 1; *Ruffert*, in: Fehling/Ruffert, Regulierungsrecht, § 3, Rn. 27.

verpflichtet Art. 20 Abs. 1 GG zum Sozialstaat.[130] Anders als im Kartellrecht ist Wettbewerb kein Selbstzweck.[131] Nichtsdestoweniger ist eine Orientierung am Problem des Marktversagens mit Blick auf die grundsätzlich wünschenswerte Situation perfekten Wettbewerbs geeignet, den Ausgangspunkt für Regulierung zu markieren. Die sich daraus ergebenden Konsequenzen und Handlungsmöglichkeiten sind im Anschluss unter Berücksichtigung normativer Kriterien kritisch zu hinterfragen und im Einzelfall anzupassen.[132] Letztlich geht es dabei nicht um Entscheidungen anhand von rechtlichen Kriterien, sondern um eine politische Entscheidungsfindung.[133] Das Wettbewerbsziel ist hierbei lediglich eines von mehreren Kriterien, die für die Regulierung gleichrangig nebeneinander angesiedelt sind.[134]

§ 3 Gemeinsamkeiten und Unterschiede

Im folgenden Abschnitt wird dargestellt, inwieweit Kartell- und Regulierungsrecht sich unterscheiden, wo und wie sie sich komplementär ergänzen oder ausschließen. Diese Darstellung soll wiederum als Bezugsgröße für das Verhältnis zwischen Kartellrecht und Finanzmarktregulierung dienen. Wie bereits angerissen, dienen Kartell- und Regulierungsrecht – jedenfalls auch – dem Schutz des Wettbewerbs. Ebenfalls wurde herausgestellt, dass das Regulierungsrecht darüber hinaus Gemeinwohlinteressen verpflichtet ist. Insoweit stellt sich die Frage, ob aus den divergierenden Regelungszielen Zielkonflikte entstehen, die durch Konkurrenzregeln aufgelöst werden müssen, oder ob die Rechtsgebiete unabhängig voneinander angewendet werden können. Es ist zu erörtern, ob das Wettbewerbsziel zugunsten von Gemeinwohlerwägungen zurücktreten muss, oder ob umgekehrt das Wettbewerbsziel Vorrang gegenüber anderweitigen Erwägungen hat.

Da es keine feststehende Typisierung von Regulierungsrecht gibt, kann diese Gegenüberstellung nur anhand einzelner Fallgruppen des Regulierungsrechts erfolgen. Insbesondere kann hierbei zwischen Regulierungsrecht im engeren Sinne (Regulierung von Netzen) und im weiteren Sinne differenziert werden.[135] Ersteres weist eine Nähe zur Zugangsregulierung nach Art. 102 AEUV auf, während letzteres zumeist von wettbewerblichen Wertungen

---

[130] *Grzeszick*, in: Dürig/Herzog/Scholz, Grundgesetz-Kommentar, Art. 20, Abschnitt VIII., Rn. 1.

[131] *Lepsius*, in: Fehling/Ruffert, Regulierungsrecht, § 4, Rn. 5–6; *ders.*, in: Schmidt-Preuß/Körber, Regulierung und Gemeinwohl, S. 102, m.w.N.

[132] Vgl. *Kerber*, in: Möslein, Regelsetzung im Privatrecht, S. 59, 66.

[133] *Heise*, Das Verhältnis von Regulierung und Kartellrecht im Bereich der Netzwirtschaften, S. 43–44; *Lepsius*, in: Fehling/Ruffert, Regulierungsrecht, § 19, Rn. 29, 30.

[134] *Lepsius*, in: Fehling/Ruffert, Regulierungsrecht, § 19, Rn. 5, 41.

[135] Vgl. bereits oben S. 18 f. zur Begriffsbestimmung.

abgekoppelt ist und lediglich mittelbar Einfluss auf den Wettbewerbsprozess nimmt. Zugleich soll dargestellt werden, wie sich die potenziellen Konflikte auf die Anwendung der beiden Materien auswirken.

A. Gemeinsamer Ursprung: Zugangsansprüche im natürlichen Monopol als sektorspezifisches Sonderkartellrecht[136]

Ausgangspunkt der Diskussionen zum Verhältnis von Kartell- und Regulierungsrecht waren die Netzindustrien und die dortigen Deregulierungsbestrebungen. Nachdem staatliche Monopole jedenfalls teilweise für den Wettbewerb geöffnet wurden, stellte sich das Problem, den angestrebten Wettbewerb entgegen den Interessen der ehemaligen staatlichen Monopolunternehmen durchzusetzen. Da das Kartellrecht als unzureichend angesehen wurde, dieser Zielsetzung gerecht zu werden, wurden sektorspezifische Regelungen geschaffen.[137] Die Regelungen beinhalteten typischerweise über das Wettbewerbsproblem hinausgehende Lösungsansätze, die Gemeinwohlinteressen und insbesondere die flächendeckende Versorgung der Allgemeinheit mit den Netzgütern berücksichtigten. Damit einhergehend entsprangen die Fragen der parallelen Anwendbarkeit und der Zielkonflikte zwischen den Materien.[138]

Die dort gefundenen Lösungen interessieren auch für die vorliegende Arbeit, da sich in Teilen der Finanzmärkte ebenfalls (natürliche) Monopole vorfinden lassen. Etwaiges Regulierungsrecht und darin enthaltene Zugangsansprüche berücksichtigen typischerweise weitergehende Regelungsziele, wie insbesondere die Finanzmarktstabilität. Die Frage nach der parallelen Anwendbarkeit von Normen sowie der Auflösung von Zielkonflikten zwischen Kartellrecht und gemeinwohlorientiertem Regulierungsrecht stellt sich somit in vergleichbarer Weise, sodass sich ein Rückgriff auf Lösungsansätze aus den Netzindustrien anbietet.

---

[136] Der Begriff des sektorspezifischen Sonderkartellrechts ist übernommen von *Kühne*, in: FS Immenga, S. 243.

[137] *Basedow*, in: FS Immenga, S. 3, 9–10; *Körber*, in: FS Möschel, S. 1043, 1046–1047.

[138] Diese Fragestellungen sind Gegenstand umfangreicher Diskussionen in der Rechtswissenschaft und sollen im Folgenden lediglich kursorisch dargestellt werden. Umfassend siehe bspw. *Schmidt-Volkmar*, Das Verhältnis von kartellrechtlicher Missbrauchsaufsicht und Netzregulierung. Aus ökonomischer Perspektive etwa *Schlepütz*, Sektorspezifische Regulierung versus Missbrauchsaufsicht.

Das Verhältnis nationaler sektorspezifischer Regelungen und v.a. § 19 Abs. 2 Nr. 4 GWB unterfällt häufig spezialgesetzlichen Konkurrenzregeln, wie etwa § 111 EnWG. Aufgrund der weitgehend europarechtlich geprägten Ausrichtung dieser Arbeit wird auf die Darstellung verzichtet.

I. Nebeneinander in der Anwendung?

Zugangsansprüche können sich im Kartellrecht vor allem aus Art. 102 AEUV unter der sogenannten *essential facilities*-Doktrin als Unterfall der Geschäftsverweigerung ergeben.[139] Ausgangspunkt sind hierbei die Grundsätze der Privatautonomie und der Eigentumsfreiheit.[140] Hieraus folgt, dass keine grundsätzliche Verpflichtung des Marktbeherrschers besteht, fremden Wettbewerb mit Mitteln zu fördern, die er sich durch eigene Anstrengungen geschaffen hat.[141] Kartellrechtliche Zugangsansprüche sind „wettbewerbspolitisch nur in Fällen [zu] rechtfertigen, in denen das marktbeherrschende Unternehmen den betreffenden Markt fest in seinem Griff hält."[142]

Daneben stehen Zugangs- und sonstige Ansprüche des Regulierungsrechts. Deren Inhalt ist weitgehend durch europäische Richtlinien determiniert. Die Vorschriften des TKG enthalten in §§ 28 und 42 eigenständige Missbrauchstatbestände, ebenso das EnWG in § 30 oder das PostG in § 32. Zudem enthalten die § 21 TKG, § 20 EnWG spezielle Zugangsverpflichtungen.

Stellt man sich die Frage, welche Vorschriften im Einzelfall anzuwenden sind, lässt sich zunächst festhalten, dass Art. 101 und 102 AEUV unabhängig von anderen Normen umfassend Geltung finden. Sie sind unmittelbar anwendbar und entfalten Rechtswirkung zwischen allen Normadressaten, ungeachtet eines Eingreifens einer Kartellbehörde.[143] Auch mitgliedstaatliche Gerichte sind verpflichtet, die kartellrechtlichen Normen anzuwenden.[144] Aufgrund ihres Status als Primärrecht können sie weder durch nationales Recht noch durch Sekundärrecht eingeschränkt werden, es sei denn, dies ist im Primärrecht

---

[139] Grundlegend EuGH, Urt. v. 26.11.1998, *Bronner*, C-7/97, EU:C:1998:569, Rn. 38–41. Umfassend hierzu z.B. *Eilmansberger/Bien*, in: MüKoWettbR, Bd. 1, Art. 102 AEUV, Rn. 462–559. Im Einzelfall kann ein Zugangsanspruch aus Art. 101 AEUV abgeleitet werden, wenn die Zugangsverweigerung auf einem wettbewerbsbeschränkenden Verhalten beruht, Europäische Kommission, E. v. 3.10.2007, COMP/D1/37.860 – *Morgan Stanley/VISA International und VISA Europe*.

[140] Generalanwalt *Jacobs*, Schlussanträge v. 28.5.1998, *Bronner*, C-7/97, EU:C:1998:264, Rn. 56.

[141] So (wohl) BGH, Urt. v. 12.11.1991, *Aktionsbeiträge*, KZR 2/90, Rn. 27 nach juris. Kritisch zu diesem angeblich tradierten Grundsatz *Foerster*, WuW 2015, 233 m.w.N. zur Rspr. Für das europäische Recht ähnlich *Fuchs*, in: Immenga/Mestmäcker, Bd. 1. EU, Art. 102 AEUV, Rn. 333.

[142] EuGH, Urt. v. 25.3.2021, *Slovak Telekom*, C-165/19 P, EU:C:2021:239, Rn. 48.

[143] St. Rspr., EuGH, Urt. v. 3.12.1963, *van Gend & Loos*, Rs. 26/62, ECLI:EU:C:1963:1, S. 25; *Eilmansberger/Kruis*, in: Streinz, EUV/AEUV, Vorbemerkungen zu Art. 101 ff., Rn. 12; *Kamann*, in: Kamann/Ohlhoff/Völcker, Kartellverfahren und Kartellprozess, § 3, Rn. 18.

[144] EuGH, Urt. v. 13.7.2006, *Manfredi*, C-295/04 bis C-298/04, EU:C:2006:461, Rn. 31.

vorgesehen.[145] Sie werden nicht aufgrund des *lex specialis*-Grundsatzes verdrängt; dieser gilt nur bei Normen derselben Hierarchiestufe.[146] Da Regulierungsrecht in dieser Form ausgestaltet ist, kann es das europäische Kartellrecht jedenfalls nicht verdrängen.[147] Allenfalls kann Sekundärrecht Art. 102 AEUV konkretisieren, ohne dabei den Inhalt der Vorschrift zu modifizieren.[148] Grundsätzlich sind Kartell- und Regulierungsrecht daher parallel anwendbar.

Eingeschränkt wird dieser Grundsatz durch Art. 3 Abs. 2 S. 2 VO 1/2003, welcher strengere innerstaatliche Vorschriften hinsichtlich einseitiger Verhaltensweisen zulässt, und durch Art. 3 Abs. 3 a. E. VO 1/2003. Nach dieser Vorschrift stehen Art. 81, 82 EGV (heutige Art. 101, 102 AEUV) „nicht der Anwendung von Bestimmungen des einzelstaatlichen Rechts entgegen, die überwiegend ein von den Artikeln 81 und 82 des Vertrags abweichendes Ziel verfolgen."[149] Dies dürfte bei Zugangsansprüchen kaum einmal der Fall sein, da diese jedenfalls auch der Verwirklichung des Telos des Art. 102 AEUV dienen, entgegen der (natürlichen) Monopolstellung des Netzbetreibers die nachgelagerten Märkte offenzuhalten.[150]

II. Zielkonflikte: Gemeinwohlverpflichtung vs. Wettbewerb

Wo auf denselben Sachverhalt zwei Regelungskomplexe anwendbar sind, stellt sich neben der Anwendbarkeitsfrage diejenige nach Zielkonflikten. Grundsätzlich zielen beide Materien darauf ab, diskriminierungsfreien Zugang zu den Netzen zu angemessenen Konditionen zu gewähren.[151] Ausgehend hiervon deckt sich die Ratio der Zugangs- und Entgeltkontrollvorschriften des Regulierungsrechts mit der der kartellrechtlichen Vorschriften. Verschiedentlich

---

[145] EuG, Urt. v. 29.3.2012, *Spanien/Kommission*, T-398/07, EU:T:2012:173, Rn. 55; Urt. v. 10.7.1990, *Tetra Pak*, T-51/89, EU:T:1990:41, Rn. 25 a.E.; *Nettesheim*, EuR 2006, 737, 746–747.

[146] *Fuchs*, in: Immenga/Mestmäcker, Bd. 1. EU, Art. 102 AEUV, Rn. 404; allgemein *Wank*, Juristische Methodenlehre, § 5, Rn. 163, 172.

[147] Vgl. am Beispiel der Entgeltregulierung für Bahntrassen mit umfangreichen Nachweisen BGH, Urt. v. 29.10.2019, *Trassenentgelte*, KZR 39/19, Rn. 18–22, WuW 2020, 209, 210–211.

[148] *Schmidt-Volkmar*, Das Verhältnis von kartellrechtlicher Missbrauchsaufsicht und Netzregulierung, S. 158–174.

[149] Als abweichende Ziele kommen nur solche in Betracht, die sich von den Zielen des Art. 101 AEUV unterscheiden, da strengeres einzelstaatliches Recht in Bezug auf einseitige Verhaltensweisen bereits nach Art. 3 Abs. 2 S. 2 VO 1/2003 zulässig ist, *Franck/Stock*, YEL 39 (2020), 320, 341–344. Diese abweichenden Ziele umfassen insb. den Schutz konkreter Marktteilnehmer und deren individuelle Freiheiten sowie die Beseitigung von Marktversagen, das nicht auf Marktmacht beruht, *Franck/Stock*, a.a.O., S. 345–356.

[150] *Körber*, in: FS Möschel, S. 1043, 1044; *Ruffert*, in: Fehling/Ruffert, Regulierungsrecht, § 7, Rn. 42; *Säcker*, EnWZ 2015, 531.

[151] *Körber*, in: FS Möschel, S. 1043, 1044; *Säcker*, EnWZ 2015, 531, 532.

wird das sektorspezifische Regulierungsrecht insoweit als „Sonderkartellrecht“[152] oder als „Zwillingsschwester“ des Kartellrechts bezeichnet.[153]

Dennoch lassen sich neben den Gemeinsamkeiten auch Unterschiede zwischen den Materien feststellen: Ein Unterschied wird bedingt durch die über das Kartellrecht hinausgehende Gemeinwohlverpflichtung des Regulierungsrechts,[154] welche im Kartellrecht der „unsichtbaren Hand“ des Wettbewerbs überlassen wird. Während Kartellrecht ausschließlich den Wettbewerbsprozess im Blick hat und weitere Ziele als mittelbare Folgen mit umfasst, muss das Regulierungsrecht infolge seines Grundversorgungscharakters unmittelbar den Zugang der Bevölkerung zu essenziellen Waren und Dienstleistungen berücksichtigen.[155] So darf Abnehmern, für die aufgrund der örtlichen Situation eine Netzerschließung finanziell nicht lohnenswert ist, kostendeckende Versorgung also nicht möglich ist, der Zugang zu notwendigen Ressourcen wie Energie oder Wasser nicht verwehrt werden. Wo der Wettbewerb insoweit hinsichtlich des Versorgungszieles versagen würde, muss der Staat eintreten und – sofern er die Versorgung nicht selbst übernimmt – zur Versorgung verpflichten.[156] Der Wettbewerb muss hinter die Gemeinwohlverpflichtung zurücktreten beziehungsweise in deren Grenzen im Sinne eines gemeinwohlorientierten Wettbewerbs stattfinden.[157] Das Gemeinwohl, insbesondere die Versorgungsgewährleistung, nimmt eine Leitfunktion in der Schaffung und Anwendung des Regulierungsrechts ein, während es im Kartellrecht lediglich mittelbar als reflexartige Folge funktionierenden Wettbewerbs angestrebt wird.

Insofern sind Kartell- und Regulierungsrecht, trotz fast wortlautidentischer Verpflichtung hinsichtlich der Schaffung und Aufrechterhaltung von Wettbewerb, nicht demselben Wettbewerbsziel verschrieben. Während das Kartellrecht Wettbewerb im originären Sinne – insbesondere die wirtschaftlichen Handlungsfreiheiten der Marktteilnehmer – schützen will, schafft Regulierungsrecht von Beginn an keinen freien Wettbewerb, sondern institutionalisiert „einen sozialpflichtigen Wettbewerb, der entweder nicht von allein bestehen könnte oder nur um der Erreichung bestimmter Gemeinwohlziele errichtet

---

[152] *Körber*, in: FS Möschel, S. 1043, 1044; *Kühne*, in: FS Immenga, S. 243, 248.

[153] *Säcker*, in: BerlKommEnergR, Einleitung, A., Rn. 65; *ders.*, in: MüKoWettbR, Bd. 1, Grdl., Rn. 1003; *ders.*, EnWZ 2015, 531, 534.

[154] *Lepsius*, in: Schmidt-Preuß/Körber, Regulierung und Gemeinwohl, S. 102; *Säcker*, MüKoWettbR, Bd. 1, Grdl., Rn. 1002.

[155] Vgl. den Wortlaut von § 1 TKG, § 1 Abs. 2 EnWG, § 1 PostG, die jeweils die Förderung und Sicherstellung des Wettbewerbs anordnen bei gleichzeitiger Wahrung der flächendeckenden Versorgung zu angemessenen Kondition. Ähnlich auch § 1 Abs. 1, 5 AEG, der zum sicheren Betrieb der Eisenbahn, zur Wahrung der Verbraucherinteressen und zur Angleichung von Wettbewerbsbedingungen verpflichtet. Siehe auch *Ottanelli*, CompLRev 12 (2016), 53, 55.

[156] *Ibáñez Colomo*, LSE Working Paper 08/2016, S. 4.

[157] Vgl. *Lepsius*, in: Schmidt-Preuß/Körber, Regulierung und Gemeinwohl, S. 102, 107–108.

wird."[158] Wo besonderes Regulierungsrecht erlassen wurde, schafft es die Rahmenbedingungen, setzt gleichsam die Grenzen, innerhalb derer das Wettbewerbsziel verfolgt werden kann.[159] Somit besteht – jedenfalls teilweise – ein Stufenverhältnis, in dem Regulierungsrecht über Kartellrecht hinausgeht.

B. Regulierungsrecht im weiteren Sinne als vom Kartellrecht unabhängiges Regelungsgefüge

Deutlich wird dieses Stufenverhältnis abseits der spezifisch netzbezogenen Regelungen, wo die Gemeinwohlverpflichtung zwar ebenfalls hervortritt, aber eben neben dem Wettbewerbsziel auftritt. In diesem Bereich der Regulierung im weiteren Sinn[160] werden Probleme adressiert, die grundsätzlich gänzlich unabhängig vom Wettbewerbsziel sind. Beispielhaft können weitere Ziele wie der Umweltschutz als grundgesetzlich beziehungsweise unionsrechtlich verankertes (Staats-)Ziel implementiert werden.[161] Ebenfalls in Betracht kommen Arbeitnehmerschutz, Daseinsvorsorge, Grundversorgung, Versorgungssicherheit oder Verbraucherschutz.[162] Generell lassen sich mannigfaltige Regulierungsziele identifizieren, die so vielfältig sind wie die politischen und sozialen Interessen eines Staates oder Staatenverbundes und dessen Bürger. Letztlich geht es bei der Festsetzung dieser Ziele um eine rein rechtspolitische Entscheidung.[163]

Das entsprechende Regulierungsrecht im weiteren Sinne geht aufgrund seiner besonderen Gemeinwohlverpflichtung über das Wettbewerbsziel des Kartellrechts hinaus.[164] Das Nebeneinander beider Materien wird hier in

---

158 *Lepsius*, in: Fehling/Ruffert, Regulierungsrecht, § 19, Rn. 32–33.

159 Vgl. *OECD*, Competition enforcement and regulatory alternatives, 2021, S. 7.

160 Wie bereits angedeutet, ist dies kein feststehender Begriff. Er soll hier lediglich in Abgrenzung zur oben benannten „Regulierung im engeren Sinne" als Regulierungsrecht der Netzindustrien zu verstehen sein, vgl. oben S. 18. Eine andere Differenzierung legt bspw. *Thomas*, ZWeR 2017, 113 zugrunde: Er definiert den Begriff der sog. Regulierung in sozialpolitischer Perspektive. Hierunter seien alle Regulierungsziele zu fassen, die „außerhalb der Sicherstellung von Wettbewerbsfreiheit und ökonomischer Effizienz liegen." Dies ist nicht gänzlich eindeutig insoweit, als er hierunter u.a. den Verbraucher- und Umweltschutz fasst. Diese lassen sich indes auch unter den ökonomischen Regulierungsgründen der externen Effekte, der öffentlichen Güter sowie der Informationsasymmetrien erfassen und dienen somit ebenfalls der Herstellung ökonomischer Effizienz.

161 Art. 20a GG bzw. Art. 191 AEUV. Vgl. *Lepsius*, in: Fehling/Ruffert, Regulierungsrecht, § 4, Rn. 96–100; *ders.*, in: Fehling/Ruffert, Regulierungsrecht, § 19, Rn. 44–48; *Säcker*, EnWZ 2015, 531, 534. Jüngst zum Klimaschutzgebot für den Staat aus Art. 20a GG und der Konkretisierungspflicht, BVerfG, Beschluss v. 24.3.2021, 1 BvR 2656/18, 1 BvR 78/20, 1 BvR 96/20, 1 BvR 288/20 – *Klimaschutz*, Rn. 197, 208–213.

162 *Lepsius*, in: Fehling/Ruffert, Regulierungsrecht, § 19, Rn. 45.

163 *Lepsius*, in: Fehling/Ruffert, Regulierungsrecht, § 19, Rn. 49; *Thomas*, ZWeR 2017, 113, 129.

164 *Lepsius*, in: Fehling/Ruffert, Regulierungsrecht, § 19, Rn. 58.

besonderer Weise deutlich. Indem Marktregeln aufgestellt werden, die für alle Wettbewerber gleichermaßen gelten, können sie in wettbewerblicher Hinsicht neutral sein.[165] Sie stellen die Bedingungen dar, die unabhängig vom Adressaten gelten und somit den Rahmen für die Abwicklung von Transaktionen bieten. Dennoch ist nach Art der Regelung zu differenzieren; auch wettbewerbsbeseitigende Regelungen sind möglich. Wo Regulierungsrecht Marktverhalten gestaltet und präzise Verhaltensweisen vorschreibt, schließt dies freien Wettbewerb im engeren Sinne – Ausübung der Handlungsfreiheiten auf dem Markt – aus.[166] So kann etwa im Bereich der Buchpreisbindung kein Preiswettbewerb im Vertrieb erfolgen.[167] Aufsichtsmaßnahmen, Verbraucherschutz und Informationspflichten gegenüber Verbrauchern sollten hingegen nicht in den Wettbewerbsprozess eingreifen, da sie lediglich ein Regelungsgefüge vorgeben, das für alle Marktteilnehmer gleichermaßen gilt und somit keine Auswirkungen auf die Wettbewerbsstellung haben sollte.[168] Doch auch bei dieser Art von Maßnahmen ist zu beachten, dass Regulierungsrecht und dessen Einhaltung Transaktionskosten verursacht, die je nach Sektor und Unternehmensgröße zu weitgehenden Eingriffen in die Kostenstruktur führen können. Insoweit sind diese Regulierungsmaßnahmen – trotz grundsätzlicher wettbewerblicher Neutralität – im Einzelfall hinsichtlich ihrer Auswirkungen auf den Markt zu beurteilen. Überhöhte Regulierungsanforderungen können ihrerseits zu Markteintrittsbarrieren führen, wenn sie die Fixkosten für potenzielle Wettbewerber derart erhöhen, dass ein Markteintritt trotz ansonsten bestehender Profitpotenziale unattraktiv gemacht wird.[169]

C. Abgrenzung anhand von Normstruktur, Arbeitsweise und Rechtsfolgen

Aus den vorangegangenen Ausführungen lässt sich ableiten, dass sowohl im Bereich der Netzregulierung und erst recht im sonstigen Regulierungsrecht über das Wettbewerbsziel hinausgehende Regelungsziele verfolgt werden, wenngleich diese nicht wettbewerbsschädlich sein müssen. Darüber hinaus lässt sich eine Abgrenzung anhand verschiedener struktureller und institutioneller Kriterien vornehmen.[170]

---

[165] *Thomas*, ZWeR 2017, 113, 121.

[166] *Lepsius*, in: Fehling/Ruffert, Regulierungsrecht, § 19, Rn. 33.

[167] § 3 Buchpreisbindungsgesetz.

[168] *White*, Antitrust LJ 80 (2015), 413, 420.

[169] Siehe hierzu ausführlicher unten S. 70 f.

[170] *Brenner*, EuR 2014, 671, 674–675; *Dunne*, Competition Law and Economic Regulation, S. 41–48; *Schulz*, Kartellrecht als „Regulierungsinstrument“, S. 113–142; *Topel*, ZWeR 2006, 26, 30–37.

I. Normstrukturelle Unterschiede

Auf Ebene der Normstruktur lassen sich die Unterschiede sowohl auf Tatbestandsebene als auch an den möglichen Rechtsfolgen festmachen.

1. Erfasster Tatbestand

Auf der Tatbestandsebene lassen sich unterschiedliche Anknüpfungspunkte der beiden Materien identifizieren.

Kartellrecht setzt stets das Vorliegen eines Marktverhaltens voraus. Für Art. 101 AEUV oder § 1 GWB muss eine Verhaltenskoordinierung von mindestens zwei Unternehmen vorliegen, für Art. 102 AEUV und §§ 19, 20 GWB hingegen bedarf es des einseitigen Verhaltens eines marktbeherrschenden Unternehmens. Um den Anwendungsbereich der Fusionskontrolle zu eröffnen, bedarf es zunächst der Anmeldung eines Zusammenschlusses. Allen kartellrechtlichen Regeln ist somit gemein, dass sie nur unter erhöhten Anforderungen zur Anwendung kommen können: Es bedarf eines Verhaltens, das die Kartellbehörden aufgreifen können.[171] Insoweit besteht ein lediglich eingeschränkter Eingriffsspielraum.

Bei der Gestaltung von Regulierungsrecht kann der Regelgeber hingegen die Marktstruktur beobachten und unabhängig von einem konkreten (Fehl-) Verhalten eines Unternehmens eingreifen, wenn diese nicht ausreichend wettbewerbstauglich oder gemeinwohlfördernd erscheint.[172] Diese niedrigere Eingriffsschwelle ergibt sich aus der potenziell sozial unerwünschten Ressourcenallokation im Wettbewerbsprozess.[173] Werden sozial unerwünschte Marktstrukturen oder -ergebnisse identifiziert, kann den Betroffenen nicht zugemutet werden, in Eigeninitiative Rechtsschutz zu ergreifen oder eine rückwirkende Sanktion des Verhaltens eines Unternehmens abzuwarten; es muss vielmehr unmittelbar mit sofortiger Wirkung für die Zukunft eingegriffen werden können.

2. Rechtsfolgen

Entsprechend stellen sich die Rechtsfolgen der beiden Materien dar. Die rechtlichen Vorgaben für das unternehmerische Verhalten werden in unterschiedlicher Art und Weise vorgenommen, sind von unterschiedlicher Qualität.[174] Anknüpfend an das Verhaltenserfordernis stellt das Kartellrecht Verbotsnormen auf, die spezifische Vorgehensweisen am Markt untersagen. Es werden

---

[171] Vgl. *Broemel*, Strategisches Verhalten in der Regulierung, S. 150; *Franck*, in: Haucap/Budzinski, Recht und Ökonomie, S. 235, 243; *Ibáñez Colomo*, YEL 29 (2010), 261, 264.

[172] Siehe etwa *Broemel*, Strategisches Verhalten in der Regulierung, S. 167–170.

[173] *Dunne*, Competition Law and Economic Regulation, S. 45.

[174] *Topel*, ZWeR 2006, 26, 33.

wettbewerbsbeschränkende Absprachen oder missbräuchliche Verhaltensweisen verboten. Im Regulierungsrecht werden hingegen vor allem Gebotsnormen postuliert. Den Normadressaten wird aufgegeben, sich in einer konkreten Art und Weise zu verhalten, ihre Teilnahme am Markt an Verhaltensvorgaben zu orientieren.[175] Dies geht über bloße Verbotsnormen hinaus.

Neben der Art der Eingriffsmaßnahmen unterscheiden diese sich in ihrer Schwere. Die weitestgehenden Maßnahmen sind hierbei struktureller Natur, insbesondere die gesellschafts- und eigentumsrechtliche Trennung von Netz- und Dienstleistungsunternehmen.[176] Die Vorgabe konkreter struktureller Maßnahmen bleibt aufgrund des strengen Verhältnismäßigkeitsgrundsatzes im Kartellrecht üblicherweise dem Regulierungsrecht vorbehalten.[177] Der Kartellrechtsadressat hat weiterhin die Wahlfreiheit bezüglich seines Auftretens am Markt, die dem Regulierungsadressaten im Anwendungsbereich der jeweiligen Vorschriften genommen ist. Insofern stellt sich Regulierungsrecht als statische Materie dar. Im Kartellrecht hingegen wird eine konkrete Verhaltensweise untersagt. Wie betroffene Unternehmen sich im Anschluss verhalten, wird grundsätzlich in deren Entscheidungsspielraum gestellt, also den dynamischen Entwicklungen des Wettbewerbs überlassen.[178]

II. Zeitliche Dimension: ex ante- vs. ex post-Perspektive

Hieraus ergeben sich Konsequenzen für die Durchsetzung der Regelungen: Da die kartellrechtlichen Vorschriften ein dem Verbot widersprechendes Verhalten voraussetzen, kann verbotenes Verhalten regelmäßig nur rückwirkend sanktioniert werden. Es erfolgt im Kartellrecht – abgesehen von der Fusionskontrolle – eine *ex post*-Bewertung unternehmerischen Verhaltens. Die Gebotsnormen des Regulierungsrechts knüpfen hingegen an den beobachteten Zustand – regelmäßig eine unerwünschte Marktstruktur – an, der mit Blick in die Zukunft verändert werden soll.[179] Das Regulierungsrecht bietet damit auch eine präventive *ex ante*-Perspektive,[180] die einen ganzheitlichen Ansatz zur

---

[175] *Dunne*, JCLE 10 (2014), 399, 413.

[176] *Ibáñez Colomo*, LSE Working Paper 08/2016, S. 6.

[177] Art. 7 Abs. 1 S. 3 VO 1/2003; § 32 Abs. 2 S. 2 GWB. Siehe auch *Schulz*, Kartellrecht als „Regulierungsinstrument“, S. 130–142, der diese Rangfolge bereits aus dem Primärrecht herleitet. Insbesondere weist er darauf hin, dass Art. 102 AEUV die Ausnutzung der beherrschenden Stellung, nicht aber diese marktbeherrschende Stellung selbst untersagt. Hieraus folge, dass lediglich das missbräuchliche Verhalten durch Verfügungen untersagt werden dürfe, unabhängig von Art. 7 VO 1/2003 als bloßer verfahrensrechtlicher Ausgestaltung.

[178] *Dunne*, Competition Law and Economic Regulation, S. 46–47; *Laguna de Paz*, ECLR 33 (2012), 77, 78; *Podszun*, ZWeR 2012, 48, 50. Gleichwohl ist es den Kartellbehörden unter Berücksichtigung des Verhältnismäßigkeitsgrundsatzes im Einzelfall möglich, konkrete verhaltensbezogene Anordnungen vorzugeben.

[179] *Ibáñez Colomo*, YEL 29 (2010), 261, 284.

[180] *Laguna de Paz*, ECLR 33 (2012), 77, 79.

Auflösung von Marktversagen ermöglicht, während dem kartellrechtlichen Missbrauchsverbot die nachträgliche Kontrolle verbleibt.[181] Zwar sind auch die kartellrechtlichen Verbotsnormen Vorschriften, die *ex ante* einzuhalten sind und somit Verhaltensvorgaben für die Zukunft machen.[182] In der Durchsetzung können allerdings hauptsächlich vergangene Verstöße sanktioniert werden, während Regulierungsvorschriften häufig so ausgestaltet sind, dass Verhalten für die Zukunft beeinflusst wird, etwa durch konkretisierende Anordnungen der Regulierungsbehörde oder dauerhaft fortlaufende Verhaltenskontrollen.

III. Regelungsziel: Schutz der bestehenden Marktstruktur vs. Marktgestaltung

Aus dem Anknüpfungspunkt und der zeitlichen Dimension lässt sich wiederum ableiten, was mit den beiden Materien erreicht werden kann. Kartellrecht strebt nicht die Auflösung von Marktmacht an, sondern setzt sie voraus. Sanktioniert wird die missbräuchliche Ausnutzung bestehender Marktmacht im Einzelfall; sei es durch eine tatsächlich eingenommene marktbeherrschende Stellung oder im Bereich des Kartellverbots durch eine mithilfe von Absprachen erworbene faktisch überlegene Stellung gegenüber der Marktgegenseite. Infolge des retrospektiven sanktionierenden Charakters wird hierbei der *status quo ante* wiederhergestellt, ohne bestehende strukturelle Defizite wie die marktbeherrschende Stellung eines Unternehmens anzugreifen.[183] Anderes gilt lediglich für die Fusionskontrolle, bei der im Rahmen der materiellen Prüfung eine Prognose hinsichtlich der zukünftigen Wettbewerbslage vorgenommen wird.[184] Es wird jedoch auch hierbei lediglich die bestehende Marktstruktur vor Verschlechterungen geschützt, nicht hingegen marktlenkend oder -gestaltend eingegriffen.[185] Das Kartellrecht dient nicht der Gestaltung von Märkten.[186]

Entsprechend weitergehend versucht das (Netz-)Regulierungsrecht, bestehende Marktmacht abzubauen,[187] indem die Marktposition des Inhabers des

---

[181] *Ibáñez Colomo*, YEL 29 (2010), 261, 263; *Körber*, in: FS Möschel, S. 1043, 1044.

[182] *Fuchs*, in: Körber, Wettbewerbsbeschränkungen auf staatlich gelenkten Märkten, S. 9, 17, 19; ähnlich *Topel*, ZWeR 2006, 26, 31, die zudem darauf verweist, dass Abhilfemaßnahmen der Kommission aus Art. 7 Abs. 1 S. 2 VO 1/2003 häufig Vorgaben für das Verhalten in der Zukunft enthalten.

[183] *Weyer*, in: FK-KartR, Bd. IV, § 19 GWB, Rn. 43.

[184] *Körber*, in: Immenga/Mestmäcker, Bd. 3 Fusionskontrolle, Art. 2 FKVO, Rn. 204–206.

[185] *Dunne*, Competition Law and Economic Regulation, S. 45; *Ibáñez Colomo*, YEL 29 (2010), 261, 283.

[186] *Fehling*, in: Fehling/Ruffert, Regulierungsrecht, § 20, Rn. 105; *Podszun*, ZWeR 2012, 48, 65. Vgl. zur Kritik am marktgestaltenden Einsatz von Art. 85, 86 EGV und der zugehörigen Verfahrensvorschrift des Art. 3 Verordnung (EWG) Nr. 17 bereits *von Winterfeld*, in: FS Everling, S. 1689, 1695–1697.

[187] *Becker/Zapfe*, ZWeR 2007, 419, 425; *Topel*, ZWeR 2006, 26, 33.

natürlichen Monopols mit weiteren Marktteilnehmern geteilt wird.[188] Wo dieses Ziel mit reinen Zugangsansprüchen nicht erreicht wird, sind weitergehende, marktstrukturierende Maßnahmen möglich, wie die institutionelle Trennung von Netzbetrieb und Anbieter auf dem nachgelagerten Markt (sogenanntes Unbundling).[189] Somit hat das Regulierungsrecht die Möglichkeit, nicht nur bestehenden Wettbewerb aufrechtzuerhalten, sondern neuen Wettbewerb zu schaffen.[190] Entsprechendes gilt für andere Formen von Marktversagen, ebenso wie mit Blick auf Verteilungsaspekte.[191] In diesen Fällen kann der Regulierungsgesetzgeber ebenfalls entsprechend seiner Vorstellungen Marktstrukturen umgestalten.

IV. Institutionelle Unterschiede

Die Unterschiede in der Arbeitsweise ergeben sich bereits im Ausgangspunkt aus den gesetzlichen Regelungen. Während das Kartellrecht abstrakte Verbotsnormen für sämtliche Industrien aufstellt, kann der Regulierungsgesetzgeber sektorspezifische Normen schaffen, die die Besonderheiten des jeweiligen Marktes berücksichtigen. Diese Normen zielen nicht auf das Verbot spezifischer Verhaltensweisen, sondern geben dem jeweiligen Unternehmen Verhaltensgebote auf.[192]

Dieser Ansatz spiegelt sich im Verhältnis zwischen Behörde und Unternehmen wider. Während Unternehmen im Verhältnis zu Kartellbehörden im Einzelfall eher diametral entgegengesetzte Interessen verfolgen und Entscheidungen häufig gerichtlich angefochten werden, besteht zu den Regulierungsbehörden dauerhafter Kontakt und es wird ein eher kooperativer Ansatz verfolgt.[193] Die verhaltensbezogenen, zukunftsgerichteten Vorgaben bedürfen einer

---

[188] *Ibáñez Colomo*, YEL 29 (2010), 261, 283.

[189] Zum Begriff bspw. *Theobald*, in: Theobald/Kühling, Energierecht, EnWG, Einführung, Rn. 42–48.

[190] *Fetzer*, Staat und Wettbewerb in dynamischen Märkten, S. 18; *Ibáñez Colomo*, YEL 29 (2010), 261, 271, 283–284; *Säcker*, EnWZ 2015, 531, 532.

[191] *Dunne*, JCLE 10 (2014), 399, 412; *OECD*, Competition enforcement and regulatory alternatives, 2021, S. 11.

[192] Vgl. z.B. § 21 Abs. 1 TKG, wonach die Regulierungsbehörde Unternehmen verpflichten kann, anderen Unternehmen Zugang zu Telekommunikationsnetzen unter bestimmten Bedingungen und Konditionen zu gewähren, während unter Kartellrecht in den seltensten Fällen eine unmittelbare Verpflichtung zum Abschluss eines Vertrages zu konkreten Konditionen angeordnet wird, sondern lediglich eine Untersagungsverfügung erlassen und die konkrete Ausgestaltung den Parteien überlassen wird, *Loewenheim*, in: LMRKM, Kartellrecht, § 19 GWB, Rn. 93.

[193] *Armour u.a.*, Principles of Financial Regulation, S. 91–92; *Hellwig*, MPI Discussion Paper 2018/7, S. 5–6; *Kerber*, in: Möslein, Regelsetzung im Privatrecht, S. 59, 78.

Überwachung oder Aufsicht, die im Rahmen einer kartellrechtlichen Abstellungsverfügung nicht in dieser Form gefordert ist.[194]

Die behördliche Zuständigkeit folgt dieser Differenzierung: Kartellrecht wird auf europäischer Ebene von der Europäischen Kommission, in den Mitgliedstaaten von den nationalen Kartellbehörden sektorübergreifend durchgesetzt, Art. 4 und 5 VO 1/2003. Die Kartellbehörden besitzen typischerweise besondere Kenntnisse im Kartellrecht und der zugrundeliegenden Ökonomik, unabhängig von speziellem Wissen hinsichtlich einzelner Wirtschaftsbereiche.[195] Regulierungsrecht wird hingegen ausschließlich auf nationaler Ebene durch die sektorspezifische Behörde durchgesetzt, die mit auf den jeweiligen Sektor bezogener Expertise besetzt ist,[196] was die dauerhafte, kooperative Beziehung zwischen Behörde und Unternehmen erleichtert.

Deutlich wird dieser Unterschied im Rahmen der Ausnahmevorschriften der Art. 101 Abs. 3 AEUV und § 2 GWB. Mit der Einführung des Art. 1 Abs. 1, 2 VO 1/2003 wurde die Beurteilung der Freistellungsfähigkeit von den Wettbewerbsbehörden auf die Marktteilnehmer verlagert, während zuvor ein Antrag auf Freistellung des jeweiligen Verhaltens bei der Kommission gestellt werden konnte, Art. 4 VO (EWG) Nr. 17. Im Regulierungsrecht hingegen werden geplante Verhaltensweisen vielfach angemeldet und in Abstimmung mit den Behörden das Vorgehen vereinbart.[197]

Insoweit sind Marktteilnehmer bezüglich der kartellrechtlichen Würdigung ihres Verhaltens weitestgehend auf die eigene rechtliche Beurteilung angewiesen. Sie müssen sich zur Auslegung der Vorschriften der bereits ergangenen Entscheidungen bedienen. Eine weitere Erkenntnisquelle sind Leitlinien und sonstiges *soft law* der Kommission,[198] wobei dieses für andere Gerichte und Behörden nicht bindend ist.[199] Die marktregulierende Wirkung des Kartellrechts folgt daher in weiten Teilen aus der Entscheidungspraxis der Kartellbehörden und der Gerichte, während die Rechtsakte des Regulierungsrechts aus sich heraus die Marktstrukturen und Verhaltensweisen formen und verändern und zudem häufig in Kooperation mit den Marktakteuren erarbeitet werden.

---

[194] *Dunne*, Competition Law and Economic Regulation, S. 46.

[195] *Dunne*, JCLE 10 (2014), 399, 411–412. In der Realität bauen freilich auch die Kartellbehörden sektorspezifische Kenntnisse auf. Neben der Unterteilung in Mergers, Antitrust und State Aid sind bei der Generaldirektion Wettbewerb Abteilungen etwa für Financial Services, Energy and Environment, etc. angesiedelt, Organigramm der Generaldirektion Wettbewerb. Auch die Beschlussabteilungen des BKartA sind nach Wirtschaftssektoren unterteilt.

[196] *Dunne*, JCLE 10 (2014), 399, 412.

[197] Vgl. bspw. § 31 TKG zum Entgeltgenehmigungsverfahren für Zugangsleistungen zu Telekommunikationsnetzen.

[198] *Grave/Nyberg*, in: LMRKM, Kartellrecht, Art. 101 Abs. 1 AEUV, Rn. 18–21.

[199] Siehe etwa EuGH, Urt. v. 6.10.2015, *Post Denmark*, C-23/14, EU:C:2015:651, Rn. 52; Urt. v. 13.12.2012, *Expedia*, C-226/11, EU:C:2012:795, Rn. 29. Umfassende Nachweise bei *de Streel/Larouche*, NCT Expert Study, Fn. 43 auf S. 17.

Die Grundzüge des Kartellrechts, also die unmittelbaren Verbotsnormen der Art. 101 und 102 AEUV, werden nur selten durch die Einführung neuer Rechtsnormen verändert,[200] vielmehr folgen mehr oder weniger große Veränderungen durch die Rechtsanwendung durch die Behörden.[201]

D. Kartellrecht als Regulierungsrecht?

Im Anschluss an die vorangegangenen Ausführungen erscheinen Kartell- und Regulierungsrecht als klar zu differenzierende Rechtsmaterien. Sowohl auf Eingriffsebene (materielle Voraussetzungen, zeitliche Perspektive) als auch bei den Rechtsfolgen (konkret einzelfallbezogene vs. abstrakt-generelle Anordnungen) und den verfolgten Zielen (monofinales[202] Wettbewerbsziel vs. gemeinwohlorientierte Wettbewerbsordnung) lassen sich Unterschiede herausarbeiten. Doch trotz dieser scheinbar klaren Kriterien lässt sich vielfach eine Durchmischung feststellen. Wo das Regulierungsrecht ebenfalls dem Wettbewerbsziel verschrieben ist und insoweit eine Überschneidung hinsichtlich des Regelungsziels vorliegt, ist dies wenig überraschend.

Allerdings lassen sich umgekehrt Konstellationen identifizieren, in denen das Wettbewerbsrecht instrumentalisiert wird als marktstrukturierendes Quasi-Regulierungsrecht, das über die Sanktion von Einzelverhalten hinausgeht. Insbesondere mit Blick auf die Verpflichtungszusage (und eingeschränkt die Sektoruntersuchung) gibt es Stimmen, nach denen diese vom klassischen kartellrechtlichen Instrumentarium abweichen und verstärkt als quasi-regulatorische Instrumente genutzt werden.[203] Wie bereits dargestellt, hat die Verpflichtungs-

---

[200] Wichtigster Anwendungsfall einer normgeprägten Veränderung des „Kern-Kartellrechts“ dürften die Einführung oder das Außerkrafttreten von Gruppenfreistellungsverordnungen sein. Die Grundtatbestände der Art. 101, 102 AEUV bzw. deren Vorgängervorschriften Art. 81, 82 EG und Art. 85, 86 EWG sind seit 1957 praktisch unverändert geblieben. Anderes mag in den nationalen Kartellrechtsordnungen gelten, die nicht zuletzt aufgrund der Angleichung an das europäische Recht verschiedene Änderungen durchlaufen haben.

[201] Vgl. z.B. die *Facebook*-Entscheidung des BKartA, E. v. 6.2.2019, B6-22/16 – *Facebook*, die umfassende Diskussionen zur Reichweite des Kartellrechts auslöste. Monographisch hierzu bspw. *Uebele*, Datenschutz im Kartellrecht. In neuerer Zeit gelten diese Grundsätze wohl nur noch eingeschränkt. Mit der Umsetzung der 10. GWB-Novelle und des Digital Markets Act (DMA) sowie dem Vorschlag für die 11. GWB-Novelle (insb.) als Reaktion auf die Herausforderungen der Digitalwirtschaft ist ein Trend zur Nutzung legislativer Maßnahmen auszumachen.

[202] Der Begriff ist entlehnt aus *Fuchs*, in: Körber, Wettbewerbsbeschränkungen auf staatlich gelenkten Märkten, S. 9, 16.

[203] Dieser Themenkomplex kann infolge seiner Reichweite lediglich kursorisch dargestellt werden. Vgl. hierzu im Einzelnen monographisch *Dunne*, Competition Law and Economic Regulation, S. 69–138; *Schulz*, Kartellrecht als „Regulierungsinstrument“, S. 147–253; *von Kalben*, Verpflichtungszusagen im EU-Wettbewerbsrecht, S. 191–209. Siehe auch bei *Brenner*, EuR 2014, 671–697; *Dunne*, JAE 2014, 225–269; *dies.*, JCLE 10 (2014), 399–

zusage die Besonderheit, dass der Verhältnismäßigkeitsgrundsatz nur eingeschränkt anwendbar ist, da die Unternehmen die Zusagen freiwillig anbieten. Dies hat zur Folge, dass auch strukturelle Maßnahmen von der Kommission angenommen werden können, ohne die Möglichkeit verhaltensorientierter Maßnahmen näher zu prüfen. Insoweit kann sie losgelöst von den strengen Vorgaben der VO 1/2003 marktgestaltend eingreifen.[204]

I. Fallstudie Energieunternehmen

Als Illustration mag der Fall von E.ON[205] dienen: Die Kommission nahm an, E.ON habe kurzfristig Versorgungskapazitäten auf dem Stromgroßhandelsmarkt zurückgehalten, um entgegen Art. 102 AEUV missbräuchlich die Preise zulasten der Verbraucher zu erhöhen. Zugleich habe E.ON den Marktzutritt weiterer Wettbewerber erschwert.[206] Auf dem Nachfragemarkt für Sekundärregelenergie habe E.ON missbräuchlich Energie von Tochterunternehmen zu überhöhten Preisen bezogen anstatt von günstigeren Alternativanbietern und diese Positionen zulasten der Verbraucher weitergereicht. Zudem habe E.ON ihre Stellung auf dem Netzmarkt ausgenutzt, um Anbieter aus EU-Mitgliedsstaaten von den Regelenergiemärkten auszugrenzen.[207] Zur Abstellung dieser Bedenken verpflichtete sich E.ON gegenüber der Kommission, rund 5.000 MW ihrer Erzeugungskapazität sowie ihre Übertragungsnetzsparte zu veräußern,[208] also zu einer strukturellen, zukunftsgerichteten Maßnahme, nicht lediglich einer Abstellung des (wohl) wettbewerbswidrigen Verhaltens.

Gegen diese Entscheidung wird verschiedentlich vorgebracht, dass sie unverhältnismäßig sei, dass insbesondere verschiedene verhaltensbezogene Abhilfemaßnahmen ebenso erfolgversprechend gewesen wären, um die Zuwiderhandlung abzustellen.[209] Auch habe die Kommission das Instrument der Verpflichtungszusage genutzt, um Maßnahmen durchzusetzen, die im Rahmen des

---

444; *Ibáñez Colomo*, LSE Working Paper 08/2016, S. 1–23; *ders.*, YEL 29 (2010), 261–306; *Tapia/Mantzari*, in: Lianos/Geradin, Handbook on European Competition Law, S. 588–628.

[204] Insbesondere für den Energiesektor *Schulz*, Kartellrecht als „Regulierungsinstrument", S. 193–196, 241–250; *Schweitzer*, in: FS Möschel, S. 637, 649; *von Kalben*, Verpflichtungszusagen im EU-Wettbewerbsrecht, insb. S. 321–331. Vgl. bereits *Temple Lang*, ECLR 24 (2003), 347, 356; *Wils*, World Competition 29 (2006), 345, 351.

[205] Europäische Kommission, E. v. 26.11.2008, COMP/39.388 – *Deutscher Stromgroßhandelsmarkt*, COMP/39.389 – *Deutscher Regelenergiemarkt*.

[206] Europäische Kommission, E. v. 26.11.2008, COMP/39.388 – *Deutscher Stromgroßhandelsmarkt*, COMP/39.389 – *Deutscher Regelenergiemarkt*, Rn. 28–44.

[207] Europäische Kommission, E. v. 26.11.2008, COMP/39.388 – *Deutscher Stromgroßhandelsmarkt*, COMP/39.389 – *Deutscher Regelenergiemarkt*, Rn. 50–55.

[208] Europäische Kommission, E. v. 26.11.2008, COMP/39.388 – *Deutscher Stromgroßhandelsmarkt*, COMP/39.389 – *Deutscher Regelenergiemarkt*, Rn. 57, Tenor, Anhang.

[209] Vgl. *Tapia/Mantzari*, in: Lianos/Geradin, Handbook on European Competition Law, S. 588, 616–618.

politischen Prozesses um das Dritte Energiebinnenmarktpaket von der Kommission nicht erfolgreich eingebracht werden konnten.[210] Diese Maßnahmen waren bereits in der Sektoruntersuchung zu den Energiemärkten vorgeschlagen[211] und schließlich durch die Verpflichtungszusagen in die Realität umgesetzt worden.[212]

Schulz und *von Kalben* kommen mit Blick auf diese und einige weitere Entscheidungen[213] jeweils zu dem Ergebnis, dass Kartellrecht und insbesondere die Verpflichtungszusage im Energiesektor als eigenständiges Regulierungsinstrument eingesetzt wurde[214] beziehungsweise das Verpflichtungsverfahren zur Durchsetzung regulatorischer Ziele „missbraucht"[215] wurde. Auch über den Energiesektor hinaus wurde vermehrt der Einsatz von Kartellrecht als „sektorunspezifisches Quasi-Regulierungsrecht"[216], als „*regulatory competition law*"[217] oder als „*regulatory antitrust*"[218] identifiziert. In dieselbe Richtung geht die Ermittlung von „*para-regulatory remedies*"[219] oder die Feststellung, es würden abweichende Kriterien bei der Anwendung des Kartellrechts in regulierten Netzindustrien aufgestellt.[220]

---

[210] Umfassend *von Kalben*, Verpflichtungszusagen im EU-Wettbewerbsrecht, S. 342–390; ähnlich *Schulz*, Kartellrecht als „Regulierungsinstrument", S. 269–276; *Botteman/Patsa*, JAE 1 (2013), 347, 353–354.

[211] Europäische Kommission, Mitteilung v. 10.1.2007, Report on energy sector inquiry, SEC(2006) 1724, S. 14: „To achieve this, it will be necessary to decisively reinforce the current inadequate level of unbundling."

[212] Vgl. *Ibáñez Colomo*, YEL 29 (2010), 261, 306.

[213] Europäische Kommission, E. v. 10.4.2013, COMP/39.727 – *CEZ*; E. v. 29.9.2010, COMP/39.315 – *ENI*; E. v. 18.3.2009, COMP/39.402 – *RWE Gasmarktabschottung*.

[214] *Schulz*, Kartellrecht als „Regulierungsinstrument", S. 253–255.

[215] *von Kalben*, Verpflichtungszusagen im EU-Wettbewerbsrecht, S. 421.

[216] *Brenner*, EuR 2014, 671, 692. Ähnlich *Körber*, in: FS Möschel, S. 1043, 1055.

[217] *Dunne*, Competition Law and Economic Regulation, S. 79–86; *dies.*, JCLE 10 (2014), 399, 414–432.

[218] *Tapia/Mantzari*, in: Lianos/Geradin, Handbook on European Competition Law, S. 588, 609.

[219] *Di Porto*, in: Drexl/Di Porto, Competition Law as Regulation, S. 296, 297, 318–324.

[220] *Ibáñez Colomo*, LSE Working Paper 08/2016, S. 1–23, insb. S. 16: „The administrative practice of the Commission suggests that EU competition law provisions are interpreted in a sui generis manner when they apply to liberalised industries."; *ders.*, YEL 29 (2010), 261–306, insb. S. 269: „[C]ompetition law tends to become regulatory where the market in which it applies presents natural or network monopoly features."; *Mestmäcker/Schweitzer*, Europäisches Wettbewerbsrecht, § 21, Rn. 61 sprechen von einer „überschießende[n] regulatorische[n] Tendenz". *Budzinski/Haucap*, in: Haucap/Budzinski, Recht und Ökonomie, S. 331, 347–348 sehen gestalterische Eingriffe in den Markt. *Podszun* spricht gar von einem „Paradigmenwechsel" in der Kartellrechtsanwendung unter Berücksichtigung der Erkenntnisse des *more economic approach* und des modernisierten Verwaltungsverständnisses, *Podszun*, ZWeR 2012, 48, 52–55.

II. Kritik

Unabhängig von der genauen begrifflichen Einordnung besteht Einigkeit, dass diese Entwicklung kritisch zu betrachten ist. Die Umgehung von Parlament und Rat im Gesetzgebungsverfahren durch die Verpflichtungszusage verstößt gegen die Vorschriften zum Gesetzgebungsverfahren und stellt einen Verstoß gegen das Prinzip des institutionellen Gleichgewichts dar.[221] Weitere Kritikpunkte bezüglich des Einsatzes der Verpflichtungszusage umfassen die Verletzung des Verhältnismäßigkeitsgrundsatzes, die politische Einflussnahme auf das Wettbewerbsverfahren und Effizienzverluste infolge von Fehleinschätzungen der Wettbewerbsbehörden (sogenannte Fehlerkosten).[222]

Die beschriebene Entscheidung gegenüber E.ON zeigt die Probleme in besonderem Maße auf. Nachdem eine Einigung mit den Mitgliedstaaten über eine legislative Lösung nicht erzielt werden konnte, wurde auf exekutiver Ebene der erwünschte regulatorische Erfolg herbeigeführt.[223] Es wurde über die Abstellung von wettbewerblichen Bedenken im Einzelfall hinaus in den Markt eingegriffen, um eine veränderte Marktstruktur zu schaffen, nicht die bestehende Struktur aufrechtzuerhalten. Da Art. 9 VO 1/2003 auf die Ermächtigungsgrundlage des Art. 103 Abs. 1 AEUV zurückgeht, dürfen die Maßnahmen nicht über dasjenige hinausgehen, was der „Verwirklichung der in den Art. 101 und 102 niedergelegten Grundsätzen[n]“ entspricht.[224] Es bedarf eines Konnexes zwischen Zuwiderhandlung und Abhilfemaßnahme; die Abhilfemaßnahme darf nicht über das hinausgehen, was zur Beendigung des rechtswidrigen Zustandes erforderlich ist.[225] Insoweit liegt eine Kompetenzüberschreitung seitens der Kommission nahe; für die getroffenen Maßnahmen dürfte es insoweit an der demokratischen Legitimation fehlen.[226]

---

[221] *Schulz*, Kartellrecht als „Regulierungsinstrument“, S. 268–276.

[222] *Brenner*, EuR 2014, 671, 695; *Dunne*, Competition Law and Economic Regulation, S. 89–96; *dies.*, JCLE 10 (2014), 399, 401, 435–442; *OECD*, Competition Enforcement and Regulatory Alternatives, 2021, S. 38–39; *Podszun*, ZWeR 2012, 48, 62–68; *Schulz*, Kartellrecht als „Regulierungsinstrument“, S. 268–344.

[223] Vgl. Monopolkommission, 54. Sondergutachten, Rn. 493–500, insb. Rn. 495: „Jedoch wurde in den vorliegenden Fällen das politische Ziel einer adäquaten Gestaltung der Marktstruktur in sachwidriger Weise mit Missbrauchsverfahren gegen marktbeherrschende Verbundunternehmen verknüpft.“; *von Kalben*, Verpflichtungszusagen im EU-Wettbewerbsrecht, S. 355–390.

[224] *Ludwigs*, in: Grabitz/Hilf/Nettesheim, Das Recht der Europäischen Union, Art. 103 AEUV, Rn. 19; *Wils*, World Competition 29 (2006), 345, 351–352.

[225] *Podszun*, ZWeR 2012, 48, 57.

[226] Für die Energiemärkte *Dunne*, JCLE 10 (2014), 399, 430–432; *Schulz*, Kartellrecht als „Regulierungsinstrument“, S. 275–276; *von Kalben*, Verpflichtungszusagen im EU-Wettbewerbsrecht, S. 390; allgemein *Dunne*, Competition Law and Economic Regulation, S. 89–93; *dies.*, JCLE 10 (2014), 399, 432–439.

Neben diesen rechtsstaatlichen Bedenken kann durch die extensive Anwendung von Verpflichtungszusagen die Wirksamkeit des Kartellrechts generell in Frage gestellt werden: Anstelle von umfangreich substantiierten Entscheidungen mit klaren Ausführungen zur kartellrechtlichen Bewertung von Verhaltensweisen treten knappe Ausführungen über eventuell wettbewerbswidrige Verhaltensweisen,[227] die zudem keine Bindungskraft entfalten und damit die privatrechtliche Kartellrechtsdurchsetzung schwächen. Neben der Bindungskraft für Private nimmt sich die Kommission die Möglichkeit, auf ihre eigenen Analysen in späteren komplexeren Fällen zurückzugreifen. Gerade mit Blick auf die zunehmende Komplexität ökonomischer Erwägungen könnte es auch der Kommission helfen, gewisse Fragestellungen bereits umfassend in früheren Entscheidungen zu analysieren, um in (noch) komplexeren Fällen hierauf zurückgreifen zu können.[228] Zudem werden Entscheidungen seltener von den Gerichten überprüft und bestätigt.[229] Insoweit kann die Abschreckungswirkung des Kartellrechts für Unternehmen entfallen oder jedenfalls abgeschwächt werden.[230]

E. Fazit

Kartell- und Regulierungsrecht sind komplementär und können sich ergänzen. Je nach Konstellation bietet die eine oder die andere Materie allerdings die besseren Werkzeuge, um Marktversagen zu adressieren.[231]

Beim Zugang zu Netzen in ehemals staatlich monopolisierten Industrien ist die *ex ante*-gerichtete Regulierung häufig besser geeignet, das strukturell angelegte Marktversagen in den Griff zu bekommen, als punktuelles Eingreifen des Kartellrechts. Insoweit ist das Regulierungsrecht besser geeignet, vorausschauend übergreifende Probleme abzubauen, die sich aus der Marktstruktur ergeben.[232] Für diesen Bereich wurde die These aufgeworfen, die eingriffsintensivere Regulierung könne abgebaut werden, wenn die Marktstruktur

---

[227] Vgl. ErwG 13 VO 1/2003, wonach die Kommission Zusagen für verbindlich erklären kann, „[o]hne die Frage zu beantworten, ob eine Zuwiderhandlung vorgelegen hat oder noch vorliegt". Die knappe rechtliche Würdigung wird etwa kritisiert im Fall *Reuters Instrument Codes* (hierzu unten S. 155), *McMartin*, JECLAP 5 (2014), 82, 84: „[A]ny legal guidance we could have hoped for is essentially absent".

[228] *Wagner-von Papp*, CMLR 49 (2012), 929, 964.

[229] *Schweitzer*, in: FS Möschel, S. 637, 648.

[230] *Brenner*, EuR 2014, 671, 693; *Budzinski/Haucap*, in: Haucap/Budzinski, Recht und Ökonomie, S. 331, 348–349.

[231] *Dunne*, Competition Law and Economic Regulation, S. 42.

[232] *Fuchs*, in: Körber, Wettbewerbsbeschränkungen auf staatlich gelenkten Märkten, S. 9, 20.

verändert sei und dem Kartellrecht die Aufrechterhaltung des Wettbewerbsprozesses überlassen werden.[233]

Regulierungsrecht geht aufgrund seiner vielfältigen Ziele über das Kartellrecht hinaus. Es ist zwar ebenfalls dem Wettbewerb verschrieben, ohne wie das Kartellrecht monofinal darauf ausgerichtet zu sein. Wettbewerb ist im Regulierungsrecht lediglich eines von mehreren Regelungszielen und zugleich auch Instrument zur Erzielung von Verteilungsgerechtigkeit und Versorgungssicherheit.[234] Daraus lässt sich der Befund ableiten, dass Regulierungsrecht auch nach der Schaffung von wettbewerblichen Verhältnissen seine Berechtigung behält, um die darüberhinausgehenden Ziele weiterzuverfolgen, die durch den Wettbewerbsprozess nicht erreicht werden.[235]

Die beiden Rechtsgebiete lassen sich nicht eindeutig abgrenzen. Regulierungsrecht dient wie Kartellrecht regelmäßig auch dem Wettbewerbsziel. Allerdings kann Regulierungsrecht neuen Wettbewerb schaffen, was dem Kartellrecht grundsätzlich verwehrt ist. Als Abgrenzungskriterium bei der Durchsetzung können die zeitliche Perspektive (*ex ante* oder *ex post*), der Anknüpfungspunkt (Marktstruktur oder Einzelverhalten) und die Rechtsfolgen (Verbot und Sanktion oder positive Verhaltensvorgaben) dienen.

Wo Kartellrecht entgegen diesen Kriterien instrumentalisiert wird, um über Wettbewerbsbeschränkungen hinaus weiteres Marktversagen abzustellen oder gestaltend in den Markt einzugreifen, stellen sich grundsätzliche Fragen der demokratischen Legitimation und der Gewaltenteilung. Eine Kompetenzüberschreitung seitens der Kartellbehörden liegt in diesen Konstellationen nahe.

Diese Erkenntnisse zum Verhältnis von Kartell- und Regulierungsrecht sollen im Folgenden am Beispiel der Finanzmärkte und deren Regulierung als einem Sektor ohne klassische Netzstruktur vertieft werden, unter besonderer Berücksichtigung der gesamtwirtschaftlichen Bedeutung der Finanzmärkte und dem atypischen Regulierungsbedarf, der sich auf den Finanzmärkten ergibt.

---

[233] BKartA, Arbeitsunterlage, AK Kartellrecht 1997, S. 5; *Fuchs*, in: Körber, Wettbewerbsbeschränkungen auf staatlich gelenkten Märkten, S. 9, 36.

[234] Siehe oben S. 27, 30, 36 f. Vgl. *Lepsius*, in: Schmidt-Preuß/Körber, Regulierung und Gemeinwohl, S. 102, 107–109.

[235] So ausdrücklich *Säcker*, in: MüKoWettbR, Bd. 1, Grdl., Rn. 1003: „Die staatliche Aufgabe der Netzinfrastrukturregulierung ist keine transitorische Übergangsaufgabe zur Begleitung des Prozesses der Transformation von Ausnahmebereichen (Energie- und elektronische Netze) in eine marktwirtschaftliche Wettbewerbsordnung, sondern stellt eine Daueraufgabe des Staates dar, der zur Gewährleistung einer leistungsfähigen Infrastruktur verpflichtet ist, um „Gemeinschaftsinteressen höchsten Ranges" zu befriedigen." Ähnlich *Lepsius*, in: Schmidt-Preuß/Körber, Regulierung und Gemeinwohl, S. 102, 109–110.

2. Teil

Finanzmärkte und ihre Regulierung

Nachdem im vorangehenden Kapitel das allgemeine Verhältnis zwischen Kartell- und Regulierungsrecht dargestellt wurde, soll folgend ein Überblick über die Finanzmärkte und deren Regulierung gegeben werden. Im Einzelnen werden der Begriff der Finanzmärkte sowie deren Funktionen beschrieben. Anschließend werden anhand der in § 2 herausgearbeiteten Regulierungsgründe der konkrete Regulierungsbedarf auf den Finanzmärkten herausgearbeitet sowie die Regulierungsziele dargelegt, welche infolge der Spezifika der Finanzmärkte besonderen Ausprägungen unterliegen. Vor allem der Aspekt der Vertrauensempfindlichkeit der Finanzmärkte und die damit verbundenen externen Effekte werden hervorgehoben, da sich hieraus Implikationen für das Zusammenspiel zwischen Kartellrecht und Finanzmarktregulierung ergeben, die im weiteren Verlauf der Arbeit wiederholt aufgegriffen werden.[1]

Ein weiteres besonderes Augenmerk wird auf der Frage liegen, ob Wettbewerb ein Regelungsziel der Finanzmarktregulierung darstellt. Damit in engem Zusammenhang stehen Überlegungen, ob das Kartellrecht auf den Finanzmärkten Anwendung findet. Beide Gesichtspunkte sind vor allem historisch begründet. Lange Zeit bestand die Ansicht, Wettbewerb sei mit den besonderen Gegebenheiten der Finanzmärkte nicht zu vereinen. Daher sei auch das Kartellrecht nicht anzuwenden. Dies fand nicht zuletzt in einer Bereichsausnahme im GWB 1957 Niederschlag.

§ 4 Begriff und Funktionen der Finanzmärkte

Bevor die Regulierung der Finanzmärkte untersucht werden kann, ist zunächst herauszuarbeiten, was unter dem Begriff der Finanzmärkte zu verstehen ist. Zu diesem Zweck soll im folgenden Abschnitt definitorisch abgegrenzt werden, welches Begriffsverständnis der Finanzmärkte dieser Arbeit zugrunde gelegt wird. Des Weiteren sollen die Funktionen der Finanzmärkte herausgestellt werden, da diese den Regulierungsbedarf in weiten Teilen bedingen.

---

[1] Siehe etwa zur Systemstabilität als Rechtfertigungsgrund für Zugangsverweigerungen unten S. 132 ff. oder zur Auswahl des Eingriffsinstruments S. 223 ff.

A. Definition eines Finanzmarktbegriffs

I. Volkswirtschaftliche Definition

Die Finanzmärkte, oder das Finanzsystem (*financial system*), sind der Ort, an dem Angebot von und Nachfrage nach Kapital zusammentreffen.[2] Sie können unterteilt werden nach Kapitalmärkten (*financial markets*)[3] und Finanzintermediären (*financial intermediaries*).[4]

Kapitalmärkte sind diejenigen Institutionen, über die eine Person, die sparen möchte, Mittel direkt an eine Person weitergeben kann, die Geld aufnehmen möchte.[5] Im Vergleich zu den Intermediären zeichnen sich Kapitalmärkte also dadurch aus, dass Kapital direkt, ohne zwischengeschalteten Vermittler, weitergegeben wird. Typischerweise sind dies diejenigen Märkte, auf denen Wertpapiere platziert und gehandelt werden.[6] Daneben treten die Finanzintermediäre, bei denen die Kapitalflüsse zwischen Sparer und Kapitalnehmer durch einen Dritten, meist Banken, vermittelt werden.

Auf Kapitalmärkten wird dasselbe Finanzinstrument unmittelbar zwischen zwei Parteien gehandelt (beispielsweise Aktien, Anleihen). Weiter differenziert werden kann hierbei zwischen Primär- und Sekundärmärkten. Auf Primärmärkten werden neue Wertpapiere emittiert, während auf Sekundärmärkten bereits herausgegebene Wertpapiere gehandelt werden.[7] Auf Bankenmärkten vermittelt ein Intermediär den Kapitalfluss zwischen zwei Parteien. Wesentliches typisierendes Abgrenzungskriterium zu den Kapitalmärkten ist also, dass der jeweiligen Partei ein eigenes Finanzinstrument oder eine eigene Finanzdienstleistung vermittelt wird (beispielsweise Girokontovertrag auf Sparerseite und Darlehensvertrag auf Kapitalnehmerseite).

---

[2] *Mankiw/Taylor*, Economics, S. 509–510.

[3] Im Deutschen werden die Begriffe Finanzmarkt und Finanzsystem im weitesten synonym verwendet, vgl. Gesetzentwurf der Bundesregierung, Entwurf eines Gesetzes zur Verbesserung des Anlegerschutzes, 24.5.2004, BT-Drs. 15/3174, S. 29: „«Finanzmarkt» ist hier nicht in seiner umfassenden politischen Bedeutung, sondern als ein Markt, auf dem Finanzinstrumente gehandelt werden, zu verstehen." Dies kann zu Differenzierungsschwierigkeiten führen, weil die wörtliche englische Übersetzung *financial markets* im Deutschen lediglich die Kapitalmärkte, nicht aber die Finanzintermediäre umfasst. Sofern in dieser Arbeit von Finanzmärkten gesprochen wird, wird immer die umfassende Bedeutung im Sinne von Finanzsystem zugrunde gelegt.

[4] *de Haan/Schoenmaker/Wierts*, Financial Markets and Institutions, S. 5.

[5] *Mankiw/Taylor*, Economics, S. 510–512. Freilich sind auch auf den Kapitalmärkten Intermediäre tätig (z.B. Broker, Clearingdienstleister).

[6] *de Haan/Schoenmaker/Wierts*, Financial Markets and Institutions, S. 5.

[7] Vgl. *Cecchetti/Schoenholtz*, Money, Banking, and Financial Markets, S. 55–57.

II. Kartell- und regulierungsrechtliche Definition

Im Kartellrecht wird als Oberbegriff auf den *financial services sector* abgestellt, der aus Versicherungen,[8] Banken und Kapitalmärkten besteht. Diese Bereiche werden weit verstanden und etwa Zahlungsdienste als Teil des Bankensektors und der Handel mit Finanzdaten als Teil des Kapitalmarkts verstanden.[9] In der konkreten Fallanwendung wird im Kartellrecht nach den allgemeinen Prinzipien zur Marktabgrenzung weiter differenziert.[10] Entsprechend enthält auch die Regulierung nicht ausschließlich Regelungen zum Austausch von Geld und Finanzinstrumenten, sondern umfasst Randbereiche, wie die Infrastrukturen zur Vorbereitung und zur Abwicklung des Handels.

Die weiter gefassten Definitionen in Kartellrecht und Regulierung ergeben sich aus der Notwendigkeit, möglichst alle Marktteilnehmer zu umfassen und nicht durch eine zu enge Definition einzelne Dienstleister außen vor zu lassen. Da in dieser Arbeit eben das Recht der Finanz- und Zahlungsdienstleistern untersucht werden soll, ist der Begriff der Finanzmärkte in Anlehnung an die rechtlichen Definitionen nicht streng im volkswirtschaftlichen Sinne zu verwenden, also nicht auf die reine Austauschfunktion beschränkt. Unter den Finanzmärkten werden also diejenigen Märkte verstanden, auf denen Angebot von und Nachfrage nach Kapital zusammentreffen[11] und die zur Vorbereitung und Abwicklung der Transaktionen dienen.

B. Funktionen der Finanzmärkte

Finanzmärkte sind aufgrund ihrer vielfältigen Funktionen, ohne die der Waren- und Dienstleistungsverkehr kaum mehr funktionieren könnte, eine systemrelevante Branche.[12] Funktionsfähige Finanzmärkte sind eine wichtige Voraussetzung für erfolgreiches ökonomisches Wachstum der Realwirtschaft.[13] Sie

---

[8] Der Bereich der Versicherungen wird aufgrund der bereichsspezifischen Besonderheiten, insbesondere der bis 2017 bestehenden Gruppenfreistellungsverordnung (EU) 267/2010 für den Versicherungssektor, ABl. 2010 L 83/1 nicht behandelt.

[9] Vgl. die Homepage der Generaldirektion Wettbewerb für den *financial services sector*, www.ec.europa.eu/competition/sectors/financial_services/overview_en.html; ebenso für das „Finanzdienstleistungsrecht" *Jung/Bischof*, Europäisches Finanzmarktrecht, § 1, Rn. 1; *Stancke*, in: FK-KartR, Bd. VII, Sonderbereich Kreditwirtschaft, Rn. 1.

[10] Vgl. *Weck*, WuW 2018, 294 m.w.N. Zum Vorgehen bei der Marktabgrenzung allgemein siehe Europäische Kommission, Bekanntmachung der Kommission über die Definition des relevanten Marktes im Sinne des Wettbewerbsrechts der Gemeinschaft, ABl. 1997 C 372/5.

[11] *Buck-Heeb*, Kapitalmarktrecht, Rn. 71; *Bundesbank*, Geld und Geldpolitik, S. 100; *Lehmann*, in: MüKoBGB, Bd. 13, Teil 12, Rn. 24.

[12] Vgl. *Lepsius*, in: Fehling/Ruffert, Regulierungsrecht, § 19, Rn. 4; *Röhl*, in: Fehling/Ruffert, Regulierungsrecht, § 18, Rn. 14.

[13] *Armour u.a.*, Principles of Financial Regulation, S. 26; *de Haan/Schoenmaker/Wierts*, Financial Markets and Institutions, S. 7; *Engel*, Systemrisikovorsorge, S. 4; Europäische

ermöglichen und koordinieren das Zusammentreffen von Kapitalgebern und -nehmern und dadurch die optimale Allokation von Mitteln in einer Marktwirtschaft.[14] Ohne die Finanzmärkte wäre die effiziente Verteilung freien Kapitals an Unternehmen oder Personen mit Kapitalbedarf nur erschwert möglich.[15] Auch der Staat nutzt Finanzmärkte und profitiert von der Finanzwirtschaft, da nicht sämtliche staatlichen Investitionen unmittelbar durch bereits eingenommene Steuereinkünfte gedeckt werden können.[16]

I. Risiko- und Fristentransformation, Geldschöpfung

Finanzmärkte ermöglichen zunächst das Zusammenfinden von Kapitalgebern und -nehmern,[17] indem sie Unterschiede bezüglich der Höhe der zu handelnden Beträge, der Zeitdauer der Kapitalbereitstellung sowie der Risikowünsche von Kapitalgeber und -nehmer einem Ausgleich zuführen (Losgrößen-, Fristen- und Risikotransformation).[18] Die Transformationsfunktion ist ein typisches Merkmal von Bankgeschäften, da diese üblicherweise in der Erbringung verschiedener Finanzdienstleistungen mit unterschiedlichen Laufzeiten, unterschiedlichem Kapitalbedarf und dem Risiko angepassten Zinssätzen bestehen. Doch auch auf Kapitalmärkten finden sich diese Charakteristika. Beispielhaft ist die Ausgabe einer langfristigen Unternehmensanleihe zur Finanzierung einer einmaligen Transaktion denkbar. Im Gegensatz zum Bankgeschäft wird die Transformationsfunktion jedoch nicht durch einen Intermediär erbracht, sondern durch den Emittenten bei der Mittelverwendung.

Viele dieser Transaktionen führen zu einer virtuellen Vervielfachung des verfügbaren Kapitals. Finanzintermediäre vergrößern durch die Einbuchung von Sparguthaben als Buchgeld bei gleichzeitiger Weitervermittlung an Kapitalnehmer die absolute Geldmenge (sogenannte [Giral-]Geldschöpfung).[19] Das Guthaben des Sparers existiert als virtuelle Buchgröße, während es zugleich an einen weiteren Kapitalnehmer weitervermittelt wurde. Gleiches geschieht beim

---

Kommission, Weissbuch zur Finanzdienstleistungspolitik für die Jahre 2005–2010, KOM(2005) 629 endgültig, S. 5; *dies.*, Bericht über die Wettbewerbspolitik 2017, S. 95.

[14] *Heun*, JZ 2012, 235; *Monopolkommission*, XX. Hauptgutachten, Rn. 1333; *Morais/Feteira*, in: Di Porto/Podszun, Abusive Practices in Competition Law, S. 109, 111.

[15] *Fischer*, in: Boos/Fischer/Schulte-Mattler, KWG, CCR-VO, Bd. 1, Einführung, Rn. 169; *Möschel*, Das Wirtschaftsrecht der Banken, S. 367.

[16] *White*, Antitrust LJ 80 (2015), 413, 414.

[17] *Armour u.a.*, Principles of Financial Regulation, S. 24.

[18] *Monopolkommission*, XX. Hauptgutachten, Rn. 1333; *Morais/Feteira*, in: Di Porto/Podszun, Abusive Practices in Competition Law, S. 109, 111.

[19] *Bundesbank*, Geld und Geldpolitik, S. 75–83; *Cecchetti/Schoenholtz*, Money, Banking, and Financial Markets, S. 460–465; *Mishkin*, The Economics of Money, Banking, and Financial Markets, S. 395–400. Vgl. auch *Massari*, Das Wettbewerbsrecht der Banken, S. 5–9.

Handel mit Anleihen oder mit Derivaten.[20] Sie vergrößern die Geldmenge, indem Buchpositionen geschaffen werden, die nicht unmittelbar realisiert werden.

II. Infrastrukturbereitstellung

Weiter bieten Finanzmärkte einen Mechanismus, der den Abschluss von Verträgen ermöglicht, vergleichbar einem Marktplatz mit standardisierten Rahmenbedingungen.[21] Entsprechend der Differenzierung zwischen Kapitalmärkten und Finanzintermediären variieren die Funktionen. Während Kapitalmärkte als Plattform für den Austausch von Finanzinstrumenten dienen, schaffen die Intermediäre neue Finanzprodukte und erbringen neben der bloßen Funktion als Austauschbörse eigene Dienstleistungen.

Daneben übernehmen Finanzmärkte häufig die Abwicklung des Kapitaltransfers und ermöglichen Zahlungsvorgänge.[22] Hierbei hat sich, insbesondere für die Kapitalmärkte, aber auch im Zahlungsbereich, ein dreigliedriges System etabliert. Auf erster Ebene stehen die Handelsplätze, etwa eine Börse, die Angebot und Nachfrage zusammenbringt. Auf zweiter Ebene stehen Clearinghäuser, die die einzelnen Transaktionen sammeln und verrechnen, sodass nicht jede Einzeltransaktion abgewickelt werden muss, sondern lediglich Nettoforderungen verbleiben. Diese werden auf dritter Ebene beim Settlement-Dienstleister, etwa dem Zentralverwahrer, abgewickelt.[23]

Zuletzt entstanden in jüngerer Zeit weitere Dienstleister, die sich auf zusätzliche Dienstleistungen wie den Geldtransfer oder Informationsdienste spezialisiert haben und lediglich die Abwicklung von Zahlungen oder die Bündelung von Informationen von mehreren Bankkonten übernehmen, insbesondere also Zahlungsauslösedienste oder Kontoinformationsdienste.[24]

---

[20] Anleihen verbriefen einen Kreditanspruch, um ihn öffentlich handeln zu können, ohne einen materiellen Gegenwert zu schaffen. Derivate sind Finanzinstrumente, die ebenfalls keinen materiellen Gegenwert haben. Ihnen steht weder ein verbriefter Anteil an einem Unternehmen (Aktie) oder ein Anspruch aus einem verbrieften Kreditvertrag (Anleihe) gegenüber. Ihr Wert wird von einem anderen Finanzinstrument abgeleitet, vgl. *Cecchetti/Schoenholtz*, Money, Banking, and Financial Markets, S. 212–213. Letztlich handelt es sich dabei um Wetten auf die zukünftige Wertentwicklung des zugrundeliegenden Finanzinstruments, *Thiele*, Finanzaufsicht, S. 77.

[21] *Hartmann-Wendels/Pfingsten/Weber*, Bankbetriebslehre, S. 4.

[22] *Armour u.a.*, Principles of Financial Regulation, S. 24; *de Haan/Schoenmaker/Wierts*, Financial Markets and Institutions, S. 145.

[23] Am Beispiel des Derivatehandels etwa *Brambring*, Zentrales Clearing von OTC-Derivaten, S. 91–104. Entsprechend funktioniert etwa der Überweisungsverkehr. Im Zahlungsverkehr werden Clearing und Settlement häufig durch denselben Dienstleister erbracht.

[24] Gemeingebräuchlich werden diese neuartigen Dienstleister als FinTech-Unternehmen bezeichnet. Zu einzelnen Drittdienstleistern, *Linardatos*, in: MüKoHGB, Bd. 6, Teil 1, Abschnitt K, Rn. 258–279.

III. Förderung der Realwirtschaft

Abgesehen von diesen eher technischen Funktionen dienen die Finanzmärkte der Realwirtschaft. Zum einen werden sie von Unternehmen genutzt, um entweder ihren Kapitalbedarf für die Produktion von Waren oder die Erbringung von Dienstleistungen zu decken oder umgekehrt, um überschüssiges Kapital profitbringend anzulegen. Entsprechendes gilt für Privatpersonen: Auch diese können akuten Finanzbedarf durch die Aufnahme von Krediten decken oder überschüssige Mittel gewinnbringend anlegen, insbesondere zur (Ergänzung der) Altersvorsorge.

§ 5 Finanzmarktregulierung

A. Begriff

Der Begriff der Finanzmarktregulierung ist entsprechend der Reichweite des Finanzmarkt- und des Regulierungsbegriffs einer Vielzahl von Interpretationen zugänglich. Nach dem Vorstehenden lässt Finanzmarktregulierung sich zunächst als das Bündel derjenigen staatlichen Maßnahmen verstehen, welches auf den Bank- und Kapitalmärkten Rahmenbedingungen zur Schaffung und Aufrechterhaltung von Wettbewerb aufstellen und die Durchsetzung weiterer Gemeinwohlinteressen sichern soll. Unterteilen lässt sich dieses Regelungsbündel in das Bankaufsichtsrecht, das Kapitalmarktrecht und das Börsenrecht.[25]

Im Sinne des Anliegens dieser Untersuchung soll das Augenmerk auf diejenigen Vorschriften gerichtet werden, die den Finanzdienstleistungssektor im Sinne des kartellrechtlichen Finanzmarktbegriffs[26] betreffen und Vorschriften zum Marktverhalten aufstellen. Andere Vorschriften, wie etwa die Vorgaben zur Aufsicht über Finanzinstitute und deren Eigenkapitalisierung,[27] sollen lediglich am Rande behandelt werden. Diese Vorschriften ordnen für Unternehmen zumeist einseitige interne Verhaltens- und Strukturvorgaben an, die das Marktverhalten nur mittelbar betreffen, sodass das Kartellrecht insoweit nicht zur Anwendung kommt.

---

[25] *Röhl*, in: Fehling/Ruffert, Regulierungsrecht, § 18, Rn. 1.

[26] Siehe oben S. 47: „diejenigen Märkte […], auf denen Angebot von und Nachfrage nach Kapital zusammentreffen und die zur Vorbereitung und Abwicklung der Transaktionen dienen".

[27] Verordnung (EU) 575/2013 des Europäischen Parlaments und des Rates vom 26.6.2013 über Aufsichtsanforderungen an Kreditinstitute und Wertpapierfirmen, ABl. 2013 L 176/1; Richtlinie 2013/36/EU des Europäischen Parlaments und des Rates vom 26.6.2013 über den Zugang zur Tätigkeit von Kreditinstituten und die Beaufsichtigung von Kreditinstituten und Wertpapierfirmen, ABl. 2013 L 176/338.

B. Ermächtigungsgrundlagen und Behörden

Das Regulierungsrecht der Finanzmärkte wird sektorspezifisch nach Banken, Kapitalmärkten und Versicherungen unterteilt. Auf Ebene der EU sind die handelnden Behörden entsprechend dieser Unterteilung strukturiert und organisiert (die EBA für Banken, die EIOPA für Versicherungen und die ESMA für den Wertpapierhandel).[28] In Deutschland ist die Aufsicht über die Finanzmärkte einheitlich der BaFin unterstellt. Diese ist allerdings intern wiederum nach den drei genannten Teilbereichen Banken-, Versicherungs- und Wertpapieraufsicht unterteilt.[29]

I. Regelsetzung

Das Regelsetzungs- beziehungsweise Gesetzgebungsverfahren erfolgt zumeist auf europäischer Ebene in Form von Richtlinien und Verordnungen im Sinne des Art. 288 AEUV. Zur Verwirklichung des Binnenmarktziels wird eine weitgehende Vereinheitlichung von Finanzdienstleistungen und Marktbedingungen auf den Finanzmärkten angestrebt.[30]

Die maßgeblichen Ermächtigungsgrundlagen für Regulierungsrecht auf Finanzmärkten sind Art. 53 AEUV, also die Ermächtigungsgrundlage für die Rechtsangleichung im Kontext der Dienstleistungsfreiheit, und Art. 114 AEUV, die allgemeine Ermächtigungsgrundlage für Rechtsangleichungen zur Verwirklichung des Binnenmarktziels.

Beide Normen stellen niedrige Anforderungen an den Unionsgesetzgeber. Voraussetzung für die Schaffung von neuem Sekundärrecht ist gemäß Art. 114 Abs. 1 AEUV das Vorliegen eines Angleichungsbedarfs im Hinblick auf Rechts- und Verwaltungsvorschriften mit Binnenmarktbezug. Maßnahmen müssen entweder der Beseitigung von Handelshemmnissen oder von Wettbewerbsverzerrungen dienen.[31] Eine Beschränkung auf einzelne Sachgebiete gibt es dabei nicht.[32] Das Vorliegen dieser Voraussetzungen lässt sich in fast jedem Kontext begründen.[33] Es wird generell ein weiter Ermessensspielraum der

---

[28] *Carletti/Smolenska*, OECD Background note, DAF/COMP/WP2(2017)8, Rn. 27; *Jung/Bischof*, Europäisches Finanzmarktrecht, § 3, Rn. 89.

[29] BaFin, Organisationsplan, Stand v. 15.10.2022, abrufbar unter www.bafin.de/SharedDocs/Downloads/DE/Liste/dl_organigramm.html.

[30] Vgl. *de Larosière u.a.*, Bericht der High-Level Group on Financial Supervision in the EU, Rn. 99–104; *Veil*, in: Veil, Europäisches und deutsches Kapitalmarktrecht, § 4, Rn. 28, 39.

[31] EuGH, Urt. v. 5.10.2000, *Deutschland/Parlament u.a.*, C-376/98, EU:C:2000:544, Rn. 95 ff., 115 ff.; *von Danwitz*, in: Dauses/Ludwigs, Handbuch des EU-Wirtschaftsrechts, B. II., Rn. 119.

[32] *Korte*, in: Calliess/Ruffert, EUV/AEUV, Art. 114 AEUV, Rn. 10–13.

[33] Vgl. *Classen*, in: von der Groeben/Schwarze/Hatje, Europäisches Unionsrecht, Art. 114 AEUV, Rn. 8; *Tietje*, in: Grabitz/Hilf/Nettesheim, Das Recht der Europäischen

Union anerkannt.[34] So ist es dem Unionsgesetzgeber etwa erlaubt, die Errichtung von Unionsagenturen wie der ESMA auf Art. 114 AEUV zu stützen.[35] Beschränkt wird die Kompetenznorm dadurch, dass eine Maßnahme „*tatsächlich* den Zweck haben [muss], die Voraussetzungen für die Errichtung und das Funktionieren des Binnenmarktes zu verbessern."[36] Zu beseitigende Wettbewerbsverzerrungen sollen lediglich ausreichen, wenn sie spürbar sind.[37] Ähnliches gilt bei Art. 53 Abs. 1 AEUV: Auch dieser erfordert einen Binnenmarktbezug in dem Sinne, dass Koordinierungsmaßnahmen zur Beseitigung von Handelshemmnissen oder Wettbewerbsverzerrungen erforderlich sind.[38]

II. Durchsetzung des Regulierungsrechts

Die Regulierung eines Unternehmens beginnt mit dem Marktzutritt, der auf den Finanzmärkten grundsätzlich immer einer Zulassung bedarf.[39] Sie setzt sich fort durch eine laufende Aufsicht über das Fortbestehen der Zulassungsvoraussetzungen.[40] Bei Wegfall der Voraussetzungen droht der Entzug der Zulassung und somit das Verbot der Ausführung der jeweiligen Dienstleistung.[41] Zur Durchsetzung der jeweiligen Befugnisse sind in den Spezialgesetzen Ermächtigungsgrundlagen für Ermittlungsmaßnahmen ebenso wie für Sanktionen unter Straf- und Ordnungswidrigkeitenrecht angelegt.[42]

Die Aufsicht erfolgt durch ein mehrstufiges System auf Ebene der Union und der Mitgliedstaaten. Die Aufsicht über die Einhaltung der konkreten Verhaltensvorschriften liegt grundsätzlich bei den nationalen Behörden, in Deutschland beispielsweise bei der BaFin, §§ 1, 4 FinDAG, § 4 ZAG, § 6 KWG. Für bedeutende Finanzinstitute im Sinne der SSM-VO übernimmt hingegen die EZB die Aufsicht.[43]

Union, Art. 114 AEUV, Rn. 3. Vgl. *Barents*, CMLR 30 (1993), 85, 107, nach dem Art. 114 AEUV ein „*loi de plein pouvoir*" darstellt, also eine Blankettermächtigung.

[34] EuGH, Urt. v. 22.1.2014, *Vereinigtes Königreich u.a./Parlament u. Rat*, C-270/12, EU:C:2014:18, Rn. 102.

[35] EuGH, Urt. v. 22.1.2014, *Vereinigtes Königreich u.a./Parlament u. Rat*, C-270/12, EU:C:2014:18, Rn. 104.

[36] EuGH, Urt. v. 5.10.2000, *Deutschland/Parlament u.a.*, C-376/98, EU:C:2000:544, Rn. 84 (Hervorhebung durch den Verf.).

[37] EuGH, Urt. v. 5.10.2000, *Deutschland/Parlament u.a.*, C-376/98, EU:C:2000:544, Rn. 106.

[38] EuGH, Urt. v. 5.10.2000, *Deutschland/Parlament u.a.*, C-376/98, EU:C:2000:544, Rn. 87; *Korte*, in: Calliess/Ruffert, EUV/AEUV, Art. 53 AEUV, Rn. 7.

[39] Lediglich beispielhaft seien für Kreditinstitute § 32 KWG, Art. 8 CRD IV, für Wertpapierfirmen Art. 5 Abs. 1 MiFID II genannt.

[40] Art. 21, 22 MiFID II.

[41] Beispielsweise § 33 Abs. 2 KWG, Art. 18 lit. c) CRD IV; Art. 8, 21, 22 MiFID II.

[42] Z.B. §§ 6 ff., 119 ff. WpHG, Art. 40–42 MiFIR.

[43] Art. 6 Abs. 4, 5 SSM-VO. Die EZB ist Organ der EU, Art. 13 EUV. Ihre weiteren Aufgaben und Funktionen sind näher beschrieben in Art. 282–284 AEUV.

Um europaweit einheitliche Standards bei der Aufsicht zu gewährleisten, und um die ordnungsgemäße Ausübung der laufenden Aufsicht sicherzustellen, sind den nationalen Behörden europäische Agenturen übergeordnet. So werden die Aufsichtsbehörden für Kapitalmärkte durch die Europäische Kapitalmarktaufsichtsbehörde (ESMA) überwacht.[44] Ähnlich ist der Aufbau für die Bankenaufsicht mit der Europäischen Bankenaufsichtsbehörde (EBA), der BaFin und der Bundesbank.

Daneben stehen verschiedene weitere Akteure. Aus Art. 127, 282 AEUV folgt etwa die Verpflichtung des Europäischen Systems der Zentralbanken, die Preisstabilität zu gewährleisten und insbesondere das reibungslose Funktionieren der Zahlungssysteme zu fördern. Zu diesem Zweck kann die EZB gesetzgeberisch tätig werden, Art. 132 AEUV.

C. Regulierungsbedarf

Mit Blick auf die Besonderheiten der Finanzmärkte wird im folgenden Abschnitt deren Regulierungsbedarf herausgearbeitet. Dieser folgt, anders als in den Netzwirtschaften, nicht aus der Liberalisierung ehemaliger Staatsmonopole,[45] sondern aus besonderen Marktcharakteristika und der Bedeutung der Finanzmärkte für das Allgemeinwesen und speziell für die Realwirtschaft. Insbesondere die folgenden drei Fallgruppen von Marktversagen sind auf Finanzmärkten typischerweise gegeben: externe Effekte, wobei diese sich in der Instabilität des Gesamtsystems manifestieren, sowie Informationsasymmetrien und Marktmachtprobleme.[46]

I. Instabilität und Vertrauensempfindlichkeit der Finanzmärkte

Finanzgeschäfte bergen aus ihrer Natur heraus gesteigerte Risiken in sich und sich daher instabil.[47] Intangibilität von Finanzdienstleistungen, Informationsasymmetrien mit Blick auf die Risikoverteilung, Vernetzung der Finanzmarktakteure untereinander und weitere Faktoren haben zur Folge, dass Finanzmärkte in einem empfindlichen Gleichgewicht stehen, das durch verschiedene Einflüsse zum Schwanken gebracht werden kann. Gibt es Probleme mit

---

[44] *Poelzig*, Kapitalmarktrecht, Rn. 914–917.

[45] *Graham*, JECLAP 7 (2016), 407, 408: „The financial services industry, although regulated, has always been privately owned and competitive".

[46] *de Haan/Schoenmaker/Wierts*, Financial Markets and Institutions, S. 380; *Morais/Feteira*, in: Di Porto/Podszun, Abusive Practices in Competition Law, S. 109, 112; *Ottanelli*, CompLRev 12 (2016), 53, 70; *Plank*, ZWeR 2016, 415, 416; *Vives*, Competition and Stability in Banking, S. 70–85; *Wieandt*, in: Körber, Wettbewerbsbeschränkungen auf staatlich gelenkten Märkten, S. 107, 108, Rn. 3.

[47] Grundlegend *Minsky*, Stabilizing an unstable economy, S. 171–220; *Röhl*, in: Fehling/Ruffert, Regulierungsrecht, § 18, Rn. 9; *Weck*, WuW 2018, 294, 295.

einzelnen Finanztransaktionen, kann sich dies als externer Effekt negativ auf weitere Finanzgeschäfte auswirken.[48]

1. Vertrauen als Voraussetzung für die Funktionalität der Finanzmärkte

Ausgangspunkt für diese Problematik ist die hohe Vertrauensempfindlichkeit der Finanzmärkte.[49] Bank- und Finanzdienstleistungen sind zumeist virtuell.[50] Gegenleistung des Finanzgeschäfts ist ein Anspruch auf finanzielle Leistung, keine Ware oder erfahrbare Dienstleistung wie in der Realwirtschaft. Verfolgt man die Anspruchskette bei Finanzdienstleistungen zum Ende, verbleibt typischerweise ein Anspruch gegen eine Bank auf Übergabe und Übereignung einer Anzahl von Geldscheinen oder -münzen, von Bargeld. Bargeld wiederum ist keine Forderung im schuldrechtlichen Sinne und hat an sich keinen Gegenwert außer dem gesellschaftlich anerkannten Wert als Zahlungsmittel und dem damit verknüpften Vertrauen in die Geldwertstabilität.[51] Es ist reines Tauschmittel, das den Austausch von Leistungen (optimalerweise ohne zusätzliche Transaktionskosten) ermöglichen soll.[52] In Ermangelung materieller, greifbarer Gegenwerte setzen Finanzgeschäfte insoweit ein gesteigertes Vertrauen der Marktteilnehmer in Funktion und Bestand der Finanzmärkte voraus.[53] Auch die Qualität von Finanzinstrumenten ist nicht ohne weiteres erkennbar; selbst bei intensiver Recherche verbleiben Unsicherheiten, die Vertrauen in das Produkt oder in den Markt voraussetzen.[54] Dieses Vertrauen kann sowohl durch tatsächliche Veränderungen der äußeren Umstände als auch ohne sachlichen Grund im Wege einer „selbsterfüllenden Prophezeiung" entfallen.[55]

Hinzu kommt, dass infolge des Phänomens der Giralgeldschöpfung Ansprüche nicht durch einen entsprechenden Pool an Bargeld gedeckt sind.[56] Entsprechende Liquiditätslücken werden durch kurzzeitige Kredite zwischen

---

48 *Maes/Kiljanski*, EC Competition Policy Newsletter 1/2009, S. 12–13.

49 *Bumke*, Die Verwaltung 41 (2008), 227, 232; *Jenny*, World Competition 32 (2009), 449; *Thiele*, Finanzaufsicht, S. 79–81; *Tieben*, Das Drei-Säulen-System des Bankenmarktes, S. 42, 59–61.

50 *Tieben*, Das Drei-Säulen-System des Bankenmarktes, S. 62.

51 *Hellwig*, ZfgK 2018, 403, 403–404.

52 *Krarup*, Economy and Society 48 (2019), 107, 114.

53 *Engel*, Systemrisikovorsorge, S. 7; *Röhl*, in: Fehling/Ruffert, Regulierungsrecht, § 18, Rn. 10; *Thiele*, Finanzaufsicht, S. 79–82.

54 *Poelzig*, Kapitalmarktrecht, Rn. 35.

55 *Carletti/Vives*, in: Vives, Competition Policy in the EU: Fifty Years on from the Treaty of Rome, S. 260, 262; grundlegend *Diamond/Dybvig*, Journal of Political Economy 91 (1983), 401, 408–410. Nach diesen sind Auslöser eines Vertrauensverlusts „[…] even sunspots.[Fn. ausgespart] It need not be anything fundamental about the bank's condition."

56 Laut *statista* betrug der Bargeldumlauf in der EU im Jahr 2020 EUR 1,37 Mrd. Die Geldmenge M1 (Bargeld und Sichteinlagen) betrug hingegen zwischen EUR 8,98 Mrd. (Januar) und EUR 10,25 Mrd. (Dezember).

verschiedenen Instituten am Interbankenmarkt, also demjenigen Markt, auf dem Banken sich gegenseitig Liquidität zur Verfügung stellen,[57] gedeckt.[58] Anders als in der Realwirtschaft, in der beispielsweise durch verlängerte Zahlungsziele und Finanzierungsmodelle ebenfalls eine Geldschöpfung stattfindet, fehlt es bei Finanzgeschäften am realen Gegenwert in Form eines tangiblen Objekts,[59] an der (verwertbaren) Sicherheit.

Zugleich findet ein veränderter Preismechanismus Anwendung. Zusätzlich zum Ausgleich von Angebot und Nachfrage werden Erwartungen über zukünftige Entwicklungen eingepreist, die im Investitionszeitpunkt nicht absehbar sind, wie etwa das (Nicht-)Auftreten neuer Erfindungen oder allgemeiner gesprochen, unsichere zukünftige Entwicklungen.[60] Auf den Punkt bringt es *Bumke* für den Bereich der Kapitalmärkte: „Gehandelt werden geldwerte Erwartungen über die Zukunft.“[61]

2. *Vertrauensverlust als Krisenauslöser*

Diese Gesichtspunkte gelten für Transaktionen im Einzelnen; umso mehr beeinflussen sie aber das Finanzsystem im Ganzen, da infolge der Labilität der Einzelgeschäfte eine Instabilität des Gesamtsystems entstehen kann.[62] Das einzelne, insbesondere das fehlgeschlagene, Geschäft bewirkt somit externe Effekte.[63] Verliert ein Großteil der Kunden das Vertrauen in ein einzelnes Institut, werden diese ihr Kapital entnehmen und das Institut die verbleibenden Ansprüche nicht bedienen können.[64] Im Normalfall würde die betroffene Bank ihre Liquiditätslücke auf dem Interbankenmarkt mit freiem Kapital anderer Institute schließen. Können diese allerdings aufgrund eigener Liquiditätslücken den Bedarf nicht decken oder wollen sie dies mangels Kreditwürdigkeit nicht, muss die betroffene Bank aus dem Markt ausscheiden.[65]

---

[57] *Bundesbank*, Geld und Geldpolitik, S. 92–93.

[58] Sog. Repo-Geschäft (für *repurchase agreement*). Hierbei verkaufen Banken kurzfristig Wertpapiere als Sicherheit für die Zurverfügungstellung von Kapital. Die sicherungsweise verkauften Papiere werden nach einer kurzen Zeitdauer gegen einen Aufschlag (als Zinsäquivalent) zurückgekauft, *Mishkin*, The Economics of Money, Banking, and Financial Markets, S. 304.

[59] *Röhl*, in: Fehling/Ruffert, Regulierungsrecht, § 18, Rn. 10.

[60] *Harrison*, Competition Law and Financial Services, S. 15–23; *Minsky*, Stabilizing an unstable economy, S. 183–187.

[61] *Bumke*, Die Verwaltung 41 (2008), 227, 231.

[62] *Röhl*, in: Fehling/Ruffert, Regulierungsrecht, § 18, Rn. 9, 11; BVerfG, Beschluss v. 24.11.2015, 2 BvR 355/12, Rn. 43.

[63] *Brüggemeier*, Harmonisierungskonzepte im europäischen Kapitalmarktrecht, S. 175.

[64] Sog. „bank run“, siehe etwa *Diamond/Dybvig*, Journal of Political Economy 91 (1983), 401; *Jenny*, World Competition 32 (2009), 449.

[65] Dies geht mittelbar aus der Existenz der Regeln zur Abwicklung insolventer Banken der SRM-VO hervor.

Dieser grundsätzlich wünschenswerte Selektionsprozess[66] kann aufgrund der Vertrauensempfindlichkeit allerdings umschlagen in einen Vertrauensverlust hinsichtlich des gesamten Finanzmarkts.[67] Kunden anderer Banken könnten ihre Einlagen entnehmen wollen, wodurch aus der Liquiditätskrise einer Bank ein Mangel an Liquidität im Gesamtmarkt entsteht. Ebenso kann sich aus dem Ausfall einer Forderung ein Liquiditätsmangel bei der Gläubigerin ergeben, die in der Folge wiederum ihre eigenen Forderungen nicht mehr bedienen kann.[68] Es realisiert sich durch Ansteckungseffekte[69] ein systemisches Risiko, also die Gefahr einer Beeinträchtigung der Funktionen der Finanzmärkte mit umfassenden negativen Auswirkungen auf die Realwirtschaft.[70] Die Auswirkungen auf die Realwirtschaft ergeben sich insoweit, als die effiziente Verteilung von Kapital beschränkt und effiziente Produktionsprozesse und Projekte nicht durchgeführt werden können.[71]

Mit Blick auf die oben beschriebene Relevanz der Finanzmärkte kann ein solches Kippen der Finanzmärkte und die damit verbundenen Konsequenzen für die Realwirtschaft nicht in Kauf genommen werden und es muss durch Regulierung vorgebeugt werden. Nicht das Risiko der einzelnen Handlung sorgt für den Regulierungsbedarf, sondern die Kumulation einer Vielzahl riskanter Einzelgeschäfte.[72] Präventive Maßnahmen umfassen etwa die Einrichtung der Einlagensicherung, durch die der Anreiz für einen Bank Run genommen wird, da die Sicherheit der Einlagen durch den Staat gewährt wird.[73]

---

[66] Spezifisch für unprofitable Banken, Europäische Kommission, E. v. 11.6.2002, COMP/36.571/D-1 – *Österreichische Banken („Lombard Club")*, Rn. 395.

[67] *Thiele*, Finanzaufsicht, S. 83–90; *Tieben*, Das Drei-Säulen-System des Bankenmarktes, S. 58–59.

[68] EZB, Monthly Bulletin April 2002, S. 47, 48.

[69] Auch Domino- oder *spillover*-Effekte genannt, *Allen/Carletti*, JMCB 45, Supplement 1 (August 2013), 121, 125; *Monopolkommission*, XX. Hauptgutachten, Rn. 1392; *Mendelsohn*, Systemrisiko und Wirtschaftsordnung im Bankensektor, S. 109–110.

[70] Vgl. hierzu umfassend *Brambring*, Zentrales Clearing von OTC-Derivaten, S. 7–40. Zum Begriff des systemischen Risikos auch *Allen/Carletti*, JMCB 45, Supplement 1 (August 2013), 121–127; *Bergk*, Makroprudentielle Aufsicht, S. 42–46; *Mendelsohn*, Systemrisiko und Wirtschaftsordnung im Bankensektor, S. 115–120. Zur historischen Entwicklung des Systemrisikobegriffs *Kaufhold*, Systemaufsicht, S. 20–44; hinsichtlich eines allgemeinen verwaltungsrechtlichen Systemrisikobegriffs *dies.*, S. 342–357. Auf Ansteckungseffekte sowohl für weitere Kreditinstitute als auch die Realwirtschaft wurde bereits 1961 hingewiesen, siehe Wirtschaftsausschuss des Deutschen Bundestags, Schriftlicher Bericht über den von der Bundesregierung eingebrachten Entwurf eines Gesetzes über das Kreditwesen – Drucksachen III/1114, 2563 (sog. *Ruland*-Bericht) vom 13.3.1961, S. 20, linke Spalte, abrufbar unter https://dserver.bundestag.de/btd/03/011/0301114.pdf.

[71] *Armour u.a.*, Principles of Financial Regulation, S. 57.

[72] *Röhl*, in: Fehling/Ruffert, Regulierungsrecht, § 18, Rn. 46.

[73] *Monopolkommission*, XX. Hauptgutachten, Rn. 1550.

3. Verknüpfung von Finanzmarktakteuren untereinander und mit der Realwirtschaft

Die Ansteckungseffekte werden bedingt oder zumindest verstärkt durch eine Verflechtung der Finanzinstitute untereinander. Im Extremfall erlangen die Unternehmen systemische Relevanz und sind aufgrund ihrer Größe oder Verflechtung unverzichtbar für die Stabilität des Finanzmarktes; sie können nicht mehr über das normale Insolvenzverfahren abgewickelt werden.[74] Haben sie diese kritische Größe erreicht, ist der Staat letztlich gezwungen, Rettungsmaßnahmen zu ergreifen (sogenannte implizite Staatsgarantie).[75] Sowohl die Einlagensicherung als auch implizite Staatsgarantien können allerdings zu Fehlanreizen führen, da den Marktteilnehmern das Verlustrisiko (jedenfalls teilweise) abgenommen wird,[76] sodass diese Maßnahmen einen Regulierungsbedarf nicht beseitigen, sondern im Gegenteil eher begründen.[77]

Die Verflechtung lässt sich an mehreren Faktoren festmachen. Zum einen sind Finanzinstitute durch vertragliche Beziehungen untereinander verbunden; insbesondere sind sie durch den Geld- oder Interbankenmarkt voneinander abhängig.[78] Zum anderen kann eine Risikokonzentration durch mangelnde Streuung der Anlageprodukte hinzutreten. Dies betrifft sowohl die Anlagestrategie eines einzelnen Instituts als auch den gleichförmigen Aufbau von Portfolios durch verschiedene Institute. Viele große Finanzinstitute nutzen ähnliche Portfoliostrategien, was bei Ausfall der enthaltenen Finanzprodukte zu gleichförmigen Liquiditätsproblemen führt, die wiederum nicht am Interbankenmarkt ausgeglichen werden können, da sämtliche Banken zeitgleich entsprechenden Bedarf haben.[79]

Illustrativ sind die Investitionen in verbriefte Grundstückshypotheken im Rahmen der amerikanischen Subprime-Krise. Nachdem die Werthaltigkeit der Hypothekenforderungen und der daraus abgeleiteten Derivate öffentlich mehr und mehr in Frage gestellt wurde, begann eine Verkaufsspirale, die den Wert der benannten Finanzinstrumente mangels Nachfrage weiter absinken ließ, was

---

[74] Bekannt wurde dieses Phänomen unter den Stichworten *too big*, *too interconnected* oder *too important to fail*, siehe etwa *Engel*, Systemrisikovorsorge, S. 27; *Monopolkommission*, XX. Hauptgutachten, Rn. 1393; *Rengier, L.*, Too Big to Fail als Frage des Kartellrechts, S. 58–70, jeweils m.w.N. Neben der Verflechtung mit anderen Instituten werden die Größe, die Substituierbarkeit ihrer Dienstleistungen, die globale Aktivität und die Komplexität im Aufbau als Kriterien herangezogen, Bank for International Settlement, Global systemically important banks, Rn. 16.

[75] *Monopolkommission*, XX. Hauptgutachten, Rn. 1400–1401.

[76] *Monopolkommission*, XX. Hauptgutachten, Rn. 1401–1403, 1550.

[77] *Monopolkommission*, XX. Hauptgutachten, Rn. 1412.

[78] *Brambring*, Zentrales Clearing von OTC-Derivaten, S. 21; *Mendelsohn*, Systemrisiko und Wirtschaftsordnung im Bankensektor, S. 135.

[79] *Vives*, Competition and Stability in Banking, S. 39–40; *ders.*, RevFS 27 (2014), 3547, 3577–3578.

wiederum zu weiteren Notverkäufen führte. Hierdurch entstand ein Liquiditätsmangel am Markt, der nicht zuletzt zur Insolvenz der Lehman Brothers führte.[80] Man spricht hierbei auch von sogenannten Klumpenrisiken, also der Abhängigkeit von der Werthaltigkeit der Forderungen aus einzelnen Sektoren.[81]

Zugleich sind die Finanzinstitute eng mit der Realwirtschaft verknüpft. Häufig sind Unternehmen der Realwirtschaft selbst als Finanzmarktakteur tätig, sei es über die Ausgabe von Anleihen, sei es über eine Kredittätigkeit zur Finanzierung von Warengeschäften.[82] Daneben spielen sie eine maßgebliche Rolle als Forderungsgläubiger. Fallen sie als solche aus, kann auch hierdurch eine Liquiditätskrise entstehen. Dies bedingt Wechselwirkungen zwischen Finanz- und Realwirtschaft, die im Krisenfall zu einer Perpetuierung selbiger führen kann.[83]

II. Informationsasymmetrien und -defizite

Eine weitere Besonderheit der Finanzmärkte, durch die die Vertrauensempfindlichkeit befördert wird, bilden Informationsasymmetrien oder -defizite auf Anlegerseite, die bereits vor der Anlageentscheidung Einfluss bei der Auswahl des Produkts haben und sich nach Abschluss des initialen Kapitaltransfers fortsetzen.

Zum einen fehlt es Anlegern häufig an einem generellen Verständnis der Finanzprodukte, mit denen sie handeln wollen oder zu denen ihnen von Finanzberatern geraten wird. Anlageentscheidungen beruhen eher auf einem Bauchgefühl[84] oder einem börsenpsychologisch indizierten Run auf gewisse Produkte,[85] als auf einer informierten Entscheidung. Hinzu treten Informations- und Wechselkosten, die Anleger dazu verleiten, unattraktive Angebote weiter zu nutzen.[86] Auch insoweit ist maßgeblich, dass die Marktteilnehmer Vertrauen auf die Integrität der weiteren Finanzmarktakteure aufbringen.

Zum anderen bestehen – unabhängig von den Intermediären – als Ausprägung des Prinzipal-Agenten-Problems widerstreitende Interessen zwischen Kapitalgebern und -nehmern:[87] Diejenigen Fremdkapitalnehmer, deren Projekt

---

[80] Siehe hierzu *Mendelsohn*, Systemrisiko und Wirtschaftsordnung im Bankensektor, S. 40–42; *Vives*, RevFS 27 (2014), 3547, 3573–3575.

[81] *Patz*, Staatliche Aufsicht über Finanzinstrumente, S. 19–27.

[82] So haben etwa die meisten Autohersteller eine eigene Bank zur Kauffinanzierung für ihre Kunden.

[83] *Rengier, L.*, Too Big to Fail als Frage des Kartellrechts, S. 70–75.

[84] Vgl. hierzu *Kahneman*, Thinking, Fast and Slow, S. 12, 212–215.

[85] *Armour u.a.*, Principles of Financial Regulation, S. 60, 61; *Brambring*, Zentrales Clearing von OTC-Derivaten, S. 39: „Herdenverhalten"; *Mankiw/Taylor*, Economics, S. 409.

[86] *Vives*, Competition and Stability in Banking, S. 228–229.

[87] Vgl. *Patz*, Staatliche Aufsicht über Finanzinstrumente, S. 52, insb. mit Blick auf die problematische Rolle von Ratingagenturen, S. 53–57.

oder Vorhaben aufgrund des hohen Risikos das unattraktivste für die Kapitalgeber darstellt, haben das höchste Interesse an einer Transaktion und bieten daher die höchste Verzinsung, wodurch sie für Kapitalgeber wiederum attraktiv werden (Problem der Negativauslese, *adverse selection*).[88] Ebenso werden nach Überlassung des Kapitals die Fremdkapitalnehmer häufig diejenigen Maßnahmen ergreifen, die aufgrund der Risikogestaltung für die Kapitalgeber unattraktiv sind (*moral hazard*-Problem).[89] Aufgrund dieser Risiken besteht sowohl die Gefahr, dass Entscheidungen unbewusst fehlerhaft, aber auch aus opportunistischen Gründen absichtlich fehlerhaft oder gar mit Betrugsabsicht getroffen werden.[90]

Die Überwachungsprobleme beruhen auf dem meist langfristig angelegten Charakter von Finanzdienstleistungen, die regelmäßig Investitionsentscheidungen über mehrjährige Zeiträume beinhalten, also auf dem Treuhandcharakter der Kapitalverwaltung. Es werden im Investitionszeitpunkt Entscheidungen getroffen, in die (potenzielle) zukünftige Entwicklungen miteingepreist werden.[91] Zugleich und dem gegenläufig werden viele Geschäftsvorgänge auf Seiten der professionellen Anleger mit hoher Geschwindigkeit abgewickelt.[92] Aus diesem Grund funktionieren typische Marktmechanismen, wie die „Signalwirkung" hinsichtlich Qualität und Verlässlichkeit, nur eingeschränkt oder gar nicht. Wenn der Mangel an Qualität über den Markt bekannt wird, werden viele Anleger bereits investiert haben und können daher nicht mehr ausreichend auf das Signal reagieren.[93] Zudem stehen im Bereich der Finanzmärkte typischerweise größere Geldwerte zur Disposition. Dies bedingt einen besonderen Aufsichtsbedarf, der über andere Dienstleistungsbereiche hinausgeht.[94]

III. Netzwerkeffekte als Auslöser für Wettbewerbsstörungen

In einem gewissen Zusammenhang mit der Labilität der Finanzmärkte stehen Netzwerkeffekte, die die Verknüpfung zwischen Finanzinstituten untereinander und zur Realwirtschaft begünstigen und somit wiederum das Risiko von Ansteckungseffekten erhöhen.

Zwar sind Finanzmärkte keine klassischen Netzmärkte; dafür fehlt es an einem tangiblen Netzsystem, dessen Reproduzierbarkeit ökonomisch oder tat-

---

[88] *Mankiw/Taylor*, Economics, S. 403–404.

[89] *de Haan/Schoenmaker/Wierts*, Financial Markets and Institutions, S. 8, 380–381; *Maes/Kiljanski*, EC Competition Policy Newsletter 1/2009, S. 12; vgl. auch *Mankiw/Taylor*, Economics, S. 402–403.

[90] *Armour u.a.*, Principles of Financial Regulation, S. 48, 49.

[91] *White*, Antitrust LJ 80 (2015), 413, 414.

[92] *Röhl*, in: Fehling/Ruffert, Regulierungsrecht, § 18, Rn. 11.

[93] *Armour u.a.*, Principles of Financial Regulation, S. 56 mit Verweis auf Schnellballsysteme in Fn. 7; deutlich *Harrison*, Competition Law and Financial Services, S. 22: „it is impossible to judge fund managers until it is too late."

[94] *de Haan/Schoenmaker/Wierts*, Financial Markets and Institutions, S. 381.

sächlich unmöglich oder jedenfalls nicht sinnvoll ist. Dennoch ergeben sich aus dem Charakter des Finanzmarkts häufig Konstellationen, in denen es wirtschaftlich sinnvoll erscheint, dass nur ein oder jedenfalls wenige Anbieter konzentriert Dienstleistungen erbringen; es bestehen also Konzentrationstendenzen.[95] Diese folgen aus der Funktion der Finanzmärkte, zwei Parteien entweder direkt zusammenzuführen oder jedenfalls deren Kapital durch einen Intermediär zu vermitteln. Je mehr Marktteilnehmer auf diese Weise verknüpft werden, desto attraktiver ist eine Teilnahme für weitere Marktteilnehmer. Auf den Kapitalmärkten ergeben sich so etwa positive Externalitäten durch die Menge an gehandelten Wertpapieren, da die Preisbildung durch ein erhöhtes Niveau von Angebot und Nachfrage optimiert wird.[96] Durch eine verbesserte Preisbildung wird der Handelsplatz für die Händler wiederum attraktiver. Im Bereich der Zahlungsdienste folgen die Netzwerkeffekte aus dem wechselseitigen Interesse von Zahlungsdienstnutzer und Händler an einer möglichst weiten Akzeptanz des Zahlungsmittels.[97]

Aus den Netzwerkeffekten resultiert die Gefahr oder jedenfalls die Wahrscheinlichkeit der Bildung von engen Oligopolen oder gar Monopolen. Aufgrund der positiven Netzwerkeffekte liegt es nahe, dass sich keine kleinteiligen Marktstrukturen entsprechend der Idealvorstellung perfekten Wettbewerbs mit atomistischen Angebots- und Nachfragestrukturen bilden, sondern eine Konzentration hin zu wenigen großen Anbietern der jeweiligen Dienstleistungen stattfindet.[98] Dies allein mag nicht zwingend als negativ zu bewerten sein, kann aber aus zweierlei Gründen dennoch nachteilige Auswirkungen entfalten: Zunächst besteht das Risiko des Missbrauchs einer solchen Marktstellung. Zudem wird der oben beschriebene Ansteckungseffekt durch die Verflechtung der verschiedenen Finanzinstitute und deren Relevanz für die Realwirtschaft beim Ausfall eines Unternehmens verstärkt; infolge der wahrscheinlichen Oligopolisierung und der geringen Anzahl an Wettbewerbern steigt die Wahrscheinlichkeit, dass der Ausfall eines Unternehmens zum Zusammenbruch großer Teile der Finanzmärkte führt.[99]

Begünstigt werden die Netzwerkeffekte durch die Neigung zu beziehungsweise durch das Erfordernis von Standardisierung auf den Finanzmärkten.[100] Durch die Nutzung einheitlicher Standards vergrößert sich der Markt, in dem die Netze Nutzer anziehen können.[101] Umgekehrt neigen Märkte mit Netzwerk-

---

[95] Vgl. *Tieben*, Das Drei-Säulen-System des Bankenmarktes, S. 68.

[96] *Kumpan*, in: Schwark/Zimmer, KMRK, § 9 BörsG, Rn. 6.

[97] *de Haan/Schoenmaker/Wierts*, Financial Markets and Institutions, S. 217–218.

[98] *de Haan/Schoenmaker/Wierts*, Financial Markets and Institutions, S. 219.

[99] *Monopolkommission*, XX. Hauptgutachten, Rn. 1392; *de Haan/Schoenmaker/Wierts*, Financial Markets and Institutions, S. 219, 381–382.

[100] Hierzu etwa ErwG 10, 14 SEPA-VO für Überweisungssysteme.

[101] *Shapiro*, in: Dreyfuss/Zimmermann/First, Expanding the Boundaries of Intellectual Property, S. 81, 89.

effekten dazu, einen einheitlichen Standard zu wählen oder jedenfalls einen *de facto*-Standard anzunehmen,[102] da die positiven Externalitäten voll ausgenutzt werden können. Die kooperative oder gar kollusive Schaffung und Nutzung von Standards kann jedoch verschiedene Wettbewerbs- und Marktprobleme mit sich bringen,[103] denen wiederum mit Kartell- und Regulierungsrecht zu begegnen ist.

D. Regelungsziele der Finanzmarktregulierung

Entsprechend der dargestellten Besonderheiten der Finanzmärkte gestalten sich die „typischen" Regelungsziele der dazugehörigen Regulierung. Infolge der herausragenden Funktion des Finanzmarkts für die Gesamtwirtschaft und der gleichzeitig bestehenden Instabilität der Finanzgeschäfte ist oberstes Ziel der Regulierung die Schaffung eines stabilen Marktumfeldes, das nicht durch den Zusammenbruch eines Unternehmens insgesamt gefährdet wird.[104] Es soll eine Situation erreicht werden, „in der die einzelnen Teile des Finanzsystems ihre Aufgabe ohne größere Störungen erfüllen können."[105] Im Kern geht es dabei um einen allgemeinen, systembezogenen Vertrauensschutz aller Marktteilnehmer in Fortbestehen und Funktion der Finanzmärkte.[106] Es handelt sich um Ordnungsrecht, das der Abwehr von Gefahren für das Gemeinwohl dient.[107] Die Finanzmarktstabilität ist öffentliches Gut.[108]

Damit im Zusammenhang, gleichzeitig aber auch mit Blick auf das Wettbewerbsziel, steht der sinnvolle Umgang mit Netzwerkeffekten, die aus der Standardisierung von Finanzgeschäften resultieren. Hinzu tritt der Abbau von Informationsasymmetrien, um Anleger (privat wie institutionell) vor Fehlentscheidungen zu schützen. Das Regulierungsrecht umfasst somit ein weites

---

[102] *Lundqvist*, in: Drexl/Di Porto, Competition Law as Regulation, S. 365, 366.

[103] Siehe zu diesen und weiteren Vor- und Nachteilen von Standardisierung etwa *Shapiro*, in: Dreyfuss/Zimmermann/First, Expanding the Boundaries of Intellectual Property, S. 81, 88–90.

[104] Vgl. z.B. ErwG 7 CRR; ErwG 7 EBA-VO; ErwG 1 EMIR; ErwG 7 ESMA-VO; ErwG 10–11 ESRB-VO; ErwG 2 SSM-VO; *Engel*, Systemrisikovorsorge, S. 39; *Hellwig*, MPI Discussion Paper 2018/7, S. 12; *Lehmann*, in: MüKoBGB, Bd. 13, Teil 12, Rn. 4; *Möschel*, Bankenrecht im Wandel, S. 71; *Thiele*, Finanzaufsicht, S. 91.

[105] Dieser Begriff der Stabilität der Finanzmärkte wird von *Bauerschmidt*, ZHR 183 (2019), 476–502 anhand der bisherigen Stabilitätsgesetzgebung auf Ebene der EU hergeleitet.

[106] *Lepsius*, in: Fehling/Ruffert, Regulierungsrecht, § 19, Rn. 22; ähnlich *Poelzig*, Kapitalmarktrecht, Rn. 26.

[107] *Weck*, Die Regulierung innovativer Finanzinstrumente, S. 161–163; *ders.*, in: Haucap/Budzinski, Recht und Ökonomie, S. 213, 214.

[108] *Brüggemeier*, Harmonisierungskonzepte im europäischen Kapitalmarktrecht, S. 175.

Bündel an Vorschriften mit verschiedensten Adressaten. Es werden je nach Marktsegment unterschiedliche Regelungsziele verfolgt.[109]

Unterteilen lassen sich die Ziele des Regulierungsrechts auf Finanzmärkten insbesondere in zwei Kategorien. Auf der Makroebene steht der Schutz der Systemstabilität im Vordergrund; auf der Mikroebene hingegen Infrastruktur- und Funktionsschutz für Einzelne.[110] Einerseits soll der Markt und dessen Funktionieren in einem weiteren Sinne geschützt werden. Andererseits sollen Institute oder einzelne Finanzinstrumente aufgrund ihres Beitrages zur effizienten Verteilung von Kapital erhalten bleiben.[111] Mittelbar sollen hierdurch die individuellen Marktteilnehmer, im Besonderen die Anleger, und deren Vertrauen in die Finanzmärkte bewahrt werden.[112]

I. Makroebene: Systemschutz

Die Finanzmärkte sollen als solche im Sinne eines übergeordneten funktionsfähigen Marktmechanismus mit Hilfe sogenannter makroprudenzieller Maßnahmen[113] geschützt werden.[114] Diese zielen darauf ab, negativen Marktentwicklungen als Ganzem entgegenzuwirken, wenn also die Stabilität des Finanzsystems insgesamt gefährdet ist.[115]

---

[109] *Röhl*, in: Fehling/Ruffert, Regulierungsrecht, § 18, Rn. 17. Zur behördlichen Aufteilung der jeweiligen Aufgaben siehe etwa die Grafik bei Monopolkommission, XX. Hauptgutachten, Rn. 1683.

[110] Vgl. bereits den Wortlaut von § 6 Abs. 2 KWG: „Die Bundesanstalt hat Mißständen im Kredit- und Finanzdienstleistungswesen entgegenzuwirken, welche die Sicherheit der den Instituten anvertrauten Vermögenswerte gefährden, die ordnungsmäßige Durchführung der Bankgeschäfte oder Finanzdienstleistungen beeinträchtigen oder erhebliche Nachteile für die Gesamtwirtschaft herbeiführen können"; *Grundmann*, in: Staub, HGB, Band 10/1, Teil 1, Rn. 81; *Jung/Bischof*, Europäisches Finanzmarktrecht, § 3, Rn. 88; Monopolkommission, XXI. Hauptgutachten, Rn. 1411; *Lehmann*, in: MüKoBGB, Bd. 13, Teil 12, Rn. 1; *Röhl*, in: Fehling/Ruffert, Regulierungsrecht, § 18, Rn. 13. Zu einer weiteren Unterteilung in risiko-, instituts- und transaktionsaktionsbezogene Regelungen, vgl. *Weck*, in: Haucap/Budzinski, Recht und Ökonomie, S. 213, 215; *Wymeersch*, in: Colaert/Busch/Incalza, European Financial Regulation: Levelling the Cross-Sectoral Playing Field, S. 39, 40–42.

[111] *Buck-Heeb*, Kapitalmarktrecht, Rn. 11–13.

[112] *Röhl*, in: Fehling/Ruffert, Regulierungsrecht, § 18, Rn. 15.

[113] Vgl. Art. 3 Abs. 1 ESRB-VO: „(1) Der ESRB ist für die Makroaufsicht über das Finanzsystem in der Union zuständig"; amtliche Überschrift des Art. 5 SSM-VO: „Makroprudenzielle Aufgaben und Instrumente".

[114] Siehe hierzu monographisch *Bergk*, Makroprudentielle Aufsicht; *Engel*, Systemrisikovorsorge. Siehe auch *Armour u.a.*, Principles of Financial Regulation, S. 64–66, 409–424; *de Haan/Schoenmaker/Wierts*, Financial Markets and Institutions, S. 423–449; *Mendelsohn*, Systemrisiko und Wirtschaftsordnung im Bankensektor, S. 208–223.

[115] *Bergk*, Makroprudentielle Aufsicht, S. 38–39.

Hierfür wurden neue Mechanismen wie antizyklische Kapitalpuffer oder Systemrisikopuffer,[116] Sonderbefugnisse der Aufsichtsbehörden im Falle systemischer Risiken,[117] Einschränkungen bei der Kreditvergabe an Verbraucher[118] oder das Finanzstabilitätsgesetz[119] geschaffen und neue Institutionen wie das European Systemic Risk Board[120] oder der Ausschuss für Finanzstabilität beim Bundesministerium für Finanzen gegründet, die darauf abzielen, institutsübergreifend systemische Risiken zu identifizieren und abzubauen.[121] Ebenfalls in diesem Zusammenhang stehen mikroprudenzielle Vorgaben zur Sicherung der Zahlungsfähigkeit der einzelnen Banken und anderen Finanzdienstleistungsinstituten wie die Eigenkapitalvorgaben.[122] Hierdurch wird das Funktionieren des Finanzmarkts insgesamt abgesichert; insbesondere sollen systemimmanente Risiken gemindert werden, die ein Zusammenbrechen des Kapitalverkehrs durch Verknüpfungen zwischen verschiedenen Marktteilnehmern und hieraus resultierenden Kettenreaktionen bewirken können.[123] Zentrales Ziel der Finanzmarktaufsicht in diesem Sinne ist das Vorbeugen von Insolvenzen der Marktteilnehmer.[124] Auch die Generalklauseln für aufsichtsrechtliche Maßnahmen enthalten Öffnungsklauseln zur Berücksichtigung von Gesichtspunkten der Finanzstabilität.[125]

Ein Beispiel für Maßnahmen des Systemschutzes waren die Bankenrettungsmaßnahmen im Rahmen der Finanzkrise (wenngleich diese gerade die Folge fehlender präventiver Regulierung waren). Unter Wettbewerbsbedingungen wäre zwingende Folge einer solchen Krise das Ausscheiden ineffizienter Marktteilnehmer gewesen. Entgegen dieser marktwirtschaftlichen Reaktion wurde durch politische Interventionen ein Ausscheiden der meisten Marktteilnehmer verhindert, um weitere stabilitätsgefährdende Kettenreaktionen zu verhindern.[126]

---

[116] §§ 10c–10g KWG, Titel VII, Kapitel 4 CRD IV, insb. Art. 130, 133 CRD IV.

[117] § 14 WpHG, § 48t KWG.

[118] § 48u KWG, §§ 505a–505e BGB in Umsetzung der Richtlinie 2014/17/EU des Europäischen Parlaments und des Rates vom 4. Februar 2014 über Wohnimmobilienkreditverträge für Verbraucher und zur Änderung der Richtlinien 2008/48/EG und 2013/36/EU und der Verordnung (EU) Nr. 1093/2010, ABl. 2014 L 60/34.

[119] Gesetz zur Überwachung der Finanzstabilität, beschlossen durch Gesetz zur Stärkung der deutschen Finanzaufsicht v. 28.12.2012, BGBl. I 2012, Nr. 56, S. 2369–2371.

[120] Art. 1 Abs. 1 ESRB-VO.

[121] Vgl. *Armour u.a.*, Principles of Financial Regulation, S. 419.

[122] Teil 3 CRR, insb. Art. 92 CRR für Kreditinstitute und Wertpapierfirmen.

[123] *Lehmann*, in: MüKoBGB, Bd. 13, Teil 12, Rn. 2–4; *Röhl*, in: Fehling/Ruffert, Regulierungsrecht, § 18, Rn. 14.

[124] *Röhl*, in: Fehling/Ruffert, Regulierungsrecht, § 18, Rn. 62.

[125] Vgl. § 6 Abs. 2 und 4 KWG, §§ 6 Abs. 1 S. 2, 14 WpHG.

[126] Siehe hierzu z.B. *Zimmer/Weck/Schepp*, in: Körber, Wettbewerbsbeschränkungen auf staatlich gelenkten Märkten, S. 73, 77–80.

II. Mikroebene: Institutsbezogener Funktions- und Infrastrukturschutz

Neben makroprudenziellen Maßnahmen findet sich eine Vielzahl von Vorschriften, die dem Schutz der Infrastruktur auf Finanzmärkten dergestalt dienen, dass Anforderungen an die Errichtung und den Betrieb von Finanzinstituten wie Börsen oder Banken aufgestellt werden. Anders als bei den Vorschriften der Makroprudenz geht es nicht darum, einen übergeordneten Sicherheitsmechanismus aufzubauen, sondern institutsbezogen diese als Handelsplatz abzusichern.[127] Beispiele hierfür sind das Börsengesetz,[128] oder die Regeln für den Betrieb von Bankgeschäften und Finanzdienstleistungen.[129] Ähnliches gilt für Regeln aus MAR und WpHG, die transaktionsbezogen Vorgaben für das Handeln der Teilnehmer am Markt machen.[130]

Schutzrichtung der Vorschriften ist dabei nicht nur die Absicherung des konkreten Einzelgeschäfts, sondern die Bereitschaft, Geschäfte dieser Art generell einzugehen.[131] Hierdurch soll das Vertrauen der Anleger und Institute in die Finanzmärkte gesichert werden, insbesondere nachdem dieses durch die Finanzkrise nachhaltig erschüttert wurde.[132] Mittelbar und komplementär dienen diese ebenfalls dem Systemschutz insoweit, als sie das Zusammenbrechen einzelner Institute und damit bereits den „Anstoß des ersten Dominosteins" verhindern sollen.[133]

III. Verwirklichung des Binnenmarktziels

Neben diese funktionalen Ziele tritt auf EU-Ebene als übergeordnetes politisches Ziel für den Bereich der Finanzdienstleistungen das Binnenmarktziel. Zur Verwirklichung der Niederlassungs-, Dienstleistungs- und Kapitalverkehrsfreiheit (Art. 49–66 AEUV) soll ein unionsweit einheitliches Marktumfeld geschaffen werden.[134] Dies gilt für die Kapitalmärkte wie auch für

---

[127] *Engel*, Systemrisikovorsorge, S. 31.

[128] Vgl. *Röhl*, in: Fehling/Ruffert, Regulierungsrecht, § 18, Rn. 27.

[129] Diese finden sich (in Umsetzung der MiFID II-Richtlinie) in den §§ 32–38 KWG, im Zahlungsdiensteaufsichtsgesetz (ZAG) oder im Kapitalanlagegesetzbuch (KAGB).

[130] *Poelzig*, Kapitalmarktrecht, Rn. 26.

[131] *Röhl*, in: Fehling/Ruffert, Regulierungsrecht, § 18, Rn. 15.

[132] Erwägungsgründe 4–6 PSD2; Europäische Kommission, Grünbuch v. 10.12.2015 über Finanzdienstleistungen für Privatkunden, COM(2015) 630 final, S. 2–4; *dies.*, Grünbuch v. 11.1.2012, Ein integrierter europäischer Markt für Karten-, Internet- und mobile Zahlungen, KOM(2011) 941 endgültig, S. 3; *Mundt*, in: Körber, Wettbewerbsbeschränkungen auf staatlich gelenkten Märkten, S. 67, 68.

[133] *Engel*, Systemrisikovorsorge, S. 31–32, m.w.N. zur überkommenen Annahme, die Aufsicht über einzelne Institute werde ausreichen, um makroprudenzielle Risiken einzudämmen.

[134] *de Larosière u.a.*, Bericht der High-Level Group on Financial Supervision in the EU, Rn. 99–104; *Wymeersch*, in: Colaert/Busch/Incalza, European Financial Regulation: Levelling the Cross-Sectoral Playing Field, S. 39, 42–44.

Finanzmärkte der Privatkunden.[135] Auf Ebene des Regulierungsrechts sollen Einzelregelungen abgebaut werden, die entlang der nationalen Grenzen zu separierten Märkten führen.[136] Dies soll Anreize zu Regulierungsarbitrage entfallen lassen.[137]

§ 6 Wettbewerb als Ziel von Finanzmarktregulierung?

Auf den Finanzmärkten bestehen vor allem systemische Risiken, die durch makroprudenzielle Maßnahmen behoben werden sollen. Daneben stehen mikroprudenzielle Maßnahmen, die die Institute, einzelne Finanzprodukte und Transaktionen regulieren. Mittelbar wird hierdurch auch der einzelne Anleger geschützt. Insgesamt soll Vertrauen in die Finanzmärkte geschaffen und bewahrt werden. Gegenläufig zum Interesse an Systemstabilität stehen Netzwerkeffekte, die Konzentrationstendenzen begünstigen. Hierdurch können sich, wie in den Netzwirtschaften, *competitive bottlenecks* bilden.

Eine Lösung dieser verschiedenartigen Probleme könnte die Anwendung des Wettbewerbsrechts darstellen, das durch die Schaffung von Wettbewerb beispielsweise Produktinnovation im Sinne individueller Anlagestrategien vorantreiben und somit die Risikokonzentration auflösen könnte. Zugleich könnten durch eine Öffnung der den *bottlenecks* nachgelagerten Märkte Marktmachtprobleme beseitigt werden.

A. Wettbewerb als Kontrapunkt zu Systemstabilität?

Die Wirkung von Wettbewerb und Wettbewerbsrecht auf Finanzmärkten[138] wird in der ökonomischen Theorie ambivalent beurteilt. Hierzu bestehen verschiedene Ansichten, die sich in zwei Extrempositionen zusammenfassen lassen.[139]

---

[135] Europäische Kommission, Grünbuch v. 30.4.2007 über Finanzdienstleistungen für Privatkunden im Binnenmarkt, KOM(2007) 226 endgültig, Rn. 14; *dies.*, Grünbuch v. 18.2.2015, Schaffung einer Kapitalmarktunion, COM(2015) 63 final, S. 14; *dies.*, Grünbuch v. 10.12.2015 über Finanzdienstleistungen für Privatkunden, COM(2015) 630 final, S. 14.

[136] Europäische Kommission, Grünbuch v. 11.1.2012, Ein integrierter europäischer Markt für Karten-, Internet- und mobile Zahlungen, KOM (2011) 941 endgültig, S. 5.

[137] Vgl. Erwägungsgründe 4–6 PSD2; *Banasevic/Ryan/Wezenbeek*, in: Faull/Nikpay, The EU law of competition, Rn. 11.10.

[138] Die Problematik wurde zunächst für Banken in ihrer Funktion als Kreditgeber identifiziert. Diese klassische Funktionsbeschränkung wird nach und nach aufgeweicht, *Armour u.a.*, Principles of Financial Regulation, S. 47–48. Beispielhaft seien lediglich Investmentabteilungen von Banken als Kapitalmarktakteure oder umgekehrt Debt Funds als Kreditgeber genannt. Daher gelten die Erwägungen für den Finanzmarkt insgesamt.

[139] Überblicksartig *Carletti/Vives*, in: Vives, Competition Policy in the EU: Fifty Years on from the Treaty of Rome, S. 260, 265–266.

I. Ökonomik: Keine eindeutige Korrelation

Einerseits besteht die Auffassung, dass Wettbewerb zu Instabilität führt und den Finanzmärkten schadet.[140] Diese Auffassung wird begründet mit der Erwägung, dass Finanzinstitute durch den Wettbewerbsdruck zur Eingehung erhöhter Risiken verleitet werden; hierdurch würden Schieflagen bei einzelnen Instituten überhaupt erst hervorgerufen. Der Wettbewerbsdruck fördere stabilitätswidriges Verhalten und sei insofern von den Finanzmärkten fernzuhalten oder nur eingeschränkt zuzulassen.[141]

Dementgegen soll Wettbewerb nach der klassischen Wettbewerbstheorie dazu führen, dass der Markt von ineffizienten Teilnehmern befreit wird und somit die verbleibenden Institute ein stabiles Marktumfeld darstellen. Durch Wettbewerbsbedingungen sollen Finanzinstitute Anreize erhalten, stärker zu diversifizieren und somit das Gesamtsystem stabiler zu halten.[142] Daraus können sich positive Stabilitätseffekte auf Märkten mit funktionierendem Bankenwettbewerb ergeben.[143] Das Wettbewerbsprinzip führt hiernach auf den Finanzmärkten zu den gleichen positiven Effekten wie auf Gütermärkten.[144]

Einigkeit herrscht zwischen Vertretern beider Ansichten lediglich dahingehend, dass eine Korrelation zwischen Wettbewerbsintensität und Stabilität besteht. Dass ein Zusammenhang zwischen Wettbewerb und Stabilität auf Finanzmärkten besteht, wird hingegen kaum einmal verneint. Ob allerdings die Wechselwirkungen positiv oder negativ sind, scheint nicht eindeutig zu sein und variiert je nach zugrundeliegenden ökonomischen Modellen und Ausgangspunkt.[145]

---

140 Bericht der Bundesregierung über die Ausnahmebereiche des Gesetzes gegen Wettbewerbsbeschränkungen (GWB) v. 4.2.1975, BT-Drs. 7/3206, Rn. 55; *Carlson/Correia/Luck*, The Effects of Banking Competition on Growth and Financial Stability: Evidence from the National Banking Era.

141 *Monopolkommission*, XX. Hauptgutachten, Rn. 1352.

142 *Anginer/Demirguc-Kunt/Zhu*, World Bank Policy Research Working Paper No. 5981; *Healey/Nicholls*, BFLR 32 (2016), 69, 100.

143 *Anginer/Demirguc-Kunt/Zhu*, World Bank Policy Research Working Paper No. 5981, S. 20; *Beck*, World Bank Policy Research Working Paper No. 4656, S. 18; *Vives*, Competition and Stability in Banking, S. 119–121 m.w.N.

144 *Möschel*, Das Wirtschaftsrecht der Banken, S. 367–372.

145 *Corbae/Levine*, Competition, Stability, and Efficiency in Financial Markets, S. 29; *Mendelsohn*, Systemrisiko und Wirtschaftsordnung im Bankensektor, S. 159; *Vives*, Competition and Stability in Banking, S. 228, der zudem auf das Fehlen ausreichender Datenerhebungen verweist; Weltbank, Global Financial Development Report 2013, S. 81, 92–93 m.w.N.

II. Rechtliche Kompromisslösung: Wettbewerb in den Grenzen makroprudenzieller Vorschriften

Zusammenführen lassen sich die beiden Sichtweisen durch eine differenzierte Betrachtung. Uneingeschränkter Wettbewerb ohne Berücksichtigung systemischer Risiken und ohne einschränkende Regeln wie etwa Eigenkapitalquoten kann zu einer überhöhten Risikonahme durch die Institute und damit zu Instabilitäten führen.[146] Das Problem ist also nicht Wettbewerb an sich, sondern wettbewerbsinduzierte unkontrollierte Risikonahme.[147] Werden allerdings die systemischen Risiken durch makroprudenzielle Maßnahmen eingefangen, bringt der Wettbewerb die von Gütermärkten bekannten Vorteile, insbesondere allokative Effizienzen, mit sich.[148] Daher wurde in der neueren Literatur ein vermittelnder Ansatz entwickelt, unter dem Wettbewerb als grundsätzlich wünschenswert angesehen wird, allerdings nur im Rahmen der makroprudenziellen Vorgaben, die das systemische Risiko begrenzen.[149]

Ähnlich formuliert es *Mendelsohn*, die den Zielkonflikt nicht zwischen Wettbewerb und Stabilität, sondern zwischen kurz- und langfristiger Stabilität ausmacht.[150] Kurzfristige Stabilitätsmaßnahmen zugunsten einzelner Institute führen nach ihr zu Wettbewerbsverzerrungen, die den langfristigen Wettbewerb beeinträchtigen. Insoweit sind diese kurzfristigen Stabilitätsmaßnahmen zu beseitigen oder jedenfalls zu vermindern, unter Inkaufnahme der Konsequenzen wie dem Ausscheiden einzelner Marktteilnehmer.[151]

Auch im Sinne einer Folgenabwägung dürfte – insbesondere mit Blick auf die Finanzkrise – anerkannt sein, dass die Verhinderung gesamtsystemischer Risiken andere finanzregulatorische Ziele verdrängen muss, sofern Konflikte

---

[146] *Liikanen u.a.*, High-level Expert Group on reforming the structure of the EU banking sector, Final report, S. 88–91.

[147] *Duke/Cejnar*, LFMR 7 (2013), 152, 155; ähnlich *Maes/Kiljanski*, EC Competition Policy Newsletter 1/2009, S. 13. Damit verbunden steht das Versagen der Aufsichtsmaßnahmen, kein Problem des Wettbewerbs an sich, *Jenny*, World Competition 32 (2009), 449, 450.

[148] *Carletti/Smolenska*, OECD Background note, DAF/COMP/WP2(2017)8, Rn. 19; *Vives*, Competition and Stability in Banking, S. 229–231; *Weltbank*, Global Financial Development Report 2013, S. 81, 94.

[149] *Beck*, World Bank Policy Research Working Paper No. 4656; *Carletti/Smolenska*, OECD Background note, DAF/COMP/WP2(2017)8, Rn. 6, 22; *Corbae/Levine*, Competition, Stability, and Efficiency in Financial Markets; *Duke/Cejnar*, LFMR 7 (2013), 152–158; *Maudos/Vives*, Rev. Ind. Organ. 55 (2019), 27, 44; *Vives*, Competition and Stability in Banking, S. 229–231. Versagen die makroprudenziellen Maßnahmen und der in diesem Rahmen bestehende Wettbewerb, besteht weiterhin die Möglichkeit, in Krisenzeiten die Kartellrechtsanwendung kurzfristig auszusetzen, um langfristige Wohlfahrtseffekte zu sichern, vgl. *Kokkoris*, Antitrust Bull. 59 (2014), 31, 45, 52; ähnlich *Vives*, Competition and Stability in Banking, S. 234. Differenzierend nach Art der Regulierungsmaßnahme *Ahrend/Arnold/Murtin*, OECD Economics Department Working Papers No. 735, Rn. 60.

[150] *Mendelsohn*, Systemrisiko und Wirtschaftsordnung im Bankensektor, S. 146.

[151] Vgl. *Mendelsohn*, Systemrisiko und Wirtschaftsordnung im Bankensektor, S. 166.

bestehen.[152] Darstellen lässt sich am Beispiel des Ausscheidens ineffizienter Marktteilnehmer. Im Wettbewerbsprozess ist dies als normaler Bestandteil der Selektion vorgesehen.[153] Die *Monopolkommission* als Befürworterin streng wettbewerbsorientierter Finanzmärkte hielt fest, dass es in Europa zu wenige Marktaustritte trotz nicht überlebensfähiger Banken gebe.[154] Im Lichte der Stabilitätsbestrebungen des Regulierungsrechts ist das Ausscheiden von (systemrelevanten) Marktteilnehmern hingegen ein unerwünschter Vorfall.[155]

Der Ausgleich dieses Interessenkonflikts zeigt sich an den Vorschriften des Sanierungs- und Abwicklungsgesetzes,[156] das in § 63 Abs. 1 Nr. 3 SAG verschiedene Maßnahmen vorsieht, um eine Abwicklung zu verhindern. Die Maßnahmen umfassen besondere Sicherungssysteme sowie ein Eingreifen der Aufsichtsbehörde bei signifikanter Verschlechterung der wirtschaftlichen Lage des Unternehmens, § 36 SAG, die ein Ausscheiden der Marktteilnehmer verhindern sollen.

Allein hieraus kann jedoch nicht der Schluss gezogen werden, dass das Wettbewerbsziel im Bereich der Finanzmärkte, konkreter der Banken, dauerhaft nicht weiter verfolgt werden soll. Vielmehr ist den neu geschaffenen Vorschriften des SAG ein vermittelnder Ansatz immanent, der ein Gleichgewicht zwischen Stabilität und funktionierendem Wettbewerb inklusive Ausscheiden ineffizienter Marktteilnehmer zu schaffen sucht. Deutlich wird dies an der Gesetzesbegründung zu § 42 SAG:

„Die Erstellung von Abwicklungsplänen ist jedoch ein wichtiger Bestandteil der Krisenprävention und dient der Finanzstabilität. Die Gefahr geht insofern von Marktteilnehmern aus, die sich im Krisenfall als nicht abwicklungsfähig erweisen. In einem solchen Fall besteht die Gefahr, dass Grundprinzipien einer marktwirtschaftlichen Ordnung, insbesondere der Marktaustritt bei anhaltendem wirtschaftlichem Misserfolg, außer Kraft gesetzt werden. Wenn aber dieses entscheidende Korrektiv marktwirtschaftlichen Wirtschaftens nicht greift, werden Fehlanreize gesetzt. Marktteilnehmer, die nicht Gefahr laufen, ausscheiden zu

---

[152] *Armour u.a.*, Principles of Financial Regulation, S. 89.

[153] *Monopolkommission*, XX. Hauptgutachten, Rn. 1386, 1401.

[154] *Monopolkommission*, XX. Hauptgutachten, Rn. 1366.

[155] Vgl. *Armour u.a.*, Principles of Financial Regulation, S. 9; *Röhl*, in: Fehling/Ruffert, Regulierungsrecht, § 18, Rn. 62. Vgl. bereits Bericht der Bundesregierung über die Ausnahmebereiche des Gesetzes gegen Wettbewerbsbeschränkungen (GWB), BT-Drs. 7/3206, Rn. 55.

[156] Gesetzentwurf der Bundesregierung, Entwurf eines Gesetzes zur Umsetzung der Richtlinie 2014/59/EU des Europäischen Parlaments und des Rates vom 15. Mai 2014 zur Festlegung eines Rahmens für die Sanierung und Abwicklung von Kreditinstituten und Wertpapierfirmen und zur Änderung der Richtlinie 82/891/EWG des Rates, der Richtlinien 2001/24/EG, 2002/47/EG, 2004/25/EG, 2005/56/EG, 2007/36/EG, 2011/35/EU, 2012/30/EU und 2013/36/EU sowie der Verordnungen (EU) Nr. 1093/2010 und (EU) Nr. 648/2012 des Europäischen Parlaments und des Rates (BRRD-Umsetzungsgesetz), BT-Drs. 18/2575.

müssen, profitieren von einer impliziten staatlichen Garantie, die zu Wettbewerbsverzerrungen im Vergleich zu den nicht-systemgefährdenden Instituten führt." [157]

Auch die Sanierungs- und Abwicklungs-Richtlinie, die dem SAG zugrunde liegt, hebt hervor, dass wettbewerbsbeschränkende Maßnahmen lediglich als *ultima ratio* eingesetzt werden dürfen und der Wettbewerb gefördert werden soll.[158] Während vor der Einführung der Regeln, insbesondere während der Finanzkrise, ein Ausscheiden von systemrelevanten Banken *de facto* nicht möglich war, ohne massive systemweite Folgen auszulösen, wurde ein Mechanismus geschaffen, der ein Ausscheiden zwar verhindern möchte, aber ein geordnetes Ausscheiden aus dem Markt immerhin ermöglichen soll.[159] Hierdurch wurde dem Wettbewerb innerhalb des Regelungsrahmens der Makroprudenz Vorschub gewährt. Entsprechend Vorstehendem sind die Schaffung oder Aufrechterhaltung von Wettbewerb Teil des Zielkanons der Finanzmarktregulierung.[160] Das Wettbewerbsziel muss allerdings – entsprechend den Erwägungen zum Regulierungsrecht der Netzwirtschaften – hinter dem Gemeinwohlziel Systemstabilität zurücktreten, wenn und soweit Zielkonflikte auftreten.

B. Regulierung als Wettbewerbshindernis

Vor der Einführung wettbewerbsfördernder Regelungen war die Regulierung im Bereich der Finanzmärkte lange Zeit geprägt von gesetzlich festgeschriebenen Zinskartellen, Marktzutrittsschranken und anderen nicht-wettbewerblichen Elementen.[161] Explizit wettbewerbsbeschränkendes Regulierungsrecht war der Normalfall, bedingt durch die (angeblich) stabilitätswidrige Wirkung des Wettbewerbs.

---

[157] Gesetzentwurf der Bundesregierung, BRRD-Umsetzungsgesetz (2. Teil, Fn. 156), BT-Drs. 18/2575, S. 157.

[158] Erwägungsgründe 57, 66, 69, 108 Richtlinie 2014/59/EU des Europäischen Parlaments und des Rates vom 15. Mai 2014 zur Festlegung eines Rahmens für die Sanierung und Abwicklung von Kreditinstituten und Wertpapierfirmen und zur Änderung der Richtlinie 82/891/EWG des Rates, der Richtlinien 2001/24/EG, 2002/47/EG, 2004/25/EG, 2005/56/EG, 2007/36/EG, 2011/35/EU, 2012/30/EU und 2013/36/EU sowie der Verordnungen (EU) Nr. 1093/2010 und (EU) Nr. 648/2012 des Europäischen Parlaments und des Rates, ABl. 2014 L 173/190.

[159] *Zimmer/Weck/Schepp*, in: Körber, Wettbewerbsbeschränkungen auf staatlich gelenkten Märkten, S. 73, 85–86. Der Erfolg oder Misserfolg dieser Maßnahmen lässt sich aufgrund weniger Anwendungsfälle nicht abschließend bewerten, Europäische Kommission, Report on the application and review of Directive 2014/59/EU (Bank Recovery and Resolution Directive) and Regulation 806/2014 (Single Resolution Mechanism Regulation), 30.4.2019, COM(2019) 213 final, S. 4.

[160] *Armour u.a.*, Principles of Financial Regulation, S. 68–69.

[161] *Fischer*, in: Boos/Fischer/Schulte-Mattler, KWG, CCR-VO, Bd. 1, Einführung, Rn. 13; *Hellwig*, MPI Discussion Paper 2018/7, S. 12; *Lista*, EU Competition law and the financial sector, S. 130, 132; *Röhl*, in: Fehling/Ruffert, Regulierungsrecht, § 18, Fn. 67 bei Rn. 39; *White*, Antitrust LJ 80 (2015), 413, 416.

Doch auch nach dem Abschied von dieser konkret wettbewerbswidrigen Regulierung ergeben sich im Bereich der Finanzmärkte häufig Verzerrungen im Wettbewerb. Trotz einer formalen Wettbewerbsorientierung kann sich Regulierungsrecht faktisch negativ auf den Wettbewerb auswirken.[162] Die Vielzahl an regulatorischen Anforderungen für Finanzinstitute kann Marktzutrittsbarrieren aufbauen, die geeignet sind, das Wettbewerbsniveau abzusenken.[163] Grund hierfür sind die hohen Kosten, die durch Regulierung und deren Einhaltung verursacht werden.[164] Diese können je nach Art und Umfang der Regulierung derart hoch sein, dass sie sich – insbesondere für neue oder kleine Wettbewerber – als Marktzutrittsschranken oder zumindest als Wettbewerbsnachteil darstellen.[165] Die Proportionalität dieser Kosten ist zum Teil nicht gewährleistet; der Aufwand für die Einhaltung der Aufsichtsvorschriften übersteigt den Beitrag der betroffenen (typischerweise kleinen) Banken zu systemischen Risiken.[166]

Ein Beispiel im Bereich der Banken ist die Möglichkeit, zum Nachweis der Einhaltung der Eigenkapitalanforderungen zwischen einem eigenen internen Bewertungssystem oder der Standardbewertung zu wählen.[167] Durch diese Wahlmöglichkeit haben große Banken und Finanzinstitute Vorteile, da regelmäßig nur sie die Ressourcen haben, eigene Modelle zu entwickeln. Durch die Anwendung dieser Modelle sparen sie regelmäßig Kapital, das zu anderen Zwecken eingesetzt werden kann.[168] Mithilfe ihrer Expertise, die infolge von Größenvorteilen aufgebaut werden konnte, können sie die wahre Risikobelastung ihrer Geschäfte und die damit verbundene Unterkapitalisierung gegenüber den Aufsichtsbehörden verschleiern und hieraus zusätzlichen Profit erzielen.[169]

Auch sonstige Regulierung, insbesondere im Bereich der Geldwäsche und der IT-Sicherheit, führen zu hohen Belastungen für kleinere Institute.[170] Regulierungsrecht zu befolgen und diejenigen Rahmenbedingungen zu schaffen, die vorausgesetzt werden, um auf Finanzmärkten tätig zu werden, kann bereits zu

---

[162] Allgemein *Laguna de Paz*, ECLR 33 (2012), 77, 79.

[163] *Armour u.a.*, Principles of Financial Regulation, S. 68; *Lista*, EU Competition law and the financial sector, S. 133; *Röhl*, in: Fehling/Ruffert, Regulierungsrecht, § 18, Rn. 39.

[164] *Stöhr*, WM 2019 (Heft 22), 993, 995. In Deutschland trägt der Bankensektor jährlich etwa zwei bis drei Milliarden Euro an Regulierungskosten, *Haselmann/Krahnen/Wahrenburg*, SAFE Policy Report No. 1, S. 329.

[165] *Haselmann/Krahnen/Wahrenburg*, SAFE Policy Report No. 1, S. 328.

[166] *Haselmann/Krahnen/Wahrenburg*, SAFE Policy Report No. 1, S. 328, 330–331; *Joosen/Lehmann*, in: The Palgrave Handbook of European Banking Union Law, S. 65, 84–86; *Stöhr*, WM 2019 (Heft 22), 993, 997.

[167] Art. 363 CRR.

[168] *Carletti/Smolenska*, OECD Background note, DAF/COMP/WP2(2017)8, Rn. 44; *Hellwig*, MPI Discussion Paper 2018/7, S. 15; *Monopolkommission*, XX. Hauptgutachten, Rn. 1590.

[169] *Hartmann-Wendels/Pfingsten/Weber*, Bankbetriebslehre, S. 370.

[170] *Stöhr*, WM 2019 (Heft 22), 993, 994–995.

Markteintrittsbarrieren führen.[171] Teilweise wird versucht, dies durch Ausnahmevorschriften auszugleichen.[172] Doch kann dies zum einen ineffektiv ausgestaltet sein und zum anderen zu Fehlanreizen hinsichtlich Größenwachstum führen.[173] Umgekehrt kann es positive Effekte mit Blick auf Gemeinwohlaspekte, insbesondere die Versorgung abseits von Ballungszentren, mit sich bringen.[174]

C. Wettbewerbsförderndes Regulierungsrecht

Neben den mittelbar wie unmittelbar den Wettbewerb beschränkenden Vorschriften finden sich, insbesondere in neueren Vorschriften, wettbewerbsfördernde Regelungen. In Anlehnung an die Regulierung der Netzwirtschaften wurden verschiedene Institutionen ausgemacht, die zwar *per se* reproduzierbare Netze darstellen, aber dennoch eine ähnliche Stellung wie ein natürliches Monopol einnehmen. Mit Blick auf diese Situation sollte – wie bei den *competitive bottlenecks* der Netzwirtschaften – durch die Schaffung von Zugangsansprüchen Wettbewerb auf nachgelagerten Märkten ermöglicht werden. Folgerichtig finden sich in neueren Regelungen eine Vielzahl von Vorschriften, die Zugangsansprüche für Unternehmen zu wesentlichen Einrichtungen der Finanzmärkte zu FRAND-Bedingungen (*fair*, *reasonable*, *anti-discriminatory*) statuieren.[175] Ähnlich wie in den Netzindustrien beschränken sich die Zugangsansprüche auf die Infrastruktur, also auf die Äquivalente zu den Netzen. In den

[171] Europäische Kommission, Mitteilung v. 31.1.2007, Untersuchung des Retail-Bankgeschäfts gemäß Artikel 17 der Verordnung (EG) Nr. 1/2003 (Abschlussbericht), KOM(2007) 33 endgültig, Rn. 8; *Lista*, EU Competition law and the financial services sector, S. 133.

[172] Zur Abwägung zwischen punktuellen Befreiungen und der Schaffung eines eigenen Regelwerks für kleine Institute, Stöhr, WM 2019 (Heft 23), 1041–1044.

[173] *Carletti/Smolenska*, OECD Background note, DAF/COMP/WP2(2017)8, Rn. 45; differenzierend *Stöhr*, WM 2019 (Heft 22), 993, 995–996.

[174] *Haselmann/Krahnen/Wahrenburg*, SAFE Policy Report No. 1, S. 331.

[175] Siehe bspw. Zugang zu Lizenzen für Referenzwerte auf einer angemessenen, vernünftigen, transparenten und nichtdiskriminierenden Grundlage, Art. 22 BMR, bzw. zu fairen, angemessenen und nichtdiskriminierenden Bedingungen zu einem angemessenen handelsüblichen Preis, Art. 37 MiFIR; Zugang zu zentralen Gegenparteien, Clearing- und Abrechnungssystemen zu nichtdiskriminierenden, transparenten und objektiven Kriterien, Art. 35 MiFIR, Art. 37 Abs. 1 MiFID II und Art. 37 Abs. 1 EMIR; Zugangsanspruch für Zahlungsdienstleister zu Zahlungssystemen unter objektiven, nichtdiskriminierenden und verhältnismäßigen Voraussetzungen, Art. 35 PSD2; Zugangsanspruch für Zahlungsdienstleister hinsichtlich der für einen Zahlungsauslösedienst erforderlichen Daten von Banken, Art. 66 PSD2; fairer und offener Zugang zu Zentralverwahrern unter objektiven, nichtdiskriminierenden Kriterien, Art. 33 Abs. 1 CSDR; transparente und nichtdiskriminierende, auf objektiven Kriterien beruhende Regeln für den Zugang zu multilateralen (MTF) oder organisierten Handelssystemen (OTF), Art. 18 Abs. 3 MiFID II. Auch Erwägungsgrund 65 MiFID II spricht davon, Gebührenstrukturen der Handelsplätze transparent, nichtdiskriminierend und fair zu gestalten und Marktstörungen durch die Konzeption der Gebühren zu verhindern.

Gesetzesbegründungen wird zum Teil explizit die Förderung des Wettbewerbs als Anreiz für die Regulierung genannt oder gar daraufhin hingewiesen, dass es sich um originär wettbewerbsrechtliche Sondervorschriften handeln soll.[176]

D. Anwendbarkeit des Kartellrechts neben Finanzmarktregulierung

Die Debatte über die Vereinbarkeit von Wettbewerb und Stabilität wurde nicht nur auf ökonomischer und regulatorischer Ebene geführt, sondern fand auch auf Ebene des Kartellrechts statt. Ausgehend von der Erwägung, dass die Finanzmärkte besondere Funktionen einnehmen, wurde die Ansicht vertreten, das Kartellrecht sei in diesem Bereich nicht anzuwenden. Eine rigorose Durchsetzung der Wettbewerbsvorschriften auf den Finanzmärkten würde zu einer Abnahme der Stabilität auf diesen Märkten führen.[177] Dementsprechend gab es beispielsweise in § 102 GWB 1957 eine umfassende Bereichsausnahme für die Kreditwirtschaft mit dem Ziel, zum Schutz der Anleger offene Insolvenzen zu verhindern sowie die Rentabilität der Institute zu gewährleisten.[178] Ebenfalls von diesem Gedanken geprägt waren die Verteidigungslinien in Kartellverfahren gegen Banken im bereits erwähnten *Züchner*-Fall oder auch im Verfahren gegen den österreichischen *Lombard Club*.[179]

---

[176] Vgl. z.B. Erwägungsgrund 51 PSD2: „Um jedoch einen fairen Wettbewerb zwischen Zahlungsdienstleistern zu gewährleisten"; Erwägungsgrund 28 MiFIR: „Im Interesse eines effektiven Wettbewerbs zwischen Handelsplätzen für Derivate"; Erwägungsgrund 4 CSDR: „Angesichts der Systemrelevanz von Zentralverwahrern sollte der Wettbewerb zwischen ihnen gefördert werden". Im deutschen Recht spricht die Gesetzesbegründung zu § 57 ZAG in Umsetzung von Art. 35 PSD2 davon, dass dieser die wettbewerbsrechtlichen Vorgaben der Art. 101 und 102 AEUV konkretisieren soll, dementsprechend bereits gar keine aufsichtsrechtliche Vorschrift sei, Gesetzentwurf der Bundesregierung, Entwurf eines Gesetzes zur Umsetzung der Zweiten Zahlungsdiensterichtlinie, 13.3.2017, BT-Drs. 18/11495, S. 141, 142.

[177] Vgl. *Monopolkommission*, XX. Hauptgutachten, Rn. 1352; *Carletti/Smolenska*, OECD Background note, DAF/COMP/WP2(2017)8, Rn. 64, jeweils m.w.N; *Röhl*, in: Fehling/Ruffert, Regulierungsrecht, § 18, Fn. 67 bei Rn. 39; *White*, Antitrust LJ 80 (2015), 413, 416.

[178] *Bunte/Poelzig*, in: Ellenberger/Bunte, Bankrechts-Handbuch, § 126, Rn. 6–9; *Röhrig*, in: Bunte, Kartellrecht, Bd. 2, Sonderbereich V Kreditwirtschaft, Rn. 1–3. Eine umfassende Darstellung der historischen Entwicklung der kartellrechtlichen Sonderregeln für Banken findet sich bei *Massari*, Das Wettbewerbsrecht der Banken, S. 41–61.

[179] Vgl. die Argumente der ursprünglich Beklagten in EuGH, Urt. v. 14.7.1981, *Züchner*, C-172/80, EU:C:1981:178, Rn. 6, oder der österreichischen Banken in Europäische Kommission, E. v. 11.6.2002, COMP/36.571/D-1 – *Österreichische Banken („Lombard Club")*, Rn. 395. Unter Hinweis auf weitere Entscheidungen (insb. Europäische Kommission, E. v. 19.12.1984, IV/30.717 – *Einheitliche Eurocheques*) mit diesem Argument, *Horváth*, ECLR 38 (2017), 423–429.

Entgegen diesen Argumenten ist das Kartellrecht auf Finanzmärkte umfassend anwendbar, von einigen kleineren, im Folgenden zu erörternden Ausnahmen abgesehen.

I. Kartell- und Missbrauchsverbot

Kartellverbot und Missbrauchsverbot gemäß Art. 101 f. AEUV sind auf Finanzmärkten grundsätzlich uneingeschränkt anwendbar.[180] Ausnahmen hiervon kommen – wie in allen Sektoren – nur unter den Voraussetzungen der Art. 103, 106 Abs. 2 AEUV in Betracht.

Art. 106 Abs. 2 AEUV ermöglicht es, Unternehmen, die mit Dienstleistungen von allgemeinem wirtschaftlichem Interesse betraut sind, vom Anwendungsbereich der Wettbewerbsvorschriften auszunehmen, soweit die Anwendung dieser Vorschriften die Erfüllung der übertragenen besonderen Aufgabe rechtlich oder tatsächlich verhindert. Für Banken stellte der EuGH in seinem *Züchner*-Urteil mit Blick auf Art. 90 Abs. 2, 104 ff. EWG-Vertrag (heutige Art. 106 Abs. 2, 120 ff. AEUV) ausdrücklich klar, dass diese nicht zu einer generellen Bereichsausnahme für Banken führen.[181]

Diese Wertung ist auf den gesamten Finanzsektor zu übertragen.[182] Insbesondere im Nachgang zur Finanzkrise wurde die Wichtigkeit der Anwendung der Wettbewerbsregeln auf den Finanzmärkten betont.[183] Dennoch sollen einzelne Ausnahmen zur Sicherung einer flächendeckenden und leistungsfähigen Finanzinfrastruktur denkbar sein.[184] So soll beispielsweise das in den Sparkassengesetzen der Länder angeordnete Regionalprinzip gemäß Art. 106 Abs. 2 AEUV vom Anwendungsbereich der Wettbewerbsvorschriften ausgenommen sein.[185]

Nach Art. 103 (insbesondere Abs. 2 lit. c)) AEUV ist die nähere Bestimmung des Anwendungsbereichs der Art. 101 f. AEUV für bestimmte Wirtschaftszweige zulässig. Dies begründet allerdings – entgegen dem missver-

---

[180] *Röhrig*, in: Bunte, Kartellrecht, Bd. 2, Sonderbereich V Kreditwirtschaft, Rn. 11–12.

[181] EuGH, Urt. v. 14.7.1981, *Züchner*, C-172/80, EU:C:1981:178, Rn. 7–8.

[182] *Hurley/Osepciu/Wells/Falconi/Das*, in: Bellamy & Child, European Union Law of Competition, Rn. 12.152.

[183] *Kroes*, Antitrust Bull. 55 (2010), 715, 726; *Monopolkommission*, XVIII. Hauptgutachten, Rn. 334–335.

[184] Vgl. Vertrag von Amsterdam, 37. Erklärung zu öffentlich-rechtlichen Kreditinstituten in Deutschland, ABl. 1997 C 340/1, 138.

[185] Für die Anwendbarkeit der Ausnahme des Art. 106 Abs. 2 AEUV etwa *Bunte*, WM 2016 (Heft 20), 905, 910–913; *Eufinger*, EWS 2014, 243, 255–257; *Thomas*, Die kartellrechtliche Bewertung des sparkassenrechtlichen Regionalprinzips, S. 77–96 m.w.N.; a.A. *Monopolkommission*, XX. Hauptgutachten, Rn. 1970–1984; *Monopolkommission*, XXII. Hauptgutachten, Rn. 117–125. *Möschel* weist bereits 1972 darauf hin, dass die Umstände entfallen sind, die eine staatliche Besserstellung der Sparkassen einmal gerechtfertigt hatten, Das Wirtschaftsrecht der Banken, S. 377–380.

ständlichen Wortlaut – lediglich die Möglichkeit punktueller Einschränkungen durch antizipierte Negativatteste oder durch Gruppenfreistellungsverordnungen, nicht jedoch der gänzlichen Herausnahme einzelner Wirtschaftsbereiche aus dem Anwendungsbereich der Art. 101 f. AEUV.[186] Eine solche Modifikation der Wettbewerbsvorschriften gibt es weder in Form einer Gruppenfreistellungsverordnung noch in sonstigen gesetzlich normierten Ausnahmetatbestände.[187]

Für das Missbrauchsverbot ist das Verhältnis zum Kapitalmarktrecht bisher nicht abschließend geklärt. Vor allem in den USA wird die Auffassung vertreten, die aufsichtsrechtliche beziehungsweise kapitalmarktrechtliche Verfolgung habe Vorrang gegenüber dem Kartellrecht.[188] Als Grund gegen die Anwendung des Kartellrechts wird in der maßgeblichen Entscheidung des US Supreme Court angeführt, dass nur die amerikanische Börsenaufsichtsbehörde SEC die Expertise besitze, verbotenes von zulässigem Verhalten in der konkret behandelten Konstellation eines Börsenganges zu differenzieren. Kartellgerichte in verschiedenen Staaten mit nicht spezialisierten Richtern und Jurys könnten eine solche differenzierte Betrachtungsweise nicht erbringen und würden somit die Gefahr widersprüchlicher kartellrechtlicher Entscheidungen mit sich bringen, sowohl im Verhältnis untereinander als auch im Verhältnis zum Kapitalmarktrecht.[189]

Jedenfalls für das europäische Recht dürfte die Auffassung eines generellen Nebeneinanders beider Institute vorherrschend sein.[190] Im Anwendungsbereich

---

[186] *Jung*, in: Calliess/Ruffert, EUV/AEUV, Art. 103 AEUV, Rn. 30–31; *Reidlinger*, in: Streinz, EUV/AEUV, Art. 103, Rn. 27.

[187] Keine Frage der Anwendbarkeit des Kartellrechts ist hingegen die Möglichkeit, dass Ausnahmen unter Art. 101 Abs. 3 AEUV oder einzelne Sachverhalte, wie etwa Arbeitsgemeinschaften, vom Kartellverbot freigestellt werden, hierzu *Bunte/Poelzig*, in: Ellenberger/Bunte, Bankrechts-Handbuch, § 126, Rn. 29–31; *Möschel*, Das Wirtschaftsrecht der Banken, S. 372. Siehe zur Praxis der Europäischen Kommission hinsichtlich der Abgrenzung zwischen zulässigen Kooperationen und unzulässigen Kartellabsprachen im Bankensektor *Aitken/Chapman*, in: Bellamy & Child, European Union Law of Competition, Rn. 6.117.

[188] US Supreme Court, Credit Suisse Securities (USA) v. Billing, 551 U.S. 264 (2007). Vgl. dazu *Weck*, WuW 2018, 294, 297; *Tridimas*, YEL 28 (2009), 216, 282–283 m.w.N. In Deutschland hielt das OLG Stuttgart in einem *obiter dictum* fest, die Anwendbarkeit des Kartellrechts widerspräche „dem Wesen des Wertpapiermarktes", OLG Stuttgart, Urt. v. 26.3.2015, *Porsche*, 2 U 102/14, Rn. 158 nach juris. Eine inhaltliche Entscheidung des BGH erfolgte nicht; die Nichtzulassungsbeschwerde wurde ohne weitere Begründung abgewiesen, BGH, Beschluss v. 15.11.2016, KZR 73/15.

[189] US Supreme Court, Credit Suisse Securities (USA) v. Billing, 551 U.S. 264 (2007), Umdruck S. 15–17.

[190] *Backhaus*, Anwendbarkeit und Anwendung des Kartellrechts auf den Kapitalmarkt sowie dessen Verhältnis zum Kapitalmarktrecht, S. 206, 371; *Goldmann*, Kapitalmarkttransaktionen als Kartellrechtsverstoß, S. 72; *Möllers*, NZG 2014, 361, 366; *Sajnovits*, Financial-Benchmarks, S. 147–149; *Seier*, Kartellrechtsrelevante Marktmanipulationen, S. 144;

des europäischen Kartellrechts hat dieses dem Regulierungsrecht, somit auch dem Kapitalmarktrecht, aufgrund der Normenhierarchie vorzugehen.[191] Art. 101 und 102 AEUV sind als Primärrecht vorrangig vor den in Sekundärrecht gefassten Regulierungsvorschriften ebenso wie gegenüber nationalen Vorschriften. Das Regulierungsrecht ist keine *lex specialis* zu den kartellrechtlichen Vorschriften; im Gegenteil ist das Regulierungsrecht im Konfliktfall primärrechtskonform auszulegen oder unangewendet zu lassen.[192] Auch die Beteiligung einer Regulierungsbehörde an einem bestimmten Verhalten eines Unternehmens führt nicht zu einem Ausschluss der Anwendbarkeit des Kartellrechts. Dies kann nur gelten, wenn dem Unternehmen jegliche wirtschaftliche Handlungsfreiheit durch die Regulierungsmaßnahme entzogen wird.[193]

II. Fusionskontrolle

Die Fusionskontrollvorschriften (auf europäischer Ebene die FKVO, im deutschen Recht §§ 35 ff. GWB) sind im Bereich der Banken und Finanzinstitute uneingeschränkt anwendbar. Implizit ergibt sich dies aus den Besonderheiten, die in den jeweiligen Regelwerken für Banken bei der Fusionskontrolle angeordnet sind:[194] Zum einen sind nach wie vor vereinzelte Privilegien im Gesetz vorgesehen.[195] Zum anderen findet sich mit Art. 21 Abs. 4 FKVO im europäischen Kartellrecht eine Konkurrenzregel für das Verhältnis zwischen Fusionskontrolle und Aufsichtsregeln.[196]

Wessling, Wettbewerbsbeschränkungen auf Märkten für börsennotierte Aktien und Aktienderivate, S. 175–186; grundsätzlich ebenso, allerdings mit Bedenken wegen einer potenziellen Doppelbestrafung (*ne bis in idem*-Grundsatz) *Steinhaeuser*, Die Manipulation von Referenzzinsen wie LIBOR und EURIBOR, S. 186, 189–190; *Zimmer*, in: FS 25 Jahre WpHG, 153, 166–168.

[191] *Fuchs*, in: Immenga/Mestmäcker, Bd. 1. EU, Art. 102 AEUV, Rn. 384; *Fuchs*, in: Körber, Wettbewerbsbeschränkungen auf staatlich gelenkten Märkten, S. 9, 22–24. Vgl. zur Normenhierarchie im Allgemeinen *Kaufmann*, in: Dauses/Ludwigs, Handbuch des EU-Wirtschaftsrechts, P.II., Rn. 84; *Schroeter, H.*, in: von der Groeben/Schwarze/Hatje, Europäisches Unionsrecht, Vorb. zu Art. 101–109 AEUV, Rn. 41–44.

[192] Für das Sekundärrecht *Körber*, in: FS Möschel, S. 1043, 1048; hinsichtlich nationaler Vorschriften *Topel*, ZWeR 2006, 27, 48; a.A. *Kühne*, in: FS Immenga, S. 243, 256, der eine normkonkretisierende Wirkung des Sekundärrechts hinsichtlich der Anwendung und Auslegung von Art. 82 EGV vorschlägt. Differenzierend *Nettesheim*, EuR 2006, 737, 753–757.

[193] EuGH, Urt. v. 14.10.2010, *Deutsche Telekom AG*, C-280/08 P, EU:C:2010:603, Rn. 80–82; Urt. v. 16.12.1975, *Suiker Unie*, 40–48, 50, 54–56, 111, 113,114/76, EU:C:1975:174, Rn. 24.

[194] Ausführlich *Banasevic/Ryan/Wezenbeek*, in: Faull/Nikpay, The EU law of competition, Rn. 11.69–11.102.

[195] §§ 35 Abs. 2 S. 3, 37 Abs. 3, 38 Abs. 4 GWB, Art. 3 Abs. 5 FKVO.

[196] Hierzu siehe *Carletti/Vives*, in: Vives, Competition Policy in the EU: Fifty Years on from the Treaty of Rome, S. 260, 271–274.

E. Fazit

Finanzmarktregulierung stellt Regulierung im Sinne obig gewählter Definition[197] dar. Dennoch unterscheidet es sich etwa von der Regulierung der Netzwirtschaften insoweit, als der Fokus der Regulierung vorrangig auf der Sicherung des öffentlichen Guts „Finanzmarkt" und dessen Stabilität liegt. Anders als auf Gütermärkten wurde der „unsichtbaren Hand" des Wettbewerbs insoweit kaum vertraut.

Dies folgt aus der besonderen Korrelation zwischen Wettbewerb und Stabilität auf Finanzmärkten. Unregulierter Wettbewerb kann dazu führen, dass überhöhte Risiken eingegangen werden. Das ist durch entsprechende Regulierung zu verhindern. Vertrauensschutz und die Verhinderung systemischer Risiken sind aufgrund der Bedeutung der Finanzmärkte für die Realwirtschaft wie für die Bevölkerung maßgebliches Kriterium der Regulierung. Innerhalb dieses Rahmens findet das Wettbewerbsprinzip allerdings Anwendung. Auch und besonders auf den Finanzmärkten gehen die Ziele des Regulierungsrechts somit über das Wettbewerbsprinzip des Kartellrechts hinaus.

Neben dem Regulierungsrecht findet das Kartellrecht umfassend Anwendung. Es lässt aufgrund der Anknüpfung an unternehmerisches (Markt-)Verhalten makro- und mikroprudenzielle Maßnahmen unberührt. Diese Maßnahmen stellen Vorgaben an Organisation und Risikomanagement des einzelnen Unternehmens auf, regulieren darüber hinaus aber nicht das Marktverhalten. Insoweit sind die aufsichtsrechtlichen Vorgaben grundsätzlich – ungeachtet der Kosten, die Regulierung verursacht – wettbewerblich neutral. Überschneidungsbereiche finden sich bei Zugangsansprüchen zu wesentlichen Einrichtungen. Insbesondere Konstellationen, die dem Phänomen natürlicher Monopole ähneln, bedürfen einer entsprechenden Regulierung, um nachgelagerte Märkte offenzuhalten und die Ausnutzung von *competitive bottlenecks* zu verhindern.

Wenn nun allerdings die Kartellbehörden uneingeschränkt befugt sind, auf den Finanzmärkten Kartellrecht und damit das Wettbewerbsziel durchzusetzen, stellt sich die Frage nach Friktionen zwischen Kartellrecht und Regulierung auf mehreren Ebenen:

Zuvörderst kann der Konflikt zwischen Systemstabilität und Wettbewerb[198] aufflammen, wenn ohne Berücksichtigung makroprudenzieller Maßnahmen Wettbewerb forciert wird. Darüber hinaus kann auf den Finanzmärkten beobachtet werden, dass in der Kartellrechtsanwendung Lösungsansätze für bestimmte Wettbewerbsprobleme geschaffen wurden, die in Regulierungsrecht übernommen werden, wodurch der Regulierung ein verstärkter Wettbewerbsbezug immanent wird. Dies soll im Folgenden untersucht werden.

---

[197] Siehe oben S. 19.

[198] Siehe oben § 6 Abschnitt A., S. 65 ff.

3. Teil

Finanzmärkte zwischen Kartellrecht und Regulierung

Im folgenden Kapitel wird in Anknüpfung an die beschriebenen Charakteristika der Finanzmärkte die Entscheidungspraxis der Kartellbehörden auf diesem Gebiet dargelegt. Außerdem wird der Frage nachgegangen, ob und wie sich diese Praxis mit dem sektorspezifischen Regulierungsrecht überschneidet. Durch diesen Vergleich soll herausgearbeitet werden, wo das Kartellrecht über die Regulierung hinaus einen eigenen Anwendungsbereich auf den Finanzmärkten hat oder umgekehrt das Regulierungsrecht weitergehende Regelungen mit Bezug auf den Wettbewerb trifft als das Kartellrecht. Zudem kann anhand der skizzierten Grundlagen zu Kartell- und (Finanzmarkt-)Regulierungsrecht dargestellt werden, inwieweit insbesondere die Kommission bei der Durchsetzung des Kartellrechts faktisch als Regulierungsbehörde handelt. Infolge dieses Vergleichs soll zudem gezeigt werden, dass die Kartellrechtspraxis eine Anstoßfunktion für den Regulierungsgesetzgeber eingenommen hat.

Innerhalb dieses Kapitels wird anhand der Besonderheiten verschiedener Teilbereiche der Finanzmärkte eine Unterteilung vorgenommen. Zunächst werden in § 7 Konstellationen untersucht, in denen Zugang zu Finanzmarktinfrastrukturen begehrt wird. Aufgrund der Charakteristika der Finanzmärkte ergeben sich vielfach *bottleneck*-Situationen, in denen der Marktzutritt vom Zugang zu einer Ressource abhängt. Der Zugang zu diesen Ressourcen kann entweder durch Kartellrecht oder durch Regulierungsvorgaben erzwungen werden, wobei sich Unterschiede insbesondere in der Auswahl der regulierten Zugangsobjekte sowie bei der Möglichkeit der Rechtfertigung von Zugangsbeschränkungen ergeben. In § 8 werden Fallbeispiele im Zusammenhang mit der Standardisierung von Finanzmarktdienstleistungen untersucht. Hierbei ergeben sich ebenfalls Probleme beim Zugang zu diesen standardisierten Produkten, sofern der Standard für den Marktzutritt essenziell ist. Zuletzt befasst sich § 9 mit Konstellationen, in denen Marktteilnehmer kooperierten, um ein gemeinsames Produkt anzubieten. Sowohl durch die Gestaltung von Teilnahme- und Preisregeln als auch durch Manipulationen wurde hierbei zum Nachteil von Wettbewerbern und Verbrauchern in den Wettbewerbsprozess eingegriffen.

Die Abschnitte sind mehrheitlich nach einem einheitlichen Muster aufgebaut. Zunächst wird die kartellrechtliche Fallpraxis analysiert und nachfolgend der Inhalt der korrespondierenden Regulierungslösung dargestellt. Im Anschluss erfolgen ein Vergleich und eine Bewertung der jeweiligen kartell- und regulierungsrechtlichen Vorgehensweisen. Im jeweils letzten Abschnitt der § 7 und § 9 sind einzelfallübergreifende Prinzipien in einer Synthese zusammengeführt.

Die Analyse der kartellbehördlichen und gerichtlichen Entscheidungen sowie des einschlägigen Regulierungsrechts wird dabei auf die für diese Arbeit interessierenden Wertungen beschränkt; es sollen nur diejenigen Punkte beschrieben werden, die für einen Vergleich zwischen Kartellrecht und Finanzmarktregulierung erforderlich sind.

§ 7 Zugangsansprüche zu Infrastruktureinrichtungen

Die Kommission behandelte mehrere Fälle, in denen es maßgeblich um die Öffnung verschiedener Teilmärkte für Finanzdienstleistungen ging. Die immer wiederkehrende Problematik hierbei besteht in sogenannten *vertical silo*-Konstellationen,[1] also darin, dass einzelne oder mehrere Marktteilnehmer über den Zugang zu Infrastrukturen verfügen können, die für den Marktzugang unerlässlich sind. Typischerweise sind dies alteingesessene Unternehmen, wie große Banken oder die Börsen. Dies betrifft zum einen die Abwicklungssysteme für Kapitalmarkttransaktionen. Zentralverwahrer und Clearinghäuser, über die Wertpapiertransaktionen abgewickelt werden, stehen häufig im Eigentum des jeweiligen Handelsplatzes, sodass dieser ein Interesse daran hat, Transaktions- und Abwicklungsdienstleistungen der Parteien bei sich zu bündeln.[2]

Zum anderen sind Abwicklungssysteme für Zahlungen betroffen. Zahlungsdienste sind für die Kommission ein wichtiger Baustein der Binnenmarktintegration. Durch den Umstieg auf digitale Zahlungssysteme wird der freie Kapitalverkehr wesentlich erleichtert. Dies wiederum treibt die Integration des grenzüberschreitenden Waren- und Dienstleistungsverkehrs voran, da beide sich gegenseitig bedingen; der freie Kapitalfluss ist das Gegenstück zum Austausch der jeweiligen Realleistungen. Entgegen dem prototypischen Ideal freien Waren- und Kapitalflusses ist das Angebot von Finanzdienstleistungen durch Banken als Betreiber vieler Zahlungssysteme entlang der nationalen Grenzen fragmentiert, ebenso wie der Zahlungsdienstemarkt insgesamt.[3]

Infolgedessen liegt ein wesentlicher Fokus der Kommission darauf, sowohl durch Anwendung der Wettbewerbsregeln als auch durch Regulierungs-

---

[1] *Lucantoni*, in: Lehmann/Kumpan, Art. 8 EMIR, Rn. 1.

[2] Am Beispiel der Deutschen Börse mit ihren Tochterunternehmen Eurex (Clearinghaus) und Clearstream (Zentralverwahrer), Europäische Kommission, E. v. 29.3.2017, M.7995 – *Deutsche Börse/LSE*, Rn. 26.

[3] Europäische Kommission, Mitteilung v. 24.9.2020, EU-Strategie für den Massenzahlungsverkehr, COM(2020) 592 final, S. 4; *dies.*, Mitteilung v. 31.1.2007, Untersuchung des Retail-Bankgeschäfts gemäß Artikel 17 der Verordnung (EG) Nr. 1/2003 (Abschlussbericht), KOM(2007) 33 endgültig, Rn. 6, 26, 29.

maßnahmen einen rechtlichen Rahmen zu schaffen, der der Vollendung des Binnenmarktziels für Zahlungs- und Wertpapierdienstleistungen dient.[4] In den angesprochenen Bereichen lässt sich die komplementäre, aber auch überschneidende Anwendung der Wettbewerbsregeln und Regulierungsvorschriften feststellen. Zuletzt wurde zudem der deutsche Gesetzgeber aktiv und schuf mit § 58a ZAG einen Zugangsanspruch zu „technischen Infrastrukturleistungen". Diese Vorschrift überschneidet sich mit den Untersuchungen der Kommission gegen Apple, die unter anderem den Zugang zur NFC-Schnittstelle des iPhones für mobile Zahlungsvorgänge betreffen.[5]

A. Fallbeispiel 1: Zugang zu Clearing und Settlement

Die *Clearstream*-Entscheidung der Kommission[6] behandelt den Zugang zu Clearing- und Settlement-Dienstleistungen für gewisse Wertpapiere. Der Fall zeichnet sich durch Schwierigkeiten im tatsächlichen Bereich aus, insbesondere durch die Komplexität der Clearing- und Settlement-Verfahrensabläufe mit vielen Beteiligten auf mehreren Ebenen.[7]

Der Handel mit Wertpapieren, oder allgemeiner Finanzinstrumenten, lässt sich in drei Phasen einteilen: (1.) Abschluss des Geschäfts, (2.) Abrechnung und (3.) Belieferung.[8] Typischerweise wird die Abrechnung als Clearing und die Belieferung als Settlement bezeichnet. Sie spielen bei der Übertragung von Wertpapieren im Massengeschäft eine entscheidende Rolle. Clearing bezeichnet „den Prozess der Erstellung von Positionen, darunter die Berechnung von Nettoverbindlichkeiten, und die Gewährleistung, dass zur Absicherung des aus diesen Positionen erwachsenden Risikos Finanzinstrumente, Bargeld oder beides zur Verfügung stehen."[9] Dabei handelt es sich vor allem um eine

---

[4] Europäische Kommission, Mitteilung v. 31.1.2007, Untersuchung des Retail-Bankgeschäfts gemäß Artikel 17 der Verordnung (EG) Nr. 1/2003 (Abschlussbericht), KOM(2007) 33 endgültig, Rn. 38–47; *dies.*, Competition in EU securities trading and post-trading, Issues Paper, Rn. 24; *dies.*, Grünbuch v. 18.2.2015, Schaffung einer Kapitalmarktunion, COM(2015) 63 final, S. 24.

[5] Europäische Kommission, Pressemitteilung v. 16.6.2020, IP/20/1075.

[6] Europäische Kommission, E. v. 2.6.2004, COMP/38.906 – *Clearstream*; bestätigt durch EuG, Urt. v. 9.9.2009, *Clearstream/Kommission*, T-301/14, EU:T:2009:317. Der EuGH wurde nicht angerufen, vgl. *Jestaedt/Pollard*, JECLAP 1 (2010), 348, 355.

[7] Europäische Kommission, Zusammenfassung der *Clearstream*-Entscheidung, 17.7.2009, ABl. 2009 C 165/7, Rn. 8; *Ezrachi*, JECLAP 1 (2009), 125.

[8] *Kumpan*, in: Schwark/Zimmer, KMRK, § 21 BörsG, Rn. 3.

[9] Art. 2 Nr. 3 EMIR; die dortige Definition ist deckungsgleich mit denjenigen aus der *Clearstream*-Entscheidung der Europäischen Kommission, E. v. 2.6.2004, COMP/38.906 – *Clearstream*, Rn. 17, und aus der Literatur, vgl. etwa *Alfes*, Central Counterparty, S. 170; *Kumpan*, in: Schwark/Zimmer, KMRK, § 21 BörsG, Rn. 4–5; für die Zahlungsdienstebranche entsprechend *Armour u.a.*, Principles of Financial Regulation, S. 395.

Saldierung der Ansprüche, die aus vielfältigen Transaktionen entsprungen sind.[10] Es werden also sämtliche Transaktionen vergleichbar einem Kontokorrent zusammengefasst, sodass nicht mehr die einzelnen Transaktionen abgewickelt werden müssen, sondern lediglich die zusammengefassten Ansprüche.

Settlement bezeichnet „den vollständigen Abschluss eines Wertpapiergeschäfts unabhängig davon, wo es abgeschlossen wird, mit dem Ziel, die Verbindlichkeiten der an diesem Geschäft beteiligten Parteien durch die Übertragung von Geld oder Wertpapieren oder beiden zu erfüllen."[11] Das Settlement stellt das sachenrechtliche Erfüllungsgeschäft dar. Die saldierten Ansprüche werden durch die Zahlung von Geld oder die Übertragung des Eigentums an den Wertpapieren erfüllt.

Differenziert wird hierbei zwischen Primärclearing und -settlement und Sekundärclearing und -settlement. Von Primärclearing und -settlement spricht man, wenn die Leistungen von derjenigen Institution durchgeführt werden, die die betroffenen Wertpapiere als Zentralverwahrer verwaltet. Sekundärleistungen liegen hingegen vor, wenn ein Zwischenverwahrer im Sinne des § 3 Abs. 2 S. 1 DepotG (typischerweise eine Bank) eingeschaltet wird.[12] Veranschaulicht werden kann dies am Beispiel der Privatperson, die Aktien kauft: Diese werden formal bei der depotführenden Bank der Privatperson gehalten. Die Bank agiert aber lediglich als Zwischenverwahrer; tatsächlich werden die Aktien immer beim Zentralverwahrer verwahrt. Die Bank muss bei diesem die tatsächliche Umbuchung der Wertpapiere veranlassen.[13]

Beim Handel mit an der Börse gelisteten Wertpapieren erfolgen Clearing und Settlement durch einen Zentralverwahrer (im Englischen Central Securities Deposit, abgekürzt CSD).[14] Dies sind juristische Personen, die ein

---

[10] *Kumpan*, in: Schwark/Zimmer, KMRK, § 21 BörsG, Rn. 5. Zur Rechtsnatur der Verrechnung beim Clearing (auch Netting genannt) vgl. *Alfes*, Central Counterparty, S. 171–174, der im Ergebnis einen Vertrag über die Aufrechnung annimmt, durch den einzelne Voraussetzungen der Aufrechnung abbedungen werden.

[11] Art. 2 Nr. 7 CSDR. Die dortige Definition deckt sich wiederum mit der Literatur und der *Clearstram*-Entscheidung, Europäische Kommission, E. v. 2.6.2004, COMP/38.906 – *Clearstream*, Rn. 17; *Kumpan*, in: Schwark/Zimmer, KMRK, § 21 BörsG, Rn. 6.

[12] Zum Primärclearing Europäische Kommission, E. v. 2.6.2004, COMP/38.906 – *Clearstream*, Rn. 30; zum Sekundärclearing Rn. 33–35.

[13] Eine Ausnahme hiervon gilt im Falle der sogenannten „internen Abwicklung". Wird eine Wertpapiertransaktion zwischen zwei Kunden derselben Bank vorgenommen, kann diese die Transaktion ohne Beteiligung des Zentralverwahrers abwickeln, indem sie die Wertpapiere auf den Bankdepots umschreibt. Voraussetzung hierfür ist allerdings, dass die Bank bei ihrem Zentralverwahrer ein sogenanntes Sammelkonto führt und keine kundenspezifischen Einzelkonten, vgl. Europäische Kommission, E. v. 2.6.2004, COMP/38.906 – *Clearstream*, Rn. 35.

[14] Seit 2003 wird das Clearing typischerweise von Clearinghäusern, sogenannten Zentralen Kontrahenten oder Central Counterparties (CCP) durchgeführt, vgl. *Niels/Barnes/Van Dijk*, ECLR 24 (2003), 634, 635.

Wertpapierliefer- und -abrechnungssystem betreiben und weitere Dienstleistungen im Sinne der CSDR erbringen.[15] Deutscher Zentralverwahrer ist die Clearstream Banking AG (im Folgenden Clearstream) mit Sitz in Frankfurt, die zugleich als die einzige zugelassene Wertpapiersammelbank agiert.[16] Gegen diese richtete sich die Untersuchung der Kommission.

I. Sachverhalt der Clearstream-*Entscheidung*

Clearstream war der (einzige) deutsche Zentralverwahrer, also der Monopolist für die Verwahrung deutscher Wertpapiere. Unter dem Dach ihrer Muttergesellschaft Clearstream International SA war zudem die Clearstream Banking Luxembourg SA angesiedelt, ein internationaler Zentralverwahrer.[17] Die Euroclear Bank SA (im Folgenden Euroclear) war der einzige weitere internationale Zentralverwahrer innerhalb der Union. Zudem fungiert Euroclear (unter anderem) als nationaler Zentralverwahrer für das Vereinigte Königreich, Frankreich, Niederlande und Belgien.[18]

Clearstream verweigerte Euroclear über einen Zeitraum von knapp zweieinhalb Jahren (Mitte 1999 bis Ende 2001) den Zugang zu ihren Clearing- und Settlement-Dienstleistungen für Namenaktien über das System Cascade RS. Dadurch konnte Euroclear nicht als (direkter) internationaler Zwischenverwahrer Sekundärclearing und -settlement deutscher Wertpapiere anbieten, sondern musste auf einen weiteren, bei Clearstream zugelassenen, Intermediär zurückgreifen. Die Ablehnung erfolgte auf Grundlage wohl vorgeschobener technischer und kommerzieller Gründe.[19] Daneben musste Euroclear in den Jahren 1997 bis einschließlich 2001 für diverse weitere Dienstleistungen der Clearstream im Vergleich zu anderen Marktteilnehmern höhere Preise bezahlen; zudem war eine ansonsten unübliche Jahrespauschale zu entrichten. Der Preisaufschlag betrug etwa 20 Prozent.[20] Nachdem die Kommission die Ermittlungen gegen Clearstream aufgenommen hatte, wurde Euroclear zu Cascade RS

---

[15] Art. 2 Nr. 1 CSDR.

[16] *Klanten*, in: Ellenberger/Bunte, Bankrechts-Handbuch, § 47, Rn. 29. Wertpapiersammelbanken im Sinne des § 1 Abs. 3 DepotG verwahren typischerweise vertretbare Wertpapiere (sog. Girosammelverwahrung), § 5 DepotG. Dies ermöglicht den Effektengiroverkehr, also die virtuelle Übertragung von Wertpapieren durch Umbuchung ohne körperliche Übergabe, vgl. *Einsele*, in: MüKoHGB, Bd. 6, Teil 2, Abschnitt Q, Rn. 52–54.

[17] Internationale Zentralverwahrer sind, wie der Name bereits sagt, im internationalen Wertpapiergeschäft tätig. Ein Tätigkeitsschwerpunkt liegt auf der Verwahrung und Verwaltung von Eurobonds, Europäische Kommission, E. v. 2.6.2004, COMP/38.906 – *Clearstream*, Rn. 19; Memo v. 7.3.2012, MEMO/12/163, S. 2.

[18] Europäische Kommission, E. v. 2.6.2004, COMP/38.906 – *Clearstream*, Rn. 1–9. Die Marktverhältnisse entsprechen dem heutigen Stand.

[19] Europäische Kommission, E. v. 2.6.2004, COMP/38.906 – *Clearstream*, Rn. 49–89.

[20] Europäische Kommission, E. v. 2.6.2004, COMP/38.906 – *Clearstream*, Rn. 91–134, insb. Rn. 126.

zugelassen und die Preise für die weiteren Dienstleistungen wurden auf das marktübliche Niveau gesenkt.

II. Kartellrechtliche Würdigung

Die Kommission stellte hinsichtlich der beschriebenen Verhaltensweisen einen Missbrauch im Sinne des Art. 102 AEUV fest. Nach den Feststellungen der Kommission war der Markt für Primärclearing für andere nationale und internationale Zentralverwahrer als eigenständiger Markt abzugrenzen; insbesondere war Sekundärclearing aus Sicht der Abnehmer keine ausreichende Alternative, da die Einschaltung eines Zwischenverwahrers mit kürzeren Fristen, höheren Kosten, höherem Fehlerrisiko und einer höheren Komplexität der Abwicklung einhergeht.[21] Auf diesem Markt nahm Clearstream eine marktbeherrsche Stellung ein. Clearstream war die einzige Wertpapiersammelbank in Deutschland und nahm damit ein „Quasi-Monopol" ein. Potenzieller Wettbewerb war aufgrund der hohen Markteintrittsschranken nicht zu erwarten.[22] Der Missbrauch seitens Clearstream erfolgte durch zwei verschiedene Maßnahmen: zum einen durch die Zugangsverweigerung, zum anderen durch die Setzung diskriminierender Preise.

Die Kommission stellte die Verstöße für die für einen abgeschlossenen Zeitraum fest, da Clearstream seine missbräuchlichen Verhaltensweisen mit Aufnahme der Ermittlungen durch die Kommission abstellte. Clearstream wurde auferlegt, die beschriebenen Maßnahmen auch in Zukunft zu unterlassen. Auf ein Bußgeld verzichtete die Kommission. Begründet wurde dies mit dem Fehlen von Präzedenzfällen auf den Finanzmärkten sowie der komplexen Marktabgrenzung für Clearing und Settlement. Es sei für Clearstream nicht ausreichend möglich gewesen, ihr Verhalten wettbewerbsrechtlich einzuschätzen.[23]

1. Zugangsverweigerung

Grundsätzlich steht es jedem Unternehmen frei, Lieferbeziehungen entsprechend seinen wirtschaftlichen Interessen zu gestalten. Auch marktbeherrschenden Unternehmen steht es frei, seine Vertragspartner auszuwählen.[24] Aufgrund der besonderen Verantwortung marktbeherrschender Unternehmen für die Aufrechterhaltung des wirksamen Wettbewerbs[25] kann eine Lieferungs-

---

[21] Europäische Kommission, E. v. 2.6.2004, COMP/38.906 – *Clearstream*, Rn. 135–201.

[22] Europäische Kommission, E. v. 2.6.2004, COMP/38.906 – *Clearstream*, Rn. 202–215.

[23] Europäische Kommission, E. v. 2.6.2004, COMP/38.906 – *Clearstream*, Rn. 340–345.

[24] EuG, Urt. v. 17.9.2007, *Microsoft*, T-201/04, EU:T: 2007:289, Rn. 319.

[25] St. Rspr., EuGH, Urt. v. 30.1.2020, *Generics (UK) u.a./CMA*, C-307/18, EU:C:2020:52, Rn. 153; Urt. v. 6.9.2017, *Intel/Kommission*, C-413/14 P, EU:C:2017:632, Rn. 135 m.w.N.; Europäische Kommission, Mitteilung v. 24.2.2009, Erläuterungen zu den Prioritäten der Kommission bei der Anwendung von Artikel 82 des EG-Vertrags auf Fälle

verweigerung jedoch einen Missbrauch im Sinne von Art. 102 AEUV, insbesondere Abs. 2 lit. b), c) darstellen.[26] Rechtsfolge eines Verstoßes ist eine Zugangsverpflichtung, also ein Anspruch auf Zugangsgewährung.[27]

Ausgehend von dieser Prämisse entwickelte der EuGH besondere Kriterien, wann ein Missbrauch wegen der Zugangsverweigerung vorliegt. Ein Missbrauch unter der sogenannten *essential facilities*-Doktrin liegt vor, wenn drei Voraussetzungen kumulativ erfüllt sind: (1) Das marktbeherrschende Unternehmen muss eine wesentliche Einrichtung kontrollieren, die für den Zugang zum nachgelagerten Markt insoweit unentbehrlich ist, dass kein potenzieller oder tatsächlicher Ersatz besteht. (2) Die Zugangsverweigerung muss geeignet sein, jeglichen Wettbewerb auf dem nachgelagerten Markt durch den Zugangspetenten zu beseitigen. (3) Die Weigerung darf nicht gerechtfertigt sein.[28] Ausgeschlossen ist der Anspruch dementsprechend, wenn der eigenen Schaffung der wesentlichen Einrichtung keine „technischen, rechtlichen oder auch nur wirtschaftlichen Hindernisse“ entgegenstehen.[29]

Diese Voraussetzungen sah die Kommission als gegeben an:[30] Durch die faktische Monopolstellung auf dem Markt für Primärclearing konnte

---

von Behinderungsmissbrauch durch marktbeherrschende Unternehmen, ABl. 2009 C 45/7, Rn. 1.

26 Europäische Kommission, E. v. 2.6.2004, COMP/38.906 – *Clearstream*, Rn. 217–223.

27 *Kling/Thomas*, Kartellrecht, § 6, Rn. 115. Ausdrücklich § 19 Abs. 2 Nr. 4 GWB.

28 EuGH, Urt. v. 26.11.1998, *Bronner*, C-7/97, EU:C:1998:569, Rn. 38–41; siehe auch *Brand*, in: FK-KartR, Bd. III, Art. 102 AEUV, Rn. 393; *Eilmansberger/Bien*, in: MüKoWettbR, Bd. 1, Art. 102 AEUV, Rn. 472. Für den Zugang zu Immaterialgüterrechten EuGH, Urt. v. 29.4.2004, *IMS Health*, C-418/01, EU:C:2004:257, Rn. 38; Urt. v. 6.4.1995, *Magill*, C-241/91 P, EU:C:1995:98, Rn. 52–56.

29 EuGH, Urt. v. 26.11.1998, *Bronner*, C-7/97, EU:C:1998:569, Rn. 44.

30 Die Kommission nahm nicht ausdrücklich Bezug auf die genannte Rechtsprechung des EuGH, prüfte inhaltlich aber deren Voraussetzungen, vgl. etwa Europäische Kommission, E. v. 2.6.2004, COMP/38.906 – *Clearstream*, Rn. 300, Spiegelstriche 1 und 2. Das EuG zeigt dies unter Bezugnahme auf die EuGH-Rechtsprechung gesondert auf, EuG, Urt. v. 9.9.2009, *Clearstream/Kommission*, T-301/14, EU:T:2009:317, Rn. 147–150. Bei der Beurteilung von *Clearstream* ebenfalls auf die *essential facilities*-Doktrin rekurrierend *Henry*, EBLR 17 (2006), 999, 1013, wobei dieser davon ausgeht, dass deren Voraussetzungen nicht erfüllt seien. Die Kommission habe nicht festgestellt, dass durch die Zugangsverweigerung jeglicher Wettbewerb auf einem nachgelagerten Markt ausgeschaltet wurde („*all* competition on the downstream market must be eliminated“, *Henry*, a.a.O., S. 1014). Deshalb habe die Kommission darauf verzichtet, die EuGH-Rspr. zu zitieren. Dem ist zu widersprechen. *Henry* verkürzt das *Bronner*-Kriterium. Die Zugangsverweigerung muss lediglich „geeignet [sein], jeglichen Wettbewerb auf dem Tageszeitungsmarkt *durch denjenigen, der die Dienstleistung begehrt*, auszuschalten“, EuGH, Urt. v. 26.11.1998, *Bronner*, C-7/97, EU:C:1998:569, Rn. 41 (Hervorhebung durch den Verf.). Diesem Kriterium wird die Kommissionsentscheidung gerecht, EuG, Urt. v. 9.9.2009, *Clearstream/Kommission*, T-301/14, EU:T:2009:317, Rn. 148–149. Doch auch, wenn man den Ausschluss jeglichen Wettbewerbs fordert, ist diese Voraussetzung erfüllt. Clearstream und Euroclear waren die einzigen internationalen

Clearstream das effektive Angebot von grenzüberschreitendem Sekundärclearing durch Euroclear als neuem Produkt beschränken. Eine unangemessene Verzögerung steht der gänzlichen Verweigerung dabei gleich; es handelt sich dabei um einen Fall der sogenannten „konstruktiven" Verweigerung.[31] Tatsächlicher oder potenzieller Ersatz für das Angebot Clearstreams war nach den Feststellungen der Kommission weder verfügbar noch zu erwarten; insbesondere sei der Markteintritt eines zweiten Zentralverwahrers als potenzieller Ersatz nur lukrativ möglich, wenn viele der bei Clearstream verwahrten Wertpapiere zu dem neuen Anbieter wechseln würden, was nach einer Marktbefragung von den Marktteilnehmern nicht erwünscht sei. Diese und weitere Marktzutrittsschranken würden einen potenziellen Ersatz im Sinne der Bronner-Kriterien[32] ausschließen.[33] Der Zugang zu Clearingdienstleistungen über einen Zwischenverwahrer als tatsächlicher Ersatz stellte hingegen aufgrund verschiedener Nachteile bei Fristläufen, Kosten, Risikoverwaltung und Verfahren kein ausreichendes Substitut für den direkten Zugang dar, sodass der Wettbewerb auf dem nachgelagerten Markt durch die Zugangsverweigerung beschränkt wurde.[34] Die lange Zeit, bis der Zugang schließlich gewährt wurde, konnte nicht gerechtfertigt werden. Gegenüber anderen Kunden wurde der Zugang typischerweise in einem Zeitraum von maximal vier Monaten eröffnet.[35]

2. *Preisdiskriminierung*

Der zweite Tatvorwurf befasste sich mit einer Preisdiskriminierung durch Clearstream. Diese lässt sich unter Art. 102 Abs. 2 lit. c) AEUV fassen, wonach sich ein Missbrauch aus „der Anwendung unterschiedlicher Bedingungen bei gleichwertigen Leistungen gegenüber Handelspartnern" ergeben kann.

Euroclear musste für Clearing- und Settlement-Dienste im Vergleich zu anderen nationalen und internationalen Zentralverwahrern um ca. 20 Prozent

---

Zentralverwahrer. Durch die Zugangsverweigerung verhinderte Clearstream den Markteintritt des einzigen Wettbewerbers auf dem relevanten Markt für grenzüberschreitendes Clearing und Settlement.

[31] Europäische Kommission, Mitteilung v. 24.2.2009, Erläuterungen zu den Prioritäten der Kommission bei der Anwendung von Artikel 82 des EG-Vertrags auf Fälle von Behinderungsmissbrauch durch marktbeherrschende Unternehmen, ABl. 2009 C 45/7, Rn. 79. Zur Kritik am Begriff der „konstruktiven Verweigerung" infolge der Unklarheit bei der Anwendung, Generalanwalt *Saugmandsgaard Øe*, Schlussanträge v. 9.11.2020, *Deutsche Telekom/Kommission*, C-152/19 P, *Slovak Telekom/Kommission*, C-165/19 P, EU:C:2020:678, Rn. 80–96. Die dortige Fallkonstellation bezog sich allerdings auf „unfaire" Vertragsbedingungen und nicht auf eine Verzögerung der Zugangsgewährung.

[32] Siehe oben S. 83.

[33] Europäische Kommission, E. v. 2.6.2004, COMP/38.906 – *Clearstream*, Rn. 224, 210–215.

[34] Europäische Kommission, E. v. 2.6.2004, COMP/38.906 – *Clearstream*, Rn. 139–148.

[35] Europäische Kommission, E. v. 2.6.2004, COMP/38.906 – *Clearstream*, Rn. 289, 293.

erhöhte Preise entrichten. Außerdem musste sie eine jährliche Pauschale bezahlen, die anderen nationalen Zentralverwahrern nicht in Rechnung gestellt wurde. Dies war nicht durch erhöhten Aufwand oder die Erbringung zusätzlicher Dienstleistungen gerechtfertigt.[36] Euroclear wurde insoweit in ihrer Wettbewerbsstellung gegenüber anderen internationalen und nationalen Zentralverwahrern (wie Clearstream selbst) benachteiligt.

III. Behandlung unter Regulierungsrecht

Zum Zeitpunkt der Kommissionsentscheidung im Jahr 2004 bestand für Clearing- und Settlement-Leistungen kein umfassender Regulierungsrahmen auf europäischer Ebene. Es gab lediglich ein Geflecht an nationalen Regelungen für die Zulassung als Zentralverwahrer und die Durchführung der zugehörigen Dienste. Diese Regelungen wurden entsprechend der nachfolgenden Ausführungen harmonisiert, um grenzüberschreitendes Clearing und Settlement zu vereinfachen. Im Kontext der *Clearstream*-Entscheidung ist die Verordnung über Zentralverwahrer (CSDR) relevant.

1. Zugangsansprüche

Für den Zugang zu den Clearing- und Settlement-Dienstleistungen sind nunmehr Art. 33 und 51 CSDR maßgeblich. Art. 33 CSDR ist die allgemeine Regel für sämtliche Marktteilnehmer, wonach der Zentralverwahrer „allen juristischen Personen, die eine Teilnahme beabsichtigen, einen fairen und offenen Zugang ermöglichen“ muss, während Art. 50–52 CSDR besondere Anforderungen an die Verbindung zwischen zwei Zentralverwahrern stellen.

Gemäß Art. 33, 50 CSDR muss ein Zentralverwahrer einem anderen Zentralverwahrer seine Dienstleistungen unter objektiven, nichtdiskriminierenden Voraussetzungen als „Standard-Verbindung“ zugänglich machen. Ein entsprechender Antrag muss binnen Monatsfrist bearbeitet werden, Art. 33 Abs. 2 CSDR.

Anträge müssen innerhalb von drei Monaten beantwortet werden, Art. 52 Abs. 1 CSDR. Der Zugang im Allgemeinen darf nur nach einer negativ ausfallenden umfassenden Risikobewertung verweigert werden, Art. 33 Abs. 3, Art. 51 Abs. 1 S. 1, Art. 52 Abs. 2 CSDR. Konkretisiert wird dies für die kundenspezifische Verbindung zu einem anderen Zentralverwahrer insoweit, als mögliche Marktanteilseinbußen des antragsempfangenden Zentralverwahrers nicht als Grund für eine Ablehnung herangezogen werden dürfen, Art. 51 Abs. 1 S. 2 CSDR.

---

[36] Europäische Kommission, E. v. 2.6.2004, COMP/38.906 – *Clearstream*, Rn. 306–332.

2. *Kosten und Preise*

Eine Regelung hinsichtlich der Preise und Kosten findet sich in Art. 34 CSDR. Dieser verpflichtet die Zentralverwahrer, Preise für alle Marktteilnehmer bekanntzugeben. An diese Preise ist der Zentralverwahrer gebunden, Art. 34 Abs. 3 CSDR. Zugleich ist der Aufsichtsbehörde eine Übersicht über Kosten und Einnahmen offenzulegen, aufgeschlüsselt nach Art der Dienstleistung. Eine etwaige Preisdiskriminierung wie im zweiten Teil des *Clearstream*-Falls der Kommission kommt danach nicht weiter in Betracht. Sollten, wie von Clearstream gegenüber der Kommission behauptet wurde,[37] Sonderdienstleistungen erbracht werden, werden diese auf Kostenaufschlagsbasis abgerechnet, Art. 51 Abs. 2 CSDR.

3. *Sanktionsmechanismus*

Im Falle eines Verstoßes gegen die Vorschriften, insbesondere im Falle einer unberechtigten Zugangsverweigerung, ist die zuständige Aufsichtsbehörde befugt, eine Anordnung zu erlassen, nach der der Zentralverwahrer sein Verhalten einzustellen hat. Dies erfolgt auf Grundlage nationaler Vorschriften entsprechend den Anforderungen des Art. 63 Abs. 1 lit. e), i), Abs. 2 lit. b) CSDR. Darüber hinaus stehen der Aufsichtsbehörde weitere Befugnisse gemäß Abs. 2 zu, so etwa der Entzug der Genehmigung für die Diensterbringung (lit. c) oder Geldbußen für die handelnden natürlichen oder juristischen Personen (lit. e–g).[38] Das Instrumentarium der Aufsichtsbehörde deckt sich insoweit teilweise mit dem der Kartellbehörden, geht aber darüber hinaus.

IV. Vergleich und Würdigung

Vergleicht man die Rechtsfolgen der Kartellrechtsanwendung und des nachfolgend eingeführten regulatorischen Regimes, lässt sich feststellen, dass diese nahezu deckungsgleich sind. Dennoch können die Vorschriften der CSDR die Anwendung des Kartellrechts nicht ausschließen, wenngleich sie rein praktisch betrachtet das bessere Instrumentarium bieten (hierzu 1.). Umgekehrt wird der Einfluss der Regulierung auf die Kartellrechtsanwendung aufgezeigt (hierzu 2.).

---

[37] Europäische Kommission, E. v. 2.6.2004, COMP/38.906 – *Clearstream*, Rn. 309.

[38] Art. 63 CSDR enthält lediglich die Mindestanforderungen für verwaltungsrechtliche und weitere Sanktionen, die ausweislich Art. 61 Abs. 1 CSDR im nationalen Recht zu verorten sind. Entsprechend wurden in Deutschland konkretere Vorgaben in §§ 53p, 56 Abs. 4f KWG eingeführt.

1. CSDR als Ersatz für kartellrechtliche Zugangsansprüche

Die Zugangsregulierung enthält Vorschriften für diejenigen Kritikpunkte, die bereits im Kartellverfahren beanstandet wurden: zum einen die Verpflichtung zur zeitnahen Bearbeitung eines Zulassungsantrags, zum anderen zu nichtdiskriminierenden, transparenten Preisbedingungen. Insoweit wäre die kartellrechtliche Entscheidung heutzutage obsolet; ein Betroffener könnte einen Zugangsanspruch gemäß Art. 33, 51 CSDR geltend machen und sich hierbei sowohl auf die Bearbeitungsfrist als auch auf die veröffentlichten Preise berufen. Dies deckt sich mit den Rechtsfolgen der *Clearstream*-Entscheidung. Die Geltendmachung eines Zugangsanspruchs unter der CSDR ist allerdings aus praktischen Gesichtspunkten attraktiver: Anstatt ein langwieriges Kartellverfahren abzuwarten, können die Betroffenen gemäß Art. 33 Abs. 3 S. 2 CSDR bei der zuständigen Behörde Beschwerde einlegen. Eine solche Beschwerde muss von der Behörde bearbeitet werden und dürfte mit Blick auf die begrenzten Ablehnungsgründe eines Zentralverwahrers zeitnah abgearbeitet werden. Zudem ist die Darlegungslast für eine Beschwerde an die Kartellbehörde nach Art. 7 Abs. 2 VO 1/2003 höher; und diese kann selbst bei ausreichenden Nachweisen von einer Verfahrenseinleitung absehen.[39]

a) Notwendigkeit einer Regulierungslösung?

Legt man ausschließlich die Rechtsfolgen beider Regime zugrunde, liegt die Überlegung nahe, dass eine Regulierung überflüssig ist. Für eine Regulierung sprechen indes die bereits angesprochenen Erwägungen der Verfahrensgeschwindigkeit und der einfacheren Durchsetzbarkeit eines Zugangsanspruchs im Sinne eines Individualrechts. Auch die größere Sachnähe der nunmehr zuständigen Aufsichtsbehörde kann als Argument für eine Zugangsregulierung angeführt werden.

Andererseits ist mit der *Clearstream*-Entscheidung bereits ein Präzedenzfall geschaffen, der für Marktteilnehmer aufzeigt, wie die Kartellbehörden Zugangsverweigerungen bewerten würden. Infolge dieser Entscheidung dürfte in etwaigen ähnlichen Zugangsverweigerungsfällen eine Bußgeldentscheidung nach Art. 23 Abs. 1 VO 1/2003 naheliegen, die eine höhere Abschreckungswirkung entfaltet. Auch der deutsche Gesetzgeber schien davon auszugehen, dass die kartellrechtliche Missbrauchsaufsicht eine ausreichende Handhabe für den Zugang zu Clearing- und Settlement-Dienstleistungen bietet. Aufzeigen lässt sich dies an der Regelung der Zugangsansprüche für Wertpapierfirmen im deutschen Börsenrecht in Umsetzung der MiFID.

---

[39] *Bechtold/Bosch/Brinker*, EU-Kartellrecht, Art. 7 VO 1/2003, Rn. 25–27.

aa) Exkurs: Zugangsansprüche zu Clearing und Settlement für Wertpapierfirmen im deutschen Recht

Für Wertpapierfirmen aus EU-Nachbarstaaten bestand bereits zehn Jahre vor Inkrafttreten der CSDR ein Anspruch auf nichtdiskriminierenden Zugang zu Clearing- und Settlement-Dienstleistern, im Gleichlauf zur Behandlung der inländischen Institute. In der MiFID war vorgesehen, für Finanzinstitute (nicht aber für Zentralverwahrer und CCPs)[40] entsprechende Zugangsansprüche in nationales Recht umzusetzen. Konkret erlegte Art. 34 Abs. 1 MiFID den Mitgliedstaaten folgende Verpflichtung auf:

> „Die Mitgliedstaaten schreiben vor, dass Wertpapierfirmen aus anderen Mitgliedstaaten in ihrem Hoheitsgebiet für den Abschluss von Geschäften mit Finanzinstrumenten oder die Vorkehrungen zum Abschluss von Geschäften mit Finanzinstrumenten das Recht auf Zugang zu zentralen Gegenparteien, Clearing- und Abrechnungssystemen haben. Die Mitgliedstaaten schreiben vor, dass für den Zugang dieser Wertpapierfirmen zu diesen Einrichtungen dieselben nichtdiskriminierenden, transparenten und objektiven Kriterien gelten wie für inländische Teilnehmer."

Umgesetzt wurde dies in der Ergänzung des § 24b KWG durch einen neuen Abs. 3, der die nichtdiskriminierende Behandlung von Wertpapierfirmen aus EU-Mitgliedstaaten vorsieht.[41] Die generelle Schaffung eines Zugangsanspruchs zu objektiven nichtdiskriminierenden Kriterien wurde hingegen offenbar nicht für notwendig gehalten. Als Zugangsvorschrift im weitesten Sinne wurde lediglich § 9 BörsG beibehalten (vormals § 6 BörsG 2002, davor § 2a BörsG 1995). Dieser sieht vor, dass die Börsenaufsichtsbehörde

> „darauf hinzuwirken [hat], dass die Vorschriften des Gesetzes gegen Wettbewerbsbeschränkungen eingehalten werden. Dies gilt insbesondere für den Zugang zu Handels-, Informations- und Abwicklungssystemen und sonstigen börsenbezogenen Dienstleistungseinrichtungen sowie deren Nutzung."

Die Vorschrift verweist für den Zugang zu Clearing und Settlement somit insbesondere auf §§ 19 Abs. 2 Nr. 4, 20 GWB.[42] Ursprünglich war § 9 BörsG zum Schutz kleiner Börsen und anderer Marktteilnehmer gedacht.[43] Jedenfalls

---

[40] *Henry*, EBLR 17 (2006), 999, 1006.

[41] Gesetz zur Umsetzung der Richtlinie über Märkte für Finanzinstrumente und der Durchführungsrichtlinie der Kommission (Finanzmarktrichtlinie-Umsetzungsgesetz) v. 16.7.2007, BGBl. I 2007, Nr. 31, S. 1330.

[42] *Kumpan*, in: Schwark/Zimmer, KMRK, § 9, Rn. 2.

[43] Gesetzentwurf der Bundesregierung, Entwurf eines Gesetzes über den Wertpapierhandel und zur Änderung börsenrechtlicher und wertpapierrechtlicher Vorschriften (Zweites Finanzmarktförderungsgesetz), 27.1.1994, BT-Drs. 12/6679, S. 61. Dieser Zweck hat sich nicht geändert; die Gesetzesbegründungen verweisen jeweils nur auf die geänderte Nummerierung, Gesetzentwurf der Bundesregierung, Entwurf eines Gesetzes zur Umsetzung der Richtlinie über Märkte für Finanzinstrumente und der Durchführungsrichtlinie der Kommission (Finanzmarkt-Richtlinie-Umsetzungsgesetz), 12.1.2007. BT-Drs. 16/4028, S. 83;

schien der deutsche Gesetzgeber auch bei Berücksichtigung der gewandelten Verhältnisse, insbesondere des grenzüberschreitenden Wertpapierhandels, davon auszugehen, dass im Bereich der Clearing- und Settlement-Leistungen ein gesonderter gesetzlicher Zugangsanspruch nicht vonnöten, vielmehr die kartellrechtlichen Vorschriften zur Missbrauchsaufsicht ausreichend seien.[44]

bb) Übertragung der Wertungen auf Zugangsansprüche für andere Zentralverwahrer?

Die Wertung dieser Vorgehensweise des deutschen Gesetzgebers lässt sich auf den Zugang zwischen zwei Zentralverwahrern übertragen. Die kartellrechtliche Missbrauchsaufsicht dürfte ausreichend sein, um im Einzelfall den Zugang zwischen zwei Zentralverwahrern zu eröffnen. Mit der *Clearstream*-Entscheidung gibt es einen Präzedenzfall, auf den sich ein betroffener Zentralverwahrer berufen kann. Ergäbe sich in der Tat eine weitere Konstellation, in der einem Zentralverwahrer der Zugang verweigert oder erschwert wird, könnte dieser sich an eine Kartellbehörde wenden und mit zeitnaher Abhilfe rechnen. Selbst im Falle von Clearstream wurde bereits mit Mitteilung der Beschwerdepunkte das kartellrechtswidrige Verhalten eingestellt, obwohl noch kein Präzedenzfall bestand. Um nötigenfalls die Dauer des Verfahrens zu überbrücken, besteht die Möglichkeit, in dringenden Fällen eine einstweilige Anordnung zu erlassen.[45] Insoweit erscheint eine Regulierungslösung nicht zwingend notwendig.

cc) Weitere Gründe für das Aufschieben einer Regulierungslösung

Neben dem „deutschen Modell" des § 9 BörsG lassen sich weitere Gründe auffinden, warum eine Zugangsregulierung für Zentralverwahrer untereinander nicht bereits früher geschaffen wurde.

Zunächst verwies die Kommission während der Schaffung der MiFID verschiedentlich auf ihre Prioritäten bei der Kartellrechtsdurchsetzung und der Regulierung. Sie stellte früh klar, dass sie einen *double track approach* verfolgte, neben der Kartellrechtsdurchsetzung also weitere Handlungsoptionen ver-

---

Gesetzentwurf der Bundesregierung, Entwurf eines Gesetzes zur weiteren Fortentwicklung des Finanzplatzes Deutschland (Viertes Finanzmarktförderungsgesetz), 18.1.2002, BT-Drs. 14/8017, S. 73.

[44] Der inhaltsgleiche Art. 37 MiFID II wurde ebenfalls nicht über § 9 BörsG hinaus umgesetzt. Dies liegt allerdings daran, dass Art. 37 MiFID II gemäß deren Art. 2 Abs. 1 lit. o) auf Zentralverwahrer keine Anwendung findet. MiFID II und CSDR wurden parallel erarbeitet, sodass bereits absehbar war, dass der direkt anwendbare Zugangsanspruch aus Art. 33 CSDR entsprechendes nationales Recht in Umsetzung der MiFID II ersetzen würde.

[45] Diese Möglichkeit ist in Art. 8 VO 1/2003 geregelt.

folgte.[46] Die *Clearstream*-Entscheidung steht insoweit im Zusammenhang mit weiteren (politischen) Maßnahmen der GD Wettbewerb und der Kommission insgesamt.[47] Das Missbrauchsverfahren wurde am 22.3.2001 eingeleitet,[48] während der Richtlinienvorschlag am 19.11.2002 vorgelegt und im Amtsblatt vom 25.3.2003[49] veröffentlicht wurde. Bereits während des Gesetzgebungsverfahrens, aber vor der Entscheidung im Missbrauchsverfahren, wurde verschiedentlich darauf hingewiesen, dass die parallele Anwendung von Regulierungs- und Kartellrecht erforderlich sei und welche Handlungen im Speziellen das Eingreifen der Kartellbehörden erfordere. In der Mitteilung vom 28.4.2004 hatte die Kommission den nichtdiskriminierenden Zugang zu Clearing und Settlement sowie eine entsprechende Preisgestaltung als Frage der Wettbewerbspolitik eingeordnet.[50] Insoweit konnten die nationalen Gesetzgeber sich darauf einstellen, in welchen Bereichen die Kartellrechtsanwendung ohne weitere gesetzgeberische Initiative ausreichen würde, um die Zugangsproblematik aufzulösen; dies insbesondere mit Blick darauf, dass die zweitgenannte Mitteilung in engem zeitlichen Zusammenhang mit Bekanntgabe der MiFID stand und zudem die *Clearstream*-Entscheidung zu Beginn der Umsetzungsperiode erging. Entsprechend schien die Kommission selbst davon auszugehen, dass eine sekundärrechtliche Regulierungslösung nicht vonnöten sei.

Daneben verfolgte die Kommission einen zweiten Ansatz: Sie regte die Schaffung eines Verhaltenskodex durch die Wirtschaft als Selbstregulierung an.[51] Infolge dieser Initiative erlegten sich die Clearing- und Settlement-Anbieter den European Code of Conduct for Clearing and Settlement auf, welcher die – freilich unverbindliche – (Selbst-)Verpflichtung enthielt, die identifizierten Zugangserschwernisse und Preisdiskriminierungen abzustellen und positive Anforderungen an Zugang, Transparenz, Interoperabilität und Preise

---

[46] Europäische Kommission, Mitteilung v. 28.4.2004, Clearing und Abrechnung in der Europäischen Union – Künftige Maßnahmen, KOM(2004) 312 endgültig, S. 13–14; *Henry*, EBLR 17 (2006), 999, 1001.

[47] *Lista*, EU Competition law and the financial sector, S. 230–232.

[48] Europäische Kommission, E. v. 2.6.2004, COMP/38.906 – *Clearstream*, Rn. 10.

[49] Europäische Kommission, Vorschlag für eine Richtlinie des Europäischen Parlaments und des Rates über Wertpapierdienstleistungen und geregelte Märkte und zur Änderung der Richtlinien 85/611/EWG und 93/6/EWG des Rates und der Richtlinie 2000/12/EG des Europäischen Parlaments und des Rates, KOM(2002) 625 endgültig, ABl. 2003 C 71E/62.

[50] Europäische Kommission, Mitteilung v. 28.4.2004, Clearing und Abrechnung in der Europäischen Union – Künftige Maßnahmen, KOM(2004) 312 endgültig, S. 32–34; *dies.*, Mitteilung v. 28.5.2002, Clearing und Abrechnung in der Europäischen Union. Die wichtigsten politischen Fragen und künftigen Herausforderungen, KOM(2002) 257 endgültig, S. 17–18. Zu weiteren Maßnahmen, Untersuchungen und Initiativen vgl. *Tridimas*, YEL 28 (2009), 216, 283–285.

[51] *Bufton/Martínez Rivero*, EC Competition Policy Newsletter 1/2010, S. 29.

normierte.[52] Trotz dieser Selbstverpflichtungen blieb der Markt für Nachhandelsgrenzen entlang der Landesgrenzen zersplittert, was schließlich eine Regulierungslösung nahelegte.[53]

b) Argumente pro Regulierung

Dennoch lassen sich auch gute Gründe für eine Regulierungslösung aufzeigen.

aa) Netzwerkeffekte und Quasi-Monopole

Die Märkte für Clearing und Settlement sind geprägt von direkten Netzwerkeffekten. Erhöht sich die Anzahl der Nutzer einer Handelsplattform oder eines Clearinghauses, wird diese aufgrund der damit einhergehenden verbesserten Liquidität für weitere Nutzer attraktiver.[54] Durch die Bündelung dieser Dienstleistungen bei einem Anbieter werden Transaktionskosten gesenkt, da der Großteil der Kosten einer Handelsplattform oder eines Clearinghauses als Fixkosten bei der Errichtung anfallen. Somit wirken auch Skaleneffekte.[55] Zudem ist die Erbringung dieser Dienste an hohe regulatorische Voraussetzungen geknüpft. Dies führt zu Markteintrittsbarrieren und daraus resultierender Monopolisierung der Märkte, zumal mit Blick auf die regelmäßig existierende gesellschaftsrechtliche Anknüpfung an eine nationale Börse.[56] Weitere Elemente natürlicher Monopole, wie die hohen Anfangsinvestitionen und die daraus resultierende schwierige Duplizierbarkeit der Einrichtung, sind ebenfalls gegeben. Insoweit liegt eine Regulierung, entsprechend dem Vorbild der Netzindustrien, nahe.

bb) Absicherung der Systemstabilität

Hinzu tritt die wichtige Stellung der Clearing- und Settlement-Dienstleister für die Finanzstabilität. Aufgrund des hohen täglichen Abwicklungsvolumens und der Verknüpfung mit zahlreichen Finanzinstituten nehmen Zentralverwahrer eine wichtige Rolle im Finanzsystem ein, die zugleich Stabilitätsrisiken,

---

[52] European Code of Conduct for Clearing and Settlement, abrufbar unter www.eesc.europa.eu/sites/default/files/resources/docs/076-private-act.pdf. Dieser geht wohl zurück auf eine Initiative der Kommission und wurde von dieser drei Jahre nach der Einführung positiv evaluiert, vgl. *Tridimas*, YEL 28 (2009), 216, 284–285. Die dort in Fn. 300–302 zitierten Kommissionsdokumente unter Weblinks beginnend mit www.ec.europa.eu/internal_market/financial-markets waren für den Verfasser nicht mehr auffindbar.

[53] ErwG 58 CSDR.

[54] Europäische Kommission, E. v. 29.3.2017, M.7995 – *Deutsche Börse/LSE*, Rn. 56–57.

[55] Europäische Kommission, E. v. 29.3.2017, M.7995 – *Deutsche Börse/LSE*, Rn. 58.

[56] Vgl. etwa in Deutschland, wo die Deutsche Börse Alleineigentümerin der einzigen Wertpapiersammelbank Clearstream ist. Zudem ist das deutsche Clearinghaus, Eurex, ebenfalls eine reine Tochtergesellschaft der Deutschen Börse, sog. *vertical silo*; vgl. *Henry*, EBLR 17 (2006), 999, 1018; *Niels/Barnes/Van Dijk*, ECLR 24 (2003), 634, 635.

insbesondere in Form von Kredit- und Liquiditätsrisiken[57], mit sich bringt.[58] Sie gewährleisten die Integrität der Emission von Wertpapieren und tragen wesentlich zur Beibringung und Verwaltung der Sicherheiten für Wertpapiertransaktionen zwischen Kreditinstituten bei.[59] Der europäische Gesetzgeber strebt daher keinen Wettbewerb auf nationaler Ebene durch dritte Dienstleister an, lediglich der grenzüberschreitende Wettbewerb unter den Zentralverwahrern soll angeregt werden.[60] Zugleich sollen Zentralverwahrer in ihrem Tätigkeitsfeld eingeschränkt werden und keine risikogeneigten anderen Finanzdienstleistungen erbringen.[61] Vereinzelt wurde gar vorgeschlagen, Clearing und Settlement in Europa bei einem Monopolisten zu zentralisieren, um Skalenvorteile zu nutzen und die Ineffizienzen nationaler Monopolisten aufzuheben.[62] Da mit Blick auf die Stabilitätsbestrebungen ohnehin eine Regulierungslösung gesucht wurde, lag es nahe, das Thema des Zugangs ebenfalls zu regeln, um jedenfalls Rechtssicherheit auch in dieser Frage zu schaffen und eine Bündelung bei der sachnahen Behörde vorzunehmen.

c) TARGET2-Securities als überholende technische Neuerung

Dass auf Ebene der EU trotz Selbstregulierung eine Regulierungslösung gefunden wurde, dürfte – zumindest auch – einer technischen Neuerung geschuldet sein. Zur Vereinfachung des Wertpapierhandels wurde vom Eurosystem[63] mit TARGET2-Securities eine Plattform geschaffen, die das Settlement von grenzüberschreitenden, aber auch inländischen Wertpapiertransaktionen vereinheitlicht hat. Es ist kein Ersatz für die Zentralverwahrer, sondern soll die Abwicklung der Zahlung Zug um Zug gegen Lieferung der Wertpapiere vereinheitlichen und beschleunigen. Es verbindet die Zentralverwahrer über ein einheitliches System. Hierzu wird auf die bei der EZB geführten Zentralbankkonten der beteiligten Kreditinstitute zurückgegriffen; die Lieferung der

---

[57] ErwG 3, 49 CSDR.

[58] ErwG 51 CSDR.

[59] ErwG 2 CSDR.

[60] Vgl. ErwG 4 CSDR: „Angesichts der Systemrelevanz von Zentralverwahrern sollte der Wettbewerb zwischen ihnen gefördert werden, damit die Marktteilnehmer zwischen Anbietern wählen können und die Abhängigkeit von einem einzelnen Infrastruktur-Anbieter verringert wird“; ErwG 30 CSDR: „Damit das sichere Funktionieren der Wertpapierliefer- und -abrechnungssysteme gewährleistet ist, sollten sie nur von den Zentralverwahrern oder von als Zentralverwahrer fungierenden Zentralbanken, die dieser Verordnung unterliegen, betrieben werden.“

[61] ErwG 29 CSDR.

[62] *Niels/Barnes/Van Dijk*, ECLR 24 (2003), 634, 638.

[63] Das Eurosystem ist der Zusammenschluss der EZB und der nationalen Zentralbanken, deren Währung der Euro ist, Art. 282 Abs. 1 S. 2 AEUV. Betrieben wird T2S von den jeweiligen nationalen Zentralbanken.

Wertpapiere erfolgt gegen Zahlung mit Zentralbankgeld.[64] Um das neue System sinnvoll nutzen zu können, bedurfte es einer entsprechenden Anpassung bei der Interoperabilität der Zentralverwahrer und bei den national geregelten Anforderungen an die Abwicklung von Wertpapiertransaktionen. Die hierdurch nach wie vor bestehenden Ineffizienzen mussten abgebaut werden.[65] Einzelne Anforderungen an die Zentralverwahrer hatte die EZB in Art. 15–17 T2S-LL bereits niedergeschrieben, doch verblieben andere Bereiche, die grenzüberschreitendes Settlement weiter erschwerten, wie etwa die unterschiedliche Zeitdauer eines Settlements.[66]

Nicht zuletzt hierdurch sah sich die Kommission veranlasst, doch einen Vorschlag für eine entsprechende Regulierungslösung ins Gesetzgebungsverfahren einzubringen.[67] Die Schaffung der CSDR ist insoweit der technischen Entwicklung geschuldet, die vom Eurosystem vorangetrieben wurde und die die nur zögerlich veränderte Rechtslage schließlich überholt hat.[68] Doch auch die fehlende Bereitschaft der privaten Marktteilnehmer zur Harmonisierung,[69] die ausbleibende Wirkung des Code of Conduct und die darunter fortbestehende Aufteilung des Wettbewerbs um Nachhandelsaktivitäten entlang der Ländergrenzen dürfte den Entschluss der Kommission gestärkt haben.[70]

2. *Einfluss der CSDR auf Wettbewerbsrecht*

Aus der kartellrechtlichen Entscheidungspraxis lassen sich vor allem die Tatsachengrundlagen für die Regulierung ableiten. Umgekehrt kann die CSDR auf

---

[64] Art. 1 Abs. 1 T2S-LL; siehe hierzu *Tridimas*, YEL 28 (2009), 216, 217–223. Zu den diesbezüglichen wettbewerbsrechtlichen Bedenken *Athanassiou*, JIBLR 23 (2008), 585, Fn. 14 auf S. 587, mit Verweis auf EZB, Legal Assessment 2008, PSSC/2008/226. Dort wird angenommen, T2S stehe in Einklang mit marktwirtschaftlichen Prinzipien und würde den Wettbewerb fördern, S. 3.

[65] Commission Staff Working Document, Impact Assessment, Accompanying the document Proposal for a Regulation of the European Parliament and of the Council on improving securities settlement in the European Union and on Central Securities Depositories (CSDs) and amending Directive 98/26/EC, SWD(2012) 22 final, S. 10–11 und passim; *Athanassiou*, JIBLR 23 (2008), 585, 587–590.

[66] Vgl. hierzu und für weitere Beispiele Commission Staff Working Document, Impact Assessment, Accompanying the document Proposal for a Regulation of the European Parliament and of the Council on improving securities settlement in the European Union and on Central Securities Depositories (CSDs) and amending Directive 98/26/EC, SWD(2012) 22 final, S. 50.

[67] Europäische Kommission, 7.3.2012, Vorschlag für eine Verordnung des Europäischen Parlaments und des Rates zur Verbesserung der Wertpapierabrechnungen in der Europäischen Union und über Zentralverwahrer sowie zur Änderung der Richtlinie 98/26/EG, COM(2012) 73 final, S. 3, 6.

[68] Europäische Kommission, Memo v. 16.4.2014, MEMO/14/312, S. 3, Frage 7.

[69] *Krarup*, Economy and Society 48 (2019), 107, 117–118.

[70] ErwG 72 EMIR.

zwei Weisen Einfluss auf die Kartellrechtsanwendung nehmen. Zunächst könnte der Zugangsanspruch aus der CSDR die Voraussetzungen der *essential facilities*-Doktrin entfallen lassen. Des Weiteren enthält die CSDR mit Art. 34 Abs. 6–8 CSDR eine Vorschrift, die die erleichterte Verfolgung einer neuen Fallkonstellation für die Kartellbehörden eröffnet.

a) Ausschließlichkeit des regulatorischen Anspruchs?

Wie weiter oben beschrieben, kann Sekundärrecht Art. 102 AEUV nicht verdrängen;[71] dieser bleibt neben der CSDR weiterhin anwendbar. Allerdings könnte für die Anwendung der *essential facilities*-Doktrin praktisch kein Raum bleiben. Nach der *essential facilities*-Doktrin muss das marktbeherrschende Unternehmen seine Stellung dergestalt ausnutzen, dass dem Wettbewerber der Zugang zum nachgelagerten Markt verwehrt wird.[72] Besteht allerdings ein Zugangsanspruch aus Regulierungsrecht, könnte diese Voraussetzung nicht erfüllt sein; dem betroffenen Unternehmen steht es offen, den regulierungsrechtlichen Anspruch geltend zu machen und sich so den Marktzugang zu erschließen. Dies hat zur Folge, dass ein Eingreifen der Kartellbehörde nicht mehr möglich ist. Zudem ist der Anspruchsteller auf die regulierungsrechtlich vorgeschriebene Zugangsmöglichkeit beschränkt und kann nicht aus Kartellrecht weitere technische Zugangsvarianten verlangen.

aa) Entscheidung des BGH zur Netzzusammenschaltung

In diese Richtung urteilte der BGH in der Sache *GSM-Wandler*.[73] In dieser hatte der BGH über das Verhältnis von Regulierungsverfügungen und Art. 102 AEUV zu entscheiden.

Die der Entscheidung zugrundeliegende Dienstleistung war das Zusammenschalten von Mobilfunk- und Festnetz. Dies ist erforderlich, um Anrufe aus dem einen in das andere Netz weiterzuleiten. Typischerweise erfolgt dies an einer festgelegten Schnittstelle des Festnetzanbieters. Für die Weiterleitung des Anrufs durch den Mobilfunknetzbetreiber werden Entgelte von der Regulierungsbehörde festgesetzt.[74]

Eine zweite technische Möglichkeit der Zusammenschaltung ist der Einsatz eines sogenannten GSM-Wandlers. Diese wandeln das Festnetzsignal in den Mobilfunkstandard um und leiten den Anruf über eine SIM-Karte des Mobilfunknetzbetreibers weiter. Hierbei fallen lediglich die mobilfunknetzinternen

---

[71] S. 29 ff.

[72] EuGH, Urt. v. 26.11.1998, *Bronner*, C-7/97, EU:C:1998:569, Rn. 41.

[73] BGH, Urt. v. 29.6.2010, *GSM-Wandler*, KZR 31/08. Siehe hierzu *Schmidt-Volkmar*, ZWeR 2012, 230–241.

[74] BGH, Urt. v. 29.6.2010, *GSM-Wandler*, KZR 31/08, Rn. 2–3 nach juris.

Gebühren an. Mobilfunknetzbetreiber eröffneten diese Möglichkeit typischerweise nur gewerblichen Großkunden.

Ein Anbieter von Telefondienstleistungen hatte dennoch versucht, GSM-Wandler für die Zusammenschaltung von Festnetz und Mobilfunknetz zu nutzen. Das Ziel des Anbieters war es, kleinen Festnetzbetreibern die Entgelte für die Anrufweiterleitung ins Mobilfunknetz zu ersparen, die bei Nutzung der regulären Schnittstelle anfielen. Hierzu nutzte er Privat-SIM-Karten, die er ohne Hinweis auf die Einsatzabsicht in GSM-Wandlern erworben hatte.[75]

Dieser Anbieter machte geltend, der Netzbetreiber sei aus Art. 102 AEUV verpflichtet, dies zu dulden, insbesondere müsse der Netzbetreiber (weiterhin) SIM-Karten für den Einsatz in den GSM-Wandlern zur Verfügung stellen. Der BGH hatte in der Folge zu bewerten, ob das Regulierungsrecht, das bereits einen technisch anderen Zugang zum Netz ermöglichte, den Missbrauchstatbestand ausschloss. In der Entscheidung lehnte der BGH die Argumentation des Zugangspetenten ab. Eine Zugangsverweigerung des Marktbeherrschers sei nicht missbräuchlich im Sinne des Art. 102 Abs. 1 AEUV, wenn aufgrund Regulierungsrechts bereits ein Zugangsanspruch zu bestimmten Konditionen[76] besteht.[77]

bb) Keine Vergleichbarkeit der Konstellationen

Allerdings lässt sich diese Wertung nicht uneingeschränkt auf den Fall der Clearing- und Settlement-Leistungen übertragen. In der BGH-Entscheidung ging es um zwei technisch unterschiedliche Zugangsarten zu einem Netz, von denen eine per Regulierungsrecht vorgegeben war, während die andere per kartellrechtlicher Verpflichtung verlangt wurde.[78]

Die durch die *Clearstream*-Entscheidung behandelte Zugangsart deckt sich hingegen mit derjenigen aus Regulierungsrecht. In der Fallkonstellation *GSM-Wandler* bestand also eine tatsächliche Konkurrenz zwischen zwei Zugangsmöglichkeiten, die mit unterschiedlichen Rechtsgrundlagen durchgesetzt werden sollten, während beim Zugang zu Dienstleistungen des Zentralverwahrers

---

[75] BGH, Urt. v. 29.6.2010, *GSM-Wandler*, KZR 31/08, Rn. 4–6 nach juris.

[76] Hierbei ist zu beachten, dass dies nichts über die kartellrechtliche Rechtmäßigkeit der regulierungsrechtlichen Zugangsverpflichtung aussagt. Diese kann selbst an zu hohe Voraussetzungen geknüpft sein und somit gegen Art. 102 AEUV verstoßen, EuGH, Urt. v. 14.10.2010, *Deutsche Telekom AG*, C-280/08 P, EU:C:2010:603, Rn. 78–95, insb. Rn. 90–91, wonach die Festsetzung kartellrechtswidriger Entgelte durch eine Regulierungsbehörde die Eröffnung eines Vertragsverletzungsverfahrens wegen Verstoßes gegen die heutigen Art. 102 AEUV i.V.m. Art. 4 Abs. 3 UAbs. 2 EUV ermöglicht; *Schmidt-Volkmar*, ZWeR 2012, 230, 237.

[77] BGH, Urt. v. 29.6.2010, *GSM-Wandler*, KZR 31/08, Rn. 33–43 nach juris.

[78] Der Petent verlangte die Zugangsgewährung per GSM-Wandler, während die Netzbetreiber durch Regulierungsrecht zur Zusammenschaltung der Netze über die festen Übergabepunkte verpflichtet waren.

lediglich eine rechtliche Konkurrenz zwischen zwei Zugangsansprüchen zur selben Dienstleistung besteht. Beim Zugang zu Dienstleistungen des Zentralverwahrers besteht gerade kein *aliud*-Verhältnis zwischen den Zugangsobjekten. Daher kann man auch nicht annehmen, die regulierungsrechtlich gewährte Zugangsart stelle einen „tatsächlichen oder potenziellen Ersatz" im Sinne der *essential facilities*-Kriterien dar. Unter Rückgriff auf die Erwägungen des BGH in *GSM-Wandler* lässt sich ein kartellrechtlicher Zugangsanspruch also nicht ablehnen. Somit verbleibt es bei der parallelen Anwendbarkeit der Ansprüche aus CSDR und Art. 102 AEUV. Somit besteht für Kartellbehörden trotz der Regulierung die Möglichkeit, Verfahren einzuleiten und gegebenenfalls sogar Bußgelder zu verhängen.

b) Einfluss auf die Kartellrechtsanwendung

Die CSDR enthält umgekehrt eine Rückkopplung zum Wettbewerbsrecht und eröffnet einen neuen Anknüpfungspunkt für kartellrechtliche Intervention. Den Aufhänger hierfür bietet Art. 34 Abs. 6–8 CSDR. Die drei Absätze lauten wie folgt:

> (6) Ein Zentralverwahrer weist Kosten und Einnahmen im Zusammenhang mit den erbrachten Kerndienstleistungen getrennt aus und legt diese Informationen der zuständigen Behörde gegenüber offen.
>
> (7) Ein Zentralverwahrer weist Kosten und Einnahmen im Zusammenhang mit den erbrachten Nebendienstleistungen zusammen aus und legt diese Informationen der zuständigen Behörde gegenüber offen.
>
> (8) Damit die wirksame Anwendung der Wettbewerbsregeln der Union gewährleistet ist und damit unter anderem die Quersubventionierung von Nebendienstleistungen durch Kerndienstleistungen festgestellt werden kann, führt ein Zentralverwahrer eine Kostenrechnungslegung seiner Tätigkeiten. In dieser Kostenrechnungsführung werden zumindest die Kosten und Einnahmen im Zusammenhang mit jeder seiner Kerndienstleistungen getrennt von den Kosten und Einnahmen im Zusammenhang mit Nebendienstleistungen erfasst.

Die Zentralverwahrer werden hierunter verpflichtet, ihre Kosten getrennt nach Kerndienstleistungen[79] und Nebendienstleistungen[80] aufzuschlüsseln. Ausweislich Abs. 8 soll dies der wirksamen Anwendung der Wettbewerbsregeln dienen. Es soll ermöglicht werden, eine Quersubventionierung der Kerndienstleistungen festzustellen.

Der Bezug zur Durchsetzung der Wettbewerbsregeln bleibt hierbei unklar. Zur Durchsetzung dieser Regeln ist gemäß Art. 105 Abs. 1 AEUV die

---

[79] Kerndienstleistungen sind die in Abschnitt A des Anhangs zur CSDR aufgeführten Dienstleistungen und umfassen im Besonderen den „Betrieb eines Wertpapierliefer- und -abrechnungssystems" (Nr. 3).

[80] Die Nebendienstleistungen sind in Abschnitten B und C des Anhangs zur CSDR benannt. Sie umfassen bankartige und nichtbankartige Nebendienstleistungen.

Kommission berufen. Denkbar wäre etwa, dass diese bei Quersubventionierungen einschreitet und einen Verstoß gegen Art. 102 Abs. 1 AEUV, etwa wegen Diskriminierungstatbeständen im Sinne des Art. 102 Abs. 2 lit. c) AEUV oder wegen Kampfpreisstrategien, sanktioniert.[81] Da praktisch alle nationalen Zentralverwahrer Monopolisten sind,[82] (potenzieller) Wettbewerb nicht ersichtlich ist und entsprechend der Ausführungen in der *Clearstream*-Entscheidung eine enge Marktabgrenzung hinsichtlich der Erbringung von primärem Clearing und Settlement vorgenommen wird, dürfte unter Heranziehung der aufgeschlüsselten Einnahmen- und Kostendaten ein Verstoß recht simpel festgestellt werden können.[83]

Allerdings sind zuständige Behörden im Sinne des Art. 34 Abs. 6, 7 CSDR und damit Empfängerinnen der Daten die nationalen Aufsichtsbehörden.[84] Diese sind nicht zur Durchsetzung des Wettbewerbsrechts berufen. Daher bedürfte es eines weiteren Schrittes, des Zugänglichmachens der Daten für die Wettbewerbsbehörden. Eine Grundlage hierfür bietet Art. 74 CSDR, wonach die ESMA in Zusammenarbeit mit den nationalen Behörden die Kommission jährlich unterrichtet. Die Jahresberichte sollen

> „Bewertungen von Entwicklungen, potenziellen Risiken und Schwachstellen sowie erforderlichenfalls Empfehlungen für Präventiv- oder Abhilfemaßnahmen an den Märkten für unter diese Verordnung fallende Dienstleistungen enthalten. In diesen Berichten wird zumindest Folgendes bewertet:
>
> [...]
>
> i) die Verfahren und Bedingungen, nach bzw. unter denen es den Zentralverwahrern gemäß den Artikeln 54 und 55 erlaubt wurde, Kreditinstitute zu benennen oder selbst

[81] Vgl. zu Kampfpreisstrategien etwa *Fuchs*, in: Immenga/Mestmäcker, Bd. 1. EU, Art. 102 AEUV, Rn. 232–248.

[82] Commission Staff Working Document, Impact Assessment, Accompanying the document Proposal for a Regulation of the European Parliament and of the Council on improving securities settlement in the European Union and on Central Securities Depositories (CSDs) and amending Directive 98/26/EC, SWD(2012) 22 final, S. 18; *Niels/Barnes/Van Dijk*, ECLR 24 (2003), 634, 635.

[83] Voraussetzung etwa für die Feststellung einer Kampfpreisstrategie ist nach dem EuGH entweder, dass die Verkaufspreise des Unternehmens unter seinen durchschnittlichen variablen Kosten liegen; in diesem Fall sei die Preissetzung stets missbräuchlich. Alternativ müssen die Verkaufspreise unter den durchschnittlichen Gesamtkosten liegen; dann sei eine Verdrängungsabsicht nachzuweisen, st. Rspr., EuGH, Urt. v. 2.4.2009, *France Télécom SA*, C-202/07 P, EU:C:2009:214, Rn. 34–37; Urt. v. 14.11.1996, *Tetra Pak II*, C-333/94 P, EU:C:1996:436, Rn. 41–44; Urt. v. 3.7.1991, *AKZO*, C-62/86, Rn. 71–72. Zur Vorgehensweise per *sacrifice-* und *equally efficient competitor*-Test Europäische Kommission, Mitteilung v. 24.2.2009, Erläuterungen zu den Prioritäten der Kommission bei der Anwendung von Artikel 82 des EG-Vertrags auf Fälle von Behinderungsmissbrauch durch marktbeherrschende Unternehmen, ABl. 2009 C 45/7, Rn. 63–74. Jedenfalls in erstgenannter Konstellation kann eine Kampfpreisstrategie anhand der von den Zentralverwahrern übermittelten Daten dargelegt werden.

[84] Art. 11 CSDR. In Deutschland ist dies die BaFin, vgl. § 53p KWG.

bankartige Nebendienstleistungen zu erbringen, einschließlich einer Bewertung der möglichen *Auswirkungen dieser Bestimmung auf die Finanzstabilität und den Wettbewerb* bei Abwicklungsdienstleistungen und bankartigen Nebendienstleistungen in der Union."[85]

Insoweit besteht die Möglichkeit, die Kommission über wettbewerbsverzerrende Wirkungen der parallelen Erbringung von Bankdienstleistungen durch Zentralverwahrer zu informieren und ein wettbewerbsrechtliches Verfahren anzustoßen.

Diese etwas umständliche Konstruktion sowie die Gesetzgebungstechnik mag durch den Gesetzgebungsprozess erklärbar sein. Die Klausel zur Feststellung von Quersubventionierungen wurde im parlamentarischen Verfahren vom Ausschuss für Wirtschaft und Währung als Ergänzung zum damaligen Art. 31 Abs. 6 CSDR vorgeschlagen.[86] Die aktuellen Absätze 6–8 wurden letztlich durch einen Kompromiss des Ministerrates[87] in der heutigen Form gefasst. Insoweit lässt sich auch die ungewöhnliche Fassung des Art. 34 Abs. 8 CSDR erklären: Dieser liest sich wie der Erwägungsgrund zu den Absätzen 6 und 7, nicht aber wie eine Norm mit Regelungsgehalt. Hintergrund war ein Streit zwischen den Mitgliedstaaten darüber, ob und wie die Zulassung von Zentralverwahrern zur Erbringung von Bankdienstleistungen erfolgen sollte.[88] Die Sorge war die in Art. 34 Abs. 8 CSDR zum Ausdruck kommende Gefahr einer Quersubventionierung von Kerndienstleistungen.[89] Über diesen Streit mag der konkrete Einbezug der Wettbewerbsregeln und die Ausgestaltung eines etwaigen Verfahrens zu kurz gekommen sein.

V. *Fazit*

Die vorhergehenden Ausführungen zum Zugang zu Clearing und Settlement skizzieren prototypisch das Verhältnis von Regulierung und Art. 102 AEUV.

---

[85] Art. 74 Abs. 1 lit. i) CSDR (Hervorhebung durch den Verf.).

[86] Europäisches Parlament, Ausschuss für Wirtschaft und Währung, Bericht v. 14.2.2013 über den Vorschlag für eine Verordnung des Europäischen Parlaments und des Rates zur Verbesserung der Wertpapierabrechnungen in der Europäischen Union und über Zentralverwahrer sowie zur Änderung der Richtlinie 98/26/EG (COM(2012)0073 – C7-0071/2012 – 2012/0029(COD)), A7-0039/2013, Umdruck, S. 61: „A CSD shall account separately for costs and revenues of the services provided and shall disclose that information to the competent authority, *as well as to its users in order to avoid cross-subsidisation and to ensure no undue revenue generation from the settlement discipline process.*" (Hervorhebung im Original).

[87] Rat der Europäischen Union, Kompromissvorschlag v. 24.2.2014, Ratsdokument 6828/14.

[88] Vgl. etwa Rat der Europäischen Union, Fortschrittsbericht v. 20.6.2013, Ratsdokument 11305/13.

[89] Dies war bereits lange Sorge im Europäischen Parlament, vgl. Entschließung des Europäischen Parlaments zu Clearing und Abwicklung in der Europäischen Union (2004/2185(INI)), P6_TA(2005)0301, Rn. 27 lit. b).

Beide Dienstleistungen werden von Monopolisten erbracht, deren Infrastrukturen Ähnlichkeiten zu natürlichen Monopolen aufweisen. Formal betrachtet sind die Infrastrukturen reproduzierbar, jedoch bestehen hohe Markteintrittsschranken aufgrund hoher Fixkosten und regulatorischer Hürden.

Beschränkt man das Problem auf eine wettbewerbliche Betrachtungsweise, ist das Kartellrecht in seiner Ausprägung der *essential facilities*-Doktrin grundsätzlich ausreichend, diesem Marktversagen zu begegnen. Nicht zuletzt kann dies an der jahrelangen Regelungslage hinsichtlich Art. 34 MiFID und § 9 BörsG aufgezeigt werden. Dies spiegelt das bereits angesprochene generelle Verhältnis von Zugangsregulierung und kartellrechtlichen Zugangsansprüchen wider.[90] Treten hingegen weitere Probleme oder Bedenken hinzu – hier die Finanzstabilität, insbesondere in Form von Kredit- und Liquiditätsrisiken – bietet es sich an, Regulierungsrecht zu erlassen, das zusätzliche Anforderungen aufstellt. Dies dürfte auf weitere kritische Infrastrukturen wie etwa die Abwicklungssysteme für Zahlungen übertragbar sein.

Nicht stabilitätsrelevante Konstellationen im Spannungsfeld zwischen Kartell- und Regulierungsrecht können – entsprechend der Deregulierungsbemühungen in den Netzindustrien – den Kartellbehörden überlassen werden, wie es etwa für die Entgeltkontrolle in der CSDR vorgesehen ist. In diesem konkreten Fall erscheint die Ausgestaltung des Verfahrens allerdings wenig effizient, wenn die Aufsichtsbehörde ohnehin bereits die Marktanalyse durchführen muss, wie in Art. 34 Abs. 6, 7 CSDR vorgesehen. Dies dürfte dem schwierigen politischen Entscheidungsprozess geschuldet sein und weniger einer bewussten Entscheidung des Verordnungsgebers.

Die *Clearstream*-Entscheidung hat eine nicht unerhebliche Rolle für die Einführung des Regulierungsrechts eingenommen. Zwar wurde der Bereich Clearing und Settlement ohnehin zeitgleich mit der kartellrechtlichen Entscheidung auf regulatorische Lösungen hin untersucht. Die Entscheidung der Kartellbehörde war Teil einer komplementären Strategie. Auch die Bereitstellung des T2S durch die EZB erforderte eine Rechtsangleichung. Gleichwohl trug die Entscheidung durch die Ermittlung des Sachverhalts und der Marktverhältnisse zum besseren Verständnis der Nachhandelsdienstleistungen bei und konnte so dem Regulierungsgeber als Anschauung dienen.[91]

B. Fallbeispiel 2: Zugang zu Zahlungssystemen

Ähnliche Probleme wie im Rahmen der Nachhandelsdienstleistungen stellen sich beim Zugang zu Zahlungssystemen und angrenzenden Produktmärkten. Diese Zugangsprobleme stehen bereits lange auf der Agenda der Europäischen Kommission. Bereits in ihrer Bekanntmachung über die Anwendung der EG-

---

[90] Siehe oben S. 28 ff.

[91] Zur Marktanalyse ähnlich *Ezrachi*, JECLAP 1 (2009), 125, 126.

Wettbewerbsregeln auf grenzüberschreitende Überweisungssysteme aus dem Jahr 1995 war dies eine Priorität der Kommission.[92]

Dies fand zunächst Ausdruck in Verfahren der Generaldirektion Wettbewerb gegen SWIFT (Society for Worldwide Interbank Financial Telecommunication)[93] sowie gegen VISA[94] und Groupement des Cartes Bancaires.[95] In den Verfahren befasste sich die Kommission mit der Weigerung des jeweiligen Unternehmens, weitere Wettbewerber zu ihren Zahlungs(infrastruktur)unternehmen zuzulassen. Zugleich wurden regulatorische Maßnahmen in Form der Art. 28 PSD1 und Art. 35 PSD2 auf den Weg gebracht.

I. Zugang zu Systemen für die Übermittlung von Zahlungsnachrichten

SWIFT ist ein Gemeinschaftsunternehmen von (im Zeitpunkt der Entscheidung) ca. 2.000 Banken,[96] das Dienstleistungen im Bereich der Nachrichtenübermittlung zwischen den angeschlossenen Banken zum Zwecke von Zahlungstransfers erbringt. Die Abwicklung der Zahlungen erfolgt über andere Systeme, Inhalt der Dienstleistung ist ausschließlich die sichere Nachrichtenübermittlung in einem standardisierten Format.[97] Nach Ansicht der Kommission war SWIFT Monopolist für diese Dienstleistungen; ohne Zugang zu diesen würden Banken effektiv vom internationalen Zahlungstransfermarkt ausgeschlossen. Nachdem das Unternehmen La Poste nicht als Mitglied aufgenommen wurde, reichte es Beschwerde bei der Europäischen Kommission ein. Diese eröffnete ein Verfahren gegen SWIFT wegen Verstoßes gegen Art. 86 EWG-Vertrag (heute Art. 102 AEUV).[98]

Obwohl SWIFT die Einordnung ihrer Dienstleistungen als wesentliche Einrichtung nicht teilte, gab sie Verpflichtungszusagen ab, nach denen jedem Antragsteller Zugang zu dem System zu gewähren war, der bestimmte objektive

---

[92] Europäische Kommission, Bekanntmachung über die Anwendung der EG-Wettbewerbsregeln auf grenzüberschreitende Überweisungssysteme v. 27.9.1995, ABl. 1995 C 251/3, Rn. 2; ebenso weiterhin *dies.*, Grünbuch v. 30.4.2007 über Finanzdienstleistungen für Privatkunden im Binnenmarkt, KOM(2007) 226 endgültig, Rn. 8.

[93] Europäische Kommission, Veröffentlichung einer Verpflichtungserklärung, IV/36.120 – *La Poste/SWIFT*, ABl. 1997 C 335/3; Pressemitteilung v. 13.10.1997, IP/97/870.

[94] Europäische Kommission, E. v. 3.10.2007, COMP/D1/37.860 – *Morgan Stanley/VISA International & VISA Europe*, bestätigt durch EuG, Urt. v. 14.4.2011, *Visa Europe & Visa International/Kommission*, T-461/07, EU:T:2011:181; zum Gleichlauf zwischen Kartell- und Zahlungsdiensterecht in diesem Fall bereits *Rose*, Die kartellrechtliche Zugangserzwingung zu Zahlungsverkehrsnetzen, S. 201.

[95] Europäische Kommission, E. v. 17.10.2007, COMP/D1/38.606 – *Groupement des Cartes Bancaires „CB"*.

[96] Heute sind im SWIFT-Netzwerk 11.000 Banken aus über 200 Ländern verbunden, www.swift.com/about-us.

[97] Zu den Details der angebotenen Dienstleistungen etwa *Herresthal*, in: MüKoHGB, Bd. 6, Teil 1, Abschnitt A, Rn. 125.

[98] Europäische Kommission, Pressemitteilung v. 13.10.1997, IP/97/870.

Kriterien erfüllte.[99] Daraufhin stellte die Kommission das Verfahren gegen SWIFT ein.[100] Dem Verfahren wird große Bedeutung zugeschrieben insoweit, als darin erstmals das Erfordernis eines Ausgleichs zwischen Wettbewerb und dem Schutz der finanziellen Stabilität eines Zahlungsnetzwerkes aufgestellt wurde.[101] So wurde in der Verpflichtung seitens SWIFT als Zugangskriterium aufgenommen, dass kein großes Konkursrisiko des Zugangspetenten bestehen dürfe.[102]

II. Kartellrechtlicher Zugangsanspruch zum VISA-Zahlungssystem

VISA als Betreiberin eines Zahlungssystems[103] hatte im Rahmen ihrer Systemregeln eine Vorschrift aufgestellt, nach der Antragstellern, die als Wettbewerber erachtet wurden, die Aufnahme als Mitglied des Kartenzahlungssystems verweigert würde. Ziel der Regelung sei es, den Systemwettbewerb aufrechtzuerhalten.[104]

Morgan Stanley betreibt in den USA ein eigenes Kartennetzwerk. In der EU war Morgan Stanley zum Zeitpunkt des Verfahrens einzig als kartenausgebende Bank (sogenannter Issuer)[105] für MasterCard-Karten in UK aufgetreten. Um zusätzlich auf dem Markt für die Bereitstellung von Infrastruktur für die Annahme von Kartenzahlungen (sogenanntes Acquiring)[106] tätig werden zu können, beantragte Morgan Stanley die Mitgliedschaft bei VISA. Auf dem Acquiring-Markt sei eine Teilnahme lediglich möglich, wenn man sowohl MasterCard- als auch VISA-Infrastruktur zur Verfügung stellen könne. Nachdem VISA den Antrag auf Basis oben genannter „Wettbewerber"-Regel ablehnte, reichte Morgan Stanley eine Beschwerde zur Europäischen Kommission ein. Ungefähr sechs Jahre später einigten sich VISA und Morgan Stanley auf einen Vergleich und Morgan Stanley wurde Mitglied des VISA-Netzwerkes.[107]

---

[99] Europäische Kommission, Veröffentlichung einer Verpflichtungserklärung, IV/36.120 – *La Poste/SWIFT*, ABl. 1997 C 335/3.

[100] Europäische Kommission, Pressemitteilung v. 13.10.1997, IP/97/870. Das Verfahren wurde vor Einführung der VO 1/2003 abgeschlossen. Eine förmliche Entscheidung über die Annahme von Verpflichtungszusagen als bindend war unter der Vorgängervorschrift Verordnung (EWG) Nr. 17 nicht vorgesehen.

[101] *Lista*, EU Competition law and the financial sector, S. 195.

[102] Europäische Kommission, Veröffentlichung einer Verpflichtungserklärung, IV/36.120 – *La Poste/SWIFT*, ABl. 1997 C 335/3, linke Spalte, Rn. 1.1, lit. a).

[103] Hierzu sogleich, siehe auch unten S. 165 ff.

[104] Europäische Kommission, E. v. 3.10.2007, COMP/D1/37.860 – *Morgan Stanley/VISA International & VISA Europe*, Rn. 17–18.

[105] Zu Deutsch Emittent, Art. 2 Nr. 2 MIF-VO. Ebenso Europäische Kommission, E. v. 3.10.2007, COMP/D1/37.860 – *Morgan Stanley/VISA International & VISA Europe*, Rn. 40.

[106] Vgl. Art. 2 Nr. 1 MIF-VO. Ebenso Europäische Kommission, E. v. 3.10.2007, COMP/D1/37.860 – *Morgan Stanley/VISA International & VISA Europe*, Rn. 40.

[107] Europäische Kommission, E. v. 3.10.2007, COMP/D1/37.860 – *Morgan Stanley/VISA International & VISA Europe*, Rn. 2–7, 26–27.

Auf Grundlage vorstehenden Verhaltens erließ die Kommission eine Bußgeldentscheidung, in der sie einen Verstoß VISAs gegen Art. 101 AEUV feststellte. Sie arbeitete heraus, dass die Nachfrage auf dem Acquiring-Markt ausschließlich auf Anbieter beider Zahlungssysteme gerichtet war. Insoweit sei die Nichtaufnahme in das VISA-Netzwerk gleichbedeutend mit dem Ausschluss aus dem gesamten Acquiring-Markt.[108] Insbesondere sei der Abschluss sogenannter Fronting-Vereinbarungen nicht ausreichend, um den direkten Zugang zum Zahlungssystem als Acquirer zu ersetzen. Fronting-Vereinbarungen stellen das Äquivalent zum oben beschriebenen Sekundärclearing[109] dar: Der Marktzutritt wird nicht durch direkte Teilnahme am Zahlungssystem erreicht, sondern durch einen Intermediär. Morgan Stanley hätte als Kooperationspartner eines externen Acquiring-Dienstleisters mittelbar Zugang zum Acquiring-Markt erlangen können. Die Kommission stellte hierzu in Entsprechung zur *Clearstream*-Entscheidung fest, dass der bloß mittelbare Zugang infolge der zusätzlichen Kosten und des zusätzlichen organisatorischen Aufwands kein ausreichender Ersatz für die eigene Mitgliedschaft im VISA-Netzwerk sei.[110]

III. Gebührenregel als Zugangshindernis

Etwas anders gelagert war die Entscheidung der Kommission gegen die französische Groupement des Cartes Bancaires CB (im Folgenden CB), deren Entgeltregeln für ihr Zahlungskartensystem wegen Verstoßes gegen Art. 101 AEUV verboten wurden.[111] CB ist der nationale Betreiber des Zahlungs-

---

[108] Europäische Kommission, E. v. 3.10.2007, COMP/D1/37.860 – *Morgan Stanley/VISA International & VISA Europe*, Rn. 106–108.

[109] Siehe S. 80.

[110] Europäische Kommission, E. v. 3.10.2007, COMP/D1/37.860 – *Morgan Stanley/VISA International & VISA Europe*, Rn. 109–121; diese Argumentation der Kommission bestätigend EuG, Urt. v. 14.4.2011, *Visa Europe & Visa International/Kommission*, T-461/07, EU:T:2011:181, Rn. 95–105; zur entsprechenden Argumentation bei *Clearstream* siehe S. 84.

[111] Europäische Kommission, E. v. 17.10.2007, COMP/D1/38.606 – *Groupement des Cartes Bancaires „CB"*; weitgehend bestätigt durch EuG, Urt. v. 30.6.2016, *CB/Kommission*, T-491/07 RENV, EU:T:2016:379. Zwischenzeitlich hatte der EuGH das bestätigende Urteil des EuG (EuG, Urt. v. 29.11.2012, *CB/Kommission*, T-491/07, EU:T: 2012:633) wegen eines Rechtsfehlers aufgehoben: Das EuG hatte einen fehlerhaften Maßstab für die Annahme einer bezweckten Wettbewerbsbeschränkung angenommen, EuGH, Urt. v. 11.9.2014, *CB/Kommission*, C-67/13 P, EU:C:2014:2204, Rn. 48–92. Letztlich konnte die Entscheidung der Kommission weitgehend aufrechterhalten werden, da sie die Voraussetzungen einer bewirkten Wettbewerbsbeschränkung ebenfalls dargelegt hatte, vgl. EuG, Urt. v. 30.6.2016, *CB/Kommission*, T-491/07 RENV, EU:T:2016:379, Rn. 359. Lediglich die Verpflichtung, in Zukunft Maßnahmen oder Verhalten mit gleichem Zweck zu unterlassen, wurde aufgehoben, da der wettbewerbswidrige Zweck nicht mehr nachgewiesen war, EuG, a.a.O., Rn. 477.

kartensystems in Frankreich, vergleichbar mit dem deutschen Girocard-Netzwerk oder VISA und MasterCard auf internationaler Ebene. Die Mitglieder von CB können sowohl Händler als Akzeptanzstellen akquirieren als auch CB-Karten an Kunden ausgeben.[112] Dafür bezahlen die Mitglieder eine Mitgliedsgebühr an CB.

Gegenstand der Entscheidungen war eine Reform dieser Mitgliedsgebühren. Hierdurch wurden drei neue Arten von Gebühren eingeführt: zunächst ein Mechanismus zur Regulierung der Acquiring-Tätigkeit (mécanisme de régulation de la fonction acquéreur, MERFA), weiterhin eine geänderte Mitgliedsgebühr für Neumitglieder sowie eine Gebühr für inaktive Mitglieder. Allen Gebührenarten lag zugrunde, dass sie umso höher ausfielen, je mehr Issuing im Verhältnis zum Acquiring betrieben wurde.[113]

Nach Ansicht der Kommission beschränkte diese Neuordnung der Gebühren den Wettbewerb auf dem Issuing-Markt zum Vorteil der großen französischen Banken und stellte somit einen Verstoß gegen Art. 101 AEUV dar. Dem lag eine Marktkonstellation zugrunde, in der CB den Großteil der Kartentransaktionen durchführte und ein Systemwettbewerb praktisch nicht bestand.[114] Der Acquiring-Markt war weitgehend gesättigt und lediglich auf Issuing-Seite waren nennenswerte Marktanteile zu gewinnen. Um den „alteingesessenen" Acquirern dennoch ihre Marktanteile gegenüber neuen Konkurrenten auf dem Issuing-Markt zu sichern oder jedenfalls eine finanzielle Kompensation für die bereits geleisteten Acquiring-Tätigkeiten zu erlangen, seien die Mitgliedsgebühren dergestalt angepasst worden, dass das Issuing durch neue Systemteilnehmer entweder finanziell abgestraft wurde oder diese gar dazu gebracht wurden, ihre Issuing-Tätigkeiten ganz oder teilweise einzustellen.[115]

Durch Erhöhung der Kosten der von neuen Marktteilnehmern ausgegebenen Karten seien die Kartenpreise auf einem Niveau über dem Wettbewerbspreis gehalten und die Anzahl der ausgegebenen Karten begrenzt worden, mithin der Zugang zum Issuing-Markt für Wettbewerber beschränkt.[116]

Potenzielle Vorteile, die eine Freistellung nach Art. 101 Abs. 3 AEUV rechtfertigten, wurden nach Ansicht der Kommission wiederum nicht ausreichend dargelegt. Insbesondere sah die Kommission weder das sogenannte

---

[112] Europäische Kommission, E. v. 17.10.2007, COMP/D1/38.606 – *Groupement des Cartes Bancaires „CB"*, Rn. 19, 21.

[113] Vgl. Europäische Kommission, E. v. 17.10.2007, COMP/D1/38.606 – *Groupement des Cartes Bancaires „CB"*, Rn. 139–151.

[114] Europäische Kommission, E. v. 17.10.2007, COMP/D1/38.606 – *Groupement des Cartes Bancaires „CB"*, Rn. 20.

[115] Europäische Kommission, E. v. 17.10.2007, COMP/D1/38.606 – *Groupement des Cartes Bancaires „CB"*, Rn. 266, 302–303.

[116] Europäische Kommission, E. v. 17.10.2007, COMP/D1/38.606 – *Groupement des Cartes Bancaires „CB"*, Rn. 277, 294–301.

„Trittbrettfahrerproblem“[117] noch eine Ausgleichsfunktion zwischen Acquiring und Issuing[118] als zur Verbesserung der Warenerzeugung oder -verteilung nachgewiesen an. Letzteres ist vor allem nachvollziehbar, wenn man berücksichtigt, dass neben der veränderten Gebührenstruktur weiterhin Interbankenentgelte (in Frankreich sogenannte CIP, commission interbancaire de paiement) als prinzipiell zulässiger Ausgleichsmechanismus gezahlt wurden.[119] Der EuGH betonte in der Folgeentscheidung – wie in der am selben Tag erlassenen *MasterCard*-Entscheidung –, dass ein Ausgleichsmechanismus zwischen Issuing und Acquiring nicht per se eine Wettbewerbsbeschränkung bezweckt.[120] Dennoch sei je nach Ausgestaltung eine wettbewerbsbeschränkende Wirkung möglich.[121]

IV. Zugang zu Zahlungssystemen unter den Zahlungsdiensterichtlinien

Als regulatorisches Äquivalent zu den beiden Entscheidungen *Morgan Stanley/VISA* und *Groupement des Cartes Bancaires* normiert § 57 ZAG[122] das Recht der Zahlungsinstitute und -dienstleister, zu FRAND-Bedingungen Zugang zu Zahlungssystemen zu erlangen.

1. Anwendungsbereich

Zahlungssysteme sind Systeme „zum Transfer von Geldbeträgen mit formalen und standardisierten Regeln und einheitlichen Vorschriften für die Verarbeitung, das Clearing und/oder die Verrechnung von Zahlungsvorgängen“.[123] Sie sind also das Äquivalent zu Clearing- und Settlement-Dienstleistern im Wertpapierhandel. Diese zum Wertpapierhandel gehörenden Zahlungssysteme werden allerdings durch den Ausnahmetatbestand des Art. 35 Abs. 2 lit. a) PSD2 und dessen Umsetzungsgesetzen vom Anwendungsbereich des Zugangs-

---

[117] Europäische Kommission, E. v. 17.10.2007, COMP/D1/38.606 – *Groupement des Cartes Bancaires „CB“*, Rn. 404–429.

[118] Europäische Kommission, E. v. 17.10.2007, COMP/D1/38.606 – *Groupement des Cartes Bancaires „CB“*, Rn. 430–467.

[119] Europäische Kommission, E. v. 17.10.2007, COMP/D1/38.606 – *Groupement des Cartes Bancaires „CB“*, Rn. 456, 470. Zur potenziellen Freistellungsfähigkeit von Interbankenentgelten vgl. Europäische Kommission, E. v. 19.12.2007, COMP/34.579 – *MasterCard*, Rn. 729: „[E]ine Interbankenentgeltvereinbarung [kann] grundsätzlich zu wirtschaftlichem und technischem Fortschritt im Sinne von Artikel 81 Absatz 3 EG-Vertrag beitragen.“

[120] EuGH, Urt. v. 11.9.2014, *CB/Kommission*, C-67/13 P, EU:C:2014:2204, Rn. 75.

[121] EuGH, Urt. v. 11.9.2014, *CB/Kommission*, C-67/13 P, EU:C:2014:2204, Rn. 80.

[122] In Umsetzung von Art. 35 PSD2. Weitgehend identisch die Vorgängervorschrift Art. 28 PSD1, und § 7 ZAG a.F., vgl. Gesetzentwurf der Bundesregierung, Entwurf eines Gesetzes zur Umsetzung der Zweiten Zahlungsdiensterichtlinie, 13.3.2017, BT-Drs. 18/11495, S. 141–142.

[123] Art. 4 Nr. 7 PSD2 und fast wortlautidentisch § 1 Abs. 11 ZAG.

anspruchs ausgenommen, ebenso wie die zentralen Abwicklungssysteme der EZB und der Bundesbank (TARGET2, EMZ oder SEPA-Clearer).[124]

Ebenfalls vom Anwendungsbereich ausgenommen werden die Abwicklungssysteme der kreditwirtschaftlichen Verbundgruppen. Dies ergibt sich mittelbar aus § 57 Abs. 3 S. 1 2. Alt. ZAG, wonach „Zahlungssysteme, die ausschließlich aus einer einzigen Unternehmensgruppe angehörenden Zahlungsdienstleistern bestehen", von der Zugangsverpflichtung ausgenommen sind. Dies trifft auf die Zahlungssysteme der kreditwirtschaftlichen Verbundgruppen zu. Bedauerlich ist in diesem Zusammenhang, dass der Gesetzgeber in § 57 Abs. 3 ZAG einen Übersetzungsfehler aus Art. 35 Abs. 2 PSD2 übernommen hat und den Begriff der „Unternehmensgruppe" nutzt. Gemeint ist im Sinne der konsistenten Auslegung der unterschiedlichen Sprachfassungen der PSD2 aber der Begriff der „Gruppe" im Sinne der Legaldefinition in Art. 4 Nr. 40 PSD2.[125] Nach der dortigen Definition, übernommen in § 1 Abs. 6 ZAG, gelten als Gruppe auch die kreditwirtschaftlichen Verbundgruppen.[126] Dass diese nicht als Konzern strukturiert sind, ist nach den Änderungen der PSD2 gegenüber der PSD1 unbeachtlich.[127]

---

[124] *Schwennicke*, in: Schwennicke/Auerbach, KWG-Kommentar, § 7 ZAG, Rn. 23 mit Verweis auf § 1 KWG, Rn. 292. Kritisch zu den weiten Ausnahmebereichen mit Blick auf das Wettbewerbsziel *Rose*, Die kartellrechtliche Zugangserzwingung zu Zahlungsverkehrsnetzen, S. 73–74, 137.

[125] Siehe etwa im Englischen *group*, im Franzöischen *groupe*, im Italienischen *gruppo*.

[126] Art. 4 Nr. 40 PSD2 definiert „Gruppen" über eine unnötig komplizierte Verweisungstechnik als Konzernunternehmen oder (faktisch) als kreditwirtschaftliche Verbundgruppen. Diese Verbundgruppen bestehen typischerweise entweder aus Sparkassen i.S.d. Art. 5 oder eGs i.S.d. Art. 4 Delegierte Verordnung (EU) Nr. 241/2014 und sind als solche über institutsbezogene Sicherungssysteme i.S.d. Art. 113 Abs. 7 CRR verbunden, wie die Legaldefinition vorschreibt. Insoweit sind sie nach der Neufassung der PSD2 trotz fehlender kapitalmäßiger Verbundenheit Gruppen im Sinne der PSD2; knapp ebenso *Krüger*, in: Luz u.a., ZAG, § 57, Rn. 13.

[127] Art. 28 Abs. 2 lit. b) PSD1 benannte als Ausnahmetatbestand ausschließlich Zahlungssysteme in Konzernstrukturen. Die kreditwirtschaftlichen Verbundgruppen waren hiervon als nicht kapitalmäßig verbundene Gruppen nicht erfasst. Insoweit war § 7 Abs. 4 Nr. 2 ZAG a.F. vermutlich europarechtswidrig, da er die kreditwirtschaftlichen Verbundgruppen dennoch ausdrücklich vom Anwendungsbereich ausnahm. Die deutsche Gesetzesbegründung zu § 7 Abs. 4 Nr. 2 ZAG a.F. behalf sich, indem sie „klarstellte", dass in Deutschland „auch Zahlungssysteme einer Unternehmensgruppe ohne Kapitalbeteiligung" vorhanden und vom Anwendungsbereich ausgenommen wären, ohne dies näher zu begründen, Gesetzentwurf der Bundesregierung, Entwurf eines Gesetzes zur Umsetzung der aufsichtsrechtlichen Vorschriften der Zahlungsdiensterichtlinie (Zahlungsdiensteumsetzungsgesetz), BT-Drs. 16/11613, S. 45, rechte Spalte. Dies stellt einen Verstoß gegen das Vollharmonisierungsgebot aus Art. 86 PSD1 dar und weitete den Schutz des deutschen Sparkassen- und Genossenschaftsbankensystems europarechtswidrig aus.

Im Anwendungsbereich verbleiben somit vor allem die wichtigsten Überweisungs- und Lastschriftsysteme sowie Vier-Parteien-Kartensysteme wie VISA und MasterCard.[128]

2. Zulässige Beschränkungen und Folgen bei Verstößen

Von der Frage des Anwendungsbereichs abgesehen, hat der Anspruch auf Zugang zum Zahlungssystem keine Voraussetzungen. In § 57 Abs. 1 S. 1 ZAG wird lediglich ein Negativkatalog aufgestellt, der es den Betreibern eines Zahlungssystems verbietet, Zugangspetenten den Zugang zu erschweren (Nr. 1), Mitglieder unterschiedlich zu behandeln (Nr. 2) oder in Hinblick auf den institutionellen Status[129] zu beschränken (Nr. 3). Es wird ein Diskriminierungsverbot hinsichtlich des Zugangs und ein Gleichbehandlungsgebot für Mitglieder statuiert. Vor allem geht es darum, eine Gleichbehandlung neuer Zahlungsdiensteanbieter gegenüber den Kreditinstituten zu erreichen, die häufig zugleich Betreiber der Zahlungssysteme sind.[130] Als zulässige Beschränkungskriterien werden objektive Bedingungen genannt, soweit sie der Stabilität des Systems und der Verhinderung von Risiken dienen, § 57 Abs. 1 S. 3 ZAG.

So wäre die Tatsache, dass Morgan Stanley im oben beschriebenen Fall ein Wettbewerber VISAs war, unter den Rechtfertigungsgründen des § 57 ZAG kein ausreichender Ausschlussgrund.[131] Vielmehr wäre die „Wettbewerber"-Regel VISAs bereits als Verstoß gegen § 57 Abs. 1 Nr. 1 ZAG zu werten, indem potenzielle Teilnehmer „bei dem Zugang zum Zahlungssystem durch restriktive Bedingungen oder mit sonstigen unverhältnismäßigen Mitteln" behindert würden. Ebenso wären die diskriminierenden Regeln für neue Mitglieder der CB gemäß § 57 Abs. 1 Nr. 1 und Nr. 2 ZAG unzulässig gewesen.

Rechtsfolge eines Verstoßes ist gemäß § 57 Abs. 2 ZAG ein zivilrechtlicher Anspruch auf Beseitigung und Unterlassung, oder bei Vorliegen von Verschulden ein Schadensersatzanspruch; in S. 2 2. Hs. wird ausdrücklich auf den ordentlichen Rechtsweg verwiesen. Eine aufsichtsrechtliche Durchsetzung ist nicht vorgesehen. Vielmehr wird die Aufsicht durch die BaFin diesbezüglich explizit ausgeschlossen, weil es sich um eine wettbewerbsrechtliche Vorschrift handle.[132] Hierdurch wird die Effektivität der Regelung beschränkt, da es an

[128] ErwG 49 PSD2; ErwG 16 PSD1; *Danwerth*, in: Casper/Terlau, ZAG, § 1, Rn. 345. Zur parallelen Anwendbarkeit der Wettbewerbsvorschriften zur Vermeidung von Ungleichbehandlung gegenüber geschlossenen Systemen ErwG 52 PSD2.

[129] Mit „institutionellem Status" dürften die Unterschiede zwischen den in § 57 Abs. 1 S. 1 ZAG genannten Zugangspetenten gemeint sein, *Zahrte*, in: Casper/Terlau, ZAG, § 57, Rn. 17.

[130] ErwG 49–51 PSD2; *Krüger*, in: Luz u.a., ZAG, § 57, Rn. 2; *Zahrte*, in: Casper/Terlau, ZAG, § 57, Rn. 11–17.

[131] *Rose*, Die kartellrechtliche Zugangserzwingung zu Zahlungsverkehrsnetzen, S. 201.

[132] Zu § 7 ZAG a.F., Gesetzentwurf der Bundesregierung, Entwurf eines Gesetzes zur Umsetzung der aufsichtsrechtlichen Vorschriften der Zahlungsdiensterichtlinie

einem behördlichen Durchsetzungsmechanismus fehlt und der Zugangspetent das nachstehend beschriebene Risiko bei der Durchsetzung trägt.

3. Wettbewerbliche Implikation des Ausschlusskriteriums „Systemschutz"

Einziger Rechtfertigungsgrund zur Ablehnung eines Zugangspetenten ist also das Argument des Systemschutzes. Zugangspetenten müssen nach § 57 Abs. 1 S. 4 ZAG nachweisen, dass sie den Anforderungen an die Risikoprävention genügen.

Hierbei besteht das Risiko, dass der Aufwand des Nachweises der Risikoprävention – wenngleich nichtdiskriminierend im Sinne echter Gleichbehandlung – so hoch ist, dass der Marktzutritt für neue Marktteilnehmer wiederum erschwert wird. Wie bei der Regulierung, können die Kosten der Einhaltung entsprechender Anforderungen derart hoch sein, dass der Marktzutritt erheblich erschwert wird.[133] Umgekehrt erscheint es denkbar, dass etablierte Zahlungssysteme oder -dienstleister Zugang zu neuen, innovativen Zahlungssystemen verlangen und hierdurch an deren Innovation partizipieren. Den innovativen Unternehmen kann so der Wettbewerbsvorteil in Form des Innovationsvorsprungs genommen werden, wenn die etablierten Unternehmen ihre starke Stellung auf dem Nachbarmarkt auf den neuen Markt übertragen.

Dies liefe dem erklärten Ziel der PSD2 zuwider. Diese benennt, wie bereits die Begründung zur Vorgängervorschrift Art. 28 PSD1, als Ziel, den Wettbewerb zu fördern, gerade auch durch das Auftreten neuer, innovativer Zahlungsdienstleister.[134] Ebenso wird darin auf die Kartellverfahren hingewiesen, die auf nationaler wie europäischer Ebene betrieben wurden.[135] Die Gesetzesbegründung zur Umsetzungsvorschrift § 57 ZAG verweist ebenfalls darauf, dass die Vorschrift die Art. 101, 102 AEUV konkretisieren soll. Es handle sich um eine wettbewerbsrechtliche Vorschrift mit der zusätzlichen Aufgabe, die Stabilität der Zahlungssysteme zu schützen.[136]

(Zahlungsdiensteumsetzungsgesetz), BT-Drs. 16/11613, S. 27, rechte Spalte, S. 43, linke Spalte. Diese Erwägungen gelten für § 57 ZAG inhaltsgleich fort, Gesetzentwurf der Bundesregierung, Entwurf eines Gesetzes zur Umsetzung der Zweiten Zahlungsdiensterichtlinie, 13.3.2017, BT-Drs. 18/11495, S. 142.

[133] Siehe oben S. 33 und S. 70.

[134] ErwG 33, 49–50 PSD2, ErwG 6 PSD1.

[135] Europäische Kommission, Vorschlag für eine Richtlinie des Europäischen Parlaments und des Rates über Zahlungsdienste im Binnenmarkt und zur Änderung der Richtlinien 97/7/EG, 2000/12/EG und 2002/65/EG, KOM(2005) 603 endgültig, S. 2–4, 8; *dies.*, Vorschlag für eine Richtlinie des Europäischen Parlaments und des Rates über Zahlungsdienste im Binnenmarkt, zur Änderung der Richtlinien 2002/65/EG, 2013/36/EU und 2009/110/EG sowie zur Aufhebung der Richtlinie 2007/64/EG, COM(2013) 547 final, S. 2–4, 8.

[136] Gesetzentwurf der Bundesregierung, Entwurf eines Gesetzes zur Umsetzung der Zweiten Zahlungsdiensterichtlinie, 13.3.2017, BT-Drs. 18/11495, S. 141. Wenngleich die Förderung des Wettbewerbs sicherlich eine Rolle spielt, überzeugt diese Einordnung durch

Entscheidender Negativpunkt ist das Fehlen eines behördlichen Überprüfungsmechanismus, anhand dessen die von den Zahlungssystemen angeordneten Risikopräventionsvoraussetzungen auf ihre Verhältnismäßigkeit überprüft würden. Vielmehr bleibt es den Zugangspetenten überlassen, auf dem Zivilrechtsweg Zugang einzuklagen und gegebenenfalls überhöhte Anforderungen gerichtlich überprüfen zu lassen. Es stellt sich dieselbe Problematik wie im Falle der Sonderbedingungen Online-Banking, in der durch überhöhte Sicherheitsanforderungen das Geschäftsmodell der Zahlungsauslösedienste behindert werden sollte.[137] Dort wurde mit § 52 Abs. 2 ZAG[138] ein Mechanismus eingeführt, der bei der Zugangsablehnung eine automatische Beteiligung der Behörde vorsieht.[139] Ein entsprechender Mechanismus, der die Effektivität der Zugangsverpflichtung im Ausgleich zur Risikoabwehr absichert, fehlt bei § 57 ZAG.

Insgesamt erscheint § 57 ZAG daher als wenig gelungene Vorschrift, die im Gegensatz zur Intention des europäischen Gesetzgebers eine Bevorzugung großer Zahlungsdienstleister bewirkt. Unter diesem Gesichtspunkt erschiene eine rein kartellrechtliche Lösung der Zugangsprobleme zielführender. Die Voraussetzungen an einen kartellrechtlichen Zugangsanspruch würden verhindern, dass etablierte Unternehmen frühzeitig Zugang zu innovativen Produkten neuer Wettbewerber zugreifen können. Werden die über das Wettbewerbsziel hinausgehenden Gemeinwohlbelange nicht behördlich kontrolliert, verliert das Regulierungsrecht an Legitimität; es fehlt sowohl an der Rechtfertigung für den weitergehenden Eingriff in die Rechte der Systembetreiber als auch in den Wettbewerbsprozess. Dies würde vielmehr durch die Anwendung des Art. 102 AEUV bewirkt.[140]

V. Art. 102 AEUV

In Anbetracht der vorstehenden Erwägungen stellt sich die Frage, ob es nicht ausreichte, die zugangswilligen Marktteilnehmer auf das Kartellrecht zu verweisen und die Zugangsbedingungen, insbesondere die Anforderungen zur Risikoabwehr, anderweitig zu regeln.

---

den deutschen Gesetzgeber nicht. Es handelt sich nicht lediglich um eine Konkretisierung gerade des Art. 102 AEUV, sondern um eine Erweiterung des Anwendungsbereichs, indem auf das Merkmal der marktbeherrschenden Stellung verzichtet wird, *Zahrte*, in: Casper/Terlau, ZAG, § 57, Rn. 7.

[137] BKartA, Beschluss v. 29.6.2016, B4-71/10 – *Sonderbedingungen Online-Banking*; siehe hierzu unten S. 138 ff.

[138] In Umsetzung von Art. 68 Abs. 5 PSD2.

[139] Entsprechende Mechanismen unter Beteiligung der Behörde sehen auch Art. 35 Abs. 2–4 MiFIR, Art. 36 Abs. 2–4 MiFIR, Art. 7 Abs. 4 EMIR, Art. 8 Abs. 4 EMIR und Art. 33 Abs. 2 S. 2 CSDR vor.

[140] Grundlegend Generalanwalt *Jacobs*, Schlussanträge v. 28.5.1998, *Bronner*, C-7/97, EU:C:1998:264, Rn. 57.

Die maßgebliche Vorschrift für den Zugang ist hierbei das Missbrauchsverbot aus Art. 102 AEUV. Die VISA und CB-Konstellationen, in denen das Zahlungssystem durch Absprachen im Sinne von Art. 101 AEUV diskriminierende Zugangsregeln aufstellte, kann zwar einen wettbewerbsbeschränkenden Zweck verfolgen oder Wettbewerbsbeschränkungen bewirken und somit gegen Kartellrecht verstoßen.[141] Infolge der rechtlichen Verselbständigung der Zahlungssysteme (insbesondere von VISA und MasterCard) dürfte der Anwendungsbereich des Art. 101 AEUV nicht mehr eröffnet sein, sodass ein Zugangspetent sich allein auf Zugangsansprüche zu wesentlichen Einrichtungen eines marktbeherrschenden Unternehmens gemäß Art. 102 AEUV berufen könnte.

Unter der Prämisse, dass tatsächlich der Großteil der Zahlungssysteme eine beherrschende Stellung auf einem dem Zahlungsdienstemarkt vorgelagerten Markt für Zahlungsabwicklungen innehat, erscheint ein Zugangsanspruch aus der *essential facilities*-Doktrin naheliegend; auch die ähnlich gelagerten Verfahren der Kommission gegen SWIFT oder Clearstream scheinen diesen Befund zu bestätigen.[142] Hierfür müssten Zahlungssysteme wesentliche Einrichtungen darstellen. Es stellt sich die Frage, ob der Zugang zu den Zahlungssystemen „in dem Sinne unentbehrlich wäre, daß kein tatsächlicher oder potentieller Ersatz […] bestünde."[143]

1. Reproduzierbarkeit der Zahlungssysteme als potenzieller Ersatz

Bei der Prüfung, ob ein potenzieller Ersatz besteht, geht es vor allem darum, ob ein hypothetischer Wettbewerber gleicher Größe in der Lage wäre, ein paralleles System aufzubauen und zu betreiben, oder ob dem technische, rechtliche oder wirtschaftliche Gründe entgegenstehen.[144]

Hierzu wird argumentiert, es läge bei Zahlungssystemen keine klassische *bottleneck*-Situation vor, die mithilfe von kartellrechtlichen Zugangsansprüchen aufgelöst werden muss. Vielmehr seien die Zahlungssysteme als bloß virtuelle Netze reproduzierbar, also angreifbar.[145] Hintergrund dieser Argumentation ist sicherlich die Tatsache, dass tatsächlich verschiedene Zahlungssysteme parallel bestehen (VISA, MasterCard, Girocard, CB, etc.).

Allerdings stehen dem Aufbau eines Ersatznetzes starke indirekte Netzwerkeffekte bei der Nutzung von Zahlungssystemen entgegen.[146] Aufgrund der

---

[141] Siehe oben S. 101.

[142] Zu SWIFT siehe S. 99, zu Clearstream S. 79 ff.

[143] EuGH, Urt. v. 26.11.1998, *Bronner*, C-7/97, EU:C:1998:569, Rn. 41.

[144] EuGH, Urt. v. 26.11.1998, *Bronner*, C-7/97, EU:C:1998:569, Rn. 43–44.

[145] *Rose*, Die kartellrechtliche Zugangserzwingung zu Zahlungsverkehrsnetzen, S. 147. Zum Begriff der angreifbaren Netze, *Knieps*, in: Knieps/Brunekreeft, Zwischen Regulierung und Wettbewerb, S. 9, 11–13.

[146] *Malinauskaite*, ECLR 36 (2015), 415, 420; *Marchetti*, in: Delimatsis, International Standardisation, S. 144; *Rose*, Die kartellrechtliche Zugangserzwingung zu Zahlungsverkehrsnetzen, S. 139–144.

ausgeprägten Netzwerkeffekte weisen diese eine hohe Konzentrationstendenz auf.[147] Die Schaffung eines neuen Zahlungsnetzes ist zwar grundsätzlich möglich; jedoch ist ein Wechsel für Teilnehmer nur attraktiv, wenn genügend weitere Teilnehmer am neuen Zahlungssystem partizipieren.[148] Dies ist wiederum unwahrscheinlich, da sich bereits eine Vielzahl an Teilnehmern dem vorherrschenden Netz angeschlossen hat.

Zudem fallen hohe Anfangsinvestitionen für den Aufbau einer eigenen technischen Infrastruktur an,[149] während Dienstleistungen im Bereich der Zahlungsabwicklung aufgrund der hohen Regulierungs- und Standardisierungsdichte kaum Raum lassen für margenträchtige Produkte. *Rose* nimmt hingegen an, Zahlungssysteme seien als virtuelle Netze ohne wesentliche Anfangsinvestitionen aufzubauen, da diese Investitionskosten wesentlich niedriger seien als etwa bei einem Schienennetz. Zudem handele es sich beim Aufbau eines Computersystems zur Zahlungsabwicklung um Infrastrukturen, die nicht derart verwendungsspezifisch seien, sodass die Investitionen keine echten *sunk costs* seien.[150] Dies dürfte nicht der Realität entsprechen. Nicht die Hardware-Infrastruktur, sondern die Entwicklung einer spezifischen, sicherheitsoptimierten Software dürften den Großteil der Fixkosten ausmachen, die bei Scheitern des Vorhabens uneinbringlich verloren wären. Doch selbst die Richtigkeit bezüglich der Kosten unterstellt, verbliebe das Problem der Netzwerkeffekte. Insoweit stehen dem Aufbau einer eigenen Zahlungsstruktur gewichtige wirtschaftliche Gründe entgegen.[151]

Dass dennoch die genannten Netzwerke parallel existieren, dürfte weniger der Angreifbarkeit der Netze geschuldet sein als vielmehr der historischen Entwicklung. Girocard, CB und weitere Zahlungssysteme in Europa entstanden aufgrund der ehemaligen unterschiedlichen Währungen vor Einführung der Währungsunion, was sich in der von der Kommission immer wieder be-

---

[147] Vgl. etwa *Zahrte*, in: Casper/Terlau, ZAG, § 57, Rn. 7, 41, nach dem aufgrund der hohen Marktkonzentration kaum ein eigenständiger Anwendungsbereich des § 57 ZAG neben den kartellrechtlichen Missbrauchsvorschriften verbliebe; ebenfalls von Konzentrationstendenzen und Marktbeherrschung der jeweiligen Zahlungsverkehrsinfrastrukturen ausgehend *Rose*, Die kartellrechtliche Zugangserzwingung zu Zahlungsverkehrsnetzen, S. 146, 238; siehe auch *Malinauskaite*, ECLR 36 (2015), 415, 417.

[148] *Malinauskaite*, ECLR 36 (2015), 415, 420; *Oechsler*, Wettbewerb im Kreditkartengeschäft, S. 23, 55. Problem der „switching costs", siehe etwa *Marchetti*, in: Delimatsis, International Standardisation, S. 141.

[149] *Oechsler*, Wettbewerb im Kreditkartengeschäft, S. 165–168.

[150] *Rose*, Die kartellrechtliche Zugangserzwingung zu Zahlungsverkehrsnetzen, S. 144, 250.

[151] So scheiterte zuletzt das sog. Monnet-Projekt mit der Idee einer europäischen Debitkarte, siehe etwa Finance online, 14.5.2012, Kartenmarkt: Monnet-Projekt gestoppt, abrufbar unter www.finance-magazin.de/finanzabteilung/treasury/kartenmarkt-monnet-projekt-gestoppt-1220961/.

mängelten Fragmentierung des Zahlungsdienstemarktes fortsetzt.[152] VISA und MasterCard konnten deshalb als Alternativen im grenzüberschreitenden Verkehr in den Markt eintreten. Dass diese beiden Systeme entgegen den ökonomischen Besonderheiten parallel existieren, ist wiederum der historischen Entwicklung geschuldet. Beide Systeme etablierten sich ursprünglich als Netzwerk einzelner Bankengruppen mit unterschiedlichen lokalen Schwerpunkten.[153]

2. *Korrespondenzbanksystem und indirekter Zugang als tatsächlicher Ersatz*

Als zweiter Gesichtspunkt gegen die Einordnung der Zahlungssysteme als wesentliche Einrichtungen wird angeführt, es bestünden mit Korrespondenzbankbeziehungen,[154] indirektem Zugang über bereits dem System angehörende Marktteilnehmer oder sonstige Alternativen genügend Ausweichmöglichkeiten, um dennoch in den Wettbewerb auf dem nachgelagerten Markt für Zahlungsdienste einzutreten.[155]

a) Nachteile indirekten Zugangs

Allerdings ist hierbei zu berücksichtigen, dass diese Alternativen einige Nachteile mit sich bringen, wie etwa die Angewiesenheit auf ein Systemmitglied, höhere Verwaltungs- und Organisationskosten und Informationsnachteile.[156] In der *Clearstream*-Entscheidung erkennen Kommission und EuG diesbezüglich an, dass die Nachteile eines Alternativsystems derart schwerwiegen können, dass diese Alternativen keinen ausreichenden Ersatz mehr darstellen.[157] „[K]nappere Fristen, ein größeres Risiko, höhere Kosten und mögliche Interessenkonflikte" seien derartig schwere Nachteile, dass der indirekte Zugang kein

---

[152] Europäische Kommission, Mitteilung v. 24.9.2020, EU-Strategie für den Massenzahlungsverkehr, COM(2020) 592 final, S. 4; *dies.*, Mitteilung v. 31.1.2007, Untersuchung des Retail-Bankgeschäfts gemäß Artikel 17 der Verordnung (EG) Nr. 1/2003 (Abschlussbericht), KOM(2007) 33 endgültig, Rn. 6, 26, 29.

[153] Vgl. die jeweiligen Darstellungen auf den Unternehmens-Websites.

[154] Korrespondenzbankbeziehungen sind ein Mittel zur Zahlungsabwicklung (insbesondere) im Ausland. Hierzu werden bilaterale Vereinbarungen zwischen Banken getroffen, was bei der Vielzahl an Banken einen hohen Verwaltungsaufwand erfordert und somit kostenintensiver ist als der Anschluss an ein bestehendes Zahlungssystem. Ausführlich zu Korrespondenzbankbeziehungen etwa *Haug*, in: Ellenberger/Bunte, Bankrechts-Handbuch, § 31, Rn. 4–9.

[155] *Rose*, Die kartellrechtliche Zugangserzwingung zu Zahlungsverkehrsnetzen, S. 251.

[156] Siehe etwa Commission Staff Working Document, Accompanying the Communication from the Commission – Sector Inquiry under Art 17 of Regulation 1/2003 on retail banking (Final Report) [COM(2007) 33 final], SEC(2007) 106, S. 152–153.

[157] Europäische Kommission, E. v. 2.6.2004, COMP/38.906 – *Clearstream*, Rn. 139–148.

Substitut zum direkten Zugang darstelle.[158] Gleiches entschied die Kommission hinsichtlich Fronting-Vereinbarungen, dem Äquivalent zum indirekten Zugang bei Zahlungssystemen.[159]

Hiergegen wird wiederum eingewendet, diese Wertung ließe sich nicht auf Zahlungssysteme übertragen; die Konstellation sei gegenüber *Clearstream* eine andere.[160] Im Falle der Zahlungssysteme seien zum einen mehrere Ausweichmöglichkeiten anstelle der Zahlungssysteme vorhanden. Zum anderen hätten die Nachfrager im nachgelagerten Zahlungsdienstemarkt andere Präferenzen als beim Zugang zu Zentralverwahrern. Daher sei den Zugangspetenten ein Ausweichen auf Alternativen zumutbar.[161]

b) Würdigung

Für die Annahme der Korrespondenzbanksysteme und des indirekten Zugangs als tatsächlichen Ersatz spricht, dass der EuGH in *Bronner* zunächst klarstellte, dass alternative Zugangsmöglichkeiten zum Markt weniger günstig sein dürften.[162] Höhere Kosten oder andere Unannehmlichkeiten im Vergleich zu einem direkten Zugang würden eine kartellrechtliche Zugangsverpflichtung nicht rechtfertigen.

Allerdings ist die wettbewerbsschützende Zielrichtung des Art. 102 AEUV zu berücksichtigen. Art. 102 AEUV soll den Restwettbewerb schützen, der neben dem marktbeherrschenden Unternehmen noch besteht.[163] Um in den Wettbewerb mit dem Inhaber der (angeblich) wesentlichen Einrichtung treten zu können, reicht es aber gerade nicht aus, auf eine Alternative verwiesen zu werden, die keinen Wettbewerb gestattet. Der Verweis auf ein alternatives System, das faktisch keinerlei Möglichkeit bietet, auf einem nachgelagerten Markt in Wettbewerb zu treten, kann daher vernünftigerweise nicht herangezogen werden, um den Anspruch auszuschließen.

Ob eine Alternative tatsächlich Wettbewerb ermöglicht, ist indes eine Frage des Einzelfalles, die nicht schematisch beantwortet werden kann. In *Bronner* wurden alternative Vertriebskanäle wie der Verkauf der Zeitungen an Kiosken als ausreichend angesehen. Im Falle von *Microsoft* verneinten Kommission und EuG hingegen das Vorliegen einer wettbewerbsermöglichenden

[158] EuG, Urt. v. 9.9.2009, *Clearstream/Kommission*, T-301/14, EU:T:2009:317, Rn. 152, 54–67.

[159] Europäische Kommission, E. v. 3.10.2007, COMP/D1/37.860 – *Morgan Stanley/VISA International & VISA Europe*, Rn. 116–121.

[160] *Rose*, Die kartellrechtliche Zugangserzwingung zu Zahlungsverkehrsnetzen, S. 254.

[161] *Rose*, Die kartellrechtliche Zugangserzwingung zu Zahlungsverkehrsnetzen, S. 252–255. Widersprüchlich hierzu die Ausführungen zur Marktabgrenzung, in der die Alternativen zum direkten Zugang als „nicht substituierbar" angesehen werden, *Rose*, a.a.O., S. 225–227.

[162] EuGH, Urt. v. 26.11.1998, *Bronner*, C-7/97, EU:C:1998:569, Rn. 42.

[163] St. Rspr, zuletzt etwa EuGH, Urt. v. 25.3.2021, *Slovak Telekom*, C-165/19 P, EU:C:2021:239, Rn. 40. Siehe etwa auch *Kling/Thomas*, Kartellrecht, § 6, Rn. 6 m.w.N.

Alternative: Hier machte Microsoft geltend, es gebe neben der begehrten Schnittstelle gar fünf alternative Interoperabilitätsschnittstellen zu ihren Betriebssystemen. Dennoch sahen Kommission und EuG dies nicht als ausreichend an, um einen effektiven alternativen Zugang zum nachgelagerten Markt zu gewährleisten. Vielmehr müssten die Konkurrenzprodukte „in der Lage sein, mit der Windows-Domänenarchitektur zu den gleichen Bedingungen wie die Windows-Betriebssysteme für Arbeitsgruppenserver zu interoperieren, um nachhaltig vermarktet werden zu können."[164]

Entsprechend sah das EuG in *Clearstream* den Zugang über einen indirekten Kanal mit Nachteilen verbunden, der eine Substituierung ausschloss.[165] Die bloß theoretische Möglichkeit der Substitution ist nicht ausreichend, um den Wettbewerbsschutz zu gewährleisten. In Fällen wie *Microsoft*, *Clearstream* oder eben auch der Zahlungssysteme, in denen starke Netzwerkeffekte wirken und bereits eine hohe Konzentration hin zum Quasi-Monopol oder zu einem engen Oligopol gegeben ist, liegt es daher nahe, dass Ausweichmöglichkeiten, die nicht nur unwesentliche Nachteile für die Wettbewerbssituation auf dem nachgelagerten Markt mit sich bringen, bei der Wesentlichkeit der Einrichtung nicht als Ersatz zu berücksichtigen sind.

Ebenfalls hierfür spricht die Uniformität der Dienstleistungen auf dem Zahlungsdienstemarkt. Ein Anbieter von Geldtransfers wie Überweisungen kann sich schwerlich durch Qualitätsmerkmale von anderen Anbietern abheben; es wird schlichtweg erwartet, dass das Geld zeitnah und verlässlich beim Empfänger ankommt. Die Merkmale, die einen Wettbewerb ermöglichen, sind also der Preis, die Sicherheit und die Geschwindigkeit des Transfers. Dies sind jedoch genau diejenigen Faktoren, die durch einen Verweis auf die indirekte Teilnahme an Zahlungssystemen negativ beeinflusst werden. In diesem Sinne ist für Zahlungssysteme davon auszugehen, dass Korrespondenzbanksysteme und indirekter Zugang aufgrund der damit verbundenen Nachteile keinen tatsächlichen Ersatz im Sinne der *Bronner*-Entscheidung darstellen und ein Zugangsanspruch auch unter Kartellrecht bejaht werden kann.[166]

---

[164] EuG, Urt. v. 17.9.2007, *Microsoft*, T-201/04, EU:T:2007:289, Rn. 346, 421.

[165] EuG, Urt. v. 9.9.2009, *Clearstream/Kommission*, T-301/14, EU:T:2009:317, Rn. 152, 67.

[166] Ähnlich zu Fronting-Vereinbarungen als Alternative zur direkten VISA-Mitgliedschaft Europäische Kommission, E. v. 3.10.2007, COMP/D1/37.860 – *Morgan Stanley/VISA International & VISA Europe*, Rn. 121; a.A. *Rose*, Die kartellrechtliche Zugangserzwingung zu Zahlungsverkehrsnetzen, S. 252–255. Zu den Kostennachteilen des Korrespondenzbankensystems bereits Europäische Kommission, Bekanntmachung v. 27.9.1995 über die Anwendung der EG-Wettbewerbsregeln auf grenzüberschreitende Überweisungssysteme, ABl. 1995 C 251/3, Rn. 3.

VI. Fazit

Sowohl Kartellrecht als auch Zahlungsdiensterecht gewähren Unternehmen einen Zugangsanspruch zu Zahlungssystemen. Insbesondere dürften Zahlungssysteme regelmäßig wesentliche Einrichtungen im Sinne der *essential facilities*-Doktrin darstellen.

Mit der zunehmenden Internationalisierung und der fortschreitenden Binnenmarktintegration mag es dennoch Konstellationen geben, in denen Zahlungssysteme im Bereich des grenzüberschreitenden Zahlungsverkehrs keine marktbeherrschende Stellung einnehmen.[167] Hierfür ist die Vorschrift besonders geeignet. Auch als Abhilfemaßnahme gegenüber Systemregeln, die durch Kartellabsprachen festgelegt werden, erscheint die Vorschrift vielversprechend. Aus der Durchsetzungsperspektive betrachtet, ergibt sich eine ambivalente Beurteilung. Einerseits ist der Anspruch aus § 57 ZAG wesentlich angenehmer, da er praktisch voraussetzungslos Zugang zu den Zahlungssystemen gewährt, während in kartellrechtlichen Verfahren die Tatsachengrundlagen für die oben beschriebenen rechtlichen Wertungen erst einmal erhoben werden müssen. Andererseits fehlt es an einem behördlichen Durchsetzungsmechanismus.

Durch die Ausgestaltung der Regeln zur Risikoabwehr und den rein zivilrechtlichen Durchsetzungsmechanismus ist jedoch nicht zu erwarten, dass die Vorschrift effektiv zur Verbesserung der Wettbewerbssituation beitragen wird. Auch die wettbewerbliche Wirkung der Vorschrift erscheint ambivalent. Das Fehlen jeglicher Anforderungen an Anspruchsteller und -gegner (insbesondere der Marktbeherrschung) könnte in Zukunft Konstellationen eröffnen, in denen die eigentlich geschützten Innovationstreiber den alteingesessenen Marktbeherrschern Zugang zu ihren neuartigen Zahlungssystemen gewähren müssen. Wenn diese ihre starke Marktstellung auf den Innovationsmarkt übertragen, könnte hierdurch der Wettbewerbsdruck sinken anstatt steigen.

C. Fallbeispiel 3: Zugangsanspruch zu technischen Infrastrukturleistungen bei der Erbringung von Zahlungsdiensten aus § 58a ZAG

In neuerer Zeit wurde der Dienst Apple Pay sowohl vom Gesetzgeber als auch von den Kartellbehörden kritisch beobachtet. In Deutschland führte dies zur Schaffung der sogenannten *lex Apple Pay* in Form des § 58a ZAG.[168] Dem zeitlich nachgelagert leitete die Kommission ein Verfahren gegen Apple wegen

---

[167] Das in Planung befindliche Zahlungssystem der European Payment Initiative wird etwa beim Markteintritt keine beherrschende Stellung einnehmen.

[168] Eingefügt durch das Gesetz zur Umsetzung der Änderungsrichtlinie zur Vierten EU-Geldwäscherichtlinie v. 12.12.2019, BGBl. I 2019, Nr. 50, S. 2624–2625.

wettbewerbsausschließender Bedingungen bei der Nutzung von Apple Pay ein.[169]

§ 58a ZAG normiert einen Anspruch auf Zugang zu technischen Infrastrukturleistungen zum Erbringen von Zahlungsdiensten. Den Beinamen *lex Apple Pay* erhielt das Gesetz, da es weithin als Reaktion auf Apples Geschäftspraktik betrachtet wird, unter der lediglich per Apple Pay auf die NFC-Schnittstelle des iPhones zugegriffen werden kann. Hierdurch können Zahlungsmittel nur über Apple Pay emuliert und zur Zahlung verwendet werden und dies folglich ausschließlich zu den Bedingungen und Konditionen, die Apple vorschreibt.[170]

I. Inhalt der Vorschrift

§ 58a Abs. 1 ZAG schreibt Unternehmen, die durch technische Infrastrukturleistungen zum Erbringen von Zahlungsbedingungen beitragen, als sogenannten „Systemunternehmen" vor, anderen Zahlungsdienstleistern auf Anfrage hin Zugang zu dieser technischen Infrastrukturleistung zu FRAND-Bedingungen zu gewähren, ohne deren Dienstleistungserbringung zu behindern. Ausgenommen hiervon werden in Abs. 2 Systemunternehmen unterhalb einer gewissen Größe; als Schwelle dienen entweder die Inanspruchnahme der Infrastruktur durch mindestens zehn Zahlungsdienstleister oder zwei Millionen registrierte Nutzer. Über den namensgebenden Dienst Apple Pay hinaus sollen von der Vorschrift weitere große Digitalunternehmen erfasst werden, die ihre „Gatekeeper-Funktion" zur Privilegierung eigener Dienste nutzen könnten.[171]

Das Recht der Systemunternehmen, entsprechende Anfragen abzulehnen, wird durch § 58a Abs. 3 ZAG eingeschränkt. Ein Recht zur Ablehnung des Zugangsanspruchs besteht nur dann, wenn sachlich gerechtfertigte Gründe hierfür vorliegen. Als Regelbeispiel wird der Nachweis einer konkreten Gefährdung der Sicherheit und Integrität der Infrastrukturleistung benannt, wobei die Ablehnung nachvollziehbar begründet werden muss. Ersichtlich soll durch diese hohen Anforderungen an das Systemunternehmen verhindert werden,

---

[169] Europäische Kommission, E. v. 16.6.2020 über die Verfahrenseröffnung, AT/40.452 – *Apple – Mobile Payments*; Pressemitteilung v. 16.6.2020, IP/20/1075.

[170] *Franck/Linardatos*, JECLAP 16 (2021), 68; *McColgan*, NZKart 2020, 515, 517; *Schwennicke*, in: Schwennicke/Auerbach, KWG-Kommentar, § 58a ZAG, Rn. 2.

[171] Bericht des Finanzausschusses zu dem Gesetzentwurf der Bundesregierung – Drucksache 19/13827 – Entwurf eines Gesetzes zur Umsetzung der Änderungsrichtlinie zur Vierten EU-Geldwäscherichtlinie, BT-Drs. 19/15196, S. 52. Deutlich werden die potenziellen Adressaten – ohne dass sie direkt benannt würden – anhand der genannten Beispiele: Die „Schnittstelle für das Ansteuern von Audio- bzw. visuellen Assistenten beim Internetbanking über Sprache" zielt etwa auf Alexa/Echo von Amazon oder die Google Smart Speaker ab, *Franck/Linardatos*, JECLAP 16 (2021), 68, 74.

dass etwaige Sicherheitsbedenken als Ablehnungsgrund für anfragende Dienstleister vorgeschoben werden.[172]

Ein aufsichtsrechtlicher Durchsetzungsmechanismus wird in der Vorschrift nicht festgeschrieben; der Anspruchsteller muss diesen also gerichtlich durchsetzen.[173] Zusätzlich wird in Abs. 4 ein Schadensersatzanspruch bei schuldhaftem Verstoß gegen die Zugangsverpflichtung normiert. Die Aufgaben und Zuständigkeiten des Bundeskartellamts sollen hingegen nach Abs. 5 unberührt bleiben, sodass der kartellrechtliche Regelungsgehalt der Vorschrift auch weiterhin durch Anwendung des GWB erfasst werden kann. Die Art. 101, 102 AEUV gehen ohnehin aufgrund der Normenhierarchie vor.

II. Kartellrechtliche Erwägungen

Die Kommission untersucht Apple mit Hinblick auf mehrere Aspekte bei der Nutzung von Apple Pay, wobei einer dieser Aspekte den Zugang zur Bezahlfunktion mithilfe der NFC-Schnittstelle betrifft. Daneben nimmt die Kommission die Bedingungen für die Einbindung Apple Pay's in Händler-Apps und -Websites in Apple-Betriebssystemen in den Fokus, ebenso wie eine mögliche Zugangsverweigerung zu Apple Pay für einzelne Angebote von Konkurrenten.[174] Auch in ihrer Mitteilung zur „EU-Strategie für den Massenzahlungsverkehr" strebt die Kommission gleiche Wettbewerbsbedingungen auf Zahlungsdienstemärkten an, ungeachtet von Netzwerkeffekten und Marktmacht auf angrenzenden Märkten.[175]

Mit Blick auf den Zugang zu NFC-Schnittstellen, aber auch zu Apple Pay selbst,[176] überschneiden sich Regulierung und kartellrechtliche Untersuchungen. Am Maßstab der kartellrechtlichen Entscheidungspraxis betrachtet, übergeht der Gesetzgeber mit der Schaffung des § 58a ZAG allerdings einige

---

[172] Vgl. Bericht des Finanzausschusses zu dem Gesetzentwurf der Bundesregierung – Drucksache 19/13827 – Entwurf eines Gesetzes zur Umsetzung der Änderungsrichtlinie zur Vierten EU-Geldwäscherichtlinie, BT-Drs. 19/15196, S. 54, wonach das Systemunternehmen „das Erbringen der Zahlungsdienste oder das Betreiben des E-Geld-Geschäfts weder direkt noch indirekt behindern [darf]" und „alles Zumutbare und Erforderliche bereitstellen [muss], um dem anfragenden Unternehmen den Zugang zu der Infrastrukturleistung zu gewähren." Zu einem entsprechenden Vorgehen der deutschen Bankenverbände beim Zugang zu Kontoinformationen für Zahlungsauslösedienste siehe unten S. 138 ff.

[173] *Franck/Linardatos*, JECLAP 16 (2021), 68, 77.

[174] Europäische Kommission, E. v. 16.6.2020 über die Verfahrenseröffnung, AT/40.452 – *Apple – Mobile Payments*; Pressemitteilung v. 16.6.2020, IP/20/1075.

[175] Europäische Kommission, Mitteilung v. 24.9.2020, EU-Strategie für den Massenzahlungsverkehr, COM(2020) 592 final, S. 24.

[176] Bericht des Finanzausschusses zu dem Gesetzentwurf der Bundesregierung – Drucksache 19/13827 – Entwurf eines Gesetzes zur Umsetzung der Änderungsrichtlinie zur Vierten EU-Geldwäscherichtlinie, BT-Drs. 19/15196, S. 53: „technische Vorrichtungen für die Nachbildung von Karteninformationen auf dem Mobilfunkgerät (‚Kartenemulation')".

wesentliche Schritte, die für die Gewährung von Zugangsansprüchen notwendig wären: Zum einen bedarf es der Feststellung der marktbeherrschenden Stellung des Anspruchsgegners, zum anderen muss die in Frage stehende Einrichtung notwendiges Mittel sein, um ein neues Produkt auf einem nachgelagerten Markt anbieten und hierdurch in den Wettbewerb treten zu können. Beides dürfte nicht der Fall sein.

1. Marktabgrenzung und Marktbeherrschung

Weder auf einem Markt für Smartphone-Betriebssysteme mit dem Wettbewerbersystem Android noch auf einem Markt für mobile Zahlungslösungen unter Einbeziehung von Kartenzahlungen dürfte Apple marktbeherrschend sein.[177] Aus Sicht eines Endnutzers wäre Apple daher kein Marktbeherrscher. Allerdings dürfte bei einem Vergleich mit § 58a ZAG nicht die Perspektive des Endnutzers, sondern diejenige des Zugang begehrenden Zahlungsdienstleisters maßgeblich sein. Ohne nähere Informationen kann dies nicht abschließend bewertet werden, sodass im Folgenden nur ein grober Rahmen gesteckt wird.

Die Marktabgrenzung bemisst sich am Bedarfsmarktkonzept.[178] Insoweit ist die entscheidende Frage, was ein Nachfrager von Zugang zu einer NFC-Schnittstelle als Substitut ansieht.[179] Als Bestandteile eines etwaigen Marktes kommen drei potenzielle Substitute in Betracht: der direkte Zugang zur NFC-Schnittstelle, der indirekte Zugang zur NFC-Schnittstelle über eine vorgegebene Wallet-App, sowie die physische (nicht emulierte) Zahlungskarte mit NFC-Funktion.[180]

Wenn für den Nachfrager (zum Beispiel eine Bank) ausschließlich entscheidend ist, einen Zugang zum Endnutzer zu bekommen und diesen zur Nutzung irgendeines Zahlungsmittels zu bewegen, dann wäre der Nachfrager indifferent, ob er den Endnutzer etwa per Zahlungskarte oder NFC-Schnittstelle erreicht. Alle drei Bestandteile wären in die Marktabgrenzung einzubeziehen. Diese Betrachtung deckt sich mit der Bedeutung für den Endnutzer, der alle Produkte als Point-of-Sale-Zahlungsmittel einsetzt.

---

[177] *McColgan*, NZKart 2020, 515, 518. Zu den konkreten Marktanteilen bei Betriebssystemen für Smartphones siehe Europäische Kommission, E. v. 18.7.2018, AT/40.099 – *Google Android*, Rn. 448. Zur Nutzung des Smartphones als Zahlungsmittel EZB, Study on the payment attitudes of consumers in the euro area (SPACE), Tabelle 3 auf S. 18: Von 151 Mrd. Zahlungen am Point of Sale wurden im Jahr 2019 109 Mrd. mit Bargeld, 38 Mrd. mit Debit- und Kreditkarte und 4 Mrd. Zahlungen mit sonstigen Zahlungsmitteln vorgenommen. Sonstige Zahlungsmittel beinhalten „payments made with mobile phones, bank cheques, credit transfers, direct debits and other (unidentified) payment instruments, and [...] the answer 'Don't know'."

[178] Vgl. hierzu etwa *Füller*, in: MüKoWettbR, Bd. 1, Art. 102 AEUV, Rn. 90–100.

[179] Vgl. *Füller*, in: MüKoWettbR, Bd. 1, Art. 102 AEUV, Rn. 93.

[180] *McColgan*, NZKart 2020, 515, 518.

Eine andere Wertung könnte sich ergeben, wenn man den Aufwand des nachfragenden Unternehmens berücksichtigt. Erhält die Bank direkten Zugang zur NFC-Schnittstelle, muss sie die Schnittstelle über eine selbst zu entwickelnde App ansteuern, sodass sich das eigene Leistungsangebot abhängig von der Zugangsart grundlegend verändert. So bieten etwa die Sparkassen die „Mobiles Bezahlen“-Wallet-App nur auf Android an, während auf Apple-Endgeräten ausschließlich die Emulierung der Debit- und Kreditkarten über die Apple Pay-Wallet möglich ist.[181] Der Aufwand für den direkten Zugang zur NFC-Schnittstelle unterscheidet sich massiv von der bloßen Emulierung einer Karte über Apple Pay oder die bloße Bereitstellung einer Zahlungskarte. Insoweit wäre der direkte Zugang zu einer NFC-Schnittstelle nicht substituierbar. Diese Differenzierung ist auch für die Frage des Einbezugs von Konkurrenzsystemen wie Google Pay relevant.[182]

Blickt man auf die Erlösverteilung bei der Kartennutzung, könnten direkter und indirekter Zugang zur NFC-Schnittstelle einen gemeinsamen Markt darstellen. In beiden Konstellationen wäre der Nachfrager Apple ausgeliefert, zu welchen Konditionen der Zugang entweder zur NFC-Schnittstelle oder zur Apple Wallet App gewährt würde. Auch der Faktor des Singlehoming bei der Nutzung von Endgeräten dürfte diesen Befund unterstützen: Will man Zugriff auf das Endgerät eines spezifischen Kunden, stellen andere Zahlungsmittel kein Substitut dar.

2. *Unentbehrlichkeit der NFC-Schnittstelle für den Marktzutritt*

Käme man zu dem Ergebnis einer marktbeherrschenden Stellung Apples, verbleibt dennoch als alternativer Zugang zum Mobile-Payment Markt die Zahlung per QR-Code, welche etwa von PayPal genutzt wird. Mit der Zahlung via QR-Code steht eine anderweitige Technik bereit, die den Zugang zur NFC-Schnittstelle jedenfalls potenziell obsolet werden lassen könnte. Etwa in China ist diese Zahlungsvariante Marktstandard, wodurch die Beschränkungen des Zugangs zur NFC-Schnittstelle unbeachtlich werden.[183] Auch in Deutschland

---

[181] Siehe Website der Sparkassen, FAQ zur App „Mobiles Bezahlen“, Frage 4, abrufbar unter www.sparkasse.de/unsere-loesungen/privatkunden/bezahlverfahren/mobiles-bezahlen/faq-bezahlen-mit-dem-handy.html.

[182] Siehe auch *Franck/Linardatos*, JECLAP 16 (2021), 68, Fn. 18 auf S. 70 mit Verweis auf Europäische Kommission, E. v. 18.7.2018, AT/40.099 – *Google Android*, Rn. 306. In dem Verfahren nimmt die Kommission getrennte Märkte für die App Stores nicht lizensierbarer Betriebssysteme (Apple iOS und BlackBerry's BlackBerryWorld) und lizensierbarer Betriebssysteme (Google Android).

[183] *McColgan*, NZKart 2020, 515, 518, 520. Allerdings sind Anbieter dann auf den Zugang zum Apple App Store angewiesen und potenziellem Missbrauch ausgeliefert, vgl. *Quandt*, EuZW 2021, 12, 14–15 mit einer vagen Einordnung. Differenzierter *Lichtenberg*, NZKart 2021, 551, 551–552.

ist die QR-Technik von PayPal das meistgenutzte mobile Zahlungsmittel für Vor-Ort-Zahlungen.[184]

Die Kommission geht hingegen davon aus, dass die Akzeptanz der Zahlung per QR-Code in Ermangelung eines EU-weiten Standards „insbesondere bei grenzüberschreitenden Transaktionen beschränkt ist."[185] Allerdings dürfte der weit überwiegende Teil der Zahlungen via Smartphone am Lebensmittelpunkt der jeweiligen Nutzer und somit gerade nicht in grenzüberschreitenden Sachverhalten stattfinden, sodass diesem Argument kein allzu hohes Gewicht beizumessen ist. Dennoch wird zu berücksichtigen sein, dass die Zahlung per QR-Code unter Umständen eine neue Infrastruktur bei den Händlern erfordert, die nicht an die vorhandenen Kartenlesegeräte in Warengeschäften anknüpft.[186]

Entgegen der innovationsfördernden Zielsetzung der neu eingeführten Vorschrift könnte die Zugangsoption somit innovationshindernd wirken und die Entwicklung deutscher QR- (oder anderweitiger) Zahlungsmethoden oder den Eintritt etablierter Anbieter aus dem Ausland (wie etwa WeChat oder AliPay) ausbremsen, wenn potenzielle Wettbewerber mithilfe des Zugangsanspruchs auf die NFC-Schnittstellen zugreifen, anstatt die Position des (vermeintlichen) Gatekeepers anzugreifen.[187]

3. Innovationshindernde Ausweitung des Anwendungsbereichs der Zugangsansprüche

Über diesen Einzelfall hinaus bewirkt die Vorschrift aus wettbewerblicher Sicht eine Ausweitung der Grundsätze zur Zugangsverpflichtung. Durch den Verzicht auf die marktbeherrschende Stellung als Ausgangskriterium für die Normadressaten und die fehlende Einschränkung der Wesentlichkeit der Einrichtung für ein Angebot auf dem nachgelagerten Markt könnte die Vorschrift

---

[184] PayPal ist laut einer (vermutlich nicht repräsentativen) Studie das meistgenutzte Vor-Ort-Zahlungsmittel per Smartphone. Die Befragten hatten bei der Frage, welches Zahlungsmittel sie in den letzten zwölf Monaten per Smartphone in Läden, Restaurants, etc. genutzt hatten, zu 57 % Paypal, zu 40 % Google Pay, und zu 33 % Apple Pay genannt, www.statista.com/forecasts/998738/mobile-payments-by-brand-in-germany. Zum QR-Modell PayPals siehe www.paypal.com/de/webapps/mpp/qrcode.

[185] Europäische Kommission, Mitteilung v. 24.9.2020, EU-Strategie für den Massenzahlungsverkehr, COM(2020) 592 final, S. 9.

[186] Denkbar ist eventuell, dass die bisherigen Geräte auf den Displays QR-Codes darstellen. Hierfür dürften jedenfalls ein Software-Update vonnöten sein.

[187] In diese Richtung *Broemel*, RdZ 2020, 100, 106. Ebenso bspw. *Andreangeli*, ELRev 34 (2009), 584, 595 bzgl. der *Microsoft*-Entscheidung des EuG, Urt. v. 17.9.2007, *Microsoft*, T-201/04, EU:T:2007:289. Durch die Zugangs- und Interoperabilitätsverpflichtungen würden Wettbewerber davon abgehalten, um den Markt für Betriebssysteme zu konkurrieren. Stattdessen würden sie sich ausschließlich auf den Sekundärmarkt für kompatible Software fokussieren, wodurch Microsoft zu einem *de facto*-Standard erhoben würde.

dem Wettbewerb mehr schaden als nützen.[188] Nicht zuletzt werden auch innovative Start-Ups von der Vorschrift umfasst, die den etablierten Marktteilnehmern Zugang zu neuen Infrastrukturen gewähren müssten, sofern sich eine hinreichende Zahl an Zahlungsdienstleistern mobilisieren lässt, um die de-minimis-Schwelle des § 58a Abs. 2 ZAG zu überschreiten.[189] Die langbekannte Abwägung zwischen lang- und kurzfristigen Wettbewerbswirkungen aus der Beurteilung kartellrechtlicher Zugangsansprüche[190] unterblieb. Umso überraschender scheint es denn, dass trotz der wettbewerblichen Auswirkungen in der Sachverständigenbefragung das Bundeskartellamt nicht eingeladen wurde, das entsprechende Hinweise hätte geben können. Vielmehr wurde lediglich der Vertreter der Deutschen Kreditwirtschaft (konkret des Deutschen Sparkassen- und Giroverbands) und somit der Vertreter der Hauptprofiteure der neuen Vorschrift befragt.[191]

III. Sonstige Regulierungsgründe

Typischerweise setzt eine Zugangsregulierung voraus, dass eine *bottleneck*-Situation vorliegt, in der der Inhaber eines natürlichen oder jedenfalls faktischen Monopols es in der Hand hat, den Zugang zum Wettbewerb auf einem nachgelagerten zu kontrollieren. Dies ist – wie dargelegt – wohl nicht der Fall; vielmehr bestehen Ausweichmöglichkeiten sowohl beim Anbieter der vorgelagerten Dienstleister als auch bei der Technologie für den Zugang.

Nichtsdestoweniger liegt es in der Hand des Gesetzgebers, seine Einschätzungsprärogative zu nutzen und Regulierungsrecht entsprechend seinem Ermessen zu erlassen. Die wettbewerbsrechtliche und -politische Dimension in dieser Entscheidungsfindung kann hierbei herangezogen werden, muss aber nicht entscheidungserhebliches Kriterium sein.[192] Zudem steht es dem Gesetz-

---

[188] Vgl. *Franck/Linardatos*, JECLAP 16 (2021), 68, 75 mit dem Beispiel, dass nunmehr Google für seine Dienste einen Zugangsanspruch gegen Apple geltend machen könnte. Entsprechend *McColgan*, NZKart 2020, 515, 521. *Broemel*, RdZ 2020, 100, 103, will aufgrund dieser Problematik den Anwendungsbereich der Vorschrift auf Gatekeeper-Konstellationen beschränken, den Anspruch in Anlehnung an die *essential facilities*-Doktrin also nur gewähren, wenn die technischen Infrastrukturleistungen „unter Berücksichtigung der technischen und ökonomischen Rahmenbedingungen nicht zu zumutbaren Bedingungen zu ersetzen sind". Mit Blick auf die gesetzlich angeordneten Einschränkungen in § 58a Abs. 2, 3 ZAG und die fehlende Anknüpfung im Wortlaut erscheint dies allerdings eher fernliegend.

[189] Vgl. *Broemel*, RdZ 2020, 100, 106. Als Lösung dieser Problematik schlägt er vor, dass die Innovationsförderung in atypischen Situationen als Rechtfertigungsgrund im Sinne des § 58a Abs. 3 ZAG dienen könnte, *Broemel*, RdZ 2020, 100, S. 105.

[190] Grundlegend Generalanwalt *Jacobs*, Schlussanträge v. 28.5.1998, *Bronner*, C-7/97, EU:C:1998:264, Rn. 56–58. Jüngst hierzu EuGH, Urt. v. 25.3.2021, *Slovak Telekom*, C-165/19 P, EU:C:2021:239, Rn. 47.

[191] Finanzausschuss, Protokoll der 60. Sitzung, Protokoll-Nr. 19/60, S. 25–26.

[192] Siehe S. 27.

geber frei, potenzielle zukünftige Entwicklungen zu berücksichtigen und diesen vorzuwirken.[193]

Grenze dieses Regulierungsermessens ist freilich höherrangiges Recht; insbesondere die vollharmonisierende PSD2 kann nationalen Alleingängen entgegenstehen. In dieser konkreten Konstellation steht sie einer deutschen Regelung allerdings nicht entgegen, da sie weder Regelungen zur „technischen Infrastruktur" noch Anzeichen für eine Nichtbilligung von Zugangsansprüchen zu solcher Infrastruktur enthält.[194] Darüber hinaus greift die Ausnahmevorschrift des Art. 3 lit. j) PSD2. Nach dieser gilt die PSD2 nicht für

> „j) Dienste, die von technischen Dienstleistern erbracht werden, die zwar zur Erbringung der Zahlungsdienste beitragen, jedoch zu keiner Zeit in den Besitz der zu transferierenden Geldbeträge gelangen, wie die [...] Bereitstellung [...] der für Zahlungsdienste genutzten Endgeräte und Einrichtungen mit Ausnahme von Zahlungsauslösediensten und Kontoinformationsdiensten[.]"

Die Gesetzesbegründung zum praktisch wortlautidentischen deutschen § 2 Abs. 1 Nr. 9 ZAG nennt beispielhaft Prozessoren für Kartenzahlungen, also (Karten-)Lesegeräte.[195] Der NFC-Chip in den Smartphones stellt als technisches Gegenstück, das die Signale an das Lesegerät abgibt, ein solches für die Zahlungsdienste genutztes Endgerät oder jedenfalls eine entsprechende Einrichtung dar.

Auch sonstige Gründe, insbesondere Verfassungsrecht, Grundfreiheiten oder die Notifizierungsrichtlinie[196], stehen der Vorschrift des § 58a ZAG nicht entgegen.[197] Allerdings dürfte § 58a ZAG mit Inkrafttreten des Digital Market Act am 2. Mai 2023[198] nicht mehr anwendbar sein, soweit das zugrundeliegende Verhalten dem Anwendungsbereich etwa von Art. 6 Abs. 7 DMA unterfällt, vgl. Art. 1 Abs. 5 DMA.[199]

---

[193] Ob die erforderliche Abwägung der verschiedenen Interessen und Aussichten auf einer ausreichenden Faktenbasis im konkreten Falle stattgefunden hat, mag aufgrund der Besonderheiten im Gesetzgebungsverfahren bezweifelt werden, *McColgan*, NZKart 2020, 515, 516, 521.

[194] *Franck/Linardatos*, JECLAP 16 (2021), 68, 77–78.

[195] Gesetzentwurf der Bundesregierung, Entwurf eines Gesetzes zur Umsetzung der Zweiten Zahlungsdiensterichtlinie, 13.3.2017, BT-Drs. 18/11495, S. 115.

[196] Richtlinie (EU) 2015/1535 des Europäischen Parlaments und des Rates vom 9. September 2015 über ein Informationsverfahren auf dem Gebiet der technischen Vorschriften und der Vorschriften für die Dienste der Informationsgesellschaft, ABl. 2015 L 241/1.

[197] *Franck/Linardatos*, JECLAP 16 (2021), 68, 78–79; knapp ebenso *Broemel*, RdZ 2020, 100, 105.

[198] Art. 54 DMA.

[199] Siehe *Franck*, Discussion Paper No. 367, S. 9.

IV. Fazit und Ausblick auf die europäische Entwicklung

§ 58a ZAG stellt einen Fremdkörper im Recht der Zugangsregulierung auf Finanzmärkten dar. Die neu geschaffene Vorschrift ist im Lichte der Bemühungen zu sehen, die großen Unternehmen der Digitalwirtschaft daran zu hindern, ihre besondere Marktstellung – oder im Sinne des neu geschaffenen § 19a GWB ihre „überragende marktübergreifende Bedeutung für den Wettbewerb" – auf weitere Bereiche auszuweiten.[200]

Klassische kartellrechtliche Kategorien wie die marktbeherrschende Stellung oder das Erfordernis der Wesentlichkeit einer Einrichtung für den Zugang zum nachgelagerten Markt werden hierfür geopfert. Im konkreten Fall *Apple Pay* bleibt die Entscheidung der Kommission abzuwarten. Nach vorläufiger Beurteilung dürfte der intermodale Wettbewerb mit alternativen Angeboten auf dem Markt für mobile Zahlungsdienste eine kartellrechtswidrige Zugangsverweigerung ausschließen. Jedoch hängt dies in weitem Maße von den Erkenntnissen der Kommission zur konkreten Marktabgrenzung ab, die im Lichte der weitergehenden Vorwürfe der Kommission hinsichtlich der Geschäftsbedingungen und des Zugangs zu Apple Pay anders ausfallen könnte als hier angenommen.

Sinnvoll wäre es sicherlich gewesen, auf Seiten des Regulierungsgebers entweder selbst die tatsächlichen Grundlagen zu erforschen oder – wie in vielen anderen Konstellationen – die Erkenntnisse aus dem Kartellverfahren zu nutzen. Zugleich wäre denkbar, dass anstelle eines nationalen Alleingangs eine europäische Lösung, etwa in Form einer Ergänzung oder Novellierung der Zahlungsdiensterichtlinie gefunden worden wäre.[201] Zumindest eine Einschätzung des Bundeskartellamts hätte eingeholt werden müssen.

Die Untersuchungen und angekündigten Maßnahmen auf europäischer Ebene im Rahmen der Digital Finance Strategy[202] und der Strategie für den Massenzahlungsverkehr[203] erscheinen daher als ein Schritt in die richtige Richtung. Interessant wird wiederum zu sehen, inwieweit eine potenzielle kartellrechtliche Entscheidung gegen Apple sich mit der späteren Regulierung deckt. Einen Hinweis in Richtung einer sektorspezifischen legislativen Lösung (zusätzlich zum Digital Services Act) gab die Kommission bereits in ihrem Strategiepapier.[204] Jedoch könnte sowohl das Kartellverfahren als auch ein

---

[200] Allgemein hierzu *de la Mano/Padilla*, JCLE 14 (2019), 494, insb. 499–502.

[201] *Franck/Linardatos*, JECLAP 16 (2021), 68, 79–80.

[202] Europäische Kommission, Mitteilung v. 24.9.2020 über eine Strategie für ein digitales Finanzwesen in der EU, COM(2020) 591 final. Für einen Überblick siehe *Wellerdt*, EuZW 2021, 52, insbesondere Grafik auf S. 53.

[203] Europäische Kommission, Mitteilung v. 24.9.2020, EU-Strategie für den Massenzahlungsverkehr, COM(2020) 592 final.

[204] Europäische Kommission, Mitteilung v. 24.9.2020 über eine Strategie für ein digitales Finanzwesen in der EU, COM(2020) 591 final, S. 17.

(finanz-)sektorspezifischer Ansatz durch die Einführung des DMA (insbesondere Art. 6 Abs. 7 DMA) obsolet geworden sein.

D. Synthese: Besonderheiten der Finanzmarktinfrastrukturen bei der Anwendung der essential facilities-*Doktrin*

Den besprochenen Entscheidungen und Regulierungsvorschriften lassen sich übergeordnete Kriterien für die Kartellrechtsanwendung entnehmen. Diese beziehen sich jeweils auf die Kategorie der Finanzmarktinfrastrukturen. Unter diesen Begriff zu fassen sind im Wesentlichen diejenigen Einrichtungen, die Finanzinstitute untereinander verbinden und die Übertragung von Geld und Finanzinstrumenten ermöglichen, insbesondere also die Zahlungssysteme sowie Clearing- und Settlement-Dienstleister.[205]

In Anlehnung an die vorstehenden Ausführungen zur *Clearstream*-Entscheidung und zu den Zahlungssystemen soll zum einen der Frage nachgegangen werden, inwieweit die besonderen Marktcharakteristika der Finanzmarktinfrastrukturen die Prüfung der Unentbehrlichkeit einer Einrichtung für den Zugang zum nachgelagerten Markt beeinflussen und wie das Kriterium der Unentbehrlichkeit umgekehrt im Regulierungsrecht von Nutzen sein könnte.

Zum anderen soll herausgearbeitet werden, wie das Kriterium der Systemstabilität als makroprudenzielles Kriterium Eingang in die kartellrechtliche Beurteilung finden kann.

I. Unentbehrlichkeit von Finanzmarktinfrastrukturen für den Marktzugang

In der Analyse der *Clearstream*-Entscheidung, und ebenso bei der Behandlung des Zugangs zu Zahlungssystemen, wurde deutlich, dass bei der Frage, wann eine Einrichtung als unentbehrlich für den Marktzutritt anzusehen ist, Besonderheiten der Finanzmärkte zu berücksichtigen sind. Sowohl die generellen Marktstrukturen als auch die Eigenschaften der angebotenen Dienstleistungen sind zu berücksichtigen.

Dabei wird der rechtliche Standard, der für kartellrechtliche Zugangsverpflichtungen insbesondere in *Bronner* aufgestellt wurde, nicht berührt.

---

[205] *Papathanassiou*, in: Ellenberger/Bunte, Bankrechts-Handbuch, § 120, Rn. 114. Im Englischen wird in diesem Kontext häufig vom „plumbing“, also den „Rohrleitungen“ der Finanzindustrie als übergeordnetem Begriff gesprochen, siehe etwa *Aubry*, JIBLR 23 (2008), 578; *McKee/Whittaker/Millar*, JIBLR 35 (2020), 85.

1. Marktgegebenheiten fördern Entstehung wesentlicher Einrichtungen

a) Netzwerk- und Skaleneffekte

Zum einen sind die Märkte für Abwicklungsdienstleistungen, gleich ob für Zahlungen oder Wertpapiertransaktionen, geprägt durch Skaleneffekte.[206] Dies bedingt sich durch hohe Anfangsinvestitionen in den Aufbau der erforderlichen Infrastruktur, die neben den technischen auch regulatorischen Anforderungen gerecht werden muss.[207] Erst ab einer kritischen Masse von abgewickelten Transaktionen kann sich die Investition amortisieren. Dies erklärt die national gewachsenen Monopole und die Fragmentierung der Abwicklungsmärkte entlang der nationalen Grenzen.[208] Historisch gemeinsam mit nationalen Regulierungsvorschriften gewachsen, gab (und gibt) es regelmäßig nur einen nationalen Zentralverwahrer und ein nationales Zahlungsabwicklungssystem, welche zudem jeweils typischerweise in einer *vertical silo*-Konstellation von einem oder mehreren führenden Unternehmen auf dem vorgelagerten Markt für Bankdienstleistungen oder für den Wertpapierhandel beherrscht werden.

Ausgehend von diesen Umständen wirken auf den Abwicklungsmärkten direkte Netzwerkeffekte. Durch die Konzentration von Liquidität bei einem Dienstleister wird dieser für weitere Nutzer attraktiver. Zudem wird es aufgrund von Skaleneffekten für die Nutzer der Systeme günstiger, je mehr weitere Nutzer an das System angeschlossen sind und es nutzen. Zudem konnte die Kommission in der *Clearstream*-Entscheidung feststellen, dass kein Wechselinteresse der Kunden zu einem potenziellen Wettbewerber bestand.[209] Insoweit ist die Reproduktion dieser Infrastrukturen nicht ökonomisch sinnvoll. Diese Gesichtspunkte dürften jedenfalls *cum grano salis* auf weitere Finanzmarktinfrastrukturen übertragbar sein.

b) Uniformität der angebotenen Dienstleistungen

Zum anderen sind die Dienstleistungen selbst allem durch ihre Uniformität gekennzeichnet. Echte Qualitätsmerkmale fehlen, sodass Produktdifferenzierung

---

[206] Europäische Kommission, Competition in EU securities trading and post-trading, Issues Paper, Rn. 20–21; *Falconi/Suhr*, JECLAP 9 (2018), 604, 614.

[207] Vgl. etwa EZB, TARGET2-Securities – Economic feasibility, S. 24; *Falconi/Suhr*, JECLAP 9 (2018), 604, 614; *Rose*, Die kartellrechtliche Zugangserzwingung zu Zahlungsverkehrsnetzen, S. 143.

[208] Für die Abwicklung von Wertpapiertransaktionen ErwG 4 CSDR; Europäische Kommission, Competition in EU securities trading and post-trading, Issues Paper, S. 2; für den Zahlungsbereich Europäische Kommission, Mitteilung v. 24.9.2020, EU-Strategie für den Massenzahlungsverkehr, COM(2020) 592 final, S. 4; *dies.*, Mitteilung v. 31.1.2007, Untersuchung des Retail-Bankgeschäfts gemäß Artikel 17 der Verordnung (EG) Nr. 1/2003 (Abschlussbericht), KOM(2007) 33 endgültig, Rn. 6, 26, 29.

[209] Europäische Kommission, E. v. 2.6.2004, COMP/38.906 – *Clearstream*, Rn. 212.

als Wettbewerbsparameter[210] entfällt. Neben dem Preis sind die Geschwindigkeit und die Zuverlässigkeit der Systeme relevante Wettbewerbsfaktoren. Beide sind typischerweise aufgrund von Regulierungsvorgaben vorgegeben. Innovative Produkte, die das etablierte Angebot angreifen, sind auf der Abwicklungsebene nicht verfügbar. Selbst E-Geld-Angebote sind darauf angewiesen, dass an irgendeiner Stelle in der Leistungskette ein Transfer „echten" Geldes auf ein Zahlungskonto erfolgt, jedenfalls solange sich E-Geld oder Blockchain-basierte Zahlungsmethoden nicht marktweit durchgesetzt haben.[211]

c) *Auswirkungen der Marktgegebenheiten auf die rechtliche Beurteilung*

Diese Charakteristika der Abwicklungsdienste haben zur Folge, dass potenzielle Substitute bereits aufgrund kleinerer Nachteile bereits nicht mehr ausreichen, um den Marktzutritt zu ermöglichen. In *Clearstream* etwa stellten Kommission und EuG fest, dass der indirekte Zugang über einen Intermediär aufgrund längeren Fristlaufs, höheren Kosten infolge der Marge des Zwischenverwahrers und dem erhöhten Risiko von Komplikationen bereits kein ausreichendes Substitut für den direkten Zugang darstellte.[212] Ähnlich argumentierte die Kommission in *Morgan Stanley/VISA*, in der sie Fronting-Vereinbarungen wegen der höheren Kosten und des längeren Zeitlaufs nicht als ausreichendes Substitut zum direkten Systemzugang ansah.[213] Jeweils standen also Alternativen zu der eigentlich begehrten Dienstleistung zur Verfügung, die grundsätzlich ebenfalls Zugang zum nachgelagerten Markt ermöglichten. Diesen alternativen Angeboten ist gemeinsam, dass sie langsamer, teurer und bei der Nutzung mit höherem organisatorischen Aufwand verbunden sind, weshalb sie nicht als ausreichender tatsächlicher Ersatz angesehen wurden.

Dies steht zunächst in Widerspruch zur *Bronner*-Entscheidung,[214] in der der EuGH betonte, dass wettbewerbliche Nachteile bei der Nutzung eines Substitutes grundsätzlich hinzunehmen sind.[215] Allerdings bestehen bei den Abwicklungssystemen wesentliche Unterschiede zur *Bronner*-Entscheidung. Auf Sachverhaltsebene ist wie folgt zu differenzieren: Das Substitut in *Bronner* bestand in einem „echten" Substitut. Anstelle des Vertriebs über das Hauszustellungssystem wurde der Zugangspetent auf den Vertrieb der Zeitungen über

---

[210] Hierzu *Spulber/Yoo*, in: Blair/Sokol, Oxford Handbook of International Antitrust Economics, Vol. 1, S. 380, 384.

[211] Vgl. Europäische Kommission, Mitteilung v. 24.9.2020, EU-Strategie für den Massenzahlungsverkehr, COM(2020) 592 final, S. 3.

[212] Siehe bereits oben S. 84; Europäische Kommission, E. v. 2.6.2004, COMP/38.906 – *Clearstream*, Rn. 140–148; EuG, Urt. v. 9.9.2009, *Clearstream/Kommission*, T-301/14, EU:T:2009:317, Rn. 152.

[213] Siehe oben S. 102; Europäische Kommission, E. v. 3.10.2007, COMP/D1/37.860 – *Morgan Stanley/VISA International & VISA Europe*, Rn. 109–121.

[214] Ebenso *Böttcher*, Beiträge zum Transnationalen Wirtschaftsrecht, Heft 102, S. 24.

[215] EuGH, Urt. v. 26.11.1998, *Bronner*, C-7/97, EU:C:1998:569, Rn. 43.

Postzustellung oder den Laden- und Kioskverkauf verwiesen.[216] In der *Clearstream*-Entscheidung und bei den Zahlungssystemen stehen hingegen „unechte" Substitute im Raum. Es wird nicht auf gänzlich andere Systeme verwiesen, sondern der Zugang zum eigentlich begehrten System durch die Zwischenschaltung eines Intermediärs erschwert.

Aufbauend auf dieser Differenz auf tatsächlicher Ebene, muss die wettbewerbliche Wirkung auf dem nachgelagerten Markt in den Mittelpunkt der Beurteilung gestellt werden. Ein angebliches Substitut, das unter Berücksichtigung aller Marktgegebenheiten keinen Eintritt in den Wettbewerb ermöglicht, kann nicht als ausreichendes Substitut angesehen werden.[217] Die Wertung hinsichtlich der tatsächlichen, rechtlichen oder wirtschaftlichen Unmöglichkeit der Duplizierung einer Einrichtung ist insoweit auf tatsächliche Substitute zu übertragen. Ist die Nutzung des Substituts für einen hypothetischen, ebenso effizienten Wettbewerber nicht wirtschaftlich tragbar und somit der Marktzutritt versperrt, geht der Verweis auf das Substitut unter dem Gesichtspunkt des Wettbewerbsschutzes fehl. Dies gilt auch unter Berücksichtigung der Interessen des Eigentümers an der Ausnutzung seiner durch Innovation geschaffenen Marktstellung. Die Kommission betont insoweit in ihren Durchsetzungsprioritäten, dass das verweigerte Produkt notwendig sein muss, „um auf einem nachgelagerten Markt *wirksam* konkurrieren zu können".[218]

Hieran zeigt sich erneut die Nähe von Finanzmarktinfrastrukturen zu echten Netzen. Auch bei diesen gründen die Wettbewerbsprobleme maßgeblich auf der fehlenden Differenzierbarkeit hinsichtlich der Qualität der Leistungen und der damit einhergehenden Relevanz des Preises für die Nutzung der Netzinfrastruktur. Zwar gibt es keine „echte" Netzinfrastruktur. Dennoch ist eine Reproduktion der Abwicklungssysteme aufgrund der Marktgegebenheiten nicht ökonomisch sinnvoll. Insoweit sind – wie bei den Netzen – trotz grundsätzlich hoher Anforderungen an kartellrechtliche Zugangsverpflichtungen häufig Konstellationen vorzufinden, in denen deren Voraussetzungen vorliegen.

In Anlehnung an die oben beschriebenen Entscheidungen betrifft dies im Bereich der Kapitalmärkte Abwicklungsinfrastrukturen wie Zentralverwahrer und CCPs, im Bereich der Zahlungsdienste die Zahlungssysteme sowie die Kommunikationssysteme wie SWIFT. Freilich entbindet die Feststellung

---

[216] EuGH, Urt. v. 26.11.1998, *Bronner*, C-7/97, EU:C:1998:569, Rn. 43.

[217] Vgl. Europäische Kommission, Mitteilung v. 24.2.2009, Erläuterungen zu den Prioritäten der Kommission bei der Anwendung von Artikel 82 des EG-Vertrags auf Fälle von Behinderungsmissbrauch durch marktbeherrschende Unternehmen, ABl. 2009 C 45/7, Rn. 83; *Dunne*, JCLE 16 (2020), 74, 80–81.

[218] Vgl. Europäische Kommission, Mitteilung v. 24.2.2009, Erläuterungen zu den Prioritäten der Kommission bei der Anwendung von Artikel 82 des EG-Vertrags auf Fälle von Behinderungsmissbrauch durch marktbeherrschende Unternehmen, ABl. 2009 C 45/7, Rn. 81, 1. Spiegelstrich (Hervorhebung durch den Verf.).

dieser Charakteristika nicht von der Prüfung der weiteren Voraussetzungen des Missbrauchstatbestands, insbesondere der marktbeherrschenden Stellung.[219]

2. Regulierungsrechtliche Zugangsverpflichtungen als vorweggenommene Entscheidung über die Unentbehrlichkeit

Bestehen gesetzliche Zugangsansprüche, wird von Kommission und EuG angenommen, dass die Unentbehrlichkeit der regulierten Einrichtung für den Marktzutritt von der Kommission oder dem Zugangspetenten nicht mehr dargelegt werden müsse.[220] Vielmehr sei die Entscheidung des Regulierungsgebers heranzuziehen, der mit der gesetzlichen Zugangsverpflichtung den Marktzugang höher gewertet habe als die Innovationsanreize für den Inhaber der Einrichtung. Der Zielkonflikt zwischen langfristigen Wettbewerbsanreizen gegenüber der kurzfristigen Förderung des Wettbewerbs auf einem nachgelagerten Markt sei bereits getroffen, sodass das Balance-Instrument der Unentbehrlichkeit im Kartellrecht keine Anwendung mehr finden müsse.[221]

Hiergegen wird eingewendet, dass die *ex ante*-Bewertung des Regulierungsrechts einen anderen Bezugspunkt verfolgt also die *ex post*-Bewertung des Kartellrechts.[222] Die Fragestellung bei der Schaffung von Regulierungsrecht lautet,

---

[219] Vgl. bereits *Areeda*, Antitrust LJ 58 (1989), 841, 844, mit Blick auf die US-Praxis (insbesonderen von Jurys), vorschnell von der Unentbehrlichkeit der Einrichtungen auszugehen. Auch die vorbenannte Entscheidung zu *Morgan Stanley/VISA* beruht auf Art. 101 AEUV und nicht auf dem *essential facilities*-Gedanken. Jedoch stellte die Kommission in der Prüfung der Wettbewerbsverhältnisse VISAs marktbeherrschende Stellung fest, Europäische Kommission, E. v. 3.10.2007, COMP/D1/37.860 – *Morgan Stanley/VISA International & VISA Europe*, Rn. 79–93.

[220] EuG, Urt. v. 13.12.2018, *Slovak Telekom*, T-851/14, EU:T:2018:929, Rn. 121. Der EuGH konnte dies in der Folgeentscheidung offenlassen, da er die fragliche Verhaltensweise nicht als Zugangsverweigerung einstufte, EuGH, Urt. v. 25.3.2021, *Slovak Telekom*, C-165/19 P, EU:C:2021:239, Rn. 50. Siehe auch Europäische Kommission, Mitteilung v. 24.2.2009, Erläuterungen zu den Prioritäten der Kommission bei der Anwendung von Artikel 82 des EG-Vertrags auf Fälle von Behinderungsmissbrauch durch marktbeherrschende Unternehmen, ABl. 2009 C 45/7, Rn. 82; *Brand*, in: FK-KartR, Bd. III, Art. 102 AEUV, Rn. 388, bezeichnet diese Vorgehensweise als „Schlupfloch".

[221] EuG, Urt. v. 18.11.2020, *Lithuanian Railways*, T-814/17, EU:T:2020:545, Rn. 91–92; Urt. v. 13.12.2018, *Slovak Telekom*, T-851/14, EU:T:2018:929, Rn. 115–121. Dies aus praktischen Gesichtspunkten befürwortend *Dunne*, JCLE 16 (2020), 74, 86–87.

[222] *O'Donoghue/Padilla*, Law and Economics of Article 102 TFEU, S. 64–66, 679–681. Dies anerkennend Generalanwalt *Saugmandsgaard Øe*, Schlussanträge v. 9.11.2020, *Deutsche Telekom/Kommission*, C-152/19 P, *Slovak Telekom/Kommission*, C-165/19 P, EU:C:2020:678, Rn. 110–111, wenngleich es für seinen Entscheidungsvorschlag darauf aus anderen Gründen nicht ankam. Der EuGH folgte dem Entscheidungsvorschlag des Generalanwalts. Ohne näher auf die Argumentation der Parteien einzugehen, stellte er fest, dass eine kartellrechtliche Zugangsverpflichtung „wettbewerbspolitisch nur in Fällen [zu] rechtfertigen [sei], in denen das marktbeherrschende Unternehmen den betreffenden Markt fest in seinem Griff hält", was anhand der Bronner-Voraussetzungen, „insbesondere derjenigen der

ob auf einem spezifischen nachgelagerten Zugang zu einer spezifischen Dienstleistung geschaffen werden soll. Im Falle *Slovak Telekom* war die Regulierung der „letzten Meile" für den Internetzugang betroffen, also das Kupferkabelnetz von den Verteilerkästen in die Häuser. Der kartellrechtlich relevante Markt könnte hingegen weiter gefasst werden und den Markt für kabellose Lösungen oder das Glasfasernetz mit umfassen.[223] Bereits insoweit lässt sich eine regulatorische Zugangsverpflichtung nicht pauschal als vorweggenommenes Ergebnis für die kartellrechtliche Beurteilung der Unerlässlichkeit verstehen.[224]

Als weiteres Beispiel in dieser Hinsicht mag die *lex Apple Pay* dienen. Wie gezeigt, kann der Regulierungsgeber davon ausgehen, dass Zugang zu einer speziellen Infrastruktur wie der NFC-Schnittstelle notwendig ist, um auf dem nachgelagerten Markt für Zahlungsdienste tätig zu werden. Dies bedeutet allerdings nicht, dass bei der kartellrechtlichen Bewertung der Unentbehrlichkeit weitere faktische Möglichkeiten wie der QR-Code außen vorgelassen werden können.[225] Bei der politischen Entscheidung können viele Aspekte berücksichtigt werden, die für die kartellrechtliche Bewertung keine Rolle spielen.

Weiterhin werden im Falle regulierungsrechtlicher Zugangsverpflichtungen zugleich Entgelte und deren Komponenten mitgeregelt. Diese Entgeltregulierung beinhaltet zumeist Kriterien, anhand derer ein Ausgleich zwischen dem Investitionsinteresse des Inhabers einer Einrichtung und dem Interesse des Zugangspetenten ermöglicht wird. § 21 TKG enthält etwa einen umfassenden Katalog an Abwägungskriterien, in dessen Nr. 3 und 4 Anfangsinvestitionen und die Notwendigkeit der Sicherung langfristigen Wettbewerbs genannt werden.[226] Während der wettbewerbliche Nachteil durch die Eröffnung des Zugangs durch die Details bei der Entgeltregulierung ausgeglichen werden kann, ist ein solcher Mechanismus in den kartellrechtlichen Abhilfemaßnahmen nicht vorgesehen.[227] Auch insoweit sind die kartellrechtliche und die regulierungsrechtliche Bewertung nicht deckungsgleich.

Im Rahmen der Kartellrechtsanwendung ist daher das pauschale Absehen von der Prüfung der Unentbehrlichkeit einer Einrichtung bei Bestehen einer regulierungsrechtlichen Zugangsverpflichtung abzulehnen.

Unerlässlichkeit" im Einzelfall zu beurteilen sei, EuGH, Urt. v. 25.3.2021, *Slovak Telekom*, C-165/19 P, EU:C:2021:239, Rn. 48–49.

[223] *O'Donoghue/Padilla*, Law and Economics of Article 102 TFEU, S. 65.

[224] Im Ergebnis ebenso, EuGH, Urt. v. 25.3.2021, *Slovak Telekom*, C-165/19 P, EU:C:2021:239, Rn. 48–49.

[225] Siehe oben S. 118.

[226] Siehe etwa *Mayen*, in: Scheurle/Mayen, TKG, § 21, Rn. 12–20: „Grundrechte des potenziellen Zugangsverpflichteten wie auch die der Endnutzer und der Wettbewerber des marktmächtigen Unternehmens".

[227] *Mestmäcker/Schweitzer*, Europäisches Wettbewerbsrecht, § 19, Rn. 53.

3. Unentbehrlichkeit als Mittel zur Aufgabenabgrenzung zwischen Kartell- und Regulierungsrecht

Hingegen kann das Vorliegen der Unentbehrlichkeit einen Hinweis darauf geben, ob es regulatorischer Eingriffe bedarf. Ein wesentlicher Unterschied zwischen Missbrauchsverbot und Regulierung liegt in der Frage, welche Einrichtungen betroffen sind.

Nach der *essential facilities*-Doktrin soll ausschließlich der Zugang zu solchen Einrichtungen geschaffen werden, die nicht duplizierbar oder ersetzbar sind. Dahinter stehen drei Erwägungen. Erstens bedeuten Zugangsverpflichtungen einen Eingriff in die (rechtlich geschützte) unternehmerische Freiheit der Unternehmen, ihre Geschäftspartner frei auszuwählen.[228] Zweitens sind negative wettbewerbliche Wirkungen der Zugangsverpflichtungen zu berücksichtigen. Durch die Zugangsverpflichtung werden Unternehmen Investitionsanreize genommen, wenn sie die hieraus entstehende marktbeherrschende Position mit Wettbewerbern teilen müssen, ohne die Investitionen amortisieren zu können.[229] Drittens schützt Art. 102 AEUV den Wettbewerb und nicht die betroffenen Wettbewerber.[230] Übergeordnet steht daher der Grundsatz, dass kartellrechtliche Zugangsverpflichtungen nur unter außergewöhnlichen Bedingungen angeordnet werden sollen.[231]

Vor diesem Hintergrund wird bisweilen die Entscheidungspraxis der Kommission und der Gerichte insbesondere in der *Microsoft*-Entscheidung[232] kritisiert, die den Prüfungsmaßstab weg von der fehlenden Duplizierbarkeit der Einrichtung hin zu einer Analyse der verschließenden Wirkung auf dem nachgelagerten Markt verschiebt.[233] Hierbei wird jedenfalls hinterfragt, ob das Kriterium der Unentbehrlichkeit weiterhin Anwendung findet.[234] Der EuGH beantwortete diese Frage jedoch eindeutig zugunsten des Kriteriums der Unent-

---

[228] Generalanwalt *Jacobs*, Schlussanträge v. 28.5.1998, *Bronner*, C-7/97, EU:C:1998:264, Rn. 56.

[229] Generalanwalt *Jacobs*, Schlussanträge v. 28.5.1998, *Bronner*, C-7/97, EU:C:1998:264, Rn. 57.

[230] Generalanwalt *Jacobs*, Schlussanträge v. 28.5.1998, *Bronner*, C-7/97, EU:C:1998:264, Rn. 58; siehe jeweils auch EuGH, Urt. v. 25.3.2021, *Slovak Telekom*, C-165/19 P, EU:C:2021:239, Rn. 47; *O'Donoghue/Padilla*, Law and Economics of Article 102 TFEU, S. 608–612 mit weiteren Argumenten.

[231] Ausdrücklich für immaterialgüterrechtliche Schutzrechte EuGH, Urt. v. 29.4.2004, *IMS Health*, C-418/01, EU:C:2004:257, Rn. 35.

[232] Europäische Kommission, E. v. 24.3.2004, COMP/37.792 – *Microsoft*; EuG, Urt. v. 17.9.2007, *Microsoft*, T-201/04, EU:T:2007:289.

[233] *Ahlborn/Evans*, Antitrust LJ 75 (2009), 887, 900–901. *Ridyard*, ECLR 25 (2004), 669, 670 spricht von einem Wechsel zur „*convenient facility doctrine*".

[234] Siehe hierzu etwa *Andreangeli*, ELRev 34 (2009), 584, 597–598, 606–607; *Dunne*, JCLE 16 (2020), 74; *Sasinowska*, EuZW 2013, 539.

behrlichkeit.[235] Hierbei betonte er, dass eine Zugangsverpflichtung – neben dem Kriterium der Unentbehrlichkeit – nur zu rechtfertigen sei, wenn „das marktbeherrschende Unternehmen den betreffenden Markt *über diese Infrastruktur* fest in seinem Griff hält."[236]

Hingegen kann Regulierung bereits früher eingreifen und per gesetzlicher Anordnung Zugangsansprüche für Einrichtungen schaffen, die nicht die Voraussetzungen für eine kartellrechtliche Zugangsverpflichtung erfüllen.[237] Zwar gelten die genannten Bedenken auch für regulatorische Ansprüche. Jedoch sind die berücksichtigungsfähigen Belange weiter gespannt als im Kartellrecht, sodass wiederum die (politische) Einschätzungsprärogative in den Vordergrund rückt. Gerade in Fällen, in denen andere Gesichtspunkte als reine Wettbewerbsbedenken eine Rolle spielen, kann daher nur per Regulierung reagiert werden.

Aus der Formulierung des EuGH, dass der Zugang zum nachgelagerten Markt „über diese Infrastruktur" beherrscht werden muss, kann man bereits einen Ausblick auf die Untersuchungen der Kommission in Apple ableiten. Die politische Sorge, dass aufgrund der Datenhoheit und der in sich geschlossenen Struktur des Apple-Kosmos ein Zugang zu angrenzenden Märkten wie Mobile Payments oder auch Musik-Apps erschwert wird, kann in der kartellrechtlichen Bewertung nur eingeschränkt Raum finden.[238] Es ist im Einzelfall der Zusammenhang zwischen der Beherrschung einer spezifisch zu bezeichnenden Infrastruktur und dem konkreten nachgelagerten Markt herzustellen.

Ebenfalls zu erwägen ist, ob die gewählte Formulierung des EuGH eine zeitliche Komponente beinhaltet. In Märkten mit hoher Innovationsdichte kann aus der Formulierung „fest im Griff halten" gefolgert werden, dass das bloß kurzfristige Innehaben einer (vermeintlich) wesentlichen Einrichtung nicht ausreicht, um kartellrechtliche Zugangsverpflichtungen auszulösen. Vielmehr muss die beherrschende Stellung derart gefestigt sein, dass der Marktzugang dauerhaft durch den Rechteinhaber beeinträchtigt werden kann. Andernfalls kann das Bronner-Kriterium des Fehlens tatsächlicher oder potenzieller Substitute nicht schlüssig beurteilt werden.

---

[235] Der EuGH nutzt die Formulierung „Unerlässlichkeit des Zugangs zur Infrastruktur", EuGH, Urt. v. 25.3.2021, *Slovak Telekom*, C-165/19 P, EU:C:2021:239, Rn. 49. Soweit in dieser Arbeit von Unentbehrlichkeit der Einrichtung gesprochen wird, ist dies deckungsgleich zu verstehen.

[236] EuGH, Urt. v. 25.3.2021, *Slovak Telekom*, C-165/19 P, EU:C:2021:239, Rn. 49, Hervorhebung durch den Verf. Wortlautidentisch das Urteil vom selben Tag in *Deutsche Telekom*, C-152/19 P, EU:C:2021:238, Rn. 49.

[237] *O'Donoghue/Padilla*, Law and Economics of Article 102 TFEU, S. 61–62.

[238] Dies wird nicht zuletzt durch die gesetzgeberischen Aktivitäten betätigt, durch die entsprechende „Regelungslücken" geschlossen werden sollen, etwa durch § 19a GWB, den Digital Markets Act (siehe Teil 1, Fn. 201) oder die politische Einigung über den Digital Services Act, COM(2020) 825 final.

Dem Kartellrecht verbleibt somit im Bereich der Zugangsansprüche die Rolle eines Exoten. Das streng zu verstehende Kriterium der Unentbehrlichkeit einer Einrichtung weist dem kartellrechtlichen Zugangsanspruch den Charakter einer Ausnahmeregel zu. In anderen Fällen, insbesondere sich schnell entwickelnden Märkten, ist eine gesetzliche Lösung zu finden. Doch auch, wenn die Marktstruktur auf Infrastrukturebene verfestigt und der nachgelagerte Markt innovationsgetrieben ist, kann eine Regulierungslösung sinnvoll sein. Gerade wenn der Infrastrukturinhaber auch auf dem nachgelagerten Markt tätig ist, kann er die innovativen Unternehmen während langwieriger Verfahren ausbluten lassen, sodass die rückblickende Kartellrechtsanwendung zu spät Wirkung entfaltet.[239]

4. Zwischenergebnis

Das Kriterium der Unentbehrlichkeit dient somit als Abgrenzungskriterium. Ein kartellrechtlicher Zugangsanspruch kann nur bei einer gefestigten Marktstellung auf Ebene der Infrastruktur geltend gemacht werden. Andernfalls kann Zugang nur per Regulierungslösung durch den Gesetzgeber angeordnet werden. Dieser kann jedoch auch in gefestigte Marktstrukturen eingreifen, insbesondere zum Schutz neuer Geschäftsmodelle, die andernfalls durch eine Blockadehaltung des Infrastrukturinhabers aus dem Markt gedrängt werden könnten.

Von einzelfallbezogenen Eingriffen durch den Gesetzgeber abgesehen, ist das Kriterium der Unentbehrlichkeit daher als Korrektiv zwischen kurzfristigen und langfristigen Wettbewerbswirkungen unabdingbar. Prototypisch kann es als Leitlinie für den Gesetzgeber dienen. Dies gilt uneingeschränkt auch auf den Finanzmärkten. Allerdings lassen sich aufgrund der Wirkung starker Netzwerkeffekte in Kombination mit regulierungsbedingten Markteintrittsbarrieren häufig Einrichtungen identifizieren, die als unentbehrlich einzustufen sind, sodass das Kriterium scheinbar an Gewicht verliert.

Mit Blick auf neue Initiativen, wie etwa die Crypto-asset-Verordnung[240] oder die erwartete Einführung eines elektronischen Wertpapieres in Deutschland,[241] zeigt sich aber, dass eine einzelfallbezogene Betrachtung unerlässlich ist. Das geplante eWertpapier kann dezentral auf Basis der Distributed Ledger-Technologie übertragen werden. Es bedürfte also keines Zentralverwahrers.[242]

---

[239] In diese Richtung am Beispiel FinTech, *Stolarski*, ECLR 39 (2018), 124, 128.

[240] Europäische *Kommission*, Vorschlag für eine Verordnung des Europäischen Parlaments und des Rates über Märkte für Kryptowerte und zur Änderung der Richtlinie (EU) 2019/1937, COM(2020) 593 final.

[241] Gesetzentwurf der Bundesregierung, Entwurf eines Gesetzes zur Einführung von elektronischen Wertpapieren, BT-Drs. 19/26925.

[242] *Mittwoch*, WM 2021 (Heft 8), 375, 377. Gleichwohl geht die Gesetzesbegründung davon aus, dass die registerführenden Stellen je nach Ausgestaltung den Vorschriften über

Je nach Marktentwicklung könnte die DLT-basierte Verwahrung daher ein Substitut für die bisherige Zentralverwahrung werden und könnte die wettbewerbliche Situation neu zu beurteilen sein. Bei Verlust der marktbeherrschenden Stellung eines Zentralverwahrers würde die regulierungsrechtliche Zugangsverpflichtung zwischen Zentralverwahrern an Gewicht gewinnen, während sie aus wettbewerblicher Perspektive an Legitimität verlieren würde, da der Marktzutritt auch anderweitig erreichbar wäre.

II. Systemstabilität als Rechtfertigungsgrund für Zugangsverweigerung

Neben der Frage des Obs von Zugangsansprüchen, stellt sich verstärkt die Frage, ob der Zugang zu diesen aus anderen Gesichtspunkten verweigert werden kann. Bei der Beantwortung dieser Frage fallen wiederum die Besonderheiten der Finanzmärkte ins Auge. Aufgrund der vergleichsweise starken Vernetzung der Marktteilnehmer und der damit zusammenhängenden Gefahr von Ansteckungseffekten[243] ist es umso entscheidender, die Funktionalität und Stabilität der Einrichtungen zu schützen.

Im Rahmen der *essential facilities*-Doktrin kann der Anknüpfungspunkt für diese Erwägungen unter dem Gesichtspunkt der objektiven Rechtfertigung der Zugangsverweigerung berücksichtigt werden. Hierunter könnte man die vielfach im Regulierungsrecht aufzufindenden Stabilitätserwägungen hinsichtlich der Finanzmarktinfrastrukturen fassen.

1. Anerkannte Rechtfertigungsgründe

Ungeachtet des Wirtschaftssektors spielt das Kriterium der objektiven Rechtfertigung in der Entscheidungspraxis der Kommission und der Gerichte keine große Rolle.[244] Als Rechtfertigungsgrund in Betracht gezogen wurden allenfalls (objektive) Kapazitätsbegrenzungen oder die Kreditwürdigkeit des Abnehmers.[245] Den Kommissionsprioritäten zur Durchsetzung des Art. 102 AEUV lässt sich ebenfalls nur ein erster Ansatzpunkt zur Berücksichtigungsfähigkeit von Stabilitätserwägungen entnehmen: Hier formuliert die Kommission, sie werde berücksichtigen, ob „marktverschließendes Verhalten in Anbetracht von Produktmerkmalen aus Gründen der Gesundheit und Sicherheit als

---

Zentralverwahrer und der entsprechenden Aufsicht unterliegen können, Gesetzentwurf der Bundesregierung, Entwurf eines Gesetzes zur Einführung von elektronischen Wertpapieren, BT-Drs. 19/26925, S. 58.

243 Siehe oben S. 56 ff.

244 *Brand*, in: FK-KartR, Bd. III, Art. 102 AEUV, Rn. 399; *Eilmansberger/Bien*, in: MüKoWettbR, Bd. 1, Art. 102 AEUV, Rn. 501.

245 Europäische Kommission, E. v. 26.2.1992, IV/33.544 – *British Midland/Aer Lingus*, Rn. 25 (Kreditwürdigkeit); E. v. 21.12.1993, ABl. 1994 L 55/52, *Hafen von Rødby*, Rn. 15 (Kapazitätsgrenzen).

objektiv notwendig erachtet werden" kann.[246] Hintergrund dieser Formulierung waren Schutzmaßnahmen eines Herstellers beim In-Verkehr-Bringen gefährlicher Güter, sodass sich in Bezug auf Gefährdungen der dahinterliegenden Infrastruktur nur eine Grundwertung entnehmen lässt.

Als allgemeinere Kategorien von Ablehnungsgründen werden im Schrifttum neben betriebsbedingten Gründen wie fehlende Kapazität[247] etwa Sicherheitserwägungen und Gefahrenabwehr anerkennt, insbesondere (das Fehlen von) Eigenschaften fachlicher, technischer oder wirtschaftlicher Art.[248] Weiterhin werden Beeinträchtigungen der Funktionsweise der wesentlichen Einrichtung, beziehungsweise die Sicherung derselben, angeführt.[249] Die Ratio der kartellrechtlichen Zugangsverpflichtung – Ausgleich zwischen den Interessen des Eigentümers der Einrichtung und dem Schutz des Restwettbewerbs – spricht dafür, den Schutz der Einrichtung als solcher und ihrer Funktionsweise als Rechtfertigungsgrund anzuerkennen.[250] Schließlich soll der Inhaber der Einrichtung neben der zwangsweisen Zulassung weiterer Nutzer nicht auch noch ein erhöhtes Risiko der Vernichtung seiner Vermögenswerte tragen.

2. Systemstabilität als kartellrechtliches Kriterium

Letzterer Punkt ist mit Bezug auf die Finanzmärkte zu spezifizieren.

a) Generelle Anerkennung eines institutsbezogenen Ausschlussgrundes in SWIFT

Hierzu lässt sich zunächst das Verfahren der Kommission gegen SWIFT heranziehen. SWIFT verpflichtete sich darin, sämtliche Institute zu seinem Netzwerk zuzulassen, die die Kriterien des Europäischen Währungsinstituts für den Zugang zu Zahlungssystemen erfüllten. Diese sahen vor, dass ein Zugangspetent entweder (1.) aufgrund seines öffentlichen Charakters ein geringes Konkursrisiko mit sich brachte oder aber (2.) von der zuständigen Behörde

---

[246] Europäische Kommission, Mitteilung v. 24.2.2009, Erläuterungen zu den Prioritäten der Kommission bei der Anwendung von Artikel 82 des EG-Vertrags auf Fälle von Behinderungsmissbrauch durch marktbeherrschende Unternehmen, ABl. 2009 C 45/7, Rn. 29.

[247] Ausführlich etwa *Hohmann*, Die essential facility doctrine im Recht der Wettbewerbsbeschränkungen, S. 280–296.

[248] *Fuchs*, in: Immenga/Mestmäcker, Bd. 1. EU, Art. 102 AEUV, Rn. 338; *Mestmäcker/Schweitzer*, Europäisches Wettbewerbsrecht, § 19, Rn. 78; *O'Donoghue/Padilla*, Law and Economics of Article 102 TFEU, S. 659–661.

[249] *Böttcher*, Beiträge zum Transnationalen Wirtschaftsrecht, Heft 102, S. 17; *Deselaers*, in: Grabitz/Hilf/Nettesheim, Das Recht der Europäischen Union, Art. 102 AEUV, Rn. 476 m.w.N.; *Eilmansberger/Bien*, in: MüKoWettbR, Bd. 1, Art. 102 AEUV, Rn. 502.

[250] *Brand*, in: FK-KartR, Bd. III, Art. 102 AEUV, Rn. 399; *Eilmansberger/Bien*, in: MüKoWettbR, Bd. 1, Art. 102 AEUV, Rn. 501–503.

überwacht wurde.[251] Aus einer Zusammenschau dieser beiden Gesichtspunkte lässt sich schließen, dass maßgeblicher Gesichtspunkt für den Zugang zu Zahlungssystemen insoweit die gesicherte Zahlungsfähigkeit der Systemteilnehmer war. Abgeleitet aus dieser Entscheidung könnte eine Zugangsverweigerung somit durch (nachweisliche) Risiken hinsichtlich der Zahlungsfähigkeit des Zugangspetenten gerechtfertigt werden. Dies fügt sich in die Entscheidung der Kommission in der Sache *British Midland/Aer Lingus*[252] ein, in der die Kreditwürdigkeit des Zugangspetenten als Rechtfertigungsgrund für eine Zugangsverweigerung anerkannt wurde.

Die Übernahme des Insolvenzrisikos als Rechtfertigungsgrund für eine Zugangsverweigerung erscheint auch unter einem weiteren Gesichtspunkt naheliegend: Wird eine einzige systemrelevante Einrichtung, wie der nationale Zentralverwahrer oder das dominierende Zahlungssystem, durch die Insolvenz eines Marktteilnehmers destabilisiert, kann dies Folgewirkungen für das gesamte Finanzsystem haben. Freilich stellt die beschriebene Konstellation einen Extremfall dar. Dennoch sind die aus der Finanzkrise gezogenen Lehren zu den gesamtwirtschaftlichen Folgen instabiler Finanzmärkte[253] ein gewichtiges Argument, bereits die Funktionsfähigkeit der konkreten Einrichtung als solcher in eine Abwägung zur Rechtfertigung der Zugangsverweigerung mit einzubeziehen.

b) Erhöhung makroprudenzieller Risiken als Ausschlusskriterium

Unter diesem Gesichtspunkt könnten über das bloße Insolvenzrisiko hinaus erweiterte Risiken als Rechtfertigungsgrund herangezogen werden, wenn und soweit es Anhaltspunkte dafür gibt, dass die Aufnahme eines neuen Teilnehmers in eine zentrale Finanzmarktinfrastruktur Risiken für die Gesamtstabilität des Systems mit sich bringt. So wäre denkbar, Risiken für die Systemstabilität einfließen zu lassen, auch wenn für das einzelne Institut nur ein geringeres Risiko als die Insolvenz im Raum steht, wie etwa die bloße Verzögerung von Zahlungen.[254] Neben den konkret institutsbezogenen Kriterien könnte somit bereits ein abstrakteres Risiko als das der Insolvenz Berücksichtigung finden.

Im Regulierungsrecht ist die Berücksichtigung der Risiken für die Finanzstabilität etwa in Art. 33 Abs. 1 CSDR ausdrücklich vorgesehen. Hiernach soll „der faire und offene Zugang [zu den Dienstleistungen eines Zentralver-

---

[251] Europäische Kommission, Veröffentlichung einer Verpflichtungserklärung, IV/36.120 – *La Poste/SWIFT*, ABl. 1997 C 335/3.

[252] Europäische Kommission, E. v. 26.2.1992, IV/33.544 – *British Midland/Aer Lingus*, Rn. 25 (Kreditwürdigkeit).

[253] Näher oben S. 67 f.

[254] Für ein Beispiel siehe *Armour u.a.*, Principles of Financial Regulation, S. 391. Der Schaden des mehrtägigen Ausfalls des IT-Systems der Royal Bank of Scotland betrug über GBP 100 Mio.

wahrers] unter gebührender Berücksichtigung der Risiken für die Finanzstabilität und das ordnungsgemäße Funktionieren der Märkte sichergestellt" werden.[255] Ebenso sieht Art. 35 PSD2 Einschränkungen des Zugangs zu Zahlungssystemen vor, soweit insbesondere der „Schutz der finanziellen und operativen Stabilität des Zahlungssystems" dies notwendig erscheinen lässt.

c) Schwierigkeiten der Bewertung im kartellrechtlichen Verfahren

Ein solch abstrakter Maßstab erscheint für die Kartellrechtspraxis indes nicht geeignet. Bezugspunkt der Art. 101, 102 AEUV ist das Verhalten eines Unternehmens in der Vergangenheit. In Konstellationen der Zugangsverweigerung erfolgt dieses Verhalten gegenüber einem oder mehreren Unternehmen. Dieses Verhältnis wird umfassend beleuchtet. Wenngleich hierbei auch die Marktverhältnisse zur Bestimmung der marktbeherrschenden Stellung untersucht werden, wird keine allumfassende, allgemeine Marktanalyse unter Einbezug von Risikopositionen, Risikobündelung zwischen den Marktteilnehmern oder finanzieller Ausstattung aller Marktteilnehmer vorgenommen. Etwaige Rechtfertigungsgründe mit Bezug zum Zugangspetenten müssen in dessen Person liegen.[256]

Neben diesem materiellen Kriterium sprechen Gesichtspunkte der Verfolgung beziehungsweise Durchsetzung des Kartellrechts gegen eine Berücksichtigung weit gefasster Systemstabilitätserwägungen.

aa) Betroffenes Unternehmen als Kontrolleur der Wettbewerber?

Zunächst ist dasjenige Unternehmen beweisbelastet, das sich auf den Rechtfertigungsgrund stützt. Es muss darlegen, warum es die Zugangsverweigerung als gerechtfertigt ansieht und etwaige Argumente und Beweise vorbringen.[257] Dies dürfte dem marktbeherrschenden Unternehmen kaum einmal gelingen. Dafür müsste es weitreichende Einblicke in die Finanzdaten des Zugangspetenten verlangen, die dieses nicht herausgeben muss. Vielmehr könnte die Weitergabe sensibler Daten selbst einen Verstoß gegen Art. 101 AEUV unter dem Gesichtspunkt des Informationsaustauschs darstellen.[258]

Wie etwa im Bereich der Produktsicherheit oder beim Umweltschutz gilt zudem auch hier, dass es nicht Aufgabe des einzelnen Unternehmens ist, eigenmächtig Belange jeder Art gegenüber (potenziellen) Wettbewerbern durch-

---

[255] Ebenso ErwG 59 CSDR: „Ein solcher Zugang darf nur abgelehnt werden, wenn dadurch das reibungslose und ordnungsgemäße Funktionieren der Finanzmärkte gefährdet wird oder ein Systemrisiko entsteht".

[256] *Busche*, in: KK-KartR, Bd. 3, Art. 102 AEUV, Rn. 182.

[257] EuG, Urt. v. 17.9.2007, *Microsoft*, T-201/04, EU:T:2007:289, Rn. 688.

[258] Vgl. ausführlich *Wagner-von Papp*, in: MüKoWettbR, Bd. 1, Art. 101 AEUV, Rn. 331–368.

zusetzen.[259] Auch das marktbeherrschende Unternehmen hat lediglich eine besondere Verantwortung für den Restwettbewerb, nicht für die Marktverhältnisse als Ganzes.

bb) Kartellbehörden als Kontrolleur der aufsichtsrechtlichen Vorgaben?

Doch auch bei den Kartellbehörden ist diese Aufgabe nicht anzusiedeln. Eine umfassende Bewertung der (potenziellen) Risiken der Aufnahme eines konkreten Marktteilnehmers kann nicht Aufgabe der Kartellbehörden sein.[260] Hierzu fehlt ihr sowohl das Mandat aus den Verträgen sowie der entsprechende Sachverstand, der bei den Aufsichtsbehörden und den Zentralbanken verortet ist.[261] Die maßgeblichen Erwägungen, ob ein Unternehmen ein Risiko für die Stabilität eines Systems darstellt, werden zudem regelmäßig mit den Kriterien für die Erteilung und Verlängerung einer Erlaubnis übereinstimmen, die für die Teilnahme am Finanzdienstleistungsverkehr vorausgesetzt werden. Insoweit ist aus verfahrensökonomischen Gründen eine Bündelung der Zugangsregulierung bei der Aufsichtsbehörde jedenfalls sinnvoll.

Hier schließt sich der Kreis zur *SWIFT*-Entscheidung. In der konkreten Zusage wurde der Fokus auf die aufsichtsrechtlichen Komponenten gelegt: Bei Beaufsichtigung und Genehmigung durch die zuständige Behörde musste Zugang gewährt werden. Für eine Prüfung durch die Kartellbehörde blieb kein Raum. Wurde der antragstellende Zugangspetent von der Aufsichtsbehörde zur Erbringung von Finanzdienstleistungen zugelassen, so konnte der Inhaber der wesentlichen Einrichtung nach der Konzeption der Zusage keine Einwendungen mehr vorbringen.

Dies lässt sich abstrakter auf den Gedanken der Rechtfertigung übertragen. Wird der Zugangspetent nicht von der Aufsichtsbehörde als Risiko für die Systemstabilität angesehen, so kann dies – von Extremfällen wie einem akuten

---

[259] Mit Bezug zur Produktsicherheit EuG, Urt. v. 12.12.1991, *Hilti*, T-30/89, EU:T:1991:70, Rn. 118: „Auch gibt es Behörden, die für die Anwendung dieser Gesetze zuständig sind. Unter diesen Umständen kommt es einem Unternehmen in beherrschender Stellung eindeutig nicht zu, aus eigener Initiative Maßnahmen zu ergreifen, um Produkte zu eliminieren, die es zu Recht oder zu Unrecht im Vergleich zu eigenen Erzeugnissen für qualitativ minderwertig hält.“ Ebenso Europäische Kommission, Mitteilung v. 24.2.2009, Erläuterungen zu den Prioritäten der Kommission bei der Anwendung von Artikel 82 des EG-Vertrags auf Fälle von Behinderungsmissbrauch durch marktbeherrschende Unternehmen, ABl. 2009 C 45/7, Rn. 29. Siehe auch *Eilmansberger/Bien*, in: MüKoWettbR, Bd. 1, Art. 102 AEUV, Rn. 621–622.

[260] *Laguna de Paz*, ECLR 33 (2012), 77, 78.

[261] Art. 127 Abs. 5 AEUV. Zur Sachnähe *Hellwig*, MPI Discussion Paper 2018/7, S. 10.

[262] Zu Vorschlägen einer *regulatory sandbox* etwa *Buckley/Arner/Veidt/Zetzsche*, Wash. Univ. J. L & P 61 (2020), 55, mit einer Übersicht über verschiedene nationale Herangehensweisen auf S. 85–98; *Ringe/Ruof*, European Journal of Risk Regulation 11 (2020), 604.

Insolvenzrisiko abgesehen – auch nicht vom Inhaber der Einrichtung behauptet oder von der Kommission akzeptiert werden.

III. Fazit

Aufgrund der Wirkung starker Netzwerk- und Skaleneffekte sowie der Uniformität der Abwicklungsdienstleistungen im Finanzsektor nehmen die Abwicklungsunternehmen häufig eine marktbeherrschende Stellung ein, die nicht ökonomisch sinnvoll angegriffen werden kann. Insoweit sind sie trotz hoher Anforderungen häufig als wesentliche Einrichtung im Sinne der *essential facilities*-Doktrin einzustufen, und weisen insoweit eine Nähe zu den netzgebundenen Industrien auf.

Zugleich tragen diese Einrichtungen aufgrund ihrer Stellung im Markt ein hohes Risiko zur Weitergabe von Risiken zwischen angebundenen Instituten in sich. Kartellrechtliche Zugangsansprüche können dennoch nicht mit generellen Risikoerwägungen abgelehnt werden. Wenn nicht im Einzelfall besondere Risiken mit der Aufnahme des konkreten Zugangspetenten nachweisbar sind, ist jede weitere Risikoeinschätzung den jeweils zuständigen Aufsichtsbehörden zu überlassen. Eine eigenständige Prüfung etwaiger makroprudenzieller Faktoren im Rahmen eines Kartellverfahrens ist weder im Recht angelegt noch zweckmäßig.

Anforderungen an die (Finanz-)Marktteilnehmer können und sollen nicht von Kartellbehörden aufgestellt werden. Die diesbezüglichen qualitativen Kriterien müssen von Behörden mit besonderem Sachverstand aufgestellt und überwacht werden. Die Frage, ob durch diese Anforderungen Innovationen gebremst werden oder gar unmöglich gemacht werden, könnte in diesem Umfeld beantwortet werden.[262]

Der Zugangsanspruch selbst ist hingegen am Kartellrecht zu messen. Nicht ohne Grund sind an Zugangsansprüche unter der *essential facilities*-Doktrin hohe Anforderungen zu stellen. Es sind gerade diese Anforderungen, die sicherstellen, dass reine Trittbrettfahrer ausgeschlossen werden und Innovation nicht die Notwendigkeit entzogen wird. Das materielle Kriterium der wesentlichen Einrichtung darf daher nicht entwertet werden. Es sollte bei der Schaffung der Vorschriften Berücksichtigung finden, insbesondere bei der Auswahl der zu regulierenden Einrichtungen.

---

[262] Zu Vorschlägen einer *regulatory sandbox* etwa *Buckley/Arner/Veidt/Zetzsche*, Wash. Univ. J. L & P 61 (2020), 55, mit einer Übersicht über verschiedene nationale Herangehensweisen auf S. 85–98; *Ringe/Ruof*, European Journal of Risk Regulation 11 (2020), 604.

§ 8 Standardisierung von Finanzmarktprodukten

Auf den Finanzmärkten herrscht ein Bedürfnis nach Standardisierung. Aufgrund der nahezu weltweiten Verknüpfung der Finanzmärkte, der grenzüberschreitenden Tätigkeit von Finanzinstituten und der Geschwindigkeit von Transaktionen sind die Marktakteure darauf angewiesen, einheitliche Daten- und Nachrichtenformate sowie eine einheitliche Dokumentation zu nutzen. Diese Standards können sich im Wettbewerbsprozess entwickeln, wenn einzelne Produkte sich im Qualitätswettbewerb durchsetzen. Häufig ist aber auch die Zusammenarbeit verschiedener Marktteilnehmer notwendig oder jedenfalls sinnvoll, um den Wettbewerbsprozess um den Standard zu beschleunigen. Häufig dient die Vereinbarung eines Standards durch Wettbewerber als Vorstufe zur Schaffung gemeinsamer Produkte oder Infrastrukturen, die in § 9 untersucht werden sollen. Durch die Schaffung gemeinsamer Standards können Transaktionskosten reduziert,[263] Interoperabilität geschaffen und Wettbewerb ermöglicht werden.[264] Zugleich können diese Standards aber auch negative Auswirkungen für den Wettbewerb bedeuten.

Wird der Standard im Rahmen einer Kooperation unter Wettbewerbern festgelegt, kann dies einen Verstoß gegen Art. 101 AEUV bedeuten. Wenn der Marktzutritt von der Nutzung des Standards abhängt, kann der Ausschluss einzelner Wettbewerber oder die Festsetzung diskriminierender Preis- und Nutzungsregeln einen Verstoß gegen Art. 101 AEUV darstellen.[265] Je nach Zuordnung der Rechte an den Standards kann die Diskriminierung von Wettbewerbern auch einen Verstoß gegen Art. 102 AEUV begründen, wenn der Standardinhaber eine marktbeherrschende Position innehat. Ähnliche Probleme ergeben sich bei der Entstehung faktischer Standards, wenn sich ein spezieller Input aufgrund seiner besonderen Qualität und/oder durch die Marktgegebenheiten als faktischer Industriestandard etabliert. Auch dann kann der Inhaber des jeweiligen Rechts seine hieraus entstandene Machtstellung ausnutzen, insbesondere beim Vorliegen von Netzwerkeffekten.[266]

Insoweit stehen diese Fallkonstellationen an der Schnittstelle zwischen Kooperationen und Zugangsfällen. Einerseits kann die wirtschaftliche Machtstellung durch die Kooperation der Marktteilnehmer bei der Schaffung eines Standards entstehen. Ausgenutzt wird die Machtstellung hingegen durch den Ausschluss bei der Nutzung des Standards beziehungsweise durch die Gestaltung der Konditionen des Zugangs.

---

[263] Europäische Kommission, Horizontal-LL, Rn. 308, 312.

[264] *Marchetti*, in: Delimatsis, International Standardisation, S. 141.

[265] Europäische Kommission, Horizontal-LL, Rn. 268, 272.

[266] *Shapiro*, in: Dreyfuss/Zimmermann/First, Expanding the Boundaries of Intellectual Property, S. 81, 89.

A. Fallbeispiel 1: Daten für den CDS-Börsenhandel

Die erste Fallkonstellation, mit der sich die Kommission befasste, behandelt die Daten für den Handel mit Credit Default Swaps (CDS). Diese Daten umfassen Preise für einzelne CDS-Transaktionen und aus den Einzelpreisen kumulierte Indizes. Beide werden auf Grundlage einheitlicher, von den Marktteilnehmern geschaffener Regelwerke erstellt. Sie stellen einen Markt-Standard dar, der durch die Kooperation der größten Marktteilnehmer im CDS-Handel geschaffen wurde. Diese Daten nutzten die Großbanken für den außerbörslichen Handel mit CDS. Die Kommission untersuchte den Umgang mit diesen Daten, insbesondere mit Blick auf Praktiken, die einen börslichen Handel mit Derivaten verhindern sollten, indem die handelsessenziellen Daten nicht mit potenziellen Wettbewerbern geteilt wurden.[267]

Neben diesem Wettbewerbsproblem bestand ein politisches Interesse, den Derivatehandel an die Börsen zu bringen, um die in der Finanzkrise virulent gewordenen Transparenz- und Stabilitätsprobleme zu beseitigen, die der außerbörsliche Handel mit CDS mit sich brachte. Diesem Interesse wurde durch die Erweiterung der Aufsichtsvorschriften Genüge getan.[268]

I. Credit Default Swaps

CDS sind Finanzinstrumente, mit denen Ausfallrisiken von Krediten abgesichert werden (sogenanntes Hedging). Gegen Zahlung eines Kupons erwirbt der Käufer einen Ausgleichsanspruch beim Ausfall des zugrundeliegenden Kredits oder beim Eintritt anderer vertraglich definierter Ereignisse.[269] Im Unterschied zu einer echten Kreditversicherung muss man für den Erwerb eines CDS nicht Inhaber des zu versichernden Kredits sein.[270] Kreditrisiken werden so handelbar und machen die Bewertung der Kredibilität einzelner Kreditnehmer durch einen Marktpreis visibel. Abweichende Risikoeinschätzungen hinsichtlich einzelner Kredite oder Kreditportfolios können während der Kreditlaufzeit im Sekundärhandel eingepreist werden.[271] Infolge dieser Entwicklung wurden CDS,

---

[267] Europäische Kommission, E. v. 20.7.2016, AT/39.745 – *CDS Information Market*.

[268] ErwG 4 EMIR; ErwG 1 MiFIR.

[269] Vgl. Art. 2 Abs. 1 lit. c) LeerverkaufsVO; *Reiner/Scholl*, in: Ellenberger/Bunte, Bankrechts-Handbuch, § 94, Rn. 32; instruktiv *Wittinghofer*, NJW 2010, 1125.

[270] *Plank*, ZWeR 2016, 415, 420. Kritisch zu diesen sog. „naked CDS" etwa *Murdock*, HBLR online 3 (2013), 133, 136–137.

[271] Vgl. etwa *Berger*, in: MüKoBGB, Bd. 4, Vor § 488 BGB, Rn. 18. Kritisch zum (positiven) Beitrag der CDS zum Preisbildungsprozess mit Blick auf die niedrige Zahl an CDS-Händlern *Murdock*, HBLR online 3 (2013), 133, 135–136. Diese lasse zumindest Zweifel an der Effizienz der Preisbildung aufkommen.

wie Derivate im Allgemeinen, neben Hedging verstärkt zu Spekulation und Arbitragegeschäften eingesetzt.[272]

Der Handel mit CDS fand lange Zeit außerbörslich als sogenannter *over the counter* (OTC)-Handel statt. Hierbei übernahmen große Investmentbanken die Marktfunktion, indem sie Angebot und Nachfrage koordinierten. Die Entlohnung für das Zusammenführen von Angebot und Nachfrage erfolgt – wie auch beim Börsenhandel – über das Einbehalten der Differenz zwischen den Verkäufer- und Käuferpreisen, des sogenannten *bid-ask spread*. Aufgrund der fehlenden Markttransparenz fällt der *bid-ask spread* beim außerbörslichen Handel höher aus.[273]

Um dem zunehmenden Wachstum im CDS-Handel und dem damit einhergehenden Bedarf nach Standardisierung gerecht zu werden, wurde in Ermangelung von Regulierungsrecht eine Art Selbstregulierung durch die Industrie herbeigeführt,[274] insbesondere durch die ISDA (International Swaps and Derivatives Association) als Ausgründung eines ehemals informellen Zusammenschlusses führender Banken.[275] Diese erstellte mit ihren Mitgliedern eine standardisierte Vertragsdokumentation, aus der insbesondere der Preisbildungsmechanismus für CDS hervorging.

II. Kartellrechtliche Untersuchungen

Ersten Bedenken der Kommission zufolge wurde der Markt für den CDS-Handel von verschiedenen Investmentbanken (im Folgenden auch die CDS-Händler) sowie von zwei Unternehmen, die die Lizensierung von Handelsdaten übernahmen (ISDA und Markit), durch wettbewerbsbeschränkende Maßnahmen im Sinne des Art. 101 AEUV abgeschottet.[276] Ziel dieser Absprachen sei gewesen, die weitgehend außerbörslich gehandelten Finanzinstrumente auch zukünftig von den Börsen fernzuhalten, um weiterhin die hohen Preisunterschiede zwischen Angebots- und Nachfrageseite abzuschöpfen.[277]

---

[272] Zu diesen Funktionen *Kerkemeyer*, Möglichkeiten und Grenzen bei der Regulierung von Derivaten, S. 43–47.

[273] Europäische Kommission, E. v. 20.7.2016, AT/39.745 – *CDS Information Market*, Rn. 17, 19 *(ISDA)*, Rn. 17, 19 *(Markit)*.

[274] *Kounadis*, JIBLR 29 (2014), 556, 562–563.

[275] *Weber*, Die neue Marktinfrastruktur im OTC Derivatehandel, S. 69–70.

[276] Europäische Kommission, E. v. 20.7.2016, AT/39.745 – *CDS Information Market*. Die Entscheidung gegen ISDA findet sich unter C(2016) 4583 final; die gegen Markit unter C(2016) 4585 final.

[277] *Almunia*, Rede v. 1.7.2013, Statement on CDS (credit default swaps) investigation, SPEECH/13/593.

1. Sachverhalt

Die ISDA, die erste Betroffene des Kartellverfahrens, ist eine Standardisierungsorganisation für den Handel mit Derivaten.[278] In ihr sind etwa 850 Mitglieder zusammengeschlossen. Sie veröffentlicht die Standarddokumentation für OTC-Derivate-Transaktionen, das sogenannte ISDA Master Agreement. Das Master Agreement stellt zum einen die vertragliche Grundlage für Derivatetransaktionen dar, beinhaltet aber zugleich regulierungsähnliche Regelungen.[279] Hierin verankert ist die Vorgehensweise für das Settlement der Transaktionen, in deren Verlauf der Endpreis für die Abwicklung der CDS festgestellt wird.[280] Dieser sogenannte ISDA-Endpreis wurde zum *de facto*-Industriestandard zur Bewertung der CDS und von der ISDA lizensiert. Jedoch weigerte sie sich, der Eurex und der CDMX, jeweils Tochterunternehmen von Börsen, Nutzungslizenzen für diese Preisdaten zuzuweisen. Diese Weigerung war nach den vorläufigen Feststellungen der Kommission darauf zurückzuführen, dass die CDS-Händler über ihre Vertreter im Vorstand Einfluss auf die Lizensierungsentscheidungen nahmen.[281]

Die zweite Betroffene, Markit, war eine Tochterfirma der großen Investmentbanken, die am CDS-Handel beteiligt waren.[282] Sie stellt die Indizes CDX und iTraxx zur Verfügung, welche insbesondere verschiedene wichtige Preisdaten, wie etwa die Abschlusspreise jedes Tages, abbilden.[283] Sie weigerte sich ebenfalls, der CDMX eine Lizenz zur Nutzung ihrer Indizes für den Börsenhandel mit CDS zur Verfügung zu stellen; dies wohl infolge eines Beschlusses der CDS-Händler im Rahmen eines beratenden Ausschusses der Markit.[284]

2. Rechtliche Würdigung und Abhilfemaßnahmen

Die Kommission begründete die wettbewerbsrechtlichen Bedenken mit einem (mutmaßlichen) Verstoß gegen Art. 101 AEUV. Die Entscheidungen, die jeweiligen Daten nicht für den Börsenhandel zu lizensieren, sei auf eine einzige und ununterbrochene Zuwiderhandlung zurückzuführen, bestehend aus einer

---

[278] Zur Entstehung der ISDA und ihrer Entwicklung zum Marktstandard vgl. *Weber*, Die neue Marktinfrastruktur im OTC Derivatehandel, S. 98–99.

[279] *Borowicz*, CMLJ 16 (2021), 72, 77–79.

[280] Europäische Kommission, E. v. 20.7.2016, AT/39.745 – *CDS Information Market (ISDA)*, Rn. 8–9.

[281] Europäische Kommission, E. v. 20.7.2016, AT/39.745 – *CDS Information Market (ISDA)*, Rn. 20–23.

[282] Im Laufe der Untersuchung der Kommission wurde Markit an der Börse gelistet und befindet sich zumindest teilweise in Streubesitz, vgl. Europäische Kommission, E. v. 20.7.2016, AT/39.745 – *CDS Information Market (Markit)*, Rn. 9.

[283] Europäische Kommission, E. v. 20.7.2016, AT/39.745 – *CDS Information Market (Markit)*, Rn. 23–25.

[284] Europäische Kommission, E. v. 20.7.2016, AT/39.745 – *CDS Information Market (Markit)*, Rn. 31–34.

Absprache oder einheitlichen Verhaltensweise der großen Investmentbanken gemeinsam mit Umsetzungsmaßnahmen durch entsprechende Beschlüsse der Unternehmensvereinigungen ISDA und Markit. Hierdurch sei eine Marktabschottung bewirkt worden.[285] Es ging den Beteiligten mutmaßlich darum, einen Börsenhandel der betroffenen Derivate zu verhindern und auch weiterhin den hohen *bid-ask spread* aus dem außerbörslichen Handel zu vereinnahmen.[286]

Die marktverschließende und damit wettbewerbsbeschränkende Wirkung ergebe sich aus der Bedeutung der jeweiligen Daten. Sowohl der ISDA-Endpreis als auch die von Markit bereitgestellten Indizes CDX und iTraxx waren nach Ansicht der Kommission unerlässliche Ressourcen für den Börsenhandel von Derivaten.[287] Ohne diese Daten wäre eine ineffiziente Duplizierung der Preisbildungsmechanismen vonnöten. Zudem würde ein eigener börslicher Preisbildungsmechanismus mangels ausreichender Handelsaktivität an den Börsen nicht oder nur schlecht funktionieren. Es stellt sich das „Henne-Ei-Problem" von Marktplätzen:[288] Ohne Handel keine Preisbildung, ohne Preisbildung kein Handel. Ohne den Zugang zu diesen Daten sei es daher nicht möglich, börsengehandelte Derivate anzubieten und somit in Wettbewerb mit dem OTC-Handel zu treten. Die Weigerung, die Lizenzen zu erteilen, stelle daher eine bewirkte Wettbewerbsbeschränkung dar.[289]

Um den Zugangspetenten Abhilfe zu schaffen und damit die Wettbewerbsbedenken zu beseitigen, boten sowohl die ISDA als auch Markit verschiedene Verpflichtungszusagen an, die von der Kommission für bindend erklärt wurden. Die Zusagen beinhalteten zum einen die Verpflichtung, Zugang zu den Daten zu FRAND-Konditionen zu gewähren. Im Falle der ISDA wurde dies infolge des immaterialgüterrechtlichen Schutzes als Lizensierungsverpflichtung ausgestaltet. Zugleich verpflichteten sich die ISDA und Markit, ihre institutionellen Verknüpfungen mit den im OTC-Derivatehandel maßgeblichen Investmentbanken dergestalt aufzulösen, dass diese keinen Einfluss auf die Lizensierung der Daten nehmen und lediglich zu technischen und administrativen Fragen beraten können.[290] Das Verfahren gegen die betroffenen Investment-

---

[285] Europäische Kommission, E. v. 20.7.2016, AT/39.745 – *CDS Information Market*, Rn. 32 *(ISDA)*; Rn. 33 *(Markit)*.

[286] Europäische Kommission, Pressemitteilung v. 1.7.2013, IP/13/630.

[287] Europäische Kommission, E. v. 20.7.2016, AT/39.745 – *CDS Information Market*, Rn. 36 *(ISDA)*; Rn. 34 *(Markit)*.

[288] Vgl. *Schweitzer/Haucap/Kerber/Welker*, Modernisierung der Missbrauchsaufsicht für marktmächtige Unternehmen, S. 150.

[289] Europäische Kommission, E. v. 20.7.2016, AT/39.745 – *CDS Information Market*, Rn. 30–37 *(ISDA)*; Rn. 31–34 *(Markit)*.

[290] Europäische Kommission, E. v. 20.7.2016, AT/39.745 – *CDS Information Market*, Rn. 46 *(ISDA)*, Rn. 41 *(Markit)*.

banken wurde hingegen in Ermangelung ausreichender Nachweise eines Wettbewerbsverstoßes eingestellt.[291]

III. Regulierungsrecht

Aufgrund der Auswirkungen des OTC-Derivatehandels im Rahmen der Finanzkrise[292] im Allgemeinen und des hohen Handelsvolumens von CDS[293] im Speziellen war der außerbörsliche Handel mit Derivaten bereits vor Einleitung der Kartellverfahren im April 2011[294] ins Visier des Regulierungsgebers geraten. Ausgangspunkt war die Erklärung der G20-Staaten beim Pittsburgh-Treffen 2009, in der sie vereinbarten, den Handel mit standardisierten Derivaten zu vereinheitlichen, insbesondere durch den Handel auf Börsen oder elektronischen Handelsplätzen und zentrale Clearingpflichten. Ziel der Maßnahmen waren die Verbesserung der Transparenz an den Derivatemärkten, die Senkung des Systemrisikos[295] und der Schutz vor Marktmissbrauch.[296] In der EU wurde dies durch die EMIR,[297] die MiFIR und die LeerverkaufsVO umgesetzt.

1. Transparenzmaßnahmen

Gemäß Art. 37 MiFIR[298] haben zentrale Gegenparteien und Handelsplätze einen Anspruch auf diskriminierungsfreien Zugang zu Kurs- und Handelsdaten, oder, im Falle eines Schutzes der Daten durch IP-Rechte, Lizensierung. Dieser

---

291 Zur Einstellung der Verfahren gegen die beteiligten Banken, Abschlussbericht des Anhörungsbeauftragten v. 7.7.2016, ABl. 2016 C 378/5, Rn. 12, wonach die „Beweismittel [...] nicht stichhaltig genug [waren], um die Bedenken der Kommission in Bezug auf die Händler zu bestätigen"; Europäische Kommission, Pressemitteilung v. 4.12.2015, abrufbar unter www.ec.europa.eu/commission/presscorner/detail/en/MEX_15_6254.

292 Commission Staff Working Document, Impact Assessment, Accompanying document to the Proposal for a Regulation of The European Parliament And Of The Council On OTC derivatives, central counterparties and trade, SEC(2010) 1058, S. 13–24; *Gregory*, Central Counterparties, S. 3–4 und S. 41: „many attach the most significant amount of blame to the very existence of over-the-counter (OTC) derivatives."; *Kerkemeyer*, Möglichkeiten und Grenzen bei der Regulierung von Derivaten, S. 66–69; *Kounadis*, JIBLR 29 (2014), 556, 557.

293 *de Larosière u.a.*, Bericht der High-Level Group on Financial Supervision in the EU, Rn. 27. Im Jahr 2013 betrug das Volumen der durch CDS abgesicherten Kredite EUR 10 Billionen, Europäische Kommission, Memo v. 1.7.2013, MEMO/13/632, S. 1.

294 Europäische Kommission, Pressemitteilung v. 29.4.2011, IP/11/509.

295 Zur Funktionsweise des Clearings zur Risikominimierung etwa *Stegeman/Berket*, in: Busch/Ferrarini, Regulation of the EU Financial Markets, Rn. 15.37–15.39.

296 Erklärung der G20-Staats- und Regierungschefs, Gipfeltreffen in Pittsburgh am 24./25.9.2009, Abschnitt 2, Rn. 13, abrufbar unter www.ec.europa.eu/archives/commission_2010-2014/president/pdf/statement_20090826_en_2.pdf. Siehe auch *Brambring*, Zentrales Clearing von OTC-Derivaten, S. 124–130.

297 Überblick bei *Brambring*, Zentrales Clearing von OTC-Derivaten, S. 130–139.

298 I.V.m. Delegierte Verordnung (EU) 2016/2021.

Anspruch umfasst etwa den von Markit angebotenen iTraxx-Index[299] und ist insoweit deckungsgleich mit dem Inhalt der Verpflichtungszusagen Markits. Zugleich verbietet Art. 37 Abs. 3 MiFIR Vereinbarungen zwischen Referenzwerterbringer und Handelsplätzen, Clearinghäusern und anderen Stellen zur Vereitelung der Zugangsansprüche.

Um den Derivate-Handel insgesamt überwachen zu können, müssen zudem sämtliche Transaktionen mit Derivatekontrakten an ein Transaktionsregister gemeldet werden, Art. 9 EMIR. Verpflichtender Inhalt dieser Meldungen sind nach Art. 9 Abs. 5 EMIR die an der Transaktion beteiligten Parteien sowie die wesentlichen Merkmale (Art, Fälligkeit, Nominalwert, Preis, Abwicklungsdatum) der gehandelten Derivate. Trotz der Verortung der Vorschrift in der EMIR, also der Verordnung über außerbörslich gehandelte Derivate, gilt die Vorschrift für sämtliche Transaktionen mit Derivatekontrakten.[300] Diese Daten sind gemäß Art. 81 Abs. 3 EMIR den Aufsichtsbehörden zugänglich zu machen. Für private Investoren sind hingegen lediglich aggregierte Daten verfügbar, die (mindestens) einmal wöchentlich aktualisiert werden müssen.[301]

2. *Handelspflicht (an regulierten Handelsplätzen)*

Art. 28 MiFIR verpflichtet Wertpapierfirmen,[302] näher spezifizierte Derivate an regulierten Marktplätzen zu handeln (sogenannte Handelspflicht). Die betroffenen Derivatekontrakte sind in der Delegierten Verordnung (EU) 2017/2417 genannt. Maßgebliches Kriterium sind die Marktdurchdringung und die Liquidität. Besonders häufig gehandelte Derivate beziehungsweise Derivate, die ein besonders hohes Handelsvolumen erzielen, sollen zu Transparenzzwecken an öffentlichen Börsenplätzen gehandelt werden.[303]

Flankiert wird die Handelspflicht durch die Pflicht zur Aufstellung nichtdiskriminierender Zulassungskriterien zu den Handelsplätzen in der MiFID II.[304]

3. *Clearingpflicht*

Daneben besteht eine Clearingpflicht für Derivate aus Art. 4 Abs. 1, 3 EMIR. Dieser sieht vor, dass außerbörslich gehandelte Derivatekontrakte an einer zugelassenen Central Counterparty gecleart werden müssen. In Ergänzung hierzu wird in Art. 29 MiFIR eine Clearingpflicht für börslich gehandelte Derivate

---

[299] *Hartenfels*, in: Assmann/Schneider/Mülbert, Wertpapierhandelsrecht, Art. 37 MiFIR, Rn. 4.

[300] *Hartenfels* in: Assmann/Schneider/Mülbert, Wertpapierhandelsrecht, Art. 9 EMIR, Rn. 15.

[301] Art. 81 Abs. 1 EMIR i.V.m. Art. Art. 1 Delegierte Verordnung (EU) Nr. 151/2013.

[302] Genauer finanzielle Gegenparteien i.S.v. Art. 2 Nr. 8 EMIR.

[303] ErwG 1 Delegierte Verordnung (EU) 2017/2417.

[304] Art. 53 Abs. 1 MiFID II für geregelte Märkte, Art. 18 Abs. 3 MiFID II für MTF und OTF; umgesetzt in § 72 Nr. 1 WpHG.

aufgestellt.[305] Insoweit unterliegen sämtliche Derivate, ungeachtet der Handelsform, einer Clearingpflicht. Der Zugang zu diesen CCPs erfolgt diskriminierungsfrei und in transparenter Weise, unabhängig vom Handelsplatz.[306] Umgekehrt müssen die Handelsplätze den CCPs in selbiger Art und Weise Handelsdaten zur Verfügung stellen.[307] Insoweit wurde ein System gegenseitiger Durchlässigkeit eingeführt, das zumindest ermöglichen soll, die branchentypische Bildung von sogenannten *vertical silos*[308] aufzubrechen. Erwägungsgrund 34 EMIR weist explizit darauf hin, dass unbeabsichtigte Wettbewerbsverzerrungen infolge der Eigentumsverhältnisse an den Clearinghäusern vermieden werden sollen.[309]

IV. Vergleich und Bewertung

Bereits im Laufe des Kartellverfahrens wurden umfassende Regulierungsmaßnahmen erlassen, die den Handel mit Derivaten neu ordnen. Hier stellt sich die Frage, ob überhaupt ein Bedarf für die Entscheidungen der Kommission verblieb, insbesondere in Form von verhaltensbezogenen Verpflichtungszusagen für die Zukunft.

1. Eigenständiger Anwendungsbereich für das Kartellrecht?

a) ISDA-Endpreis nicht von Regulierung umfasst

Die ISDA verpflichtete sich, den ISDA-Endpreis für Derivatekontrakte an interessierte Dritte zu lizensieren. Währenddessen schreibt Art. 9 EMIR vor, dass sämtliche Transaktionen an ein Transaktionsregister zu melden sind, wobei die Daten in aggregierter Weise für Dritte zugänglich zu machen sind, Art. 81 EMIR. Die Verpflichtungszusagen behalten daher ihren eigenständigen Wert über die Regulierung hinaus. Interessenten können lediglich auf die aggregierten Daten zugreifen, nicht hingegen auf die Einzelwerte, die für den Börsenhandel unerlässlich sind. Auch nach Art. 37 MiFIR kann kein Zugang zu den ISDA-Endpreisen verlangt werden. Diese stellen keinen Referenzwert

---

305 Hierdurch soll verhindert werden, dass der Handel mit Derivaten an geregelte Märkte verlegt wird, ohne dass die Risiken dezentralen Clearings behoben werden, *Stegeman/Berket*, in: Busch/Ferrarini, Regulation of the EU Financial Markets, Rn. 15.34.

306 Art. 7 EMIR, Art. 35 MiFIR.

307 Art. 8 EMIR, Art. 36 MiFIR.

308 Der Begriff *vertical silo* wird benutzt, um eine vertikal integrierte Organisationsstruktur im Wertpapierhandel zu beschreiben. Typischerweise ist die Börsengesellschaft zugleich Eigentümerin eines Clearinghauses sowie einer Sammelverwahrstelle, vgl. *Aubry*, JIBLR 23 (2008), 578, 580.

309 *Lucantoni*, in: Lehmann/Kumpan, Art. 8 EMIR, Rn. 1. Vgl. auch Europäische Kommission, E. v. 29.3.2017, M.7995 – *Deutsche Börse/LSE*, Fn. 124 bei Rn. 183: „In addition, while it is currently unclear how exactly the upcoming regulation on open access will play out in practice, it is the aim of that regulation to break up the vertical silos."

im Sinne des Art. 37 MiFIR dar. Vielmehr ist der von der ISDA errechnete Endpreis Grundlage für die Erstellung der Referenzwerte.[310] Insoweit bietet der kartellrechtliche Zugangsanspruch ein weiteres Anwendungsfeld.[311]

b) Zugang zu Referenzwerten umfassend von Regulierungsrecht abgedeckt

Die von Markit angebotenen Zusagen wurden hingegen durch die 2014 erlassene MiFIR weitgehend obsolet. Art. 37 MiFIR ordnet an, dass zentralen Gegenparteien und Handelsplätzen diskriminierungsfreier Zugang zu Referenzwerten und etwaigen Schutzrechten für diese zu gewähren ist.[312] Durchgesetzt wird diese Regelung durch die BaFin, § 120 Abs. 9 Nr. 26 WpHG. In sachlicher Hinsicht wird der Anwendungsbereich der Verpflichtungszusagen weggenommen. Mit Blick auf den zeitlichen Horizont werden die Verpflichtungszusagen dennoch praxisrelevant. Für die Zeit zwischen Erlass der Entscheidungen über die Verpflichtungszusagen am 20.7.2016 bis zum Inkrafttreten der Verpflichtungen aus Art. 37 MiFIR am 3.1.2019 mussten Unternehmen auf die kartellrechtlichen Verpflichtungen zurückgreifen.[313] Dies war in den Zusagen vorgesehen: In Ziffer 2.7 der Markit-Zusagen wird geregelt, dass die angebotenen Regeln zum Zugang zu den Indizes ab Geltung des Art. 37 MiFIR an diesem auszurichten sind.

Dass überhaupt ein Anwendungsbereich für die Verpflichtungszusagen verblieb, ist nur der verlängerten Frist für das Wirksamwerden des Art. 37 MiFIR zu verdanken. Sämtliche anderen Vorschriften der MiFIR galten entweder mit Inkrafttreten oder spätestens ab dem 3.1.2017.[314] Diese verlängerte Frist wurde wiederum infolge informeller Trilog-Gespräche zwischen Rat, Kommission und Parlament eingeführt. Warum die neue Übergangsfrist geschaffen wurde, ist dem Gesetzgebungsverfahren nicht zu entnehmen. Der Kompromiss in den informellen Trilog-Gesprächen wurde nicht näher dokumentiert,[315] nachdem

---

[310] Vgl. Art. 3 Nr. 39 MiFIR, wonach Referenzwerte auf Grundlage eines oder mehrerer Basiswerte oder Preise gebildet werden.

[311] Entsprechende Dokumentation zur Anfrage einer Lizenz im Sinne der Vorgaben der Verpflichtungszusagen findet sich bei ISDA unter www.isda.org/2013/04/19/isda-cds-licensing-changes.

[312] Für kritische Referenzwerte erweitert Art. 22 BMR den persönlichen Anwendungsbereich auf „alle Nutzer".

[313] Infolge von Verzögerungen bei der Umsetzung der regulatorischen Vorgaben durch Handelsplattformen und Regulierungsbehörden wurden die Übergangsfristen durch Verordnung (EU) 2016/1033 um ein weiteres Jahr bis zum 3.1.2020 verlängert, vgl. insb. dortigen ErwG 5.

[314] Art. 55 MiFIR.

[315] Rat der Europäischen Union, Informatorischer Vermerk v. 22.4.2014, Ratsdokument 8315/14, S. 2. Zur Kritik an dieser Art der Regelsetzung wegen der defizitären demokratischen Legitimation siehe etwa *Giersdorf*, Der informelle Trilog, insb. S. 260–288.

im Rat über ein Jahr hinweg keine Einigung über die Vorschriften der heutigen Art. 35–37 MiFIR erzielt werden konnte.[316]

c) Besondere Rolle des Kartellrechts bei neuen Referenzwerten

Eine exponierte Rolle nimmt das Kartellrecht auch nach Inkrafttreten der MiFIR-Vorschriften bei der Zugangsverpflichtung zu neuen Referenzwerten ein. Für neu aufgesetzte Referenzwerte sieht die Vorschrift des Art. 37 Abs. 2 MiFIR eine Ausnahme von der Zugangsverpflichtung aus Absatz 1 vor. Die Ausnahmeregel statuiert eine Übergangsfrist, wonach neu erstellte Referenzwerte für 30 Monate den Zugang verweigern können. Art. 37 Abs. 2 a.E. MiFIR stellt insoweit klar, dass die Anwendung der Art. 101 und 102 AEUV unberührt bleibt, sollte die Anwendung der Vorschrift zu Verstößen insbesondere gegen Art. 102 AEUV führen.[317] Entsprechend obigen Ausführungen zum Verhältnis von sekundärrechtlicher Regulierung und den primärrechtlichen Kartellrechtsvorschriften ist dies deklaratorischer Natur.[318] Auch bei weiterer Lektüre der Erwägungsgründe wird schnell klar, dass der Regulierungsgesetzgeber – unabhängig von der Frage der diesbezüglichen Kompetenz – keine Vorschriften erlassen wollte, die die Anwendung der Art. 101, 102 AEUV ausschließen sollten.[319]

Aus praktischer Sicht dürfte die herausgehobene Stellung des Kartellrechts gerade an dieser Stelle jedoch keine Relevanz haben. Bis ein neu geschaffener Referenzwert eine Marktdurchdringung erreicht hat, die ihn als „wesentliche Einrichtung" für den Marktzutritt im Sinne der kartellrechtlichen *essential facilities*-Doktrin qualifiziert, dürften die 30 Monate regelmäßig ohnehin vergangen sein. Jedenfalls verbleibt aber ein eigenständiger unregulierter Anwendungsbereich des Kartellrechts, durch den zugleich die oben kritisierte Eindämmung von Innovationswettbewerb[320] abgeschwächt wird, indem für neue Produkte ein Zeitraum zur Marktdurchdringung geschaffen wird.

2. Interdependenzen

Auf den ersten Blick nimmt das Kartellrecht eine komplementäre Rolle zum Regulierungsrecht ein.[321] Die Kommission selbst nahm bei der Pressemit-

---

[316] Rat der Europäischen Union, Vermerk v. 12.11.2012, Ratsdokument 15313/12, S. 3–4; Vermerk v. 15.4.2013, Ratsdokument 8322/13, S. 3–4; Vermerk v. 10.6.2013, Ratsdokument 10579/13, S. 3.

[317] Siehe ebenso ErwG 40 Abs. 2 MiFIR.

[318] Siehe oben S. 29.

[319] Vgl. ErwG 35 EMIR und ErwG 40 Abs. 3 MiFIR, die jeweils die Kommission auffordern, den Markt für Nachhandelsinfrastrukturen zu überwachen und bei etwaigen Verstößen gegen Wettbewerbsrecht zu intervenieren.

[320] Siehe oben S. 120.

[321] Vgl. *Plank*, ZWeR 2016, 415, 426.

teilung zum Beginn der Untersuchungen Bezug auf die geplanten Regulierungsvorhaben und bezeichnete die Kartellrechtsuntersuchungen als komplementär.[322] Während die Vorschriften des Regulierungsrechts verschiedene weitreichende Strukturprobleme beseitigen sollen, verhindere die Kartellrechtsanwendung danebenstehende (koordinierte) Fehlverhalten einzelner Unternehmen.[323] Bei näherer Betrachtung der Zugangsansprüche zu Handelsdaten lässt sich allerdings ausmachen, dass die Entscheidungen gegenüber der ISDA und Markit bis zum Inkrafttreten der (echten) Regulierung bestehende Marktprobleme transitorisch beseitigen sollten. Das neu geschaffene Regulierungsrecht nimmt hingegen Wettbewerbsaspekte auf.

a) Stabilitätsbezogenes Marktversagen als Treiber der kartellrechtlichen Entscheidungen

Bereits in den Entscheidungen der Kommission klang an, dass der Börsenhandel mit Derivaten infolge verbesserter Transparenz sowie verbesserter Preisbildungsprozesse wünschenswert sei. Insbesondere werde hierdurch die systemische Stabilität geschützt.[324] Um einen Börsenhandel zu ermöglichen, sollten die Handelsdaten und Referenzwerte den potenziellen Betreibern eines CDS-Börsenhandels zugänglich gemacht werden. Regulatorische Interessen wie zum Beispiel die Reduzierung systemischer Risiken durch die Verringerung des Ausfallrisikos einer Gegenpartei[325] bewogen die Kommission dazu, Verpflichtungszusagen mit nachhaltigen Verhaltensänderungen anzunehmen, anstatt das Verhalten retrospektiv zu bestrafen.[326]

Mit demselben Ziel wurde Regulierungsrecht geschaffen, um den Großteil des Handels mit Finanzinstrumenten auf regulierte Plattformen zu transferieren.[327] Als Reaktion auf die Erfahrungen aus der Finanzkrise sollte eine erhöhte Transparenz, insbesondere über die Handelsrisiken, geschaffen werden.[328]

---

[322] Europäische Kommission, Pressemitteilung v. 29.4.2011, IP/11/509.

[323] Europäische Kommission, Pressemitteilung v. 20.7.2016, IP/16/2586, S. 2 mit Blick auf MiFID II und MiFIR; Memo v. 1.7.2013, MEMO/13/632, S. 2 mit Blick auf EMIR.

[324] Vgl. Europäische Kommission, E. v. 20.7.2016, AT/39.745 – *CDS Information Market*, Rn. 17 *(ISDA)*, Rn. 17 *(Markit)*.

[325] Europäische Kommission, E. v. 20.7.2016, AT/39.745 – *CDS Information Market*, Rn. 19 *(ISDA)*, Rn. 19 *(Markit)*: „The migration of more liquid OTC trades to CLOB trading on-exchange […] increases market stability and benefits investors by reducing counterparty risk".

[326] *Plank*, ZWeR 2016, 415, 425.

[327] Vgl. ErwG 13 MiFID II; *Dreyer/Delgado-Rodriguez*, in: Temporale, Europäische Finanzmarktregulierung, S. 40, 41–42, 50.

[328] *Lehmann*, in: Lehmann/Kumpan, Art. 28 MiFIR, Rn. 1–3; *Lucantoni*, in: Lehmann/Kumpan, Art. 9 EMIR, Rn. 1.

aa) Kooperative Standardsetzung als klassisches Wettbewerbsproblem

Hieran zeigt sich die Verknüpfung von Regulierung und Kartellrecht. Das Fehlen regulatorischer Rahmenbedingungen kann zu einer Selbstregulierung durch die Marktteilnehmer führen. Nutzen diese den hierbei gegebenen Spielraum, um sich einen Wettbewerbsvorteil zu schaffen, ist das Kartellrecht als Abhilfemaßnahme gefragt. Dem opportunistischen Verhalten kann durch die Anwendung der Wettbewerbsregeln begegnet werden, ohne dass es weitergehender regulatorischer Eingriffe bedarf, indem entweder die Zusammenarbeit untersagt wird, wenn die Standardsetzung nicht die Voraussetzungen einer notwendigen Nebenabrede[329] erfüllt oder der Schaffung von Effizienzgewinnen im Sinne des Art. 101 Abs. 3 AEUV dient. Ist dies hingegen der Fall, oder wurde der Standard eines einzelnen Unternehmens infolge der Marktentwicklung zur unerlässlichen Voraussetzung für den Marktzutritt, kann eine Zugangsverpflichtung für die (potenziellen) Wettbewerber Abhilfe schaffen.[330]

bb) Zufällige Verknüpfung mit dem Marktversagen auf dem Derivatemarkt

Im Falle des CDS-Handels traten allerdings zusätzliche Umstände hinzu, die weit über die Wettbewerbsbedenken hinausgingen. Der Regulierungsgeber hatte es (wie auch der Rest der Welt) versäumt, die Gefahren für das Finanzsystem einzudämmen, die mit dem unkontrollierten Wachstum intransparenter, riskanter Finanzinstrumente einhergingen.[331] Dass sich die Lösung des Wettbewerbsproblems (Öffnung des CDS-Handels für Börsen durch Zugang zu den Daten) und die Regulierungslösung (Verlagern des CDS-Handels auf die Börsen zur Herstellung transparenter Marktverhältnisse und Offenlegung von Systemrisiken) teilweise überschnitten, ist hingegen eher zufällig. Den systemischen Risiken hätte gänzlich unabhängig von den Kartellverfahren begegnet werden müssen, um die Stabilität der Finanzmärkte zu sichern oder wiederherzustellen.[332] Auch hätte eine Regulierungslösung sich auf Clearingpflichten, Transparenzmaßnahmen wie das Transaktionsregister, und weitere Alternativen beschränken können, ohne die Zugangsansprüche gesetzlich zu verankern.[333]

Die Aussage des ehemaligen Wettbewerbskommissars *Almunia*, Kartellrecht und Regulierung verfolgten das gleiche Ziel, Sicherheit und Transparenz

---

[329] *Säcker/Zorn*, in: MüKoWettbR, Bd. 1, Art. 101 AEUV, Rn. 221–228.

[330] Europäische Kommission, Horizontal-LL, Rn. 268, 272.

[331] *de Larosière u.a.*, Bericht der High-Level Group on Financial Supervision in the EU, Rn. 10–18.

[332] Vgl. zum Regulierungsbedarf *de Larosière u.a.*, Bericht der High-Level Group on Financial Supervision in the EU, Rn. 40 und passim.

[333] Zu verschiedenen Regulierungslösungen *Kerkemeyer*, Möglichkeiten und Grenzen bei der Regulierung von Derivaten, S. 235–261.

des Derivatehandels zu erhöhen,[334] ist in dieser Pauschalität nicht korrekt. Zur Transparenz und Sicherheit des Handels und als Korrektiv zu systemischen Risiken kann das Kartellrecht allenfalls mittelbar beitragen.[335]

cc) Lange Verfahrensdauer infolge der Berücksichtigung wettbewerbsfremder Gesichtspunkte in den Kartellverfahren

Der Einsatz oder vielmehr die Instrumentalisierung des Kartellrechts zur Schließung dieser Regulierungslücke mithilfe der Verpflichtungszusagen war insoweit wenig zielführend und hat durch die lange Verfahrensdauer die Wettbewerbssituation eher verschlechtert. Ungeachtet der grundsätzlichen Zulässigkeit weitreichender Zusagen gemäß Art. 9 VO 1/2003 lässt sich diese Vorgehensweise der Kommission hinterfragen. Das Ziel der Verpflichtungszusage, in verfahrensökonomischer Weise zu einer schnellen Beendigung von Verfahren beizutragen,[336] wurde in den beschriebenen Verfahren verfehlt. Auslöser hierfür waren die politischen Erwägungen, insbesondere die sachfremde Berücksichtigung der weitergehenden Stabilitätsinteressen.[337]

Als Reaktion auf (angebliche) Verstöße verschiedener Banken gegen Kartellrecht aus den Jahren 2006–2009 akzeptierte die Kommission im Jahr 2016, also sieben Jahre nach Beendigung des Verstoßes, zukunftsgerichtete Verpflichtungszusagen. Nach dem langen Zeitraum zwischen behauptetem Verstoß und Entscheidung über die Zusagen waren die Vorteile des Verpflichtungsverfahrens längst entfallen. Das Verfahren selbst wurde 2011 eingeleitet. Von Verfahrensökonomie kann bei einer fünfjährigen Dauer ebenfalls keine Rede sein. Ebenso fraglich sind etwaige Vorteile zukunftsgerichteter Abhilfemaßnahmen, wenn diese erst sieben Jahre nach den marktverschließenden Handlungen zum Tragen kommen. Vielmehr liegt die Vermutung nahe, dass die Verzögerungen politisch indiziert waren. In einem derart komplexen Themengebiet und den aus der Finanzkrise bekannten Auswirkungen schlechter Regulierung wollte die Kommission sich vermutlich nicht durch die weitreichende Nutzung von Verpflichtungszusagen angreifbar machen, falls die nachfolgende Regulierung anderweitig gestaltet worden wäre. Naheliegender wäre der Erlass einer Abstellungsverfügung oder Bußgeldentscheidung gewesen oder jedenfalls der Weg des Bundeskartellamts in der Entscheidung *Sonder-*

---

[334] *Almunia*, Rede v. 1.7.2013, Statement on CDS (credit default swaps) investigation, SPEECH/13/593.

[335] Siehe bereits oben S. 15 f.

[336] *Völcker*, in: Kamann/Ohlhoff/Völcker, Kartellverfahren und Kartellprozess, § 11, Rn. 47; *Wils*, World Competition 29 (2006), 345, 350.

[337] Vgl. *Plank*, ZWeR 2016, 415, 425.

bedingungen Online-Banking, das lediglich einen Kartellverstoß feststellte und somit einen Freiraum für die Regulierungslösung ließ.[338]

Auch die Entwicklungen im amerikanischen Kartell- und darauf folgenden Vergleichsverfahren wollten sowohl Kommission als auch die Unternehmen berücksichtigen.[339] Nicht zuletzt wurde die ISDA erst nachträglich, vermutlich mit Blick auf das Verfahren in den USA, in die Untersuchungen mit einbezogen.[340] Durch dieses zögerliche Vorgehen während der Verhandlungen mit Banken, ISDA und Markit über die Zusagen, wurde das Verfahren von der Regulierung überholt.

Doch auch im Regulierungsprozess entstanden Verzögerungen, was wiederum Rückkopplungen im Kartellverfahren nach sich zog. Im Rahmen der Trilog-Gespräche wurden entgegen den Interessen der Kommission[341] lange Übergangsfristen bis zur Geltung der Zugangsansprüche zwischen Clearinghäusern und Handelsplätzen und der korrespondierenden Zugangsansprüche zu Handelsinformationen eingefügt, die möglicherweise auf Lobby-Arbeit der betroffenen Unternehmen zurückzuführen sind.[342] Warum diese Übergangs-

---

[338] BKartA, Beschluss v. 29.6.2016, B4-71/10 – *Sonderbedingungen Online-Banking*, siehe unten S. 210 ff.

[339] In den USA wurden bereits 2009 praktisch identische Untersuchungen angestellt, wobei das behördliche Kartellverfahren (wohl) eingestellt wurde, Wall Street Journal online, 1.12.2013, No Penalties Planned in Swaps Probe, abrufbar unter www.wsj.com/articles/SB10001424052702303332904579224863412391886.html. Dafür konnten private Kläger einen Vergleich mit den betroffenen Banken über eine Summe von EUR 1,86 Milliarden schließen, der zugleich ähnliche Verhaltenszusagen seitens der ISDA hinsichtlich des Zugangs zu den Handelsdaten beinhaltete, US District Court for the Southern District of New York, *In re Credit Default Swaps Antitrust Litigation*, Dkt. 1:13-md-02476-DLC. Hierzu *Gilmartin*, Rev. Banking & Finance Law 35 (2015–2016), 415, 470–483.

[340] Europäische Kommission, Pressemitteilung v. 26.3.2013, IP/13/286. Vgl. auch Abschlussbericht des Anhörungsbeauftragten v. 7.7.2016, ABl. 2016 C 378/5, Rn. 3, wonach die Kommission bei der Ermittlung des Sachverhalts auf die Untersuchungsergebnisse des US-Justizministeriums zurückgriff.

[341] Vgl. Erklärung d. Europäischen Kommission v. 7.5.2014, Ratsdokument 9343/14 ADD 1 REV 1, in der die Kommission die langen Übergangsfristen für Art. 35–37 MiFIR kritisiert.

[342] Kurz nach Inkrafttreten der MiFIR übernahm die verantwortliche Ressortleiterin des Europäischen Parlaments einen Vorstandsposten bei der London Stock Exchange als einer von den Regelungen betroffenen Institutionen. Mit Vertretern dieser Börse hatte sie sich während des Entstehungsprozesses verschiedentlich getroffen, www.corporateeurope.org/en/revolvingdoorwatch/cases/sharon-bowles. Auf ihren Vorschlag gehen die börsenfreundlichen Regelungen zurück, etwa die verlängerten Bearbeitungsfristen für börsengehandelte Derivate in Art. 35 Abs. 3 MiFIR, die Ausnahmen von der Zugangsregulierung nach Art. 35 Abs. 5 und Art. 36 Abs. 5 MiFIR im Falle der Verknüpfung von Börse und CCP oder der lange Zeitraum bis zum Inkrafttreten des Art. 37 Abs. 1–3 MiFIR von 54 Monaten nach Inkrafttreten der Verordnung, vgl. Amendment 12 zum Vorschlag der MiFIR v. 8.4.2014, Sharon Bowles on behalf of the Committee on Economic and Monetary Affairs, A7-0303/2012, abrufbar unter www.europarl.europa.eu/RegData/seance_pleniere/textes_

vorschriften eingeführt wurden, ist anhand der verfügbaren Materialien nicht ersichtlich. Die Erwägungsgründe sehen im Gegensatz zur tatsächlich getroffenen Regelung einen einheitlichen Geltungstermin für sämtliche Vorschriften der Verordnung vor.[343]

Die Verknüpfung von Kartellrecht und über das Wettbewerbsziel hinausgehenden regulatorischen Ziele führte somit zu Behinderungen im Kartellverfahren, die unter Umständen die Wettbewerbssituation auf den Datenmärkten für den CDS-Handel verschlechtert haben. Jedenfalls führte die Verknüpfung zu einer Verzögerung des Verfahrens, die eine lange Phase der Rechtsunsicherheit für die betroffenen Unternehmen bedeutete.[344]

b) Wettbewerbsbezug der neugeschaffenen Regulierung

In umgekehrter Richtung berücksichtigen die Regulierungsvorschriften das Wettbewerbsziel und nehmen die Wertungen der Kartellverfahren auf. Ziel der MiFIR-Vorschriften ist es, neben der Schaffung von Systemstabilität und Transparenz beim Derivatehandel, den Wettbewerb zwischen den Plattformen auf den unterschiedlichen Handelsstufen zu fördern.[345] Auch die EMIR-Vorschriften sollen verhindern, dass es zu Wettbewerbsverzerrungen zwischen

---

deposes/prop_resolution/2014/493625/amendements/P7_AMA(2014)493625_XL.doc. Die London Stock Exchange hatte im Jahr 2012 einen Mehrheitsanteil am Clearinghaus LCH übernommen (www.lch.com/about-us/our-history), sodass sie von diesen Vorschriften profitieren konnte.

[343] Neben den auf den Homepages der EU-Organe öffentlich verfügbaren Dokumenten wurden dem Verfasser auf Anfrage vom Europäischen Parlament die sogenannten Vier-Spalten-Dokumente zugänglich gemacht, die in den Trilog-Gesprächen als Arbeitsgrundlage dienen. Diese beinhalten in den namensgebenden vier Spalten die jeweiligen Positionen der Organe und den Kompromiss. Zur Frage der Übergangsfristen bis zur Geltung der Verordnung wird in der Kompromissspalte des Dokuments vom 25.2.2014 wiederum lediglich auf „Trilogue 20140114: package on access agreed" verwiesen. In den Positionsspalten der Organe ist die gesonderte Frist bis zur Geltung der Zugangsvorschriften überhaupt nicht vorgesehen. Für die konkreten Triloggespräche vom 14.1.2014 wurden scheinbar keine Vier-Spalten-Dokumente aufbewahrt.

In der Begleit-E-Mail vom 7.12.2020 wurde mitgeteilt: „In Beantwortung Ihres Antrags A(2020)12560 legt das Parlament hiermit alle vier Spaltentabellen offen, die es für die Trilog-Sitzungen in C7-0359/2011 – 2011/0296(COD)] erstellt hat und die es derzeit noch besitzt. Es wurde keine andere Form von Protokollen für die Trilogsitzungen dieses Legislativverfahrens ermittelt. Bitte beachten Sie, dass die Trilog-Verhandlungen damals wenig formalisiert und nicht systematisch registriert wurden und dass einige der damals erstellten Vierspalten-Tabellen möglicherweise seither nicht mehr von der Parlamentsverwaltung aufbewahrt wurden."

[344] Ähnlich das sechs Jahre andauernde Verfahren des BKartA in *Sonderbedingungen Online-Banking*, in dem das BKartA das Inkrafttreten der PSD2 abwartete, siehe unten S. 218 f.

[345] ErwG 28, 37–40 MiFIR. So auch *Lehmann*, in: Lehmann/Kumpan, Art. 35–37 MiFIR, Rn. 4, 6.

verschiedenen Anbietern bei Handel und Clearing von OTC-Derivaten kommt.[346] Wie beschrieben, hätte die Einführung des Art. 37 MiFIR die Kartellverfahren mit Blick auf die Referenzwerte obsolet werden lassen (können). Da die BaFin für die Verfolgung von Verstößen zuständig ist und Bußgelder im Ordnungswidrigkeitenverfahren verhängen kann,[347] besteht ein erleichterter, behördlicher Durchsetzungsmechanismus, der der effektiven Durchsetzung der Zugangsansprüche zugutekommt. In den Regeln mit Wettbewerbsbezug kann der vorausgreifende Versuch gesehen werden, wettbewerbsbeschränkendes Verhalten wie in *Clearstream* oder *ISDA* und *Markit* zu verhindern.[348]

V. Fazit

Der Markt für OTC-Derivate ist ein Beispiel, in dem das Erfordernis der Standardisierung in Ermangelung von Regulierungsrecht zu einer Art Selbstregulierung durch die Industrie, hier insbesondere durch die ISDA, führte.[349] Wie im Falle der Referenzwertmanipulationen, schuf die Industrie in Ermangelung eines Regelungsrahmens eigenständige Mechanismen und Regelungen.[350] Hierdurch und infolge der damit zusammenhängenden Verknüpfungen zwischen Marktteilnehmern und Marktorganisatoren entstanden Verwerfungen sowohl für den Wettbewerb als auch für die Markttransparenz. Mittelbar begünstigte dies gemeinsam mit dem schnellen Marktwachstum Probleme für die Systemstabilität.

Beide Problemfelder wurden durch den Einsatz von Verpflichtungszusagen verknüpft. Die Kommission nutzte diese, um die Wettbewerbsprobleme einerseits, zugleich aber auch die fehlende Handelstransparenz und das Ausbleiben des politisch erwünschten Börsenhandels andererseits zu beseitigen. Hierbei nahm sie sehr weitreichende Verpflichtungszusagen vonseiten der Unternehmen an, die eine strukturelle Komponente beinhalteten. Um den Börsenhandel mit Derivaten vorzubereiten, wurden in den kartellrechtlichen Verfahren bereits Lösungsansätze für die Konzentration des Derivatehandels auf außerbörslichen Märkten gesucht, die die Regulierungsmaßnahmen vorbereiteten. Negative Folge dieses Einsatzes der Verpflichtungszusage war eine lange Verfahrensdauer, durch die der Wettbewerbsschutz effektiv in den Hintergrund gedrängt wurde.

Die Aufnahme der Zugangsansprüche in das Regulierungsrecht und die Schaffung eines behördlichen Durchsetzungsmechanismus kann die Wirk-

---

[346] ErwG 34, 36 EMIR. *Lucantoni*, in: Lehmann/Kumpan, Art. 8 EMIR, Rn. 1.

[347] § 120 Abs. 9 Nr. 26 WpHG. Die Benennung einer Behörde zur Durchsetzung der MiFIR ist gemäß Art. 67 MiFID II den Mitgliedstaaten überlassen.

[348] Vgl. *Lehmann/Kumpan*, Art. 35–37 MiFIR, Rn. 5.

[349] *Kounadis*, JIBLR 29 (2014), 556, 562–563; *Weber*, Die neue Marktinfrastruktur im OTC Derivatehandel, S. 69–70.

[350] Siehe hierzu S. 201 ff., insb. S. 206.

samkeit der Ansprüche erhöhen. Durch die Ausnahme für neu geschaffene Referenzwerte ist zugleich der Innovationsschutz gewährleistet.

B. Fallbeispiel 2: Kennziffern für Wertpapiere

Weitere Entscheidungen zum Umgang mit Standards traf die Kommission in den Fällen *Reuters*[351] und *Standard & Poor's*[352]. Beide Unternehmen vertreiben Daten, die für den Handel mit Wertpapieren essenziell sind. In den beiden Entscheidungen hatte sich die Kommission mit dem verweigerten Zugang zu diesen Marktdaten beziehungsweise mit missbräuchlichen Konditionen hierfür zu befassen. Die beiden betroffenen Unternehmen gaben schließlich jeweils Verpflichtungszusagen ab, unter denen sie den Zugang zu ihren jeweiligen Dienstleistungen zu FRAND-Bedingungen zusagten. Als Besonderheit gegenüber den zuvor besprochenen Entscheidungen ergibt sich, dass der Kartellrechtsanwendung keine korrespondierende Regulierung nachfolgte.

I. Standard & Poor's (ISIN)

Standard & Poor's (im Folgenden S&P) vergibt für in den USA emittierte Finanzinstrumente die *International Securities Identification Numbers* (ISIN). Diese dienen der Identifikation von Finanzinstrumenten im Interbankenverkehr, bei Clearing und Settlement und weiteren rechtlich und wirtschaftlich sensiblen Vorgängen. Sie wurden von der Internationalen Organisation für Normung (ISO) entwickelt und sind als ISO-Norm weltweit anerkannt. ISO-Normen werden auf Anfrage aus der Industrie oder anderer Interessengruppen durch technische Komitees, bestehend aus Mitgliedern aus Wirtschaft, Regierungen, Verbraucherverbänden und NGOs, geschaffen.[353] Für US-emittierte Finanzinstrumente ist S&P die einzige ISIN-Vergabestelle. Generell gibt es pro Land regelmäßig nur eine nationale Vergabestelle. Der primäre Zugang zu den Daten, ohne Rückgriff auf andere Dienste wie etwa Thomson Reuters' Dateneinspeisungen, ist daher nur bei S&P möglich. S&P ist auf diesem Markt Monopolist.[354]

Die Kommission ermittelte gegen S&P wegen überhöhter Lizenzgebühren für die Nutzung der ISIN. Nach Ansicht der Kommission waren die Lizenzgebühren überhöht und missbräuchlich im Sinne des Art. 102 Abs. 2 lit. a) AEUV. Ansatzpunkt hierfür war der auch in der ISO-Norm hinterlegte

---

[351] Europäische Kommission, E. v. 20.12.2012, COMP/39.654 – *Reuters Instrument Codes (RICs)*; bestätigt durch EuG, Urt. v. 15.9.2016, *Morningstar*, T-76/14, EU:T:2016:481.

[352] Europäische Kommission, E. v. 15.11.2012, COMP/39.592 – *Standard & Poor's*.

[353] *Marchetti*, in: Delimatsis, International Standardisation, S. 149; zum Ablauf des Verfahrens, *Marchetti*, a.a.O., S. 149–151.

[354] Europäische Kommission, E. v. 15.11.2012, COMP/39.592 – *Standard & Poor's*, Rn. 12–25.

Kostendeckungsgrundsatz.[355] Hierbei differenzierte die Kommission zwischen direkten und indirekten Nutzern, also zwischen Unternehmen, die die ISIN von S&P bezogen und solchen, die die ISIN über zwischengeschaltete Unternehmen in ihre Datenbanken einpflegten. Die direkten Nutzer würden durch eine Bündelungsstrategie benachteiligt: S&P ermöglichte den Bezug der ISIN nur in Verbindung mit zusätzlichen kommerziellen Datenelementen, unabhängig vom Nutzungsinteresse der Kunden. Ein Preisabschlag für eine ausschließliche Nutzung der ISIN ohne zusätzliche Dienstleistungen war nicht verfügbar.[356] Die indirekten Nutzer mussten hingegen für die Nutzung der ISIN in ihren Datenbanken zusätzliche Lizenzgebühren an S&P entrichten, obwohl sie die ISIN weder direkt von S&P bezogen noch sonstige vertragliche Beziehungen zu S&P unterhielten. Beide Maßnahmen führten nach vorläufiger Einschätzung der Kommission zu weit überhöhten Deckungsbeiträgen und wären daher als Missbrauch im Sinne des Art. 102 Abs. 2 lit. a) AEUV zu qualifizieren.[357]

Zur Ausräumung dieser Bedenken verpflichtete sich S&P, die Gebühren für den indirekten Bezug der ISIN abzuschaffen. Für den direkten Bezug wurde eine Trennung zwischen den ISIN und den zusätzlichen Informationsdiensten eingerichtet, sodass Kunden zwischen den verschiedenen Angeboten auswählen konnten. Für den Direktbezug wurde zudem auf Grundlage der Kostendaten ein Fixpreis festgelegt.[358]

II. Reuters Instrument Codes (RICs)

Thomson Reuters (bestehend aus der Thomson Reuters Corporation und deren Tochter Reuters Limited) ist ein Dienstleister im Bereich von Finanzinformationen. Hierzu sammelt das Unternehmen verschiedene Marktdaten zu Finanzinstrumenten und stellt diese in konsolidierter Form zur Verfügung. Zur Abfrage der konsolidierten Daten vergibt Thomson Reuters Kennzeichen, mithilfe derer Wertpapiere und ihre Handelsplätze identifiziert werden können, die sogenannten Reuters Instrument Codes (RICs).[359] Nach der vorläufigen Einschätzung der Kommission war Thomson Reuters auf dem weltweiten Markt für konsolidierte Echtzeitdateneinspeisungen marktbeherrschend, sodass auch der RIC-Standard als Kennzeichnungsmittel weltweit vorherrschend war. Ins-

---

[355] Europäische Kommission, E. v. 15.11.2012, COMP/39.592 – *Standard & Poor's*, Rn. 26–30.

[356] Europäische Kommission, E. v. 15.11.2012, COMP/39.592 – *Standard & Poor's*, Rn. 34–38.

[357] Europäische Kommission, E. v. 15.11.2012, COMP/39.592 – *Standard & Poor's*, Rn. 26–33.

[358] Europäische Kommission, E. v. 15.11.2012, COMP/39.592 – *Standard & Poor's*, Rn. 45–47.

[359] Europäische Kommission, E. v. 20.12.2012, COMP/39.654 – *Reuters Instrument Codes (RICs)*, Rn. 5–8, 24–26.

besondere waren die RICs derart in die IT-Systeme der Kunden eingebettet, dass ein Austausch der Kennziffern nicht ohne weiteres möglich war.[360]

Diese Stellung soll Thomson Reuters unter Verstoß gegen Art. 102 AEUV ausgenutzt haben, indem Wettbewerbern der Marktzutritt erschwert wurde. Zum einen verbot Thomson Reuters ihren Kunden mittelbar, konsolidierte Echtzeitdateneinspeisungen anderer Anbieter zu nutzen, indem den Kunden untersagt wurde, mithilfe der RICs die Daten anderer Anbieter abzurufen. Somit hätte ein Kunde für einen Wechsel sein IT-System umprogrammieren müssen, um den Identifizierungscode des neuen Anbieters in die IT-Umgebung einzubetten. Die Kosten der Programmierung machten wiederum den Großteil der potenziellen Wechselkosten aus.[361] Zum anderen soll Thomson Reuters mit seinen Vorgaben verhindert haben, dass Drittanbieter die RICs nutzen konnten, um eine Interoperabilität mit anderen Anbietern zu schaffen. Hierdurch wurden für direkte Konkurrenten ebenso wie für Drittanbieter erhebliche Marktzutrittsschranken geschaffen. Für die Kunden wurde es faktisch unmöglich gemacht, den Anbieter der Dateneinspeisungen zu wechseln. Da eine Interoperabilität nicht erlaubt wurde, zugleich die RICs aber in die Computersysteme integriert waren, konnten die RICs kaum ersetzt werden.[362]

Um diese Bedenken der Kommission zu entkräften, bot Thomson Reuters an, Lizenzen für die Nutzung der RICs an ihre Kunden zu vergeben, unter denen die Möglichkeit besteht, die Angebote von Wettbewerbern mithilfe der RICs abzurufen und in die IT-Systeme einzubinden. Es wurde also Interoperabilität ermöglicht, sowohl mit Blick auf einen kompletten Anbieterwechsel (*full switch*) als auch auf die Einbindung zusätzlicher Anbieter neben Thomson Reuters (*partial switch*).[363] Drittanbietern wurde zudem ermöglicht, eine andere Lizenz zu erwerben, mithilfe derer sie die Interoperabilität durch sogenannte Mapping-Tools herstellen können. Diese ermöglichen die Herstellung einer Synopse zwischen RICs und den Kennzeichen der Konkurrenzangebote. Das Lizenzangebot gilt allerdings nur gegenüber Drittanbietern, nicht gegenüber direkten Konkurrenten.[364]

---

[360] Europäische Kommission, E. v. 20.12.2012, COMP/39.654 – *Reuters Instrument Codes (RICs)*, Rn. 33, 39–40.

[361] Europäische Kommission, E. v. 20.12.2012, COMP/39.654 – *Reuters Instrument Codes (RICs)*, Rn. 40–41.

[362] Europäische Kommission, E. v. 20.12.2012, COMP/39.654 – *Reuters Instrument Codes (RICs)*, Rn. 37–45.

[363] Europäische Kommission, E. v. 20.12.2012, COMP/39.654 – *Reuters Instrument Codes (RICs)*, Rn. 48–62.

[364] Europäische Kommission, E. v. 20.12.2012, COMP/39.654 – *Reuters Instrument Codes (RICs)*, Rn. 63–65, 77.

III. Bewertung der beiden Entscheidungen

Beide Entscheidungen zeigen die Relevanz einheitlicher Standards für die Verarbeitung von Finanzdaten im weitesten Sinne und spiegeln eine allgemeinere Besonderheit der Finanzmärkte wider, nämlich das Erfordernis der Standardisierung. Kehrseite der grundsätzlich effizienten Standardisierungsprozesse ist das Missbrauchspotenzial, das sich für den Inhaber des jeweiligen Standards ergibt. Dieses führt im Fortgang zu den beschriebenen kartellrechtlichen Fragestellungen des Zugangs zu wesentlichen Einrichtungen. In den Verfahren gegen Thomson Reuters und S&P profitierte die Kommission von ihren Erfahrungen im *Microsoft*-Verfahren, in dem der Zugang zu wesentlichen Informationen zu FRAND-Bedingungen ebenso wie Fragen der Produktkoppelung bei *de facto*-Marktstandards kartellrechtlich eingeordnet wurden und schließlich vom EuG bestätigt wurden.[365] Dies mag die Bereitschaft der Unternehmen zur Kooperation im Verpflichtungsverfahren bestärkt haben.

1. Standardisierung als notwendiges Charakteristikum der Finanzmärkte

Standardisierung ist für die effiziente Abwicklung von grenzüberschreitenden Wertpapiergeschäften notwendig. In Kategorien des deutschen Sachenrechts gesprochen, ist zur dinglichen Einigung die konkrete Identifizierung des zu übereignenden Gegenstands notwendig. Doch auch über das deutsche Recht hinaus ist es nur logisch, dass die Parteien sich einig sein müssen, welches konkrete Finanzinstrument übertragen werden soll. Dies ist am effizientesten möglich, wenn alle Marktteilnehmer dieselben Kennzeichen verwenden.[366]

Auch hängt die Preisbildung auf Finanzmärkten in starkem Maße von der zeitnahen Verfügbarkeit von Informationen ab.[367] Daher besteht das Bedürfnis nach schneller Verfügbarkeit qualitativ hochwertiger Daten, um die Funktionalität der Finanzmärkte zu gewährleisten.[368]

Hieraus erklärt sich zunächst das Bedürfnis nach den ISIN, die von der ISO als privatrechtlicher Vereinigung in ihrer Norm ISO 6166 festgeschrieben wurden. Nach dieser Norm legt die jeweilige nationale Benennungsstelle für jedes Finanzinstrument eine ISIN fest. *De facto* sind die ISIN zum Industriestandard geworden. Es handelt sich hierbei um ein durch privatrechtliche Normen

---

[365] Europäische Kommission, E. v. 24.3.2004, COMP/37.792 – *Microsoft*; bestätigt durch EuG, Urt. v. 17.9.2007, *Microsoft*, T-201/04, EU:T:2007:289.

[366] Für ein Negativbeispiel mag man in diesem Kontext etwa an den spektakulären Verlust der NASA-Raumsonde Mars Climate Orbiter denken, die infolge der uneinheitlichen Nutzung von metrischen und imperialen Einheiten bei der Berechnung der Flugbahn verloren wurde, www.spiegel.de/wissenschaft/mensch/mars-climate-orbiter-absturz-wegen-leichtsinnsfehler-beim-rechnen-a-44777.html.

[367] Siehe oben S. 55.

[368] *Plank*, ZWeR 2016, 415, 420.

festgelegtes Monopolgut, denn die ISO-Normen haben keine Gesetzeskraft.[369] Spätestens seit Inkrafttreten der ProspektVO am 20.7.2017 nehmen die nationalen Vergabestellen in Europa aber auch ein gesetzlich festgeschriebenes Monopol ein. Gemäß Art. 7 Abs. 4 lit. a), c) i.V.m. Abs. 5 lit. a), Abs. 7 lit. a) sublit. i) ProspektVO sind für Wertpapiere in deren Prospekt die ISIN anzugeben. Insoweit werden Unternehmen, die dem Anwendungsbereich der ProspektVO unterfallen, gezwungen, eine ISIN bei den nationalen Vergabestellen zu beantragen.[370]

Die RICs als Grundlage für Informationsdienste sind faktisch ebenfalls zum Monopolgut geworden, allerdings ohne dass (technische) Normen dafür verantwortlich wären. Nicht zuletzt greifen die Aufsichtsbehörden inzwischen selbst auf diese Kennziffern zurück.[371] Hier gelten dieselben Erwägungen wie zur Identifizierbarkeit von Wertpapieren: Für den effizienten Austausch von Informationen am Kapitalmarkt im Vorfeld zu (potenziellen) Transaktionen bedarf es eines einheitlichen Standards zur Benennung der Wertpapiere, um der Funktion des Kapitalmarkts zur Einpreisung von Informationen gerecht zu werden.[372] Ohne einheitliche Bezeichnung wäre der ohnehin schon beachtlichen Masse an Kapitalmarktinformationen wohl nur schwierig Herr zu werden.

Weitere Beispiele aus dem Zahlungsverkehr umfassen etwa die in der SEPA-Verordnung festgelegte Standardisierung der IBAN zur einheitlichen Identifikation von Zahlungskonten und den einheitlichen Nachrichtenstandard für Überweisungen.[373] Unabhängig von der Art und Weise der Entstehung ist erkennbar, dass aufgrund von Netzwerk- und *lock in*-Effekten eine Tendenz zur Monopolisierung im Markt für Finanzdaten besteht. Es handelt sich bei den Kennziffern um Netzwerkgüter (oder auch Kommunikationsgüter genannt), die von Standardisierung profitieren.[374] Wo diese Tendenz durch technische

---

[369] „ISO is an independent, *non-governmental* inter-national organization with a membership of 165 national standards bodies. Through its members, it brings together experts to share knowledge and develop *voluntary*, consensus-based, market-relevant International Standards that support innovation and provide solutions to global challenges." (Hervorhebung durch den Verf.), abrufbar unter www.iso.org/files/live/sites/isoorg/files/store/en/PUB100364.pdf, S. 1.

[370] Ähnliches gilt für den neu geschaffenen Legal Entity Identifier (LEI), der gemäß Art. 26 Abs. 6 MiFIR zwingend zu nutzen ist, um Transaktionen zu melden. Dieser wurde auf Anregung verschiedener regierungsgetragener Organisationen als ISO-Norm zertifiziert, vgl. *Marchetti*, in: Delimatsis, International Standardisation, S. 151–153, und durch die Einbindung in die MiFIR zum zwangsweise eingeführten Industriestandard erhoben.

[371] Siehe etwa die Nutzung der RICs durch die EIOPA, Pressemitteilung v. 26.7.2019, abrufbar unter www.eiopa.europa.eu/content/update-change-financial-market-data-provider-calculation-solvency-ii-risk-free-interest-rate_en.

[372] Vgl. *Marchetti*, in: Delimatsis, International Standardisation, S. 142–143.

[373] Art. 5 Abs. 1 lit. a) und b) SEPA-VO.

[374] *Blankart/Knieps*, in: Tietzel, Ökonomik der Standardisierung, S. 449, 450.

Vorgaben künstlich verstärkt wird oder durch Bündelungsstrategien ausgenutzt wird, bedarf es staatlicher Eingriffe, um diese Vorgehensweisen einzudämmen.

2. *Quasi-regulatorische Abhilfemaßnahmen?*

Diese Spezifika der Informationsmärkte, insbesondere die Tendenz zur Monopolisierung, spiegeln sich in der Entscheidung der Kommission wider. Auf Ebene der Rechtsfolgen ist, wie im Falle der Interbankenentgelte,[375] zu beobachten, dass die Kommission im Rahmen der Verpflichtungszusagen weitreichende Abhilfemaßnahmen für bindend erklärte. Standard & Poor's wurde faktisch einer Preisregulierung unterworfen; insbesondere wurden konkrete Preise für Teile der Dienstleistungen festgelegt. Thomson Reuters bot weitreichende Maßnahmen zur Schaffung von Interoperabilität an. Ziel dieser Abhilfemaßnahmen war eine weitreichende Öffnung der Informationsmärkte.[376] Beides sind Abhilfemaßnahmen, die typisch für monopolisierte Netzwirtschaften sind.[377] Für kartellrechtliche Abstellungsverfügungen wäre ein solcher Detaillierungsgrad hingegen unüblich; typischerweise werden lediglich Rahmenvorgaben gemacht und die konkrete Gestaltung dem Unternehmen überlassen.[378] Auch das Erfordernis der dauerhaften Überwachung der Einhaltung der Maßnahmen weist regulierungsähnliche Züge auf.[379]

Andererseits ist zu sehen, dass Verpflichtungszusagen nicht zwingend quasi-regulatorisch sind, nur weil sie konkretere Vorgaben enthalten als eine Abstellungsverfügung. Es ist gerade der Vorteil der Verpflichtungszusage, dass das Unternehmen konkrete Verhaltensverpflichtungen abgibt, die durch die unternehmensinternen Kenntnisse konkretisiert wurden. Quasi-regulatorisch sind sie, wenn sie über das hinausgehen, was im Rahmen einer Abstellungsverfügung zulässig wäre, insbesondere unverhältnismäßige oder marktgestaltende Maßnahmen.[380] Im Fall von S&P etwa wäre (wohl) auch in einer Abstellungsverfügung die Kopplungspraxis untersagt worden, ebenso wie die Abschöpfung von Gebühren beim indirekten Bezug der ISIN ohne vertragliche Grundlage. Auch die Bereitstellung des Monopolguts RIC zur Schaffung von Interoperabilität wäre – entsprechend der *Microsoft*-Entscheidung[381] – sehr wahrscheinlich Teil einer Abstellungsverfügung gegen Reuters geworden. Von quasi-regulatorischem Einsatz der Verpflichtungszusage kann daher nicht gesprochen werden.

---

[375] Hierzu sogleich S. 165 ff.

[376] *Di Porto*, in: Drexl/Di Porto, Competition Law as Regulation, S. 296, 307–308.

[377] Vgl. etwa §§ 18, 30 ff. TKG.

[378] Siehe etwa *Ritter/Wirtz*, in: Immenga/Mestmäcker, Bd. 1. EU, Art. 7 VO 1/2003, Rn. 47.

[379] *Di Porto*, in: Drexl/Di Porto, Competition Law as Regulation, S. 296, 322.

[380] *Wils*, World Competition 29 (2006), 345, 351.

[381] Europäische Kommission, E. v. 24.3.2004, COMP/37.792 – *Microsoft*.

3. Kartellrecht als ausreichende Abhilfemaßnahme?

Ungeachtet der Reichweite der Zusagen im konkreten Fall, lässt sich wiederum die Frage aufwerfen, ob die Kartellrechtsanwendung ausreicht, um den Marktstrukturen, insbesondere dem Erfordernis der Standardisierung, zu begegnen. Die Umstände der Entscheidung gegen Standard & Poor's sprechen dafür, dass es sich bei der Verstärkung der Monopolisierungstendenzen oder der Ausnutzung der Machtkonzentration durch Standardisierung um Einzelfälle handelt, die zwar durch die Marktstruktur begünstigt werden, aber nicht zwingend in dieser angelegt sind. In der Entscheidung wurde aufgezeigt, dass die Erhebung überhöhter Gebühren einzig auf dem Markt für in den USA emittierte Wertpapiere zu beobachten war. Europäische Anbieter verlangten hingegen keinerlei Gebühren für die Nutzung der ISIN.[382] Die Wettbewerbsverstöße resultierten also nicht unmittelbar aus der Marktstruktur oder der Setzung eines Standards durch eine ISO-Norm, sondern aus der unternehmerischen Entscheidung Einzelner. Es handelt sich um klassische Missbrauchsfälle, denen durch Kartellrechtsanwendung vorgebeugt werden kann, ohne dass es marktstrukturierender Regulierungseingriffe bedürfte.

Die Monopole selbst entstehen infolge deren Effizienz, nicht durch widerrechtliche Eingriffe in den Marktprozess.[383] Unter dieser Prämisse lässt sich auch der eingeführte § 20 Abs. 3a GWB verstehen. Dieser will das Tipping von Märkten, also die Monopolisierung, durch nichtwettbewerbliche Mittel verhindern. Implizit setzt er also voraus, dass Tipping von Märkten durch leistungswettbewerbliche Mittel vom Kartellrecht gebilligt wird.[384] In diesem Sinne ist es also generell ausreichend, die Ausnutzung dieser Marktstruktur durch kartellrechtliche Maßnahmen zu verhindern.

a) Rechtzeitiges Eingreifen erforderlich

Zu beachten bleibt, dass – unabhängig von der Art des staatlichen Eingriffs – die *bottlenecks* rechtzeitig identifiziert werden müssen. Im Falle der ISIN ist die nachträgliche Identifizierung beispielsweise unproblematisch, da durch die Einführung fairer Lizenzgebühren die nachteiligen Wettbewerbswirkungen in

---

[382] Europäische Kommission, E. v. 15.11.2012, COMP/39.592 – *Standard & Poor's*, Rn. 38.

[383] Allgemeiner zur Entstehung von Marktmacht, Europäische Kommission, Horizontal-LL, Rn. 41.

[384] So ausdrücklich der Gesetzentwurf der Bundesregierung, Entwurf eines Gesetzes zur Änderung des Gesetzes gegen Wettbewerbsbeschränkungen für ein fokussiertes, proaktives und digitales Wettbewerbsrecht 4.0 und anderer wettbewerbsrechtlicher Bestimmungen (GWB-Digitalisierungsgesetz), BT-Drs. 19/23942, S. 82: „Dieses „Tipping" von Märkten kann dabei auf einem Erfolg von Unternehmen im Leistungswettbewerb beruhen und ist in diesen Fällen wettbewerbspolitisch nicht zu beanstanden." Siehe auch EuGH, Urt. v. 27.3.2012, *Post Danmark*, C-209/10, EU:C:2012:172, Rn. 21 m.w.N. zur st. Rspr.

Form überhöhter Preise für die Zukunft beseitigt werden konnten. Anders sieht das Fazit im Falle der RICs aus: Die durch die Bündelungsstrategie mitbesetzten *downstream*-Märkte wurden durch die Verpflichtungszusagen nicht wieder dem freien Wettbewerb überlassen. Hier waren die Folgen des Wettbewerbsverstoßes bereits in Marktanteilen zementiert, was sich anders als bei „nur" überhöhten Gebühren für die ISIN nicht einfach beseitigen oder rückgängig machen lässt.[385]

Bei der Bewertung lässt sich eine Parallele zu anderen Fällen der Standardisierung des Geschäftsverkehrs ziehen. Entsprechend der Praxis zu standardessenziellen Patenten sollte auch auf den Finanzmärkten der Bedarf nach Standardisierung anerkannt und dieser entsprechend behandelt werden. Der Marktbeherrscher hat sich durch die Schöpfung eines marktübergreifend standardfähigen Produkts oder einer Dienstleistung den Anspruch verdient, die Neuschöpfung zu kommerzialisieren. Allerdings muss er infolge seiner besonderen Verantwortung für den Restwettbewerb[386] zu FRAND-Bedingungen den Zugang gewähren.[387]

Umgekehrt ist – ebenso wie bei standardessenziellen Patenten – zu verhindern, dass die Standardisierung zu marktverschließenden Wirkungen führt. Vereinzelt wurde vermutet, dass dies auf Finanzmärkten der insgeheime Grund für die Schöpfung von Industriestandards war, etwa im Fall des Bundeskartellamts zu den *Sonderbedingungen Online-Banking*[388] oder im Fall *EPC online payments*.[389] In letzterem hatte der European Payment Council (EPC) begonnen, Standards für Onlinezahlungen zu erarbeiten. Allerdings hatten Finanzdienstleister ohne Bankenzulassung die Befürchtung, dass diese Standards genutzt werden sollten, sie aus dem Markt für Onlinezahlungen auszuschließen. Auf Beschwerde des Zahlungsdienstleisters Sofort (heute Teil der Klarna-Gruppe) leitete die Kommission Ermittlungen gegen den EPC ein. Diese wurden schließlich eingestellt, nachdem die Standardisierungsbemühungen aufgegeben wurden.[390] Im Falle der standardisierten Sonderbedingungen für das Online-Banking führte die Vereinheitlichung hingegen tatsächlich zum

[385] Zu diesem Risiko BKartA, Hintergrundpapier AK Kartellrecht 2018, S. 10.

[386] St. Rspr, zuletzt etwa EuGH, Urt. v. 25.3.2021, *Slovak Telekom*, C-165/19 P, EU:C:2021:239, Rn. 40. Siehe etwa auch *Kling/Thomas*, Kartellrecht, § 6, Rn. 6 m.w.N.

[387] Wie die FRAND-Bedingungen konkret auszugestalten sind, ist bis heute nicht abschließend geklärt, vgl. *Ehlenz*, NZKart 2020, 470, 472 mit Blick auf die *Sisvel/Haier*-Entscheidung des BGH, Urt. v. 5.5.2020, *Sisvel/Haier*, KZR 36/17, BGHZ 225, 269.

[388] Siehe unten S. 210 ff.

[389] Europäische Kommission, COMP/39.876 – *EPC online payments*.

[390] Europäische Kommission, Memo v. 13.6.2013, MEMO/13/553; siehe zu dem Verfahren *Banasevic/Ryan/Wezenbeek*, in: Faull/Nikpay, The EU law of competition, Rn. 11.60.

Ausscheiden betroffener Marktteilnehmer,[391] sodass die spätere Entscheidung des Bundeskartellamts, die die Bedingungen für kartellrechtswidrig erklärte, für diese zu spät kam.

b) Ineffizienz regulatorischer Maßnahmen

Zwar nicht als Argument zugunsten der rein kartellrechtlichen Handhabe der Standardisierung, aber als Argument gegen eine Regulierungslösung lassen sich folgende Erwägungen anführen. Lenkende Eingriffe mit dem Ziel, entgegen den Konzentrationstendenzen mehrere Dienste oder Technologien zu etablieren, haben regelmäßig keine Aussicht auf Erfolg, da zum einen die förderungswürdigen Technologien nur schwer im Vorfeld zu identifizieren sind und wenn, dann nur unter (unverhältnismäßig) hohen Kosten.[392] Zum anderen ist Regulierungsrecht ebenfalls nicht zwingend effektiv, und häufig zu komplex.

Aufzeigen lässt sich dies am Versuch, die Dateneinspeisedienste zu regulieren. In Art. 59–66 MiFID II wurden Regeln geschaffen, die es ermöglichen, einen umfassenden Datenticker in Form eines *consolidated tape provider* (CTP) für die europäischen Wertpapierhandelsplätze aufzubauen. Dennoch fand sich seit Umsetzung der Richtlinie kein Anbieter für das neugeschaffene Instrument des CTP.[393] Vielmehr wurde vonseiten der Aufsichtsbehörde darauf hingewiesen, dass unregulierte Datenanbieter die Nachfrage vonseiten professioneller Trader bereits abdecken und daher kein weiteres Angebot entstehe.[394] Die Kosten für die Einhaltung regulatorischer Vorgaben bei der Schaffung eines CTP seien zu hoch, um ein wettbewerbsfähiges Produkt anbieten zu können.[395] Da Schwierigkeiten bei der Schaffung eines CTP vorhergesehen wurden, hatte sich der der Richtliniengeber vorbehalten, „im Wege eines öffentlichen Auftragsverfahrens" einen CTP zu forcieren.[396]

---

[391] *Röhrig*, in: Bunte, Kartellrecht, Bd. 2, Sonderbereich V Kreditwirtschaft, Rn. 51 (zuvor bereits *Schulze*, in: Langen/Bunte, Kartellrecht, Bd. 2 (13. Auflage 2018), Syst. VII Kreditwirtschaft, Rn. 20).

[392] *Blankart/Knieps*, in: Tietzel, Ökonomik der Standardisierung, S. 449, 456–458.

[393] Europäische Kommission, Public consultation on the review of the MiFID II/MiFIR regulatory framework v. 17.2.2020, S. 12, abrufbar unter www.ec.europa.eu/info/sites/info/files/business_economy_euro/banking_and_finance/documents/2020-mifid-2-mifir-review-consultation-document_en.pdf.

[394] ESMA, MiFID II/MiFIR Review Report No. 1 v. 5.12.2019, Rn. 135, abrufbar unter www.esma.europa.eu/sites/default/files/library/mifid_ii_mifir_review_report_no_1_on_prices_for_market_data_and_the_equity_ct.pdf; *Sajnovits*, ZBB 2019, 162, 179.

[395] *Sajnovits*, ZBB 2019, 162, 179.

[396] ErwG 117 MiFID II; vgl. auch *Gebauer*, in: Assmann/Schneider/Mülbert, Wertpapierhandelsrecht, § 59 WpHG, Rn. 3; *Schmies/Sajnovits*, EBI Working Paper Series, 2020 – No. 76, S. 31–33.

IV. Fazit

An den Fällen *Thomson Reuters* und *S&P* wird die Notwendigkeit, aber auch die Problematik der Standardisierung auf Finanzmärkten deutlich. Skalenvorteilen und Netzwerkeffekten stehen die typischen Probleme natürlicher Monopole gegenüber. Wie in den Fällen echter natürlicher Monopole ist der Zugang zu denjenigen Ressourcen, die den Wettbewerb auf nachgelagerten Märkten bedingen, zu sichern. Für die Lösung des Problems steht zunächst das Kartellrecht, konkret Art. 102 AEUV in der Ausprägung der *essential facilities*-Doktrin bereit. Im deutschen Kartellrecht wird dies spezifisch für Daten in der Neufassung des § 19 Abs. 2 Nr. 4 GWB festgehalten. Auch Regulierungslösungen sind denkbar, wie das Beispiel der Referenzwerte aufzeigt.[397] Im Falle schlichter Kennziffern dürften sich allerdings weniger Argumente für eine Regulierungslösung finden lassen als bei den Referenzwerten, die infolge der Nutzung als Basis für Derivate direkten Einfluss auf stabilitätsrelevante Transaktionen haben.

Unabhängig von der gewählten Vorgehensweise sollte der Prozess der Standardisierung frühzeitig begleitet werden und auf Reaktionen der Marktteilnehmer eingegangen werden. Im Falle der Onlinezahlungen konnte so – wenngleich auf Basis des Art. 101 AEUV – eine marktverschließende Wirkung durch die Standardsetzung des EPC verhindert werden, während etwa im Falle der RICs der Wettbewerb auf einem nachgelagerten Markt nachhaltig beeinträchtigt wurde, ohne dass dieses Wettbewerbsversagen durch die Kartellrechtsanwendung endgültig beseitigt werden konnte.

§ 9 Kooperationen als Wettbewerbsproblem

Auf den Finanzmärkten findet neben der Setzung gemeinsamer Standards vielfach eine Kooperation zwischen Marktteilnehmern statt, um neue Produkte oder Einrichtungen zu schaffen. Häufig steht die Bereitstellung eines gemeinsamen Produkts in engem Zusammenhang mit der Standardsetzung. Dies birgt, wie bereits gezeigt, einerseits Effizienzen, andererseits Missbrauchspotenzial in sich.

Positiv hervorzuheben sind etwa im Zahlungsverkehr die Verwirklichung von Skaleneffekten und die Erhöhung der Effizienz bei der Geschäftsabwicklung.[398] Zum einen können durch die Zusammenarbeit die hohen Anfangsinvestitionen aufgeteilt werden. Zum anderen werden ineffiziente Dopplungen von Infrastrukturen vermieden. Dies wurde im Bereich der Zahlungssysteme durch die Gründung von Joint Ventures durch konkurrierende Banken er-

[397] Art. 37 MiFIR, Art. 22 BMR.
[398] Vgl. ErwG 1 SEPA-VO.

möglicht.[399] Auch Referenzwerte, wie der CHF LIBOR, als gemeinsam erarbeitete Produkte verschiedener Großbanken ermöglichten erst die Schaffung neuer Finanzinstrumente.[400] Durch die Vereinheitlichung von Produkten und die Setzung von Standards können Transaktionskosten gesenkt werden, was gerade im Bankensektor entscheidend ist.[401] Ebenso kann die Qualität des Angebots und die Sicherheit bei der Durchführung von Transaktionen gesteigert werden.[402]

Hingegen können durch die Vereinheitlichung Innovation und technische Entwicklung gehemmt werden.[403] Diejenigen Unternehmen, die die Produkte und Standards gemeinsam entwickeln, werden abgehalten, im Wettbewerbsprozess eigene, bessere Produkte zu entwickeln. Zudem können sie hierdurch Marktzutrittsbarrieren schaffen, indem sie den Zugang zu notwendigen Ressourcen oder Daten verweigern, nur zu unangemessenen Bedingungen gewähren[404] oder ihre Stellung im Entwicklungsprozess in anderer Weise ausnutzen.

Insoweit stellt sich die Frage, wie der Kooperation durch die Marktteilnehmer zu begegnen ist. Effiziente Formen der Kooperation, die zu neuen Produkten und verbesserten Standards führen, sollen gefördert werden. Zugleich soll der Wettbewerb zwischen den kooperierenden Unternehmen, aber auch im Verhältnis zu unbeteiligten Dritten, nicht unnötig eingeschränkt oder gar ausgeschlossen werden. Hier können – abhängig von der Konstellation – Kartellrecht oder Regulierung Abhilfe leisten. Diese stehen im Optimalfall in einem komplementären Verhältnis.

Aufgezeigt werden soll dies zunächst an den Fallbeispielen der Interbankenentgelte (hierzu A.), der Referenzwertmanipulationen (hierzu B.) und der Sonderbedingungen Online-Banking (hierzu C.). In der ersten Konstellation lässt sich ein quasi-regulatorischer Einsatz des Kartellrechts identifizieren. Die Kommission nutzte die Verpflichtungszusage zur Beseitigung anderen Marktversagens als den Wettbewerbsproblemen. In den beiden anderen Konstellationen wurde das Nebeneinander der beiden Regelungen hingegen entsprechend oben aufgezeigter Abgrenzungskriterien[405] aufeinander abgestimmt.

---

[399] Europäische Kommission, E. v. 24.7.2002, COMP/29.373 – *VISA II*, Rn. 4; E. v. 19.12.2007, COMP/34.579 – *MasterCard*, Rn. 42, 64.

[400] Siehe etwa Europäische Kommission, E. v. 21.10.2014, AT.39.924 – *Swiss Franc Interest Rate Derivatives (CHF LIBOR)*, Rn. 5–9.

[401] Europäische Kommission, Horizontal-LL, Rn. 259.

[402] Europäische Kommission, Horizontal-LL, Rn. 263.

[403] Europäische Kommission, Horizontal-LL, Rn. 266.

[404] Europäische Kommission, Horizontal-LL, Rn. 268, 272.

[405] S. 33 ff.

A. Fallbeispiel 1: Interbankenentgelte in Zahlungskartensystemen

Als erste Fallgruppe sollen Zahlungskartensysteme behandelt werden. Bei diesen lässt sich ein eindeutiger Zusammenhang zwischen Kartellrecht und Regulierung ermitteln.[406] Die Rechtsfolgen aus den kartellrechtlichen Entscheidungen zu Interbankenentgelten wurden fast identisch in Regulierungsrecht überführt.[407]

Unter dem Begriff der Zahlungskartensysteme ist die Summe institutioneller Regelungen zu verstehen, die den Austausch von Mitteln zur Befriedigung finanzieller Forderungen per Zahlungskarte ermöglichen.[408] Diese sind entweder als Drei- oder Vier-Parteien-Systeme ausgestaltet.

Drei-Parteien-Systeme sind gekennzeichnet durch die direkte Zahlungsabwicklung zwischen Händlern und Kunden durch den Systembetreiber.[409] Der Systembetreiber ist Vertragspartner des Händlers und des Kartennutzers. Bekanntestes Beispiel ist American Express.[410]

Im Gegensatz hierzu wird im Vier-Parteien-System[411] eine Ebene zwischengeschaltet: Auf Seiten des Händlers tritt der sogenannte Acquirer zwischen Händler und Systembetreiber. Dieser verwaltet typischerweise das Zahlungskonto des Händlers und stellt die Infrastruktur für die Kartenzahlung zur Verfügung. Auf Seiten des Kartennutzers steht dessen kartenausgebende und zumeist auch kontoführende Bank (der sogenannte Issuer). Vertragspartner von Händler und Kartennutzer sind also jeweils deren Banken.[412] Die Banken sind verbunden über den Betreiber des Zahlungskartensystems, der Lizenzen an die Banken für die Ausgabe der jeweiligen Karte oder den Betrieb der Akzeptanzstellen ausgibt.[413] Mit den jeweiligen Endkunden hat er keinen direkten Kontakt. Er wickelt die Zahlung ab.

Zwischen den Beteiligten fallen verschiedene Zahlungsströme[414] an: Der Kartennutzer bezahlt an die kartenausgebende Bank eine Gebühr für die

---

[406] Zu diesem Zusammenhang auch *Hartlieb*, Verpflichtungszusagen im europäischen Kartellrecht, Fn. 762 auf S. 193.

[407] *Ibáñez Colomo*, in: Garben/Govaere, The Division of Competences between the EU and the Member States, S. 112, 120; *OECD*, Competition enforcement and regulatory alternatives, 2021, S. 25.

[408] Vgl. *Armour u.a.*, Principles of Financial Regulation, S. 391; *Cecchetti/Schoenholtz*, Money, Banking, and Financial Markets, S. 25. Siehe auch Art. 2 Nr. 16 MIF-VO.

[409] Vgl. Art. 2 Nr. 17 S. 1 MIF-VO.

[410] *Börestam/Schmiedel*, Interchange fees in card payments, S. 10.

[411] Präziser wäre der Begriff eines Fünf-Parteien-Systems, da im Vergleich zum Drei-Parteien-System zwei weitere Banken hinzutreten.

[412] Vgl. bspw. *Bolt/Jonker/Plooij*, in: Beck/Casu, The Palgrave Handbook of European Banking, S. 159, 167.

[413] Vgl. z.B. *Börestam/Schmiedel*, Interchange fees in card payments, S. 10.

[414] Für eine grafische Übersicht vgl. z.B. Europäische Kommission, Memo v. 19.12.2007, MEMO/07/590, S. 1.

Nutzung der Karte, typischerweise in Form eines Jahresbeitrages. Der Zahlungsempfänger bezahlt hingegen ein transaktionsabhängiges Händlerentgelt (sogenannte Merchant Service Charge, MSC) an seine Bank. Issuer und Acquirer bezahlen Lizenzgebühren an den Systembetreiber.

Soll nun ein Zahlungsvorgang zwischen Kunde und Händler stattfinden, weist der Zahler seine Bank an, den vereinbarten Betrag an die Bank des Händlers zu überweisen. Die Bank des Zahlers überweist diesen Betrag, behält hierbei aber ein sogenanntes Interbankenentgelt ein. Die Bank des Händlers wiederum schüttet den empfangenen Betrag abzüglich der eigenen Marge und Gebühren an den Händler aus; dieser empfängt also den Zahlbetrag abzüglich der MSC. Die MSC besteht zu einem Großteil aus dem Interbankenentgelt.

Flankiert werden die Gebührenregelungen von weiteren Regeln der Kartensysteme auf Ebene der Akzeptanzstellen. Häufig sind *non discrimination rules* und die *honour all cards rule*. *Non discrimination rules* schreiben den Händlern vor, den Kartennutzern weder Preisaufschläge noch -abschläge für die Nutzung einer Zahlungskarte zu berechnen. Die *honour all cards rule* besagt, dass ein an das System angeschlossener Händler sämtliche Karten des Netzbetreibers akzeptieren muss.

Kartellrechtlichen Bedenken ausgesetzt waren sowohl die Interbanken- als auch die Händlerentgelte sowie die Lizenzgebühren des Systembetreibers. Anknüpfungspunkt war in allen Fällen die einheitliche Festlegung der jeweiligen Gebühr durch den Systembetreiber.

I. Interbankenentgelte im Vier-Parteien-System

Die Interbankenentgelte (im Folgenden auch MIF für *Multilateral Interchange Fee*) sind nach der Legaldefinition in Art. 2 Nr. 10 MIF-VO[415] „das Entgelt, das bei einem kartengebundenen Zahlungsvorgang für jede direkte oder indirekte […] Transaktion zwischen dem Emittenten und dem Acquirer gezahlt wird". Acquirer ist der Zahlungsdienstleister des Zahlungsempfängers, Emittent der Zahlungsdienstleister des Zahlers.[416] Im Kontext der Verbraucherdebitkarten und Verbraucherkreditkarten fließt der Zahlungsstrom regelmäßig vom Acquirer zum Emittenten[417] und wird wie beschrieben durch den Einbehalt des Interbankenentgelts durch den Issuer abgewickelt. Für jede Kartenzahlung erhält die Bank des Kartennutzers also eine Gebühr von der Bank des Händlers.

---

[415] Verordnung (EU) 2015/751 des Europäischen Parlaments und des Rates vom 29. April 2015 über Interbankenentgelte für kartengebundene Zahlungsvorgänge, ABl. 2015 L 123/1.

[416] Vgl. Art. 2 Nr. 1, Nr. 2 MIF-VO.

[417] Europäische Kommission, E. v. 8.12.2010, COMP/39.398 – *VISA MIF*, Rn. 20; E. v. 19.12.2007, COMP/34.579 – *MasterCard*, Rn. 119.

Das Konzept der Interbankenentgelte geht zurück auf eine ökonomische Untersuchung von Vier-Parteien-Systemen durch *Baxter*.[418] Dieser beschrieb bereits 1983 die Probleme und Herausforderungen zweiseitiger Märkte für sogenannte *transactional services*. Mit diesem Begriff gemeint waren sämtliche Dienstleistungen im Zusammenhang mit dem Datenstrom zwischen Händler, Acquirer, Issuer und Zahler, insbesondere also die Übermittlung des Zahlungsauftrags und die Einträge in die verschiedenen Zahlungskonten. Die Nachfrage nach diesen Dienstleistungen sei bei Händler und Zahler unterschiedlich ausgeprägt. Dem Zahler mag eine zeitnahe Ausführung des Zahlungsauftrags etwa weniger wert sein als dem Empfänger. Dennoch können die Präferenzen nicht unabhängig voneinander betrachtet werden, da die Nachfrage des Zahlers nach dem *transactional service* immer mit der komplementären Nachfrage des Händlers einhergeht.[419] Ausgehend von dieser Annahme erstellte Baxter ein Angebots-Nachfrage-Modell, das zum Ergebnis hatte, eine Ausgleichszahlung vom Acquirer zum Issuer müsse erfolgen, da letzterer defizitär arbeite, während ersterer Überschüsse erwirtschafte.[420] Er kam zu dem Schluss, eine Ausgleichszahlung vom Acquirer zum Issuer (die heutige *interchange fee*) sei die einfachste und kostengünstigste Lösung, die unterschiedlichen Zahlungsbereitschaften der Händler und Zahler für die Transaktionsdienstleistungen auszugleichen.[421]

Eine entscheidende Grundannahme dieses Modells ist, dass neben Zahler, Zahlungsempfänger und deren jeweiligen Banken weitere Akteure unbeachtet bleiben können.[422] Diese Grundannahme wird auch den ökonomischen Analysen der Interbankenentgelte zugrunde gelegt, die in den Kartellverfahren Eingang fanden,[423] mit der Folge, dass diese die realen Sachverhalte der Kartellverfahren nur unzureichend abbilden. Insbesondere bleiben die Lizenzgebühren unbeachtet, die an den Systembetreiber abzuführen sind.[424] Dies führte wiederum zu kritikwürdigen Entscheidungen der Europäischen Kommission und einer entsprechenden Regulierungslösung.[425]

---

[418] *Baxter*, JLE 26 (1983), 541.

[419] *Baxter*, JLE 26 (1983), 541, 544.

[420] *Baxter*, JLE 26 (1983), 541, 552, dortige Abbildung 4 sowie die zugehörigen Erklärungen auf S. 551–553.

[421] *Baxter*, JLE 26 (1983), 541, 553: „by far the simplest and the least expensive".

[422] *Baxter*, JLE 26 (1983), 541, Fn. 2 auf S. 542: „whether additional parties participate is irrelevant to the basic point".

[423] Siehe etwa den grundlegenden Aufsatz von *Rochet/Tirole*, RevNE 2 (2003), 69, 72: „However, since our focus is on IFs, we can simplify the analysis without any loss of relevance, by neglecting network costs cN and network fees nI and nA."

[424] *Rysman/Wright*, RevNE 13 (2015), 303, 317: „[T]he setting of switch fees [has] largely been ignored in the existing literature."

[425] Siehe unten S. 178 ff. Zur weitgehenden Nichtberücksichtigung der Gebühren der Systembetreiber siehe etwa die sehr knappe Beschreibung dieser Gebühren in Europäische Kommission, E. v. 19.12.2007, COMP/34.579 – *MasterCard*, Rn. 241 und die Darstellung

Aufsetzend auf dieses Modell wurden in Kartenzahlungssystemen ebenfalls Interbankenentgelte eingeführt. Die Höhe der MIF wird von Vertretern der lizenznehmenden Banken festgesetzt[426] und orientiert sich an drei Faktoren: Zunächst wird nach der Transaktionsart differenziert, ob also eine Kartenzahlung im Internet oder eine sogenannte *point of sale*-Transaktion beim Händler erfolgt. Zweites Kriterium ist die Abrechnungsgeschwindigkeit, also die Differenzierung zwischen Debitkarten mit sofortiger Abbuchung und Karten mit verzögerter Abbuchung (insbesondere Kreditkarten). Zuletzt wird anhand des Sitzes von Acquirer und Emittent unterschieden. Für Transaktionen innerhalb eines EWR-Mitgliedsstaates gelten die inländischen MIF, für grenzüberschreitende Transaktionen zwischen Banken mit Sitz innerhalb zweier verschiedener EWR-Mitgliedstaaten die intraregionalen MIF und für Transaktionen innerhalb des EWR mit Karten, die außerhalb des EWR ausgegeben wurden, die sogenannten interregionalen MIF.[427] Grundsätzlich werden die MIF lediglich als intraregionale MIF festgelegt, also für grenzüberschreitende Transaktionen innerhalb des EWR. Allerdings gelten diese auch für inländische Transaktionen, sofern keine bilaterale Vereinbarung über ein Interbankenentgelt im jeweiligen Mitgliedstaat getroffen wurde (sog. *fallback* oder *default* MIF). Es kommt somit auf jede Kartentransaktion ein Interbankenentgelt zur Anwendung.[428] Soweit gesonderte Vereinbarungen getroffen wurden, dienen die Vorgaben von VISA und MasterCard regelmäßig als Richtwert oder gar als Mindestwert für die inländischen MIF.[429]

1. Entwicklung der Entscheidungspraxis zu Interbankenentgelten

Mit diesen Interbankenentgelten befasst sich die Europäische Kommission seit über 40 Jahren.[430] Für die Untersuchung von Interesse ist insbesondere die Entscheidungspraxis der Kommission in den Verfahren gegen VISA und MasterCard wegen der Festlegung der Interbankenentgelte durch die jeweiligen

---

des Baxter-Frameworks, bei der verschiedene Annahmen, wie diejenige vollkommenen Wettbewerbs, berücksichtigt und kritisiert werden, nicht aber das Außer-Acht-Lassen der Lizenzgebühren, Europäische Kommission, a.a.O., Rn. 8, 702–708.

[426] Europäische Kommission, E. v. 19.12.2007, COMP/34.579 – *MasterCard*, Rn. 136.

[427] Die Begrifflichkeiten orientieren sich an Europäische Kommission, E. v. 19.12.2007, COMP/34.579 – *MasterCard*, Rn. 121 und E. v. 26.2.2014, COMP/39.398 – *VISA MIF II*, Anhang, Abschnitt 2–4. Auch Art. 2 Nr. 8 und Nr. 9, Art. 3 Abs. 1–3 und Art. 4 MIF-VO differenzieren zwischen inländischen und grenzüberschreitenden Zahlungsvorgängen.

[428] Europäische Kommission, E. v. 19.12.2007, COMP/34.579 – *MasterCard*, Rn. 126, 417–419.

[429] Europäische Kommission, E. v. 19.12.2007, COMP/34.579 – *MasterCard*, Rn. 421–424.

[430] Der erste Freistellungsantrag wurde bei der Kommission im Jahr 1977 gestellt, siehe Europäische Kommission, E. v. 24.7.2002, COMP/29.373 – *VISA II*, Rn. 1.

Entscheidungsgremien der beiden Zahlungskartensysteme.[431] Hierbei orientierte sich die Kommission an der dargestellten Differenzierung zwischen inländischen, intra- und interregionalen MIF.

Im VISA-Verfahrenskomplex wurde zunächst in der *VISA II*-Entscheidung eine zeitweise Freistellung für eine Maximalhöhe der intraregionalen MIF nach Art. 81 Abs. 3 EGV erteilt.[432]

Im (scheinbaren) Widerspruch hierzu erließ die Kommission im Jahr 2007 eine Abstellungsverfügung gemäß Art. 7 Abs. 1 VO 1/2003 gegen MasterCard. Darin wurde MasterCard die Festlegung von Interbankenentgelten für grenzüberschreitende Transaktionen innerhalb des EWR gänzlich untersagt; diese erfüllten nicht die Freistellungsvoraussetzungen nach Art. 81 Abs. 3 EGV.[433] Dies wurde durch Entscheidungen von EuG und EuGH bestätigt.[434] Im Nachgang zur Kommissionsentscheidung verpflichtete MasterCard sich einseitig (ohne weitere förmliche Entscheidung), die jeweiligen intraregionalen MIF zu deckeln.[435]

Weitere Entscheidungen ergingen in den Folgejahren gegen VISA: In den *VISA MIF*-Entscheidungen aus 2010 und 2014 wurde das Vorliegen der Voraussetzungen von Art. 101 Abs. 3 AEUV nach vorläufiger Beurteilung im Gleichklang mit der *MasterCard*-Entscheidung ebenfalls verneint.[436] Als Abhilfemaßnahme wurden allerdings Verpflichtungszusagen nach Art. 9 Abs. 1 VO 1/2003 akzeptiert und für bindend erklärt, die eine Maximalhöhe der intraregionalen MIF für Transaktionen mit Verbraucherdebitkarten und Verbraucherkreditkarten innerhalb des EWR beziehungsweise innerhalb des VISA-Europe-Netzwerkes festlegten.[437]

Nachdem zwischenzeitlich die MIF-VO in Kraft getreten war, erließ die Kommission 2019 drei weitere kartellrechtliche Entscheidungen gegen VISA und MasterCard mit Bezug zu Interbankenentgelten: In *MasterCard II* wurde MasterCard ein Bußgeld wegen der rechtswidrigen Festsetzung intraregionaler MIF auferlegt. Konkret wurde in dieser Entscheidung nicht die Höhe der MIF bemängelt, sondern die zwingende Festlegung des Händlersitzes als An-

---

431 Für einen Überblick zu den bereits davor ergangenen Entscheidungen der Europäischen Kommission zu Interbankenentgelten siehe *Gyselen*, in: Hawk, 1996 Fordham Corporate Law Institute, S. 329, 336–354.

432 Europäische Kommission, E. v. 24.7.2002, COMP/29.373 – *VISA II*.

433 Europäische Kommission, E. v. 19.12.2007, COMP/34.579 – *MasterCard*.

434 EuG, Urt. v. 24.5.2012, T-111/08, EU:T:2012:260; EuGH, Urt. v. 11.9.2014, *MasterCard u.a./Kommission*, C-382/12 P, EU:C:2014:2201.

435 Europäische Kommission, Pressemitteilung v. 1.4.2009, IP/09/515.

436 Europäische Kommission, E. v. 8.12.2010, COMP/39.398 – *VISA MIF*, Rn. 21; E. v. 26.2.2014, COMP/39.398 – *VISA MIF II*, Rn. 23.

437 Europäische Kommission, E. v. 8.12.2010, COMP/39.398 – *VISA MIF* bzgl. Verbraucherdebitkarten; E. v. 26.2.2014, COMP/39.398 – *VISA MIF II* für Verbraucherkreditkarten und Verbraucherdebitkarten mit verzögerter Abbuchung.

knüpfungspunkt für die Höhe der MIF.[438] Zu Beginn des Jahres 2019 verpflichteten sich VISA und MasterCard zudem, auch die interregionalen MIF auf dem Niveau der intraregionalen MIF zu deckeln.[439]

2. Kartellrechtliche Bewertung der Interbankenentgelte nach Art. 101 AEUV

Im Folgenden sollen die kartellrechtlichen Erwägungen der Kommission und der Gerichte zu den Interbankenentgelten dargestellt werden. Grundlage der Entscheidungen war jeweils das Kartellverbot nach Art. 101 AEUV. Ein Verstoß gegen Art. 101 Abs. 1 AEUV setzt zunächst eine Wettbewerbsbeschränkung[440] voraus, die durch Vereinbarungen zwischen Unternehmen, Beschlüsse von Unternehmensvereinigungen[441] oder aufeinander abgestimmte Verhaltensweisen bezweckt oder bewirkt werden.

a) Bewirkte Wettbewerbsbeschränkung

Eine Wettbewerbsbeschränkung liegt vor, wenn das Selbständigkeitspostulat verletzt wird, also die wirtschaftlichen Handlungsmöglichkeiten von an der Maßnahme beteiligten Unternehmen oder von Dritten eingeschränkt werden.[442] Nach Auffassung der Kommission und der europäischen Gerichte haben Interbankenentgelte grundsätzlich wettbewerbsschädliche Auswirkungen auf dem Acquiring-Markt, also auf demjenigen Markt, auf dem Banken als Lizenznehmer des Kartenzahlverfahrens Händler anwerben, damit diese wiederum die jeweilige Zahlungskarte als Zahlungsmittel annehmen.[443] Dies gelte sowohl für grenzüberschreitendes Acquiring als auch innerhalb eines Mitgliedstaates.

---

438 Europäische Kommission, E. v. 22.1.2019, COMP/40.049 – *MasterCard II*.

439 Europäische Kommission, E. v. 29.4.2019, COMP/39.398 – *VISA MIF III*; E. v. 29.4.2019, COMP/40.049 – *MasterCard III*; Pressemitteilung v. 29.4.2019, IP/19/2311.

440 Wettbewerbsbeschränkung dient dabei als Oberbegriff für die in Art. 101 Abs. 1 AEUV aufgezählten Unterfälle der „Verhinderung, Einschränkung oder Verfälschung des Wettbewerbs". Eine inhaltliche Differenzierung ergibt sich hieraus nicht, *Bailey*, in: Bellamy & Child, European Union Law of Competition, Rn. 2.117; *Kling/Thomas*, Kartellrecht, § 5, Rn. 89.

441 Die Kommission und nachfolgend die Gerichte bejahten sowohl für VISA als auch MasterCard das Vorliegen eines Beschlusses einer Unternehmensvereinigung, vgl. z.B. EuGH, Urt. v. 11.9.2014, *MasterCard u.a./Kommission*, C-382/12 P, EU:C:2014:2201, Rn. 66–76. Dies war jeweils aufgrund gesellschaftsrechtlicher Umstrukturierungen seitens VISA und MasterCard umstritten.

442 EuGH, Urt. v. 2.10.2003, *Thyssen Stahl AG*, C-194/99 P, EU:C:2003:527, Rn. 82–83 m.w.N.

443 Grundlegend Europäische Kommission, E. v. 24.7.2002, COMP/29.373 – *VISA II*, Rn. 66; ebenso Europäische Kommission, E. v. 26.2.2014, COMP/39.398 – *VISA MIF II*, Rn. 23; E. v. 8.12.2010, COMP/39.398 – *VISA MIF*, Rn. 21; E. v. 19.12.2007, COMP/34.579 – *MasterCard*, Rn. 400–407, im Ergebnis bestätigt durch EuGH, Urt. v. 11.9.2014, *MasterCard u.a./Kommission*, C-382/12 P, EU:C:2014:2201, Rn. 154–199.

Die wettbewerbsbeschränkende Wirkung der MIF auf den Acquiring-Märkten ergebe sich aus ihrer faktischen Wirkung als Mindesthöhe der Händlergebühr. Diese wird von den Händlern an die Acquirer für die Zugangsverschaffung zum Zahlungskartensystem bezahlt. Ihre Höhe wird maßgeblich durch die Interbankenentgelte bestimmt, welche ungefähr 80 Prozent der Händlergebühr ausmachen. Insoweit stellen sie einen Sockelbetrag für die Händlergebühr dar, der nicht unterschritten wird. Hierdurch werde ein Preis- und Konditionenwettbewerb auf den Acquiring-Märkten verhindert.[444]

Dieser Effekt werde verstärkt durch den Wettbewerbsdruck auf die Händler. Im Wettbewerb der Händler untereinander sind diese gezwungen, die gängigen Zahlungskartensysteme anzubieten, um nicht aufgrund ungenügender Zahlungsmethoden Kunden an Wettbewerber zu verlieren. Diese Abhängigkeit von den Zahlungskartensystemen führt auf Seiten der Händler zu einer geringen Nachfrageelastizität, was eine Förderung des Preiswettbewerbs aufgrund potenzieller Marktmacht der Nachfrageseite einschränkt. Insoweit könnten die Betreiber der Zahlungskartensysteme MIF relativ uneingeschränkt festlegen, ohne dass die Händler deswegen auf andere Systeme ausweichen (können).[445]

Dieser fehlende Wettbewerbsdruck werde nicht durch einen Systemwettbewerb beseitigt oder kompensiert. Die Marktstruktur mit den beiden sehr starken Marktteilnehmern VISA und MasterCard (beide hatten 2007 jeweils einen Marktanteil von ca. 45 Prozent[446]) und dem andersartig aufgebauten System von American Express als potenziellem Wettbewerber biete keine Anreize, die Interbankenentgelte abzusenken. Im Gegenteil ergibt sich nach den Feststellungen der Kommission eine Motivation, die Interbankenentgelte weiter zu erhöhen. Durch erhöhte Interbankenentgelte können die Issuer verstärkt Vergünstigungen an die Kartennutzer weiterreichen, was die Reichweite auf Nutzerseite erhöht.[447] Aufgrund der gruppenübergreifenden Netzwerkeffekte erhöht dies wiederum die Attraktivität des Systems für die Händler. Diese sind aber preisindifferent, weil sie zum einen identische Preise wie die Wettbewerber zahlen, zum anderen die Kosten an die Endkunden weiterreichen können.[448] Weiter bewirken die MIF eine künstliche Preiserhöhung für inländische MIF,

---

[444] Europäische Kommission, E. v. 19.12.2007, COMP/34.579 – *MasterCard*, Rn. 410–453; E. v. 24.7.2002, COMP/29.373 – *VISA II*, Rn. 68, 71. Vgl. auch UK Supreme Court, Urt. v. 17.6.2020, [2020] UKSC 24 – *Sainsbury's v. VISA/MasterCard*, Rn. 10, Unterabschnitt (x), wonach die MIF in UK ca. 90 % der Händlergebühr ausmachten.

[445] Europäische Kommission, Survey on merchants' costs of processing cash and card payments, Rn. 40, 42–43.

[446] Europäische Kommission, E. v. 19.12.2007, COMP/34.579 – *MasterCard*, Rn. 110.

[447] *Frankel/Shampine*, Antitrust LJ 73 (2006), 627, 651.

[448] Europäische Kommission, E. v. 19.12.2007, COMP/34.579 – *MasterCard*, Rn. 192–198, 203.

da diese bilateral festgelegten Entgelte häufig durch einen Aufschlag auf die vorgegebenen grenzüberschreitenden MIF ermittelt werden.[449]

b) Keine Nebenabrede

Die Kommission bewertete die Abreden über Interbankenentgelte auch nicht als Nebenabrede des Zahlungskartensystems, das zum Funktionieren des Systems unerlässlich ist.[450] Wettbewerbsbeschränkende Nebenabreden sind vom Anwendungsbereich des Art. 101 Abs. 1 AEUV ausgenommen, wenn sie unmittelbar mit einer wettbewerblich neutralen Hauptvereinbarung verbunden, notwendig im Sinne objektiver Erforderlichkeit und angemessen sind. Die Ausnahme von Nebenabreden folgt aus Sinn und Zweck des Kartellverbots, wonach die zugrundeliegende kartellrechtsneutrale beziehungsweise sogar wettbewerbsfördernde Hauptabrede nicht behindert werden soll.[451]

Zwar stellen Zahlungskartensysteme und deren Betrieb grundsätzlich eine wettbewerbsneutrale Vereinbarung dar. Ausweislich der Kommissionsentscheidung zu MasterCard gibt es im EWR allerdings fünf nationale Zahlungskartensysteme, die gänzlich ohne MIF funktionieren.[452] Darüber hinaus sei ohne Weiteres ein System denkbar, in dem die jeweiligen Kosten unmittelbar zwischen Acquirer und Händler und zwischen Emittenten und Kunde abgewickelt werden, sodass eine weitere Ausgleichszahlung zwischen den beteiligten Zahlungsdienstleistern obsolet sei.[453]

c) Freistellung nach Art. 101 Abs. 3 AEUV

Trotz der festgestellten wettbewerbsbeschränkenden Auswirkungen kam die Kommission in den *VISA*- und *VISA MIF*-Entscheidungen zu dem Ergebnis, dass Interbankenentgelte grundsätzlich gemäß Art. 101 Abs. 3 AEUV (und dessen Vorgängervorschriften) freistellungsfähig[454] beziehungsweise einer Deckelung per Verpflichtungszusage zugänglich seien.[455]

---

[449] Europäische Kommission, E. v. 19.12.2007, COMP/34.579 – *MasterCard*, Rn. 405, 416, 421–424 sowie Fn. 470 bei Rn. 405.

[450] Europäische Kommission, E. v. 19.12.2007, COMP/34.579 – *MasterCard*, Rn. 552.

[451] Europäische Kommission, Bekanntmachung v. 27.4.2004, Leitlinien zur Anwendung von Artikel 81 Absatz 3 EG-Vertrag, ABl. 2004 C 101/97, Rn. 28–30; *Zimmer*, in: Immenga/Mestmäcker, Bd. 1. EU, Art. 101 Abs. 1 AEUV, Rn. 146–148 m.w.N.

[452] Europäische Kommission, E. v. 19.12.2007, COMP/34.579 – *MasterCard*, Rn. 555–557 mit Verweis auf Kartenzahlungssysteme ohne MIF in Finnland, Litauen, Dänemark, den Niederlanden und Norwegen. Die von MasterCard vorgebrachten Argumente gegen die Heranziehung dieser Systeme für einen Vergleich werden von der Kommission in Rn. 563–608 abgelehnt.

[453] Europäische Kommission, E. v. 19.12.2007, COMP/34.579 – *MasterCard*, Rn. 551.

[454] Europäische Kommission, E. v. 24.7.2002, COMP/29.373 – *VISA II*, Rn. 74–107.

[455] Europäische Kommission, E. v. 26.2.2014, COMP/39.398 – *VISA MIF II*, Rn. 93–116; E. v. 8.12.2010, COMP/39.398 – *VISA MIF*, Rn. 53–69.

Art. 101 Abs. 3 AEUV hat vier kumulative Voraussetzungen: Es müssen (1) Effizienzgewinne aus der Verbesserung der Warenerzeugung oder -verteilung oder aus wirtschaftlichem oder technischem Fortschritt erzielt werden, (2) die in angemessenem Umfang an die Verbraucher weitergegeben werden, (3) wobei die damit einhergehende Wettbewerbsbeschränkung unerlässlich sein muss, (4) ohne dass der Wettbewerb für einen wesentlichen Teil der betreffenden Waren ausgeschaltet wird.[456]

Für die erste Voraussetzung einer Freistellung ist nachzuweisen, dass die MIF selbst zu Effizienzgewinnen führen. Bereits in *VISA II* hatte die Kommission herausgestellt, dass die Banken der Karteninhaber Dienstleistungen vornehmen, die auch den Händlern zugutekommen, so beispielsweise den Bearbeitungsvorgang der Zahlung sowie die Zahlungsgarantie zugunsten des Karteninhabers. An diesen insoweit eingesparten Kosten orientierte und somit objektiv bemessene MIF seien freistellungsfähig, da sie lediglich einen Ausgleich für die erbrachten Dienstleistungen darstellten und damit unmittelbar zum technischen und wirtschaftlichen Fortschritt des Bezahlsystems beitrugen.[457]

In *MasterCard* stellte die Kommission in Fortsetzung diese Linie klar, dass für den Nachweis von Effizienzgewinnen ein Modell verwendet werden muss, welches auf realistische Annahmen gegründet ist. Die zugrundeliegende Methode zur Bemessung müsse objektiv und angemessen sein. Außerdem müssten die MIF tatsächlich zu Vorteilen für beide Verbrauchergruppen (Händler und Kartennutzer) führen.[458] Dies erklärt die vermeintliche Diskrepanz zwischen der Ausgangsentscheidung und der zwei Jahre später folgenden einseitigen Verpflichtung seitens MasterCard und den VISA-Entscheidungen – MasterCard hatte es zunächst versäumt, etwaige Effizienzen hinreichend zu substantiieren und konnte somit die Erfüllung der Voraussetzungen des Art. 81 Abs. 3 EGV nicht nachweisen. Die bloße Behauptung, Interbankenentgelte würden als Ausgleichsmechanismus für unterschiedliche Nachfrageelastizitäten auf Händler- und Kartennutzerseite dienen, ohne dies empirisch zu belegen, sah die Kommission als unzureichend an.[459] Vielmehr bedürfe es des konkreten Nachweises der Effizienzgewinne.[460]

d) Verpflichtungszusagen

Dieses Manko konnte MasterCard im Rahmen der einseitig abgegebenen Verpflichtung mit der Einführung des Merchant Indifference Test (MIT, auch

---

[456] Vgl. für Einzelheiten bspw. *Nordemann*, in: LMRKM, Kartellrecht, Art. 101 Abs. 3 AEUV, Rn. 18–54.

[457] Europäische Kommission, E. v. 24.7.2002, COMP/29.373 – *VISA II*, Rn. 72–91.

[458] Europäische Kommission, E. v. 19.12.2007, COMP/34.579 – *MasterCard*, Rn. 731.

[459] Europäische Kommission, E. v. 19.12.2007, COMP/34.579 – *MasterCard*, Rn. 684–686, 694–701.

[460] Vgl. *Lista*, EU Competition law and the financial sector, S. 163.

tourist test) als Grundlage für die Höhe der MIF beseitigen,[461] was schließlich auch die Grundlage für die später folgenden VISA-Entscheidungen legte. Der MIT bemisst diejenigen Kosten, die ein Händler durch den Einsatz von Zahlungskarten im Vergleich zu Bargeld als gesetzlichem Zahlungsmittel (Art. 128 Abs. 1 S. 3 AEUV, § 14 Abs. 1 S. 2 BBankG) einspart.[462] Als Kostenpunkte werden eingerechnet Mitarbeiter- und Ausstattungskosten sowie die Kosten von Drittanbietern, beispielsweise für den Transport von Bargeld. Zuletzt werden Verluste durch Diebstahl, Falschgeld und Zinsverluste infolge der Transportdauer berücksichtigt.[463]

Infolge dieser Erwägungen gab VISA Verpflichtungszusagen ab, die eine Deckelung der durchschnittlichen intraregionalen Interbankenentgelte auf 0,2 Prozent des Transaktionswerts für Debitkarten und 0,3 Prozent des Transaktionswertes für Kreditkarten vorsahen.[464] Diese Werte wurden für intraregionale sowie für inländische Transaktionen in der MIF-VO festgeschrieben. Nach weiteren Untersuchungen der Europäischen Kommission wurden per Verpflichtungszusage die interregionalen MIF ebenfalls auf die genannten Werte begrenzt. Allerdings wurden in Abweichung von MIF-VO und den bisherigen Entscheidungen erstmals gesonderte Werte für Online-Kartenzahlungen festgesetzt, nämlich 1,15 Prozent für Debit- und 1,5 Prozent für Kreditkartenzahlungen.[465]

e) Sachliche Reichweite der Verpflichtungszusagen

Die Verpflichtungszusagen beziehen sich jeweils lediglich auf grenzüberschreitende Transaktionen und solche inländische Transaktionen, für die VISA und MasterCard die MIF unilateral festlegten.[466] Die Kommission ging insoweit davon aus, dass es keine Acquirer gebe, die ausschließlich Acquiring für grenzüberschreitende Transaktionen betreiben,[467] sodass durch den Preisdruck beim grenzüberschreitenden Acquiring auch das Preisniveau für bilateral

---

[461] Europäische Kommission, Memo v. 1.4.2009, MEMO/09/143, S. 5–7.

[462] Europäische Kommission, Survey on merchants' costs of processing cash and card payments, Rn. 73–79. Der Test geht zurück auf den Aufsatz von *Rochet/Tirole*, DNB Working Paper No. 127. Für Kreditkarten siehe *Rochet/Wright*, JBF 34 (2010), 1788–1797.

[463] Europäische Kommission, Survey on merchants' costs of processing cash and card payments, Rn. 79.

[464] Europäische Kommission, E. v. 26.2.2014, COMP/39.398 – *VISA MIF II*, Anhang S. 1, 71; E. v. 8.12.2010, COMP/39.398 – *VISA MIF*, Anhang S. 1; Memo v. 1.4.2009, MEMO/09/143, S. 4.

[465] Europäische Kommission, E. v. 29.4.2019, COMP/39.398 – *VISA MIF III*; E. v. 29.4.2019, COMP/40.049 – *MasterCard III*; Pressemitteilung v. 29.4.2019, IP/19/2311.

[466] Europäische Kommission, E. v. 19.12.2007, COMP/34.579 – *MasterCard*, Rn. 118, 124.

[467] Europäische Kommission, E. v. 19.12.2007, COMP/34.579 – *MasterCard*, Rn. 322.

vereinbarte inländische Händlerentgelte absinken sollte.[468] Zudem dürften praktische Erwägungen der Kommission eine Rolle gespielt haben: Zunächst wurden für inländische MIF in einigen Mitgliedstaaten separate Verfahren eingeleitet.[469] Weiter wurden die inländischen MIF größtenteils bilateral zwischen Banken in den Mitgliedstaaten ausgehandelt, sodass neben VISA und MasterCard eine Vielzahl weiterer Adressaten bei der Entscheidungsfindung zu berücksichtigen gewesen wäre. Zudem ging die Kommission davon aus, ihre Entscheidungen zu intraregionalen MIF würden einen positiven Ausstrahlungseffekt auf die inländischen MIF haben.[470]

3. Interbankenentgelte unter der Verordnung (EU) 751/2015

Zur Fortführung der vorangehend beschriebenen Fallpraxis schlug die Generaldirektion Binnenmarkt und Dienstleistungen gemeinsam mit der Generaldirektion Wettbewerb die inzwischen erlassene MIF-VO vor.[471] Ausweislich des Verordnungsvorschlags sollte anschließend an die VISA- und MasterCard-Entscheidungen eine binnenmarktweite Vereinheitlichung der Interbankenentgelte erzielt werden.[472] Auch in den Erwägungsgründen 10, 12 und 16 der MIF-VO wird auf die wettbewerbsrechtlichen Verfahren verwiesen.[473] Die Kommission wollte insbesondere eine weitere Zersplitterung der Höhe der Interbankenentgelte in den Mitgliedstaaten verhindern, die durch verschiedene mitgliedstaatliche Gesetzgebungsvorhaben drohte.[474]

Auch aus ökonomischer Sicht sei die Festschreibung von Obergrenzen für Interbankenentgelte wünschenswert: Durch überhöhte Interbankenentgelte

---

[468] Europäische Kommission, E. v. 26.2.2014, COMP/39.398 – *VISA MIF II*, Rn. 50, 71.

[469] Europäische Kommission, E. v. 8.12.2010, COMP/39.398 – *VISA MIF*, Rn. 47; für Deutschland siehe BKartA, Fallbericht v. 12.6.2015, B4-22/06. Das dortige Verfahren wurde allerdings mit Blick auf die in Kraft tretende MIF-VO eingestellt.

[470] Europäische Kommission, E. v. 26.2.2014, COMP/39.398 – *VISA MIF II*, Rn. 50.

[471] Europäische Kommission, 24.7.2013, Vorschlag für eine Verordnung des Europäischen Parlaments und des Europäischen Rates über Interbankenentgelte für kartengebundene Zahlungssysteme, COM(2013) 550 final.

[472] Europäische Kommission, 24.7.2013, Vorschlag für eine Verordnung des Europäischen Parlaments und des Europäischen Rates über Interbankenentgelte für kartengebundene Zahlungssysteme, COM(2013) 550 final, S. 5–7.

[473] ErwG 10 MIF-VO: „Zusätzlich zur kohärenten Anwendung der Wettbewerbsregeln [...]“; ErwG 12: „Die Anwendung der bestehenden Rechtsvorschriften durch die Kommission und die nationalen Wettbewerbsbehörden hat bisher nicht zur Lösung des Problems geführt [...]“; ErwG 16: „Aufgrund unilateraler Verpflichtungen und Zusagen im Rahmen wettbewerbsrechtlicher Verfahren [...]“.

[474] Europäische Kommission, 24.7.2013, Vorschlag für eine Verordnung des Europäischen Parlaments und des Europäischen Rates über Interbankenentgelte für kartengebundene Zahlungssysteme, COM(2013) 550 final, S. 6–7; vgl. auch *dies.*, Grünbuch v. 11.1.2012, Ein integrierter europäischer Markt für Karten-, Internet- und mobile Zahlungen, KOM (2011) 941 endgültig, S. 8.

würde den Issuing-Banken ermöglicht, niedrigere Gebühren für die Ausgabe von Debit- und Kreditkarten zu verlangen, was zur Folge haben kann, dass gesamtwirtschaftlich ineffiziente Zahlungssysteme weiterverbreitet werden beziehungsweise umgekehrt effiziente Zahlungsmittel nicht oder zu wenig verbreitet und genutzt werden.[475] Die MIF führen zu Fehlanreizen für die Verbraucher, vermeintlich günstige Bezahlmöglichkeiten zu nutzen, wobei die Emittenten hierzu durch Anreizsysteme sogar beitragen.[476] Dabei tragen die Nutzer die Kosten letztlich als „versteckte Kosten" doch selbst, da die Händler diese über die Produktpreise mittelbar an die Konsumenten weitergeben.[477]

Gemäß Art. 3 Abs. 1 und Art. 4 MIF-VO dürfen Zahlungsdienstleister daher pro Zahlungsvorgang ein Interbankenentgelt von höchstens 0,2 Prozent des Transaktionswerts bei Debitkartentransaktionen und höchstens 0,3 Prozent des Transaktionswertes bei Kreditkartentransaktionen bieten oder verlangen.

a) Räumlicher Anwendungsbereich

Gemäß Art. 1 Abs. 1 MIF-VO gilt die Verordnung für innerhalb der Union abgewickelte kartengebundene Zahlungsvorgänge, bei denen sowohl der Zahlungsdienstleister des Zahlers als auch derjenige des Zahlungsempfängers innerhalb der EU niedergelassen sind. Hierbei stellt sich bereits die Frage, was „niedergelassen" in diesem Sinne bedeutet. Auf eine Niederlassung im Sinne des Art. 49 AEUV[478] dürfte es nicht ankommen. Vielmehr spricht einiges für ein Redaktionsversehen bei der Schaffung der MIF-VO. Gemeint sein dürfte „ansässig", wie es an anderen Stellen der MIF-VO heißt.[479]

Zur inhaltlichen Auslegung des Begriffs der Ansässigkeit bietet sich im Sinne der Einheit der Rechtsordnung ein Rückgriff auf den primärrechtlichen Begriff der Ansässigkeit aus Art. 49 Abs. 1 S. 2 AEUV an. Hiernach ist für die Ansässigkeit auf den Ort der gewerblichen Tätigkeit abzustellen. Es sollen lediglich Tätigkeiten aus dem Anwendungsbereich ausgeschlossen werden, die ausschließlichen oder jedenfalls überwiegenden Bezug zu Drittstaaten haben.[480] Da Finanzdienstleister typischerweise ohnehin einer Erlaubnispflicht

---

[475] Europäische Kommission, Survey on merchants' costs of processing cash and card payments, Rn. 44, 48.

[476] ErwG 32 MIF-VO.

[477] Europäische Kommission, Memo v. 1.4.2009, MEMO/09/143, S. 5.

[478] „Aufnahme und Ausübung einer (wirtschaftlichen) Erwerbstätigkeit, die selbstständig und auf der Grundlage einer festen Einrichtung dauerhaft auf die Teilnahme am Wirtschaftsleben eines anderen Mitgliedstaats angelegt ist", vgl. statt aller *Müller-Graff*, in: Streinz, EUV/AEUV, Art. 49 AEUV, Rn. 11.

[479] So auch ErwG 26 MIF-VO und insgesamt die PSD2, die von der MIF-VO lediglich ergänzt wird, ErwG 2 MIF-VO. Auch die englischen und französischen Sprachfassungen verwenden in beiden Akten einen einheitlichen Begriff entsprechend „ansässig".

[480] *Forsthoff*, in: Grabitz/Hilf/Nettesheim, Das Recht der Europäischen Union, Art. 49 AEUV, Rn. 56–60.

unterliegen,[481] kann von der Genehmigungspflicht auf die örtliche Reichweite geschlossen werden. Wer eine genehmigungspflichtige Tätigkeit auf dem Gebiet eines Mitgliedstaates ausübt, ist zugleich auch „ansässig".

Interregionale MIF, bei denen mindestens einer der beiden beteiligten Zahlungsdienstleister außerhalb der EU-Mitgliedstaaten ansässig ist, sind somit nicht umfasst, während die kartellrechtlichen Entscheidungen *MasterCard III* und *VISA MIF III* diese umfassen.[482]

Die umgekehrte Konstellation gilt für die inländischen MIF: Diese werden von der MIF-VO erfasst, welche für sämtliche Arten von inländischen Interbankenentgelten gilt, also sowohl für die von den Zahlungskartensystemen vorgegebenen als auch für die bilateral zwischen einzelnen Unternehmen vereinbarten MIF, Art. 3 Abs. 2 und Abs. 3 MIF-VO. Die Entscheidungen der Generaldirektion Wettbewerb haben diese hingegen nicht erfasst. Allerdings liegt dies nicht in dem Umstand begründet, dass inländische MIF wettbewerbsunschädlich sind. Vielmehr haben verschiedene nationale Wettbewerbsbehörden ihrerseits Verfahren für inländische MIF eingeleitet und Entscheidungen zugeführt oder stellten die diesbezüglichen Verfahren aus Opportunitätsgesichtspunkten mit Blick auf die geplante MIF-VO ein.[483]

b) Sachlicher Anwendungsbereich

Hinsichtlich der Festsetzung der Interbankenentgelte gilt die MIF-VO nur für Vier-Parteien-Systeme, nicht jedoch für Drei-Parteien-Systeme.[484] Drei-Parteien-Systeme wie American Express[485] sind dadurch gekennzeichnet, dass die Zahlung zwischen einem Händler und einem Kunden für beide Parteien von dem Zahlungskartensystem abgewickelt wird.[486]

---

[481] Vgl. nur § 10 ZAG.

[482] Europäische Kommission, E. v. 29.4.2019, COMP/39.398 – *VISA MIF III*; E. v. 29.4.2019, COMP/40.049 – *MasterCard III*.

[483] Einstellungsentscheidungen ergingen beispielsweise in Deutschland, BKartA, Fallbericht v. 12.6.2015, B4-22/06, und im Vereinigten Königreich, CMA, E. v. 6.5.2015, Case CE/6345/05 – *MasterCard* und Case CE/4500/04 – *VISA*. Eine Bußgeldentscheidung erging in Österreich, Oberster Gerichtshof, Urt. v. 12.9.2007, Geschäftszahl 16 Ok 4/07, RdW 2007, 669 = ÖBl-LS 2008, 24; eine Untersagungsentscheidung erging in Polen, vgl. Europäische Kommission, E. v. 8.12.2010, COMP/39.398 – *VISA MIF*, Rn. 20; E. v. 19.12.2007, COMP/34.579 – *MasterCard*, Rn. 305 mit Verweis auf das Verbot der inländischen MIF von VISA und MasterCard in Polen. In Frankreich verpflichteten sich VISA und MasterCard dazu, den gewichteten jährlichen Durchschnitt der inländischen MIF für alle Kartenarten (sowohl Debit- als auch Kreditkarten) auf höchstens 0,28 % zu begrenzen, Autorité de la concurrence, E. v. 20.9.2013, 13-D-17 – *MasterCard*, Anhang S. 2; E. v. 20.9.2013, 13-D-18 – *VISA*, Anhang S. 2.

[484] Art. 1 Abs. 3 lit. c) MIF-VO.

[485] EuGH, Urt. v. 7.2.2018, *American Express*, C-304/16, EU:C:2018:66, Rn. 17.

[486] Art. 2 Nr. 18 MIF-VO.

Allerdings ist die Abgrenzung je nach Ausgestaltung des Zahlungskartensystems nicht trennscharf.[487] Da bei den Drei-Parteien-Systemen, ebenso wie bei sogenannten *on-us* Transaktionen[488], die Interbankenentgelte lediglich internalisiert werden, besteht ein erhöhtes Risiko, dass durch die Einbeziehung weiterer Zahlungsdienstleistern faktisch ein Vier-Parteien-System betrieben wird. Um solchen Umgehungsmaßnahmen vorzubeugen und gleiche Wettbewerbsbedingungen zu schaffen, wurde eine Rückausnahme für diese Konstellationen in Art. 1 Abs. 5, Art. 2 Nr. 18 MIF-VO eingefügt.[489] Drei-Parteien-Systeme sollen danach als Vier-Parteien-Systeme behandelt werden, wenn das Drei-Parteien-System Lizenzen für das Emittieren an andere Zahlungsdienstleister herausgibt oder dieser Tätigkeit gemeinsam mit einem Co-Branding-Partner oder mittels eines Vertreters nachgeht.[490]

II. Kritik an den kartellrechtlichen Entscheidungen und der Regulierung im Bereich der Zahlungskartensysteme

Im Folgenden wird die Kritik an den Entscheidungen zu Interbankenentgelten und an der Regulierung aufgezeigt. Im Grunde lässt sich die Kritik hierbei an drei Punkten festmachen: Erstens prüfte die Kommission im Rahmen der Kartellverfahren die Voraussetzungen des Art. 101 Abs. 3 AEUV nicht ausreichend. Zweitens gestaltete die Kommission in den Verpflichtungsverfahren gegenüber VISA proaktiv die Marktstruktur, anstatt den Wettbewerbsschutz in den Mittelpunkt zu stellen. Sie handelte damit quasi-regulatorisch, mit den beschriebenen Kritikpunkten.[491] Drittens nahm sie bei der Regulierung der Interbankenentgelte anschließend an die Kartellverfahren keinen neutralen Standpunkt ein, sondern knüpfte nahtlos an die dortige Praxis an, ohne neu gewonnene oder neu zu gewinnende Erkenntnisse zu berücksichtigen.

1. Maßstab des Art. 9 VO 1/2003

Entscheidungen nach Art. 9 VO 1/2003 setzen voraus, dass die angebotenen Verpflichtungszusagen geeignet sind, die wettbewerblichen Bedenken der

---

[487] Europäische Kommission, E. v. 8.12.2010, COMP/39.398 – *VISA MIF*, Rn. 20; E. v. 19.12.2007, COMP/34.579 – *MasterCard*, Fn. 274 bei Rn. 238, Fn. 651 bei Rn. 558.

[488] Von *on-us* Transaktionen spricht man, wenn in Vier-Parteien-Systemen Emittent und Acquirer identisch sind und die Transaktion innerhalb derselben Bank(engruppe) abgewickelt wird. Hierbei fallen – wie im klassischen Drei-Parteien-System – keine MIF an, vgl. z.B. Europäische Kommission, E. v. 22.1.2019, COMP/40.049 – *MasterCard II*, Rn. 18.

[489] ErwG 28 MIF-VO.

[490] Hierzu EuGH, Urt. v. 7.2.2018, *American Express*, C-304/16, EU:C:2018:66.

[491] Siehe oben S. 42 f.

Kommission auszuräumen; weiter müssen die mildesten angebotenen Maßnahmen für bindend erklärt werden.[492]

Hinsichtlich der Ausräumung der wettbewerblichen Bedenken formuliert die Kommission, dass in einem Verpflichtungsbeschluss der Schluss gezogen wird, „dass kein Anlass zum Tätigwerden der Kommission mehr besteht."[493] Dies wird zum Teil dahingehend verstanden, dass die Verpflichtungszusagen lediglich ausreichen müssen, die Schwelle der Aufgreifprioritäten der Kommission zu unterschreiten, ohne dass die wettbewerblichen Bedenken vollständig ausgeräumt sind, dass also lediglich das öffentliche Interesse an der Fortsetzung des Verfahrens entfällt.[494] Hiergegen wird der Wortlaut des Art. 9 VO 1/2003 angeführt: Die Wettbewerbsbedenken, die zum Erlass einer Abstellungsverfügung berechtigen, müssen ausgeräumt sein.[495] Es gehe nicht lediglich um eine Beeinflussung des Aufgreifermessens der Kommission. Allerdings ist der Wortlaut insoweit nicht eindeutig.[496]

Maßgeblich sind vielmehr Sinn und Zweck der Vorschrift. Art. 9 VO 1/2003 liegen vor allem verfahrensökonomische Erwägungen zugrunde. Es geht lediglich um eine „raschere Lösung für die von ihr [der Kommission] identifizierten Wettbewerbsprobleme."[497] Daher ist eine vollständige Ausräumung der wettbewerblichen Bedenken zu verlangen, entsprechend der Konstellation nach einer Abstellungsverfügung.[498] Dies ist auf zweierlei Arten möglich:

Entweder wird die Wettbewerbsbeschränkung durch die zugesagten Verpflichtungen gänzlich abgestellt oder es werden die Voraussetzungen für die

---

[492] EuGH, Urt. v. 29.6.2010, *Alrosa*, C-441/07, EU:C:2010:377, Rn. 34, 41; Europäische Kommission, Antitrust Manual of Procedures, Abschnitt 16, Rn. 46.

[493] Europäische Kommission, Bekanntmachung über bewährte Vorgehensweisen in Verfahren nach Artikel 101 und 102 des AEUV, ABl. 2011 C 308/6, Rn. 117.

[494] *Dalheimer*, in: Dalheimer/Feddersen/Miersch, EU-Kartellverfahrensverordnung, Art. 9, Rn. 5; *ders.*, in: Grabitz/Hilf, Das Recht der Europäischen Union, 40. Auflage 2009, Art. 9 VO 1/2003, Rn. 5; *Wils*, World Competition 29 (2006), 345, 357–358; ähnlich *Völcker*, in: Kamann/Ohlhoff/Völcker, Kartellverfahren und Kartellprozess, § 11, Rn. 77; differenzierend *Temple Lang*, ECLR 24 (2003), 347, 349.

[495] *Bauer*, in: MüKoWettbR, Bd. 1, Art. 9 VO 1/2003, Rn. 22; *Hartlieb*, Verpflichtungszusagen im europäischen Kartellrecht, S. 56; *Klees*, Europäisches Kartellverfahrensrecht, § 6, Rn. 125 und insbesondere dortige Fn. 363; *Schütz*, in: KK-KartR, Bd. 4, Art. 9 VO 1/2003, Rn. 6 mit Verweis auf die Praxis im Fusionskontrollverfahren. Dort wurden Zusagen als ungeeignet abgelehnt, die nicht mit hinreichender Sicherheit wirksamen Wettbewerb wiederherstellen, *ders.*, in: KK-KartR, Bd. 4, Art. 6 FKVO, Rn. 37; *Schweitzer*, in: FS Möschel, S. 638, 646 unter Verweis auf EuGH, Urt. v. 29.6.2010, *Alrosa*, C-441/07, EU:C:2010:377.

[496] *Wizemann*, WuW 2021, 5, 6.

[497] EuGH, Urt. v. 29.6.2010, *Alrosa*, C-441/07, EU:C:2010:377, Rn. 35.

[498] Vgl. *Hartlieb*, Verpflichtungszusagen im europäischen Kartellrecht, S. 57; *Jaeger*, in: FK-KartR, Bd. III, Art. 9 VO 1/2003, Rn. 17.

Freistellungsfähigkeit nach Art. 101 Abs. 3 AEUV erreicht.[499] Hierzu sind grundsätzlich Verpflichtungszusagen möglich, die über die rein wettbewerblichen Bedenken hinausgehen.[500] Sie müssen lediglich im Sinne der *Alrosa*-Rechtsprechung verhältnismäßig sein, es dürfen also vom beteiligten Unternehmen keine weniger belastenden Verpflichtungszusagen angeboten worden sein.[501]

a) Beseitigung der Wettbewerbsbeschränkung durch die Verpflichtungszusagen?

Als erster Kritikpunkt an den Kommissionsentscheidungen ist die Diskrepanz zwischen der nach vorläufiger Bewertung angenommenen Wettbewerbsbeschränkung und der Abhilfemaßnahme anzuführen. „Gänzlich ausgeräumt" im Sinne des Art. 9 VO 1/2003 wurden die Wettbewerbsbedenken nicht. Entscheidend für die Annahme einer Wettbewerbsbeschränkung war das Ausbleiben von Preiswettbewerb im Verhältnis von Händler zu Acquirer. Durch das Interbankenentgelt waren ca. 80 Prozent des Händlerentgelts als Sockelbetrag unverhandelbar festgesetzt.[502] Durch die Annahme der Verpflichtungszusage wurde dieser fehlende Wettbewerb nicht wiederhergestellt. Es wurde lediglich ein niedrigerer Sockelbetrag fixiert, der zwar potenziell unterschritten werden konnte, tatsächlich aber nicht unterschritten wurde. Die Interbankenentgelte von VISA und MasterCard liegen infolge der Umsetzung der Verpflichtungszusagen jeweils genau auf dem Maximallevel, das nach den Zusagen (und der zwischenzeitlich erlassenen MIF-VO) zulässig ist, also bei 0,2 Prozent des Umsatzes bei Debitkarten und 0,3 Prozent des Umsatzes bei Kreditkarten.[503] Insoweit besteht weiterhin die Möglichkeit, dass Acquirer abgehalten werden, grenzüberschreitend tätig zu werden, wenn etwa die inländischen Interbankenentgelte unterhalb dieses Niveaus liegen. Auch geht aus der Entscheidung nicht hervor, dass die verbleibenden Bestandteile des Händlerentgelts abseits der Interbankenentgelte einem starken Verhandlungsdruck ausgesetzt seien. Ruft man sich diesbezüglich ins Gedächtnis, dass etwa Generalanwältin *Kokott* forderte, dass Verpflichtungszusagen „offensichtlich geeignet" sein müssen, die

---

[499] *de Bronett*, Europäisches Kartellverfahrensrecht, Art. 9 VO 1/2003, Rn. 10; *Wizemann*, WuW 2021, 5, 7.

[500] Europäische Kommission, Bekanntmachung über bewährte Vorgehensweisen in Verfahren nach Artikel 101 und 102 des AEUV, ABl. 2011 C 308/6, Rn. 115.

[501] EuGH, Urt. v. 29.6.2010, *Alrosa*, C-441/07, EU:C:2010:377, Rn. 41.

[502] Siehe oben S. 170 f.

[503] Siehe für VISA www.VISA.co.uk/dam/VCOM/regional/ve/unitedkingdom/PDF/fees-and-interchange/Intra-Europe-EEA-December-2019.pdf; für MasterCard www.mastercard.co.uk/content/dam/mccom/en-gb/interchange/documents/Intrra%20EEA%20rates.pdf.

vorläufig ermittelten Wettbewerbsprobleme zu beseitigen,[504] müssen Zweifel an der Kommissionsentscheidung aufkommen.

In den Entscheidungsgründen spielt die Beschränkung des Preiswettbewerbs für Händler nach der kurzen Benennung als wettbewerbliches Problem hingegen keine Rolle. Unter der Überschrift „Verhältnismäßigkeit der überarbeiteten Verpflichtungszusagen" befasst sich die Kommission umfassend mit der Methodik zur Berechnung wohlfahrtsmaximierender MIF.[505] Über Preiswettbewerb unter den Acquiring-Banken wird kein weiteres Wort verloren. Insoweit ist davon auszugehen, dass die Kommission in Anlehnung an die *MasterCard*-Entscheidung durch die Verpflichtungszusagen einen Zustand erreichen wollte, der zwar die Wettbewerbsbeschränkung nicht endgültig beseitigt, aber jedenfalls die Voraussetzungen einer Freistellung nach Art. 101 Abs. 3 AEUV erfüllt.[506] Dies reicht grundsätzlich aus, um Maßnahmen gemäß Art. 9 VO 1/2003 zu rechtfertigen.[507] Allerdings müssen die Verpflichtungszusagen dann auch tatsächlich den Anforderungen aus Art. 101 Abs. 3 AEUV genügen. Dass der entsprechende Nachweis im Verpflichtungsverfahren kaum gelingen kann, spricht jedoch gegen ein entsprechendes Vorgehen in der Praxis.[508]

b) Keine Effizienzgewinne durch bloße Anwendung des MIT

Im Falle der Interbankenentgelte wurden die Voraussetzungen des Art. 101 Abs. 3 AEUV durch die Verpflichtungszusagen nicht erfüllt. Voraussetzung für die Freistellung gemäß Art. 101 Abs. 3 AEUV ist eine Effizienzsteigerung, an der die Verbraucher beteiligt werden. Durch die Maßnahme darf der Restwettbewerb nicht ausgeschaltet werden. Zudem muss die hierzu getroffene Maßnahme unerlässlich sein.[509]

Als Hauptargument für die Interbankenentgelte und zugleich zur Begründung von Effizienzgewinnen im Sinne des Art. 101 Abs. 3 AEUV wird die Ausgleichsfunktion zwischen der Nachfrageelastizität von Händlern und

---

[504] Generalanwältin *Kokott*, Schlussanträge v. 17.9.2009, *Alrosa*, C-441/07 P, EU:C:2009:555, Rn. 53.

[505] Europäische Kommission, E. v. 8.12.2010, COMP/39.398 – *VISA MIF*, Rn. 54–69; E. v. 26.2.2014, COMP/39.398 – *VISA MIF II*, Rn. 100–116.

[506] Dass dies in der Entscheidung nicht konkret benannt wird, trägt – wie generell die Nutzung der Verpflichtungszusage – nicht zur Akzeptanz der Entscheidungen und zur Klärung der Rechtslage bei, vgl. oben S. 43. Siehe auch *Wagner-von Papp*, CMLR 49 (2012), 929, 969, der das Vermischen („*intermingling*") von Sachverhalt und rechtlicher Würdigung bei der Entwicklung der jeweiligen *theory of harm* kritisiert.

[507] *Wizemann*, WuW 2021, 5, 6–7.

[508] *Wizemann*, WuW 2021, 5, 7–9. In diesem Sinne auch EuGH, Urt. v. 9.12.2020, *Groupe Canal+/Kommission*, C-132/19, EU:C:2020:1007, Rn. 59.

[509] *Ellger*, in: Immenga/Mestmäcker, Bd. 1. EU, Art. 101 Abs. 3 AEUV, Rn. 125.

Kartennutzern benannt, durch welche der Systemoutput maximiert würde.[510] Die Kartennutzer seien nicht bereit, für die Kartennutzung kostendeckende Preise zu bezahlen.[511] Die Händler hingegen seien preisindifferent; sie können zusätzliche Kosten ohnehin mit den Endverkaufspreisen an die Verbraucher weiterreichen.[512] Um einen Ausgleich zu schaffen, seien die Interbankenentgelte die einzige Möglichkeit.[513] Es gehe darum, „Spielräume für die Steuerung der Wertschöpfungsprozesse im Kartengeschäft durch das Setzen ökonomischer Anreize zu schaffen."[514]

Maximiert werden sollen die Effizienzgewinne durch die Nutzung des von MasterCard eingeführten Merchant Indifference Test (MIT). Durch den Test soll (ausschließlich) derjenige objektive Vorteil berechnet werden, den die Händler mittelbar durch die Leistungen der Issuer gegenüber den Kartennutzern im Rahmen des Kartenzahlungssystems erlangen.[515] Die durch den Test errechneten effizienzmaximierenden Interbankenentgelte werden durch die Verpflichtungszusagen als Obergrenze festgesetzt. Darüber hinausgehende Interbankenentgelte, die die Kartenzahlung künstlich verteuern würden, sollen damit ausgeschlossen werden. Insoweit würden sowohl Händler als auch Verbraucher von den Obergrenzen profitieren.[516]

Allerdings verfehlen die Verpflichtungszusagen in der von der Kommission angenommenen Form dieses Ziel. Der MIT ist bereits im Ausgangspunkt für die Höhenberechnung der Interbankenentgelte nur teilweise geeignet. Er kann einen Anhaltspunkt für die Kosten der Barzahlung bei Präsenzgeschäften geben, nicht aber für Internetzahlungen. Wo bereits nicht mit Bargeld bezahlt werden kann, bedarf es auch keines Ausgleichsmechanismus für die ersparten Vorteile gegenüber einer Bargeldzahlung beziehungsweise muss der Mehrwert

---

[510] Europäische Kommission, E. v. 24.7.2002, COMP/29.373 – *VISA II*, Rn. 14; E. v. 19.12.2007, COMP/34.579 – *MasterCard*, Rn. 152. Ausführlich auch *Lista*, EU Competition law and the financial sector, S. 165–168. Vgl. bereits *Oechsler*, Wettbewerb im Kreditkartengeschäft, S. 95–96

[511] Diese Annahme hinterfragend *Mathis*, ECLR 34 (2013), 139, 159. Auch *Mundt/Buch*, WM 2001 (Heft 45), 2147, 2150 sehen dies als nicht gegeben an. Im Gegenteil verweisen sie auf das Beispiel Island, wo eine Transaktionsgebühr von EUR 0,12 die Attraktivität von Zahlkarten nicht minderte. Faktisch ist die Kartenausgabe aktuell jedenfalls nicht kostendeckend, vgl. *Oechsler*, WM 2016 (Heft 12), 537, 541. Vgl. auch Europäische Kommission, E. v. 19.12.2007, COMP/34.579 – *MasterCard*, Rn. 715: „MasterCard hat nur spärliche empirische Beweise zur Stützung seiner Behauptung vorgelegt, dass Karteninhaber nicht bereit sind, für die Kartennutzung zu zahlen."

[512] Europäische Kommission, Survey on merchants' costs of processing cash and card payments, Rn. 59.

[513] Europäische Kommission, E. v. 19.12.2007, COMP/34.579 – *MasterCard*, Rn. 148–152.

[514] *Oechsler*, WM 2019 (Heft 44), 2045, 2047.

[515] Siehe oben S. 173.

[516] Europäische Kommission, E. v. 26.2.2014, COMP/39.398 – *VISA MIF II*, Rn. 107.

der Kartentransaktion anhand eines anderen Vergleichswertes beurteilt werden.[517] Die Studie, die später der MIF-VO zugrunde gelegt wurde, verweist selbst ausdrücklich darauf, dass sie ausschließlich auf *face to face*-Transaktionen angelegt war.[518] Hiervon unbeeindruckt sind die Entgeltobergrenzen aus den ersten Verpflichtungszusagen auf jeglichen kartengebundenen Vorgang, ob im Internet oder im Händlergeschäft, anwendbar.[519]

Insoweit widersprechen die Verpflichtungszusagen den Kriterien, die die Kommission sich selbst auferlegte: Bei der Überprüfung eines Interbankenentgeltes müsse das diesem zugrundeliegende Modell sich auf realistische Annahmen stützen.[520] Durch die undifferenzierte Gleichstellung von Vor-Ort- und Internetzahlungen bei der Anwendung der durch den MIT errechneten Obergrenzen wird dies nicht eingehalten. Dies scheint die Kommission selbst erkannt zu haben: Die neuesten Verpflichtungszusagen von VISA und MasterCard für interregionale MIF weisen erstmals gesonderte (höhere) Obergrenzen für sogenannte *card not present*-Transaktionen aus.[521]

Zudem bestehen in der Literatur ernsthafte Bedenken hinsichtlich der Wohlfahrtsmaximierung durch die Anwendung dieses Tests.[522] Die Anwendung des *tourist test* kann je nach Marktkonstellation auch erhöhte MIF zur Folge haben.[523] Ebenso werden der Systemwettbewerb, Auswirkungen auf Innovation oder andere Zahlungsmöglichkeiten nicht ausreichend berücksichtigt.[524] Generell ist die Anwendung des MIT kein Ersatz für eine wettbewerbsrechtliche Beurteilung, ob alle Voraussetzungen des Art. 101 Abs. 3 AEUV erfüllt sind. Dies ist im Einzelfall nachzuweisen, wobei der MIT lediglich als Hilfsmittel dienen kann.[525]

---

517 So die Europäische Kommission selbst, E. v. 29.4.2019, COMP/39.398 – *VISA MIF III*, Rn. 80 lit. b); E. v. 29.4.2019, COMP/40.049 – *MasterCard III*, Rn. 79 lit. b).

518 Europäische Kommission, Survey on merchants' costs of processing cash and card payments, Rn. 104.

519 In den Zusagenentscheidungen ergibt sich dies lediglich mittelbar aus der Definition des „Merchant Outlet", in der zwischen *card present-* und *card not present*-Transaktionen differenziert wird, Europäische Kommission, E. v. 26.2.2014, COMP/39.398 – *VISA MIF II*, Anlage, S. 8–9. In der MIF-VO ergibt sich dies aus Art. 3 Abs. 1, Art. 4, i.V.m. Art. 2 Nr. 4, 5 und 7 MIF-VO hervor. Vgl. zudem Erwägungsgründe 15 und 43 MIF-VO.

520 Europäische Kommission, E. v. 19.12.2007, COMP/34.579 – *MasterCard*, Rn. 731.

521 Europäische Kommission, E. v. 29.4.2019, COMP/40.049 – *MasterCard III*, Rn. 47, Anhang, Abschnitt 3.1, 4.1; E. v. 29.4.2019, COMP/39.398 – *VISA III*, Rn. 48, Anhang, Abschnitt 3.1, 4.1.

522 *De Matteis/Giordano*, JECLAP 6 (2015), 85, 88.

523 *Bolt/Jonker/Plooij*, DNB Working Paper No. 405, S. 20–22, 26. So auch die „Erfinder" des *tourist test* selbst, *Rochet/Tirole*, JEEA 9 (2011), 462, 486.

524 *Mathis*, ECLR 34 (2013), 139, 157.

525 UK Supreme Court, Urt. v. 17.6.2020, [2020] UKSC 24 – *Sainsbury's v. VISA/MasterCard*, Rn. 132–137, insb. Rn. 136: „It [der MIT] is not designed as a substitute for the balancing test as a means of establishing efficiencies and benefits under article 101(3)."

Auch unter Berücksichtigung der von der Kommission aufgestellten Kriterien für eine Freistellung der MIF nach Art. 101 Abs. 3 AEUV,[526] lässt sich daher nicht erklären, warum die Verpflichtungszusagen angenommen wurden. Schließlich wurden die empirischen Daten gerade nicht erhoben, sondern lediglich auf das abstrakte Modell des *tourist test* rekurriert. Dies kann nicht durch die Nutzung der Verpflichtungszusage gerechtfertigt werden. Zwar dient diese der Verfahrensökonomie und insbesondere der Vermeidung aufwändiger Tatsachenfeststellungen.[527] Allerdings kann dies nur gelten, wenn es um die Feststellung des konkreten wettbewerbsbeschränkenden Verhaltens geht, nicht bei der Beurteilung, ob durch die Verpflichtungszusage tatsächlich Bedingungen geschaffen werden, die eine Freistellung gemäß Art. 101 Abs. 3 AEUV rechtfertigen.[528]

Die Kommission hätte schlichtweg die Festsetzung der Interbankenentgelte verbieten können und auch müssen. Der Kommission ist es unbenommen, auch nach Prüfung der angebotenen Verpflichtungszusagen eine Abstellungsverfügung zu erlassen.[529]

c) Keine Unerlässlichkeit: Verbot der einseitigen Festsetzung als mindestens gleichwertige Alternative

Als weitere Voraussetzung des Art. 101 Abs. 3 AEUV muss die betroffene Maßnahme unerlässlich sein, um die Effizienzgewinne zu heben. Dies wird durch die angenommenen Verpflichtungszusagen ebenfalls nicht erfüllt. Es hätte die Möglichkeit bestanden, die einseitige Festsetzung der Interbankenentgelte durch den Systembetreiber zu verbieten und die Banken auf bilaterale Verhandlungen zu verweisen.[530]

aa) Exkurs: die electronic cash-*Entscheidung des Bundeskartellamts*

Dass das Verbot der einseitigen Festsetzung von Entgelten in Zahlungskartensystemen positive Marktwirkungen haben kann, zeigt die Entscheidung des Bundeskartellamts in *electronic cash* zu Girocard-Händlerentgelten.[531] Ein

---

[526] „Jede Behauptung, ein MIF führe zu Effizienzgewinnen im Sinne von Artikel 81 Absatz 3 EG-Vertrag, muss somit anhand einer eingehenden, robusten und überzeugenden Analyse begründet werden, deren Annahmen und Schlussfolgerungen sich auf empirische Daten und Fakten stützen“, Europäische Kommission, E. v. 19.12.2007, COMP/34.579 – *MasterCard*, Rn. 732.

[527] *Bauer*, in: MüKoWettbR, Bd. 1, Art. 9 VO 1/2003, Rn. 2.

[528] Hierzu an anderer Stelle *Wizemann*, WuW 2020, 5, 6–9.

[529] *de Bronett*, Europäisches Kartellverfahrensrecht, Art. 9 VO 1/2003, Rn. 14.

[530] Vgl. hierzu *Lista*, EU Competition law and the financial sector, S. 181–182; *ders.*, JBL 2008(7), 688, 708–710; kritisch zu dieser Lösung *Rysman/Wright*, RevNE 13 (2015), 303, 323–324.

[531] BKartA, Beschluss v. 8.4.2014, B4-9/11 – *electronic cash*.

diese Händlerentgelte betreffendes Verfahren hatte das Bundeskartellamt im Jahr 2011 eingeleitet. Es wurde 2014 durch die Abgabe von Verpflichtungszusagen seitens der beteiligten Bankenverbände abgeschlossen.[532] Diese hatten die Händlerentgelte einheitlich für alle angeschlossenen Banken festgelegt,[533] verpflichteten sich nun aber, diese Entgeltvereinbarungen aufzuheben. Stattdessen verpflichteten sie sich, die Abrechnung zukünftig ausschließlich auf Basis individuell ausgehandelter Entgelte vorzunehmen.

In Deutschland ist Girocard (ehemals electronic cash) der dominante Kartenzahlungssystembetreiber.[534] Im Unterschied zu den oben genannten Kartensystemen bedient sich Girocard zur Abwicklung der Zahlungen des Clearing- und Settlement-Systems der Bundesbank, sodass keine Acquiring-Banken beim Aufbau des Netzwerkes involviert sind, sondern lediglich von der Deutschen Kreditwirtschaft als Dachverband der Bankenverbände akkreditierte Netzbetreiber.[535] Die einheitlichen Händlerentgelte wurden daher von den Händlern unmittelbar an die kartenausgebenden Banken bezahlt. Die Leistungen der Netzbetreiber wurden hingegen in gesonderten Vertragsverhältnissen abgerechnet.[536]

Bei der Beurteilung der Händlerentgelte nach Art. 101 Abs. 1 AEUV folgte das Bundeskartellamt weitgehend den Ausführungen der Kommission aus der *MasterCard*-Entscheidung und stellte vorläufig das Vorliegen einer bezweckten und bewirkten Wettbewerbsbeschränkung fest.[537] Abweichend von der Kommission befand das Bundeskartellamt hingegen, dass eine Freistellung nach Art. 101 Abs. 3 AEUV nicht in Betracht komme, jedenfalls aber, dass deren Voraussetzungen nicht ausreichend von den Beteiligten vorgetragen wurden.[538] Insbesondere sei die bloße Einsparung von Transaktionskosten durch die nicht benötigten Entgeltverhandlungen kein ausreichender Effizienzgewinn im Sinne der vorgenannten Vorschrift. Vielmehr seien diese eingesparten Kosten Folge jedes Preiskartells.[539]

Zur Abstellung der vorläufig festgestellten Zuwiderhandlungen gegen die Wettbewerbsvorschriften wurden Verpflichtungszusagen der Betroffenen für bindend erklärt. Inhalt dieser Zusagen war die Aufhebung der einheitlichen Händlerentgelte durch die Dachverbände der Banken und die zukünftige freie

---

[532] BKartA, Beschluss v. 8.4.2014, B4-9/11 – *electronic cash*, Präambel, Rn. 2.

[533] Dieses betrug 0,3 % des Transaktionsvolumens, mindestens aber EUR 0,08, *Röhrig*, in: Bunte, Kartellrecht, Bd. 2, Sonderbereich V Kreditwirtschaft, Rn. 47.

[534] BKartA, Beschluss v. 8.4.2014, B4-9/11 – *electronic cash*, Rn. 5, 22.

[535] BKartA, Beschluss v. 8.4.2014, B4-9/11 – *electronic cash*, Rn. 8, 151; Händlerbedingungen der Deutschen Kreditwirtschaft, Ziff. 3, abrufbar unter www.girocard.eu/media/haendlerbedingungen_deutsch_technische_bedingungen.pdf.

[536] BKartA, Beschluss v. 8.4.2014, B4-9/11 – *electronic cash*, Rn. 41.

[537] BKartA, Beschluss v. 8.4.2014, B4-9/11 – *electronic cash*, Rn. 164–193.

[538] BKartA, Beschluss v. 8.4.2014, B4-9/11 – *electronic cash*, Rn. 194.

[539] BKartA, Beschluss v. 8.4.2014, B4-9/11 – *electronic cash*, Rn. 199.

Aushandlung der Entgelte. Infolge dieser Verpflichtungszusagen fielen die durchschnittlichen Händlerentgelte um bis zu 40 Prozent.[540]

Neben den kartellrechtlichen Verpflichtungszusagen unterfallen die Girocard-Händler-Entgelte dem Anwendungsbereich von Kapitel II der MIF-VO über Interbankenentgelte. Zwar handelt es sich bei Girocard nicht um ein klassisches Vier-Parteien-System im Sinne von Art. 2 Nr. 17 MIF-VO, jedoch nehmen die Netzbetreiber eine ähnliche Stellung wie die Acquiring-Banken ein.[541] Insoweit liegt ein von Art. 5 MIF-VO umfasster Fall einer Vergütung mit gleicher Wirkung wie ein Interbankenentgelt vor und sind die Obergrenzen für Interbankenentgelte aus Art. 3 MIF-VO auf die Händlerentgelte anwendbar.[542]

bb) Übertrag auf das europäische Verfahren

Entgegen der Auffassung der Kommission sah das Bundeskartellamt also kein Bedürfnis, die Entgeltfestsetzung freizustellen. Sie verpflichtete die Bankenverbände vielmehr, die einseitig festgesetzten Händlerentgelte abzuschaffen. Hierdurch entstand ein Entgeltniveau, das sowohl unter dem Niveau der Verpflichtungszusagen von VISA und MasterCard als auch unter dem Niveau der MIF-VO liegt.[543] Dies deckt sich mit einer ökonomischen Untersuchung, nach der Regulierungsbehörden (oder in diesem Fall die Kommission) bei Preishöhenregulierung unter Unsicherheit regelmäßig zu hohe Obergrenzen festsetzen, besonders in dynamischen Marktumfeldern.[544]

Die Interbankenentgelte von VISA und MasterCard hingegen liegen nach den Verpflichtungszusagen jeweils genau auf dem Maximallevel, das unter den Zusagen und der MIF-VO zulässig ist, also bei 0,2 Prozent des Umsatzes bei Debitkarten und 0,3 Prozent des Umsatzes bei Kreditkarten.[545] Anstelle von

---

[540] BKartA, Fallbericht v. 16.1.2017, B4-56/15, B4-109/15, S. 2; Fallbericht v. 30.3.2015, B4-94/14 – *electronic cash*, S. 3.

[541] Vgl. BKartA, Beschluss v. 8.4.2014, B4-9/11 – *electronic cash*, Rn. 40–41, insbesondere Rn. 41: „Im Unterschied zum Acquirer in einem Vier-Parteien-System, der an den Issuer das Interbankenentgelt entrichtet und dem Händler ein Gesamtentgelt in Rechnung stellt, bei dem er das Interbankenentgelt berücksichtigt, leitet der Netzbetreiber das Händlerentgelt in voller Höhe an die kartenausgebende Bank weiter und stellt dem Händler daneben die von ihm erbrachte technische Dienstleistung selbständig in Rechnung."

[542] Vgl. Bundesfinanzministerium, Eckpunktepapier des BMF vom 6.11.2015 zu Zahlungen mit EC-Karte, ZIP 2015, Heft 47, A 92.

[543] BKartA, Fallbericht v. 30.3.2015, B4-94/14 – *electronic cash*, S. 1, 3: Nachdem die Händlerentgelte zuvor auf 0,3 % des jeweiligen Umsatzes festgelegt waren, sanken die durchschnittlichen Entgelte nach der Entscheidung des BKartA durch die bilateralen Verhandlungen um bis zu 40 %. Siehe auch BKartA, Fallbericht v. 16.1.2017, B4-56/15, B4-109/15, S. 2.

[544] *Engel/Heine*, Public Choice 173 (2017), 217, 227–229, 233.

[545] Siehe für VISA www.VISA.co.uk/dam/VCOM/regional/ve/unitedkingdom/PDF/fees-and-interchange/Intra-Europe-EEA-December-2019.pdf; für MasterCard www.mastercard.co.uk/content/dam/mccom/en-gb/interchange/documents/Intrra%20EEA%20rates.pdf.

frei ausgehandelten MIF besteht ein kartellbehördlich beziehungsweise gesetzlich festgeschriebenes Preisniveau, das nach wie vor keinem Verhandlungs- oder Wettbewerbsdruck durch Nachfrager ausgesetzt ist. Dies irritiert zusätzlich, wirft man einen Blick auf die Argumentation der Kommission, in der sie auf diejenigen Zahlungskartensysteme verwies, die gänzlich ohne Interbankenentgelte auskommen.[546] Auch VISA räumte ein, dass die MIF für das Funktionieren des Zahlungskartensystems nicht zwingend erforderlich seien.[547] Es war zu keinem Zeitpunkt notwendig oder geboten, die bisherige Praxis von VISA und MasterCard zu akzeptieren. Selbst unter der Prämisse, dass die Interbankenentgelte die Voraussetzungen des Art. 101 Art. 3 AEUV tatsächlich erfüllten, wäre es nicht Aufgabe der Kommission, durch die Verpflichtungszusagen ein Maximalniveau festzusetzen.[548] Vielmehr hätte man die Systeme verpflichten können, verhandelte Entgelte zuzulassen. Hätte man festgestellt, dass diese im Verhandlungsprozess wettbewerblich zustande gekommenen Entgelte wohlfahrtsschädliche Höhen annehmen, wäre eine Einführung von Obergrenzen für die ausgehandelten Entgelte weiterhin durch Regulierungsrecht möglich gewesen.

Soweit zum Teil darauf verwiesen wird, dass bilaterale Verhandlungen der MIF zu unnötig hohen Transaktionskosten führten,[549] besteht auch im VISA- oder MasterCard-Netzwerk die Möglichkeit der Bündelung von Verhandlungen.[550] Diese Lösung hätte zu einem verstärkten Wettbewerb auf dem Acquiring-Markt führen können, da die Acquirer die Ersparnisse bei den MIF unmittelbar an die Händler weiterreichen hätten können.[551] Bei einem einheitlich

---

[546] Europäische Kommission, E. v. 19.12.2007, COMP/34.579 – *MasterCard*, Rn. 696, 751. Siehe auch Europäische Kommission, Mitteilung v. 31.1.2007, Untersuchung des Retail-Bankgeschäfts gemäß Artikel 17 der Verordnung (EG) Nr. 1/2003 (Abschlussbericht), KOM(2007) 33 endgültig, Rn. 16, wonach in 20 Mitgliedstaaten Zahlungskartensysteme existieren, in denen das reine Issuing ohne zusätzliche MIF bereits Gewinne abwirft.

[547] Europäische Kommission, E. v. 24.7.2002, COMP/29.373 – *VISA II*, Rn. 74. Zu diesem Argument *Lista*, EU Competition law and the financial sector, S. 170.

[548] So bereits die Kommission selbst, Europäische Kommission, Memo v. 19.12.2007, MEMO/07/590, S. 6: „However, the Commission could not set a different level of interchange fee. The Commission does not apply competition rules to regulate the level of interchange fees.“; *dies.*, Bekanntmachung über die Anwendung der EG-Wettbewerbsregeln auf grenzüberschreitende Überweisungssysteme, ABl. 1995 C 251/3, Rn. 43: „Es ist nicht Aufgabe der Kommission, den Banken eine bestimmte Form der Vereinbarung vorzuschreiben“. Das BKartA stand bereits der ersten Freistellungsentscheidung der Kommission in *VISA II* kritisch gegenüber, vgl. BKartA, Tätigkeitsbericht 2001/2002, BT-Drs. 15/1226, S. 81.

[549] Europäische Kommission, E. v. 24.7.2002, COMP/29.373 – *VISA II*, Rn. 101.

[550] Ähnlich *Lista,* EU Competition law and the financial services sector, S. 181–182, der darauf verweist, dass die größten zehn Acquirer für 80 % der durchgeführten Transaktionen und die zehn größten Issuer für 78 % des Transaktionsvolumens verantwortlich sind und diese somit stellvertretend in Verhandlungen treten könnten.

[551] Vgl. BKartA, Fallbericht v. 30.3.2015, B4-94/14 – *electronic cash*, S. 3.

(wenn auch nur als Obergrenze) festgesetzten Interbankenentgelt entfällt diese Möglichkeit für die Acquirer, da sie letztlich immer noch einer faktischen Mindestgrenze für das Händlerentgelt unterliegen, die gegenüber Wettbewerbern nicht oder jedenfalls nicht dauerhaft unterboten werden kann.

d) Keine Unerlässlichkeit: Komplettverbot der Interbankenentgelte als zweite Alternative

Als zweite Alternative wäre ein generelles Verbot der MIF denkbar gewesen.[552] Ein Beispiel hierfür ist nicht zuletzt das Verbot von Interbankenentgelten beim Lastschriftverfahren in Art. 7 SEPA-VO.

aa) Alternativer Ausgleichsmechanismus

Prämisse für die Rechtfertigung der Interbankenentgelte ist, dass die Dienstleistungen, die vom Issuer erbracht werden, wegen der Nachfrageelastizität der Kartennutzer nicht (vollumfänglich) im Verhältnis von Issuer zu Kartennutzer abgerechnet werden können. Die Händler haben hingegen eine höhere Zahlungsbereitschaft. Um die Kartenausgabe durch die Issuer auszubauen, bedarf es daher einer Ausgleichszahlung zwischen Acquirern und Issuern. Lässt man den Systembetreiber bei der Betrachtung außen vor, kann ein Ausgleich nur per Interbankenentgelt stattfinden.[553]

Berücksichtigt man nun aber die Rolle des Systembetreibers, ergibt sich ein gänzlich neues Bild. Der Systembetreiber vereinnahmt sowohl von Acquirer als auch Issuer Lizenzgebühren, damit diese sein Zahlungsabwicklungssystem nutzen dürfen. Durch Anpassungen bei der Höhe der Lizenzgebühren hat der Systembetreiber es in der Hand, den Ausgleich zwischen den unterschiedlichen Einnahmemöglichkeiten zwischen Acquirern und Issuern vorzunehmen. Wird ein Ausgleich der Nachfrageelastizitäten per Interbankenentgelt gesetzlich verboten, muss dieser Ausgleich folgerichtig im Vertikalverhältnis zwischen Systembetreiber und Acquirer und Issuer erfolgen.

Dass diese Möglichkeit kaum einmal in Betracht gezogen wird,[554] mag sich daraus begründen, dass die meisten ökonomischen Modelle zu Interbankenentgelten das *Baxter*-Modell[555] zugrunde legen. In diesem wurden weitere Beteiligte bei der Abwicklung von Zahlungen gänzlich außer Acht gelassen;[556] die

---

[552] Vgl. etwa *Frankel/Shampine*, Antitrust LJ 73 (2006), 627, 637–639; *Leinonen*, ECJ 7 (2011), 527, 551; *Lista*, EU Competition law and the financial sector, S. 182–183, 186–187.

[553] Dies ist die Aussage des Baxter-Modells, *Baxter*, JLE 26 (1983), 541.

[554] *Rysman/Wright*, RevNE 13 (2015), 303, 317: „[T]he setting of switch fees [has] largely been ignored in the existing literature."

[555] *Baxter*, JLE 26 (1983), 541, siehe oben S. 167.

[556] *Baxter*, JLE 26 (1983), 541, Fn. 2 auf S. 542. Ebenso *Rochet/Tirole*, RevNE 2 (2003), 69, 72: „However, since our focus is on IFs, we can simplify the analysis without any loss of relevance, by neglecting network costs cN and network fees nI and nA."

Abwicklungskomponente auf Ebene des Systembetreibers wurde als *non profit*-Dienstleistung angesehen.[557] Insbesondere waren VISA und MasterCard bis 2003 beziehungsweise 2006 *non profit*-Unternehmen,[558] was den weiterentwickelten Modellen zugrunde gelegt wurde.[559] Dies hat zur Folge, dass die Lizenzgebühren, die vom Systembetreiber eingefordert werden, in der Kartellrechtspraxis der Kommission keine Berücksichtigung finden, obwohl sie faktisch einen Wettbewerbsparameter darstellen.

Spätestens seit der rechtlichen Verselbständigung der Kartensysteme liegt das wirtschaftliche Interesse am Funktionieren des Kartenzahlungssystems zuvörderst bei dessen Betreiber.[560] Insoweit ist er gehalten, seine Vertrags- und Vergütungsbedingungen anzupassen, um alle für das System erforderlichen Parteien zum Vertrieb seines Systems zu incentivieren. Die Lizenzgebühren setzen sich ohnehin aus verschiedenen variablen und fixen Bestandteilen zusammen, die regelmäßig überprüft und angepasst werden.[561] Hierdurch hat der Systembetreiber es selbst in der Hand, die Issuer weiterhin zur Ausgabe von Karten zu motivieren, indem er deren Preise senkt, sofern die Kartenausgabe unter den derzeitigen Bedingungen nicht kostentragend möglich ist. Entsprechend dem impliziten Ausgleich zwischen Acquiring und Issuing im Drei-Parteien-System kann auch der Betreiber des Vier-Parteien-Systems einen Ausgleich durch seine Gebührenstruktur herstellen.

bb) Kartellrechtliche Unbedenklichkeit dieses Mechanismus

Gegen eine solche Vorgehensweise bestehen aus kartellrechtlicher Sicht keine grundsätzlichen Bedenken. Sieht der Systembetreiber den Bedarf, den Issuern Anreize zur Kartenausgabe zu geben, kann er dies jederzeit tun. Ihm ist entsprechend den ergangenen Entscheidungen lediglich untersagt, zugleich die Acquiring-Gebühren anzuheben, also einen Umgehungsmechanismus zu schaffen.[562] Dass dadurch gegebenenfalls die Marge des Systembetreibers

---

[557] *Rochet/Tirole*, in: Buccirossi, Handbook of Antitrust Economics, S. 543, 558.

[558] *Rochet/Tirole*, Int. J. Ind. Organ. 26 (2008) 1333, Fn. 1 auf S. 1333.

[559] *Rochet/Tirole*, Int. J. Ind. Organ. 26 (2008) 1333, 1336.

[560] Vgl. *Oechsler*, WM 2019 (Heft 44), 2045, 2047; *ders.*, WM 2016 (Heft 12), 537, 539 unter Hinweis auf das damit verbundene Problem opportunistischen Verhaltens. Vor der rechtlichen Verselbständigung waren VISA und MasterCard Tochterunternehmen der Issuing-Banken, die von hohen Interbankenentgelten profitierten und darüber faktisch den Gewinn aus dem Betrieb des Zahlungssystems abschöpften.

[561] *Górka*, Interchange fee economics, S. 18.

[562] Nach dem Verbot der Interbankenentgelte durch die Kommission im Jahr 2007 hatte MasterCard die Interbankentgelte abgeschafft, zugleich aber am 1.10.2008 die Acquiring-Gebühren abgeändert und faktisch massiv erhöht, vgl. *Forest/Vaigauskaite*, EC Competition Policy Newsletter 2/2009, S. 38. Allerdings hatte die Kommission diesbezüglich Bedenken wegen einer Umgehung der Verbotsentscheidung angemeldet. Als Reaktion hierauf hatte MasterCard mit der Umsetzung ihrer einseitigen Verpflichtungen hinsichtlich der

verringert wird, ist aus kartellrechtlicher Sicht unbeachtlich. Die Aufrechterhaltung einer durch Kartellrechtsverstöße erlangten höheren Marge ist ohnehin nicht schutzwürdig. Ziel der Kartellrechtsanwendung ist es nicht, dem Systembetreiber zu verbieten, eine seiner Meinung nach optimale Anreizsteuerung zu verfolgen. Allerdings muss dies in einem wettbewerblichen Rahmen geschehen. Es besteht kein „Alleinentscheidungsrecht über die Kostenverteilung zum Wohle aller".[563]

Sieht man nun in der Tat auf Seiten des Zahlungskartensystems einen Bedarf, einen finanziellen Ausgleich zwischen Acquirern und Issuern herzustellen, hat der Systembetreiber jederzeit die Möglichkeit, die Lizenzgebühren anzupassen[564] und gegebenenfalls sogar „negative" Lizenzgebühren von den Issuern zu erheben (die Issuer also für ihre Dienstleistungen zu bezahlen), solange die Gebühren nichtdiskriminierend im Sinne der *Groupement des Cartes Bancaires*-Entscheidung[565] bestimmt werden. Diese Herangehensweise ist spiegelbildlich zu demjenigen Marktverhalten, das sich auf anderen Plattformmärkten herausgebildet hat.[566] Paradebeispiel sind Diskotheken (oder Dating-Klubs), bei denen Frauen die Infrastruktur häufig kostenlos oder sogar mit Freigetränken nutzen können, während Männer Eintritt zu bezahlen haben. Die Frauen kommen in diesem Beispiel nicht für ihren (fiktiven) (Fix-)Kostenanteil an der Veranstaltung auf, sodass sie praktisch subventioniert werden.[567]

e) Zwischenfazit

Durch die Verpflichtungszusagen wurden die (vorläufig ermittelten) Wettbewerbsbeschränkungen weder ausgeräumt noch die Voraussetzungen des Art. 101 Abs. 3 AEUV erfüllt. Insbesondere konnten weder die Effizienzgewinne noch die Unerlässlichkeit der fortbestehenden Wettbewerbsbeschränkungen für die Erzielung derselben nachgewiesen werden.

Obergrenze für die MIF diese Gestaltung wieder rückgängig gemacht, Europäische Kommission, Memo v. 1.4.2009, MEMO/09/143, S. 2, 6.

563 *Oechsler*, WM 2019 (Heft 44), 2045, 2047.

564 Vgl. *Rysman/Wright*, RevNE 13 (2015), 303, 312: „The ability to set switch fees to issuers and acquirers would seem to make interchange fees redundant".

565 Europäische Kommission, E. v. 17.10.2007, COMP/D1/38.606 – *Groupement des Cartes Bancaires „CB"*. Hierzu siehe oben S. 102 f.

566 Vgl. zu Preisstrategien auf Plattformmärkten *Evans*, YJReg 20 (2003), 325, 351–355, insbesondere zu einseitig subventionierenden Strategien S. 351–352; ebenso *O'Donoghue/Padilla*, Law and Economics of Article 102 TFEU, S. 1060.

567 *Evans*, YJReg 20 (2003), 325, 327; *Schwalbe/Zimmer*, Kartellrecht und Ökonomie S. 74.

2. *Vermischung von Kartell- und Regulierungsrecht*

Am Maßstab der oben aufgezeigten Abgrenzungskriterien zwischen Kartell- und Regulierungsrecht[568] kann aufgezeigt werden, dass die Kommission die Interbankenentgelte regulatorisch und nicht rein kartellrechtlich behandelt hat.[569] An den Entscheidungen und den darin enthaltenen Ausführungen der Kommission wird deutlich, dass diese Durchmischung von Kartell- und Regulierungsrecht zu Inkonsistenzen führt.

a) Regelungsbedarf kein originäres Wettbewerbsproblem

Bereits im Ausgangspunkt handelt es sich bei der einseitigen Festsetzung der Interbankenentgelte nicht um ein kartellrechtliches, sondern vielmehr um ein regulatorisches Problem. Der negative Effekt der MIF beruht auf einem Marktversagen, das nicht wettbewerbsrechtlich zu behandeln ist. Es liegen zwei klassische Regulierungsgründe vor, namentlich Informationsasymmetrien und Netzwerkeffekte.[570] Das Grundproblem an den MIF ist nicht *per se* die einseitige Festsetzung, sondern negative ökonomischen Auswirkungen, welche auf Marktversagen beruhen, das gerade nicht über den Wettbewerbsprozess beseitigt wird.

Die Netzwerkeffekte wurden bereits dargestellt:[571] Aufseiten der Verbraucher können die Kartenzahlungssysteme (angeblich) keine weiteren Gebühren verlangen, da aufgrund der Preissensibilität und der Nachfrageelastizität hierdurch mit Kundenverlusten zu rechnen ist. Dadurch würde das System für Händler unattraktiver. Um dem entgegenzuwirken, werden die MIF als zusätzliche Gebühr auf Händlerseite erhoben, um die dortige Nachfrageelastizität auszunutzen. Die Händler stehen den MIF neutral gegenüber, da alle Händler dieselben Gebühren zu tragen haben und diese zudem auf die Kunden abwälzen können. Hierbei entsteht das zusätzliche Problem der Quersubventionierung der Zahlungskartensysteme durch Kunden, die selbst keine Kartennutzer sind.[572] Infolge der Netzwerkeffekte werden sämtliche Kunden mit den Kosten des Kartenzahlungssystems belastet.

Dies wiederum stellt eine Informationsasymmetrie dar: Den Kunden ist unabhängig von der genutzten Zahlungsart nicht klar, dass mit der Zahlungsweise versteckte Kosten einhergehen.[573] Durch die Begrenzung (oder faktisch die

---

568 Oben S. 33–43.

569 Ebenso *Dunne*, JCLE 10 (2014), 399, 410–411, 430.

570 *Mathis*, ECLR 34 (2013), 139, 142.

571 Siehe oben S. 181 f.

572 *Oechsler*, Wettbewerb im Kreditkartengeschäft, S. 95–96, 102. Vgl. auch *Lista*, EU Competition law and the financial sector, S. 171–172; *OECD*, OECD Journal 11 (2009), Issue 3, 7, 12, 30.

573 Europäische Kommission, E. v. 8.12.2010, COMP/39.398 – *VISA MIF*, Rn. 62; E. v. 19.12.2007, COMP/34.579 – *MasterCard*, Rn. 411.

Festsetzung) der Interbankenentgelte sollte dieser Mangel an Information auf Seiten der Kunden ausgeglichen werden. Durch Anwendung des *tourist test* sollte der Händler indifferent bezüglich des vom Kunden gewählten Zahlungsmittels gestellt werden und somit erreicht werden, dass die uninformierte Entscheidung des Kunden folgenlos bleibt.[574] Die Kommission versuchte insoweit, eine Regulierungslösung zu finden, nicht aber, das vermeintlich identifizierte Wettbewerbsproblem des Preiswettbewerbs auf dem Acquiring-Markt zu beseitigen.

b) Handeln entsprechend Regulierungsbehörde

De facto begleitet die Generaldirektion Wettbewerb den Kartenzahlungsmarkt seit den ersten Entscheidungen ähnlich einer Regulierungsbehörde.[575] Dies lässt sich an verschiedenen Faktoren festmachen.

Zunächst wurden als Verpflichtungszusagen verhaltensbezogene, überwachungspflichtige Maßnahmen angeboten und von der Kommission für bindend erklärt. Für diese ist es regelmäßig erforderlich, dass ein Kontakt zwischen Behörde und Unternehmen aufrechterhalten wird, um die Einhaltung der zugesagten Verhaltensmaßgaben zu überprüfen.[576] Auch die geplante regelmäßige Neubeurteilung der zugesagten MIF entspricht dem Handeln einer Regulierungsbehörde.[577] Zwar beinhaltet die Selbsteinschätzung durch die Unternehmen nach Art. 101 Abs. 3 AEUV, dass das Vorliegen der Voraussetzungen regelmäßig überprüft wird. Allerdings ist dies eben Sache der Unternehmen und nicht der Kommission. Das Instrument der Verpflichtungszusage ist laut Kommission kein Mittel, um entgegen den Regelungen der VO 1/2003 Vereinbarungen „durch die Hintertür" anzumelden.[578] Umgekehrt ist die Kommission nicht berufen, mithilfe immer neuer Verpflichtungszusagen eine Preisregulierung durch die Hintertür einzuführen.

---

[574] Europäische Kommission, E. v. 8.12.2010, COMP/39.398 – *VISA MIF*, Rn. 59–60; Memo v. 1.4.2009, MEMO/09/143, S. 5.

[575] Vgl. das Vorbringen von *MasterCard*, die der Kommission bereits 2007 eine Entgeltregulierung vorwarf, Europäische Kommission, E. v. 19.12.2007, COMP/34.579 – *MasterCard*, Fn. 838 bei Rn. 694: „The Commission's position, on the other hand, amounts to a rather transparent attempt to regulate the Level of MasterCard's interchange fees; but it does not have this competence under the EC Treaty." Ebenso bereits das Vorbringen eines befragten Unternehmens in Europäische Kommission, E. v. 24.7.2002, COMP/29.373 – *VISA II*, Rn. 36. Auch *Franchoo/Pollard*, JECLAP 3 (2012), 371, 379 nehmen ein quasi-regulatorisches Vorgehen der Kommission an.

[576] Sog. „Monitoring", vgl. *Bechtold/Bosch/Brinker*, EU-Kartellrecht, Art. 9 VO 1/2003, Rn. 12.

[577] Europäische Kommission, E. v. 26.2.2014, COMP/39.398 – *VISA MIF II*, Rn. 114; E. v. 8.12.2010, COMP/39.398 – *VISA MIF*, Rn. 69.

[578] Europäische Kommission, Antitrust Manual of Procedures, Abschnitt 16, Rn. 16; siehe auch *Wils*, World Competition 29 (2006), 345, 351.

Weiter nimmt die Kommission bei der Beurteilung von Verpflichtungszusagen eine *ex ante*-Perspektive ein, die eine Prognose über die Zukunft enthält.[579] Damit im Zusammenhang steht auch, dass konkrete Preisobergrenzen festgesetzt wurden und nicht nur der Preiswettbewerb ermöglicht wurde. Dies beinhaltet Parallelen zur sogenannten *price cap*-Regulierung.[580] Der Fokus der Entscheidungen lag auf einer Umverteilung der Kosten.[581] Es wurden konkrete Marktwirkungen vorhergesagt; die zukünftige Entwicklung wird nicht dem Wettbewerb überlassen. Zudem begleitete die Kommission den Verfahrenskomplex über einen langen Zeitraum, in dem immer wieder neue Marktbeobachtungen durchgeführt wurden, wie etwa die Sektoruntersuchung zum Endkundenbankgeschäft aus dem Jahr 2007 oder die Marktbefragung zur Höhe der Händlerentgelte aus 2015.[582] Diese Sammlung eigener Informationen über das hinaus, was zur nachträglichen Beurteilung potenziell wettbewerbsbeschränkender Handlungen erforderlich ist, entspricht ebenfalls regulatorischem Vorgehen.[583]

Die Entscheidungen wurden entsprechend dem fortschreitenden Wissensstand der Kommission und der Marktentwicklung angepasst und die zugrundeliegenden Erwägungen wurden fortentwickelt.[584] Seit der ersten einseitigen Verpflichtungszusage von MasterCard schienen Kommission und Systembetreiber in einem Dialog zu stehen, der zu immer neuen Absprachen hinsichtlich des Marktverhaltens, konkret der Entgelthöhe, führte.[585] Insbesondere die Abgabe einer informellen Verpflichtungszusage wie durch MasterCard ist im System der VO 1/2003 nicht vorgesehen. Nichtsdestoweniger sah sich die Kommission dazu berufen, in ihrer Pressemitteilung und ihrem Memo eine zustimmende oder gar genehmigungsähnliche Bewertung abzugeben.[586] Gegenüber VISA fand ebenfalls ein dauerhaft abgestimmter Prozess statt, der, beginnend mit der Entscheidung aus 2002 über die Entscheidungen aus 2010 und 2014 bis schließlich zur aktuellen Entscheidung aus 2019, verschiedene Stufen der Interbankenentgelte, immer wieder angepasst an die Marktsituation, festsetzte.

---

579 *Brenner*, EuR 2014, 671, 691.

580 *Brenner*, EuR 2014, 671, 691; *Dunne*, JCLE 10 (2014), 399, 410. Siehe zu diesem Regulierungsinstrument im Allgemeinen und zur Kritik hieran *Knieps*, Wettbewerbsökonomie, S. 107–112.

581 *Dunne*, YEL 37 (2018), 344, 359.

582 Europäische Kommission, Mitteilung v. 31.1.2007, Untersuchung des Retail-Bankgeschäfts gemäß Artikel 17 der Verordnung (EG) Nr. 1/2003 (Abschlussbericht), KOM(2007) 33 endgültig; Europäische Kommission, Survey on merchants' costs of processing cash and card payments.

583 Vgl. *Buigues*, in: ABA, Issues in Competition Law and Policy, S. 189, 192.

584 Generalanwalt *Bobek*, Schlussanträge v. 5.9.2019, *Budapest Bank u.a.*, C-228/18, EU:C:2019:678, Rn. 67.

585 Vgl. *Brenner*, EuR 2014, 671, 683–684.

586 Europäische Kommission, Memo v. 1.4.2009, MEMO/09/143; Pressemitteilung v. 1.4.2009, IP/09/515.

Eine solche mehr oder weniger kooperative Zusammenarbeit zur Entgelthöhe entspricht vielmehr dem Verhältnis einer Regulierungsbehörde zum Netzbetreiber, in dem Netzentgelte festgelegt werden, als dem der Kartellbehörde zu einem kartellverdächtigten Unternehmen.[587]

3. Inhaltsgleiche Transposition der Obergrenzen der kartellrechtlichen Entscheidungen in Regulierungsrecht

Das quasi-regulatorische Eingreifen der GD Wettbewerb führte zu einer uneinheitlichen und unübersichtlichen Rechtslage,[588] was nicht zuletzt daran festzumachen ist, dass die Kommission sich bei ihren Entscheidungen an Regulierungsgründen orientierte, anstatt rein kartellrechtliche Wertungen zugrunde zu legen. Erst recht wird die Beurteilung eines Interbankenentgelts komplex, wenn daneben noch die MIF-VO – oder Regulierungsrecht im Allgemeinen – zu berücksichtigen ist. Die unterschiedlichen Anwendungsbereiche und zeitlich divergierenden Entscheidungen mit unterschiedlich langen Übergangsfristen führen zu einem schwer durchschaubaren Regelungsgefüge. Anstelle einer einheitlichen generellen Regelung in der MIF-VO ist je nach Kontext ausschließlich oder überschneidend die Kartellrechtspraxis zu überblicken, um die Zulässigkeit eines Entgelts zu bewerten.

Neben der Komplexität des Regelungsgefüges brachte die kartellrechtliche Intervention weitere negative Folgen mit sich. Durch die Vorfestlegung auf eine Maßnahme und die hierfür genutzte ökonomische Berechnungsweise wurde das Regulierungsermessen faktisch begrenzt. Anstatt frei nach der optimalen Lösung zu suchen, war die Kommission in ihrer Entscheidungsfindung bereits voreingenommen und setzte die einmal begonnene Entscheidungslinie aus dem Kartellrecht fort. Sowohl die Übernahme des *tourist test* als Maßstab für die Bemessung der MIF-Obergrenze als auch die Nichtberücksichtigung weiterer Alternativen lassen sich auf die bereits im Kartellverfahren getroffene Entscheidung zurückführen.

a) Einfluss des Kartellrechts auf die MIF-VO

Die Kartellverfahren haben einen überragenden Einfluss bei der Genese der MIF-VO eingenommen.[589] Der Vorschlag für die Verordnung wurde von der

---

[587] Vgl. *Rochet*, in: Lyons, Cases in European competition policy: the economic analysis, 179, 191, Fn. 7; zu einer ähnlichen Rolle des EuGH *Rysman/Wright*, RevNE 13 (2015), 303, 325.

[588] Zur uneinheitlichen Kommissionspraxis Generalanwalt *Bobek*, Schlussanträge v. 5.9.2019, *Budapest Bank u.a.*, C-228/18, EU:C:2019:678, Rn. 67.

[589] Europäische Kommission, Competition Policy Brief 2015-3, June 2015, S. 1: „The Regulation builds on competition investigatons". Ähnlich *Brenner*, EuR 2014, 671, 696; *Malinauskaite*, ECLR 36 (2015), 415, 416; *Podszun*, in: Schmidt/Esplugues/Arenas García,

Generaldirektion Binnenmarkt und Dienstleistungen gemeinsam mit der Generaldirektion Wettbewerb erarbeitet.[590] Hierin wird an mehreren Stellen auf die wettbewerbsrechtlichen Untersuchungen der Europäischen Kommission Bezug genommen.[591] Die Entscheidungen der Kommission dienten als Grundlage für die MIF-VO.[592] Weiter wird darauf hingewiesen, dass mangels eigeninitiativer Einhaltung der Wettbewerbsregeln grundsätzlich Verfahren der Kartellbehörden ausreichend wären, um die wettbewerbsschädlichen Regeln zu Interbankenentgelten zu beseitigen. Um allerdings den jahrelangen Prozess dieser Verfahren und insbesondere die nationalen Unterschiede je nach Geschwindigkeit der Verfahren zu verhindern, würde zur Sicherung wirksamen Wettbewerbs auf den Erlass der Verordnung hingewirkt.[593] Auf die weiterhin bestehenden Unterschiede hinsichtlich inländischer MIF und die daraus resultierende Notwendigkeit der MIF-VO trotz der Kartellverfahren verwies auch Wettbewerbskommissar *Almunia* in einer Pressekonferenz zum Vorschlag der MIF-VO.[594]

Ebenso verweist die Verordnung selbst in ihren Erwägungsgründen 12 und 16 auf die wettbewerbsrechtlichen Verfahren. Zusätzlich nimmt Erwägungsgrund 11 die Fallkonstellation in *MasterCard II* in Bezug, wonach durch die Anknüpfung der MIF an den Händlerstandort wirksamer Wettbewerb zwischen grenzüberschreitenden Acquiring-Dienstleistungen verhindert beziehungsweise erschwert wird.[595] Dass diese Problematik bereits sechs Jahre vor Erlass der entsprechenden Entscheidung derart detailliert im Verordnungsentwurf Eingang gefunden hat, ist wiederum nur auf die enge Zusammenarbeit zwischen der Generaldirektion Wettbewerb und dem Verordnungsgeber zurückzuführen. Selbst die Mitteilung der Beschwerdepunkte an MasterCard hin-

---

S. 163, 176: „In essence, the enforcement activities [...] can now be read as essentially preparing legislation“.

[590] Vgl. die Verfahrensschritte zur Schaffung der MIF-VO, Ordentliches Gesetzgebungsverfahren 2013/0265/COD: „Mitverantwortliche Dienststelle: Generaldirektion Wettbewerb“.

[591] Europäische Kommission, 24.7.2013, Vorschlag für eine Verordnung des Europäischen Parlaments und des Europäischen Rates über Interbankenentgelte für kartengebundene Zahlungssysteme, COM(2013) 550 final, S. 2, 5–7, 14–16, 18–19.

[592] Europäische Kommission, 24.7.2013, Vorschlag für eine Verordnung des Europäischen Parlaments und des Europäischen Rates über Interbankenentgelte für kartengebundene Zahlungssysteme, COM(2013) 550 final, S. 5–6, 14–15, 18–19; ebenso auch die Aussage der Europäischen Kommission, Co-operation between Competition Agencies and Regulators in the Financial Sector – Note by the European Union, DAF/COMP/WP2(2017)6, Rn. 19.

[593] Europäische Kommission, 24.7.2013, Vorschlag für eine Verordnung des Europäischen Parlaments und des Europäischen Rates über Interbankenentgelte für kartengebundene Zahlungssysteme, COM(2013) 550 final, S. 6–7.

[594] *Almunia*, Rede v. 24.7.2013, Introductory remarks on proposal for regulation on interchange fees for cards, Internet and mobile payments, SPEECH/13/660.

[595] Europäische Kommission, E. v. 22.1.2019, COMP/40.049 – *MasterCard II*.

sichtlich der Regeln zum grenzüberschreitenden Acquiring erfolgte erst nach Erlass der MIF-VO im Juli 2015.[596]

Neben der Erkenntnis, dass eine Regulierung stattfinden muss, wurde auch hinsichtlich des Wie der Regulierung auf die Kartellverfahren zurückgegriffen. Insbesondere bezüglich der Höhe der Interbankenentgelte wurde auf den letztlich durch MasterCard im Kartellverfahren eingeführten MIT zurückgegriffen.[597]

b) Tourist test als ungeeigneter Maßstab für die Begrenzung der Entgelte

Dass die Kommission den *tourist test* als maßgebliches Kriterium für die Bemessung der Obergrenzen der Interbankenentgelte gemäß Art. 101 Abs. 3 AEUV gelten ließ, beziehungsweise selbst für den Entwurf der MIF-VO übernahm, zeigt die Schwächen des Einsatzes der Verpflichtungszusage auf. Durch die Annahme der Verpflichtungen wurden Obergrenzen verpflichtend, die faktisch durch die betroffenen Unternehmen eingeführt wurden, ohne dass den Schwächen in deren Berechnungsmodellen Rechnung getragen wurde oder eigenständige Ansätze verfolgt wurden. Durch die Möglichkeit, Vorschläge einzubringen und vor allem auch eine Informationsgrundlage zu schaffen, die als Diskussionsbasis dient, konnten VISA und MasterCard das Ergebnis des Kartellverfahrens vorprägen.[598]

Die Bedenken hinsichtlich der Berechnung der Obergrenzen für Interbankenentgelte gelten bezüglich der MIF-VO in gleicher Weise.[599] Umso mehr sind sie bedenklich, als der Anwendungsbereich der MIF-VO wesentlich weiter geht und insbesondere nationale MIF umfasst. Augenscheinlich wird dies, wenn man sich die neuen Verpflichtungszusagen vor Augen führt, in denen im

---

[596] Europäische Kommission, Pressemitteilung v. 9.7.2015, IP/15/5323.

[597] ErwG 20 MIF-VO; Europäische Kommission, 24.7.2013, Vorschlag für eine Verordnung des Europäischen Parlaments und des Europäischen Rates über Interbankenentgelte für kartengebundene Zahlungssysteme, COM(2013) 550 final, S. 10, 15, 19; zur Einbringung des MIT durch MasterCard vgl. Europäische Kommission, Memo v. 1.4.2009, MEMO/09/143, S. 3.

[598] Zu diesem Gesichtspunkt vgl. *Podszun*, ZWeR 2012, 48, 66. Eine maßgebliche Anzahl der ökonomischen Untersuchungen zu Interbankenentgelten gehen auf Autoren zurück, die VISA und MasterCard zumindest beraten haben. Vgl. etwa *Evans/Schmalensee*, MIT Sloan Working Paper 4548-05, S. 2: „The authors are indebted to […] Visa U.S.A. for support of the research on which this paper is based."; *Rochet/Wright*, JBF 34 (2010), 1788: „Although both authors have consulted for Visa, this article was not funded in any way by Visa". Siehe bereits Europäische Kommission, E. v. 24.7.2002, COMP/29.373 – *VISA II*, Fn. 36 bei Rn. 68.

[599] Siehe oben S. 183 f.

Widerspruch zur MIF-VO zwischen *card present-* und *card not present-*Transaktionen differenziert wird.[600]

Da diese Entgelte aufgrund des räumlichen Anwendungsbereichs nicht von der MIF-VO erfasst werden, ist diese abweichende Anordnung zwar neben dem existierenden Sekundärrecht zulässig, dennoch ist es insbesondere für die betroffenen Unternehmen innerhalb der EU eine wenig nachvollziehbare Differenzierung. In diesem Kontext wies Generalanwalt *Bobek* darauf hin, dass die generell uneinheitliche Praxis dem Lernprozess der Kommission geschuldet sei, nachdem diese den Zahlungskartenmarkt über die verschiedenen Verfahren hinweg begleitet hatte.[601] Die Generaldirektion Wettbewerb verwies mit Blick auf die Kritik an den unterschiedlichen Obergrenzen in ihren Entscheidungen lediglich darauf, dass die anderslautenden Regelungen der MIF-VO nicht vom Anwendungsbereich der Entscheidung zu interregionalen MIF betroffen und auf einer eigenen unabhängigen Grundlage zu bewerten seien.[602]

Mit Blick auf die konkrete Anwendung des *tourist test* wurden die gewählten Obergrenzen bemängelt.[603] Der Europäische Wirtschafts- und Sozialausschuss beobachtete im Gesetzgebungsverfahren das Fehlen verlässlicher Daten zur Festsetzung der Obergrenzen. Insbesondere mit Blick auf die nationalen (Debit-)Kartenzahlungssysteme gänzlich ohne Interbankenentgelte bezweifelte er die Sinnhaftigkeit der gewählten Grenzen. Die logische Konsequenz wäre insoweit gewesen, die Interbankenentgelte jedenfalls für Debitkarten gänzlich zu verbieten.[604] Die Kommission selbst stellte im Gesetzgebungsverfahren fest, dass bereits 2007 in 20 von 25 Mitgliedstaaten das Kreditkarten-Issuing (als die teurere Alternative zu Debitkarten) ohne MIF profitabel war.[605] Insoweit verblüfft die Schlussfolgerung, anstelle eines Verbot der MIF eine

[600] Europäische Kommission, E. v. 29.4.2019, COMP/40.049 – *MasterCard III*, Rn. 47, Anhang, Abschnitt 3.1, 4.1; E. v. 29.4.2019, COMP/39.398 – *VISA III*, Rn. 48, Anhang, Abschnitt 3.1, 4.1.

[601] Generalanwalt *Bobek*, Schlussanträge v. 5.9.2019, *Budapest Bank u.a.*, C-228/18, EU:C:2019:678, Rn. 67. Vgl. auch Europäische Kommission, Memo v. 19.12.2007, MEMO/07/590, S. 8.

[602] Europäische Kommission, E. v. 29.4.2019, COMP/39.398 – *VISA MIF III*, Rn. 97; E. v. 29.4.2019, COMP/40.049 – *MasterCard III*, Rn. 96.

[603] *De Matteis/Giordano*, JECLAP 6 (2015), 85, 89.

[604] Europäischer Wirtschafts- und Sozialausschuss, Stellungnahme zu dem Vorschlag für eine Verordnung des Europäischen Parlaments und des Rates über Interbankenentgelte für kartengebundene Zahlungsvorgänge, ABl. 2014 C 170/13, Rn. 2.14–2.18.

[605] Commission Staff Working Document, Impact Assessment, Accompanying the document Proposal for a directive of the European parliament and of the Council on payment services in the internal market and amending Directives 2002/65/EC, 2013/36/UE and 2009/110/EC and repealing Directive 2007/64/EC and Proposal for a Regulation of the European Parliament and of the Council on interchange fees for card-based payment transactions, Volume 1, SWD(2013) 288 final, S. 54.

Obergrenze einführen zu wollen, jedenfalls mit Blick auf die – allenfalls kryptische – Begründung:

The reference caps of 0.2% and 0.3% for debit and credit cards respectively are figures accepted by card schemes (MasterCard, VISA, Groupement Cartes Bancaires). These levels were also proposed by card schemes in competition enforcement proceedings and accepted by the competition authorities as not raising competition concerns. They would therefore appear to be reasonable benchmarks for the card schemes and banks and would provide legal certainty, demanded by the sector.[606]

Auch in der ausführlicheren Erklärung der verschiedenen Regulierungsoptionen wird dargestellt, dass ein gänzliches Verbot von Interbankenentgelten für Debitkarten sowohl für Händler als auch Kartennutzer am sinnvollsten ist.[607]

Entsprechend der zitierten Begründung liegt es nahe, dass die Kommission bei dieser Entscheidung den einmal eingeschlagenen Weg hinsichtlich der Interbankenentgelte aus den wettbewerblichen Entscheidungen fortführen wollte. Die dort getroffenen Entscheidungen wurden von den Betroffenen mitgetragen und waren inzwischen etabliert. Andernfalls hätte die Kommission fürchten müssen, erneut in langwierige Debatten über die Interbankenentgelte einsteigen und zugleich von dem Standpunkt abkehren zu müssen, den sie in den Kartellverfahren lange Zeit eingenommen hatte. Auch verhaltenspsychologisch ist dies nachvollziehbar unter dem sogenannten *status quo bias*.[608] Beides sind jedoch keine entscheidenden Argumente. Wenn man eine (Preis-)Regulierung vornimmt, muss dies auf einer Faktengrundlage geschehen und zunächst dem Marktversagen gerecht werden, nicht den Befindlichkeiten anderer Behörden oder der Betroffenen.

c) Fehlende Faktengrundlage für Entgeltregulierung

Sämtlichen Vorschlägen und Kritikpunkten ist eines gemein: Es fehlt an einer faktischen Grundlage, um effizient eine regulatorische Lösung festzulegen. Der Kommission fehlte es insbesondere in den Wettbewerbsverfahren, aber

---

[606] Commission Staff Working Document, Impact Assessment, Accompanying the document Proposal for a directive of the European parliament and of the Council on payment services in the internal market and amending Directives 2002/65/EC, 2013/36/UE and 2009/110/EC and repealing Directive 2007/64/EC and Proposal for a Regulation of the European Parliament and of the Council on interchange fees for card-based payment transactions, Volume 1, SWD(2013) 288 final, S. 54.

[607] Commission Staff Working Document, Impact Assessment, Accompanying the document Proposal for a directive of the European parliament and of the Council on payment services in the internal market and amending Directives 2002/65/EC, 2013/36/UE and 2009/110/EC and repealing Directive 2007/64/EC and Proposal for a Regulation of the European Parliament and of the Council on interchange fees for card-based payment transactions, Volume 2, SWD(2013) 288 final, S. 172–193, insb. S. 190–193.

[608] Siehe hierzu etwa *Budzinski/Haucap*, in: Haucap/Budzinski, Recht und Ökonomie, S. 331, 341.

auch in der Regulierung, an der Sach- und Fachkenntnis, um die Entgelte festzulegen, sodass sie sich auf die Angaben der betroffenen Unternehmen verlassen musste. Anders als in den Netzindustrien wurden nicht (nationale) Regulierungsbehörden mit besonderer Sachkenntnis mit der Überprüfung betraut. Hätte man sich bereits 2002 im Rahmen der ersten Freistellungsentscheidung zu Interbankenentgelten eingestanden, dass man nicht eine (rein) kartellrechtliche Fragestellung beantwortet (wie bereits damals der Kommission vorgeworfen wurde[609]), hätte die Möglichkeit bestanden, eine umfassende Analyse vorzunehmen. Insbesondere die (angebliche) hohe Nachfrageelastizität auf Seiten der Kartennutzer hätte man beispielsweise durch Anwendung des SSNIP-Tests[610] nachvollziehen können.

Durch die Vorfestlegung auf diese Grundannahmen im Rahmen der Kartellverfahren wurde eine angemessene Analyse verhindert und das Ergebnis des späteren Regulierungsverfahrens vorweggenommen. In ihrem Bericht an das Europäische Parlament[611] zeigt die Kommission zwar wenig Selbstkritik mit Blick auf die Divergenzen zwischen den neuen Verpflichtungszusagen in *VISA III* und *MasterCard III* und der MIF-VO, jedoch gibt sie zu erkennen, vor weiteren Maßnahmen eine ausreichende Datenbasis sammeln zu wollen.[612] Spätestens nach dieser Datensammlung sollte die MIF-VO angepasst werden. Insbesondere die fehlende Differenzierung zwischen *point of sale*- und Online-Zahlungen sollte angepasst werden. Jedenfalls bleibt zu begrüßen, dass vor weiteren Maßnahmen eine Faktengrundlage geschaffen werden soll.

III. Fazit zu Interbankenentgelten

An der Behandlung der Interbankenentgelte lassen sich verschiedene Probleme bei der Kartellrechtsanwendung und Regulierung auf Finanzmärkten aufzeigen.

Aufgrund der Komplexität der Finanzmärkte und insbesondere der Auswirkungen auf verschiedenste Marktteilnehmer infolge von Netzwerkeffekten kommt das klassische kartellrechtliche Instrumentarium schnell an seine Grenzen. Die ökonomische Analyse der Zahlungskartensysteme ist nicht wie auf Gütermärkten anhand (relativ) simpler Modelle nachzuvollziehen. Dies hindert nicht *per se* die Kartellrechtsanwendung. Jedoch sollten die Modellierungs-

---

[609] Europäische Kommission, E. v. 24.7.2002, COMP/29.373 – *VISA II*, Rn. 34, 36.

[610] Small but Significant Non-transitory Increase of Price-Test. Hiernach besteht ein einheitlicher sachlicher Markt zwischen zwei Produkten, wenn Verbraucher bei einer geringfügigen Preiserhöhung (zumeist 5–10%) auf das jeweils andere Produkt ausweichen würden, siehe etwa *Fuchs*, in: Immenga/Mestmäcker, Bd. 2. GWB, § 18, Rn. 51.

[611] Art. 17 S. 1 MIF-VO: „Die Kommission legt dem Europäischen Parlament und dem Rat bis 9. Juni 2019 einen Bericht über die Anwendung dieser Verordnung vor."

[612] Commission Staff Working Document, Report on the application of Regulation (EU) 2015/751 on interchange fees for cardbased payment transactions, SWD(2020) 118 final, S. 20.

schwierigkeiten nicht durch den Einsatz von Verpflichtungszusagen umgangen werden. Hierdurch wird zum einen den betroffenen Unternehmen Tür und Tor geöffnet, ineffiziente Lösungen in das Verfahren einzubringen. Zum anderen kann es die Kartellbehörden verleiten, ebenfalls wettbewerbsfremde Erwägungen in den Prozess einfließen zu lassen. Ein quasi-regulatorisches Tätigwerden per Verpflichtungszusage erhöht das Fehlerkostenrisiko, da den Unternehmen hierbei viel Einfluss gewährt wird. Zudem kann nicht in optimaler Weise „reguliert" werden, da die Regulierung unter dem Deckmantel der kartellrechtlichen Wertungen stattfinden muss und das Instrumentarium, insbesondere hinsichtlich der Adressaten, nicht auf eine marktweite Regulierung ausgelegt ist.

Sofern im zweiten Schritt von der Kartellrechtsanwendung zur Regulierung übergegangen wird, sind ebenfalls mehrere Gesichtspunkte zu beachten. Zum einen ist zu berücksichtigen, dass Kartellrecht und Regulierungsrecht verschiedene Ziele verfolgen. Wo – entgegen der grundsätzlich angelegten Aufgabenverteilung – bereits im Kartellrecht Regulierungstendenzen zu beobachten sind, sollte nicht der Verlockung nachgegeben werden, die dort gefundenen Lösungen unbesehen zu übernehmen. Der *lock in*-Effekt durch die bereits bekannte Akzeptanz auf Seiten der betroffenen Unternehmen sollte nicht dazu führen, dass ineffiziente Lösungen in die Regulierung übernommen werden. Zudem ist genau zu prüfen, ob und inwieweit tatsächlich dieselbe Materie geregelt wird. Die Übertragung der kartellrechtlich verpflichtend gewordenen Obergrenzen für grenzüberschreitende Debit- und Kreditkartenzahlungen in den nationalen Bereich und vor allem auch auf Zahlungen im Onlinehandel ist nicht von den Studien umfasst, die den kartellrechtlichen Entscheidungen zugrunde liegen.

Bei der zukünftigen Regulierung sollten neue Erkenntnisse berücksichtigt und ergebnisoffen diskutiert werden. Schon lange wurde etwa die generelle Notwendigkeit von Interbankenentgelten in Frage gestellt, wenn stattdessen die Möglichkeit des Surcharging eröffnet wird.[613] Eine von der Kommission in Auftrag gegebene Studie zeigte bereits im Jahr 2013, dass Surcharging die effizienteste Möglichkeit ist, um Kunden in Abhängigkeit von den tatsächlich anfallenden Kosten zur Auswahl des günstigsten Zahlungsmittels zu bewegen.[614] Insoweit wäre eine echte Alternative zur Beseitigung des Markt-

---

[613] Grundlegend bereits *Oechsler*, Wettbewerb im Kreditkartengeschäft, S. 104–108, 121–126, der Preisaufschlagsverbote (neudeutsch Verbot des Surcharging) als weiteres Marktversagen identifiziert, das die Informationsasymmetrie gegenüber den Karteninhabern verstärkt und dadurch den Händlern Verhandlungsmacht nimmt. Siehe auch BKartA, Stellungnahme vom 11.4.2012 zum Grünbuch der Kommission „Ein integrierter europäischer Markt für Karten-, Internet- und mobile Zahlungen", S. 4; *Forest/Vaigauskaite*, EC Competition Policy Newsletter 2/2009, S. 38, 43; *Frankel/Shampine*, Antitrust LJ 73 (2006), 627, 672; *Mundt/Buch*, WM 2001 (Heft 45), 2147, 2150.

[614] *TNS*, Study on the effects of information disclosure on consumer choice of payment instruments, Final Report December 2013, S. 87, abrufbar unter www.ec.europa.eu/

versagens ein Verbot der Interbankenentgelte bei gleichzeitiger Aufhebung des Surchargingverbots aus Art. 62 Abs. 4 PSD2.

B. Fallbeispiel 2: Referenzwertmanipulationen

Als zweite Fallgruppe sollen die Entscheidungen der Kommission zu Referenzwertmanipulationen und die nachfolgende umfassende Regulierung der Referenzwerte in den Blick genommen werden. Wie bei den Entscheidungen zu den Interbankenentgelten behandeln Kartell- und Regulierungsrecht dieselben Verhaltensweisen. Im Unterschied zu der Vorgehensweise bei den Interbankenentgelten wurden kartellrechtliches und regulatorisches Rechtsfolgengefüge klar getrennt: In den Kartellverfahren wurden rückblickend die Verstöße gegen die Kartellvorschriften durch ein Bußgeld sanktioniert, ohne den Unternehmen weitergehende Verhaltenspflichten aufzuerlegen. Auf Regulierungsebene wurden hingegen neue Vorschriften geschaffen, die über die kartellrechtlichen Verbote hinaus vergleichbares Fehlverhalten (und auch weitere Konstellationen) in Zukunft verhindern sollen. Hierzu wurde einerseits die Regelungslücke hinsichtlich der kartellrechtswidrigen Verhaltensweisen im Aufsichtsrecht geschlossen und andererseits ein Rechtsrahmen geschaffen, der die begünstigenden Rahmenbedingungen für Fehlverhalten beseitigen soll.

Im Einzelnen warf die Kommission den beteiligten Unternehmen in den aufsehenerregenden Verfahren zur Manipulation der Referenzzinssätze[615] EURIBOR[616], CHF LIBOR[617] und TIBOR[618] vor, die jeweiligen Indizes durch die Eingabe fehlerhafter Basisdaten künstlich manipuliert zu haben. Als Reaktion hierauf wurden umfassende Regulierungsmaßnahmen in Form der Benchmark-Verordnung (BMR)[619] und Änderungen der damals vorgeschlagenen Marktmissbrauchsverordnung (MAR)[620] eingeführt.

---

competition/sectors/financial_services/mif_final_report_en.pdf; ähnlich BKartA, Stellungnahme vom 11.4.2012 zum Grünbuch der Kommission „Ein integrierter europäischer Markt für Karten-, Internet- und mobile Zahlungen", S. 9.

[615] Für einen Überblick über die weltweiten Maßnahmen der Kartell-, Regulierungs- und Aufsichtsbehörden siehe *Huizing*, JAE 3 (2015), 173, 176–181.

[616] Europäische Kommission, E. v. 4.12.2013, AT.39.914 – *Euro Interest Rate Derivatives.*

[617] Europäische Kommission, E. v. 21.10.2014, AT.39.924 – *Swiss Franc Interest Rate Derivatives (CHF LIBOR).* Die zeitgleich ergangene E. v. 21.10.2014, AT.39.924 – *Swiss Franc Interest Rate Derivatives (Bid Ask Spread Infringement)* beinhaltet einen eigenständigen Verstoß, der mit den Libor-Manipulationen nicht unmittelbar zusammenhängt.

[618] Europäische Kommission, E. v. 4.12.2013, AT.39.861 – *Yen Interest Rate Derivatives (Settlement).*

[619] Verordnung (EU) 2016/1011 des Europäischen Parlaments und des Rates vom 8. Juni 2016 über Indizes, die bei Finanzinstrumenten und Finanzkontrakten als Referenzwert oder zur Messung der Wertentwicklung eines Investmentfonds verwendet werden.

[620] Europäische Kommission, Pressemitteilung v. 25.7.2012, IP/12/846.

Mit Libor[621] ist der Zinssatz gemeint, zu dem Banken sich ungesicherte Interbankenkredite zur Verfügung stellen. Zusammengesetzt wird der Libor durch die Meldung der Zinssätze verschiedener Panelbanken, woraus – nach Aussonderung der jeweils höchsten und niedrigsten Zinssätze – ein Durchschnittswert gebildet wird.[622] Er dient als Grundlage für weitere Finanzinstrumente, die sich auf einen Referenzindex beziehen.[623] Referenzwertbasierte Derivate bedienen sich des Libor als Bezugsgröße. Als einfaches Beispiel können Zinsswaps dienen:[624] Die Käufer eines solchen Derivats sichern sich gegen die zukünftige Zinsentwicklung ab, indem sie in festen Intervallen einen fixierten Zinssatz auf einen Basiswert bezahlen und im Gegenzug vom Verkäufer des Zinsswaps einen Libor-basierten variablen Zinssatz auf denselben Basiswert zurückerhalten. Dies kann sowohl zur Absicherung von Finanzinstrumenten mit fixem Zinssatz vor zukünftigen Zinsentwicklungen dienen als auch zur Spekulation auf zukünftige Zinsentwicklung.[625]

I. Kartellverfahren

Die Manipulation der Referenzwerte wurde von der Kommission in mehreren Entscheidungen aufgearbeitet, in denen sie Wettbewerbsverstöße verschiedener Finanzinstitute auf den Märkten für referenzwertbasierte Derivate sanktionierte. Die Banken schlossen das Verfahren im Wege eines Vergleichsverfahrens[626] ab, gestanden also den Kartellverstoß ein im Gegenzug für eine

---

[621] LIBOR ist das Akronym für London Interbank Offered Rate. Im Folgenden wird für alle Verfahren der Kommission einheitlich der Begriff Libor genutzt, da dieser sich im Sprachgebrauch gefestigt hat, obwohl auch andere Zinswerte wie der EURIBOR manipuliert wurden. Die Verhaltensweisen waren bei den verschiedenen Referenzwerten weitgehend identisch, mit Ausnahme der jeweiligen Zeiträume und der namensgebenden Währungen (Euro, CHF) bzw. Städte (London, Tokyo), vgl. *Wessling*, Wettbewerbsbeschränkungen auf Märkten für börsennotierte Aktien und Aktienderivate, S. 371.

[622] Monopolkommission, XX. Hauptgutachten, Rn. 2085; *Pascall*, World Competition 39 (2016), 161, 164. Wie viele Eingaben vor der Durchschnittsbildung ausgesondert werden, ist abhängig vom konkreten Referenzwert.

[623] Vgl. etwa *Fleischer/Bueren*, DB 2012, 2561; ausführlicher hierzu und zu den referenzwertbasierten Finanzprodukten *Steinhaeuser*, Die Manipulation von Referenzzinsen wie LIBOR und EURIBOR, S. 24–32.

[624] Für ein entsprechendes Beispiel siehe *Pascall*, World Competition 39 (2016), 161, 166–167; *Steinhaeuser*, Die Manipulation von Referenzzinsen wie LIBOR und EURIBOR, S. 92.

[625] Zu diesen Nutzungsmöglichkeiten von Zinsswaps etwa *Kopp/Pross*, RIW 1994, 488, 489–491.

[626] Art. 10a Verordnung (EG) 773/2004, eingefügt durch Verordnung (EG) 622/2008.

Bußgeldreduktion.[627] Dennoch mussten sie Geldbußen in Milliardenhöhe bezahlen.[628]

Im Einzelnen wurden den Banken sieben Verhaltensweisen vorgeworfen, darunter der Informationsaustausch über präferierte Zinsentwicklungen, über aktuell gehaltene Derivatepositionen oder geplante Transaktionen sowie entsprechende angepasste Verhaltensweisen bei Derivatetransaktionen und der Eingabe der Zinswerte zur Bestimmung der Referenzwerte.[629] In Frage stand hierbei, ob die Verhaltensweisen als Wettbewerbsbeschränkung zu qualifizieren waren, nachdem in den USA aufgrund des kooperativen Charakters der Libor-Generierung ein wettbewerbsrechtlich relevantes Fehlverhalten abgelehnt worden war.[630]

Laut der Kommission dienten sämtliche Verhaltensweisen dem Zweck, den jeweiligen Libor als maßgeblichen Preisbestandteil der darauf basierenden Derivate zugunsten der Banken zu beeinflussen, hierdurch die Unsicherheit beim Handel zu beseitigen und somit den Wettbewerbsprozess hinsichtlich der Preisgestaltung durch Angebot und Nachfrage außer Kraft zu setzen.[631] Ausführlicher wird dies in der Entscheidung gegen ICAP[632] dargestellt, welche als einzige Entscheidung im streitigen Verfahren und nicht infolge eines Vergleichs in gekürzter Form erging. Die Kommission zeigt hier auf, dass sowohl der variable – unmittelbar an den Libor gekoppelte – Preisanteil eines Derivatekontrakts als auch der fixe Zinssatz als finanzmathematisch errechneter Zeitwert der zukünftigen Zahlungsströme durch die Manipulationen beeinflusst wird.[633] Hierin liege eine bezweckte Wettbewerbsbeschränkung, da der

---

[627] Mitteilung der Kommission über die Durchführung von Vergleichsverfahren bei dem Erlass von Entscheidungen nach Artikel 7 und Artikel 23 der Verordnung (EG) Nr. 1/2003 des Rates in Kartellfällen, ABl. 2008 C 167/1, Rn. 20 lit. a), 32. Weitere Vorteile beziehen sich auf *follow on*-Schadensersatzklagen: Der erschwerte Zugriff auf Informationen (vgl. etwa § 33g Abs. 4 S. 1 Nr. 2 GWB) und die häufig wesentlich verkürzte Sachverhaltsdarstellung (vgl. hierzu *Köster*, EuZW 2015, 575, 578) lassen den Klägern wenig Raum, ihre Klage mithilfe von Informationen aus dem Bußgeldverfahren anzufüttern. Hierzu und zu entgegenstehenden Nachteilen *Hirsbrunner*, EuZW 2011, 12, 15.

[628] Europäische Kommission, Pressemitteilung v. 4.12.2013, IP/13/1208. Hiernach summierten sich die Bußgelder gegen die acht beteiligten Finanzinstitute auf EUR 1,49 Milliarden.

[629] Europäische Kommission, E. v. 4.12.2013, AT.39.914 – *Euro Interest Rate Derivatives*, Rn. 32.

[630] *Pascall*, World Competition 39 (2016), 161, 172–174, mit Verweis auf US Southern District Court of New York, *In re Foreign Exchange Benchmark Rates Antitrust Litigation*, No. 1-13-CV-07789.

[631] Europäische Kommission, E. v. 4.12.2013, AT.39.914 – *Euro Interest Rate Derivatives*, Rn. 53, 57–59.

[632] Europäische Kommission, E. v. 4.2.2015, AT.39.861 – *Yen Interest Rate Derivatives (ICAP)*.

[633] Europäische Kommission, E. v. 4.2.2015, AT.39.861 – *Yen Interest Rate Derivatives (ICAP)*, Rn. 199–201. Kritisch zur Einordnung des variablen Zinssatzes als (verfälschten)

wesentliche Wettbewerbsparameter Unsicherheit für die beteiligten Banken ausgehebelt werde.[634]

II. Regulierung unter MAR und BMR

Um den im Kartellverfahren aufgedeckten Verhaltensweisen einen Riegel vorzuschieben, wurden neben den Abstellungs- und Bußgeldverfügungen umfassende regulatorische Schritte unternommen: zum einen die Aufnahme des Verbots der Referenzwertmanipulation in die Marktmissbrauchsverordnung in Art. 12 Abs. 1 lit. d) MAR als direktes Äquivalent zu den kartellrechtlichen Entscheidungen,[635] zum anderen die Schaffung der Benchmark-Verordnung (BMR).

1. Anpassungen der Marktmissbrauchsverordnung

Art. 12 Abs. 1 lit. d) MAR definiert als eine Form der Marktmanipulation die vorsätzliche oder fahrlässige „Übermittlung falscher oder irreführender Angaben oder Bereitstellung falscher oder irreführender Ausgangsdaten bezüglich eines Referenzwerts". Marktmanipulationen sind gemäß Art. 15 MAR unabhängig von der Art und Weise des Handels (börslich oder außerbörslich)[636] verboten. Das Verbot geht insoweit über die durch Art. 101 AEUV verbotenen Verhaltensweisen hinaus, als auch die nichtkoordinierte Übermittlung fehlerhafter Daten unter Strafandrohung gestellt wird. Mit Blick auf die weiteren Ziele der Libor-Manipulationen neben den Preisvorteilen in Derivategeschäften ist dies unverzichtbar. Bankinterne Absprachen über die Eingabedaten zur Sicherung der Außendarstellung während der Finanzkrise sowie zur Besser-

---

Preis *Steinhaeuser*, Die Manipulation von Referenzzinsen wie LIBOR und EURIBOR, S. 91–97. Im Zeitpunkt des Vertragsschlusses werde als Preis ein unbestimmter zukünftiger Wert anhand der Formel [Basiswert * (LIBOR + Aufschlag in %)] vereinbart, für die Gegenleistung hingegen ein Festpreis entsprechend [Basiswert * Festzins]. Dies geschehe unbeeinflusst von der tatsächlichen Höhe des LIBORs; die Manipulation wirke sich lediglich bei der Wertstellung aus. Allerdings beinhaltet auch der referenzwertbasierte Zahlungsstrom mit dem prozentualen Aufschlag (und sei er 0 %) einen fixen Anteil, der bei Vertragsschluss anhand der erwarteten LIBOR-Entwicklung festgesetzt wird. Insoweit ist auch der variable Bestandteil bereits bei Vertragsschluss als Preis zu verstehen.

[634] Europäische Kommission, E. v. 4.2.2015, AT.39.861 – *Yen Interest Rate Derivatives (ICAP)*, Rn. 219–220; insgesamt bestätigt durch EuG, Urt. v. 10.11.2017, *Icap/Kommission*, T-180/15, EU:T:2017:795, Rn. 61–76. Lediglich die Feststellung von Verstößen durch den Broker ICAP in bestimmten Zeiträumen und die ICAP auferlegte Geldbuße insgesamt wurde aufgehoben. Der EuGH befasste sich im anschließenden Rechtsmittelverfahren nicht mehr mit dem Kartellvorwurf, sondern lediglich mit Begründungsanforderungen an Bußgeldbeschlüsse, EuGH, Urt. v. 10.7.2019, *Kommission/Icap*, C-39/18 P, EU:C:2019:584.

[635] *Gerner-Beuerle*, in: Lehmann/Kumpan, Art. 12 MAR, Rn. 18.

[636] Art. 2 Abs. 2 lit. c), Abs. 3 MAR.

stellung der eigenen Trader werden vom Kartellrecht nicht erfasst.[637] Zudem ist es nach Art. 30 MAR und Art. 7 Marktmissbrauchsrichtlinie[638] möglich, die handelnden Personen persönlich zu sanktionieren; anders als im europäischen Kartellrecht.[639]

2. *Einführung der Benchmark-Verordnung*

Weitergehend wurden Referenzwerte und Indizes mit der Einführung der BMR einer umfassenden Regulierung unterstellt.[640] Die BMR enthält Regelungen zur Datenbereitstellung, -sammlung und -aufbereitung, gerichtet sowohl an die Administratoren als auch die Kontributoren der Referenzwerte, also an die Verwalter der Referenzwerte und die Firmen, die durch die Eingabe der Einzelwerte zur Erstellung der Indizes beitragen.[641] Die Vorgaben reichen hierbei von Governance- und Verhaltens-[642] über Aufzeichnungs- und Transparenzregeln[643] bis hin zu konkreten Maßgaben bezüglich Art und Qualität der eingepflegten Daten und ihrer Verarbeitung für die Administratoren. In ähnlicher Weise bestehen Governancevorgaben für die Kontributoren;[644] darüber hinaus besteht in einem Selbstregulierungsansatz die Verpflichtung, einen vom Administrator des Referenzwerts bereitzustellenden Verhaltenskodex zu beachten.[645]

Die wohl wichtigste Neuerung hierbei stellt Art. 11 BMR dar, der abstrakt die Forderung aufstellt, Referenzwerte anhand von Eingabedaten zu bemessen, die „die wirtschaftliche Realität […] genau und zuverlässig [wiedergeben]" und nachprüfbar sind. Insbesondere sollen Transaktionsdaten herangezogen werden, da bei diesen die manipulationsanfälligen Ermessensspielräume entfallen.[646] Anhand dieser Vorgaben sollen Interessenkonflikte ausgeschlossen und die Richtigkeit der Eingabedaten und damit auch der darauf aufbauenden

---

[637] *Pascall*, World Competition 39 (2016), 161, 171, 176–177.

[638] Richtlinie 2014/57/EU des Europäischen Parlaments und des Rates vom 16. April 2014 über strafrechtliche Sanktionen bei Marktmanipulation (Marktmissbrauchsrichtlinie), ABl. 2014 L 173/179; in Deutschland umgesetzt in §§ 119, 120 WpHG.

[639] Vgl. Art. 7, 23 VO 1/2003, wonach nur Unternehmen und Unternehmensvereinigungen adressiert werden.

[640] Vgl. zu den Details der Regeln *Brosig*, Benchmark-Manipulation, S. 301–371; *Gütte*, Regulierung finanzieller Referenzwerte, S. 103–409; *Sajnovits*, Financial-Benchmarks, S. 75–125.

[641] Vgl. Art. 3 Abs. 1 Nr. 6, Nr. 9 BMR.

[642] Art. 4–6 BMR; hierzu *Gütte*, Regulierung finanzieller Referenzwerte, S. 210–240.

[643] Art. 7–9 BMR; hierzu *Gütte*, Regulierung finanzieller Referenzwerte, S. 241–250.

[644] Art. 16 BMR; hierzu *Gütte*, Regulierung finanzieller Referenzwerte, S. 342–349.

[645] Art. 15 BMR. Dahinter steht die Erwägung, dass der Administrator aufgrund seiner Sachnähe die heterogene Gruppe der Kontributoren am besten überwachen kann, hierzu (kritisch) *Gütte*, Regulierung finanzieller Referenzwerte, S. 337–342.

[646] ErwG 26 BMR.

Referenzwerte erreicht werden.[647] Auch die Vorgaben zur Methodik der Referenzwertbestimmung und deren Veröffentlichung in Art. 12 und 13 BMR dienen diesem Zweck, da sie für Marktteilnehmer weitere Nachprüfbarkeit gewährleisten.[648] Infolge der vielen Finanzprodukte, deren Preisbildung auf die Referenzwerte aufsetzt, ist eine sehr weitreichende Regulierung vonnöten, um zukünftige Manipulationen auszuschließen.[649] Flankiert werden diese Regeln durch ein Gebot an beaufsichtigte Unternehmen, ausschließlich Referenzwerte zu nutzen, die diesen Vorgaben entsprechen.[650]

III. Vergleich und Bewertung

1. Anstoßfunktion des Kartellrechts

Der Fall der Libor-Manipulation zeigt das Zusammenspiel von Kartellrecht, Regulierung und Selbstregulierung auf. In Ermangelung eines Regelungsrahmens schlossen sich Marktteilnehmer zusammen und bildeten in Eigenregie ein Verfahren zur Erstellung der Referenzwerte. Mangels effektiver Aufsicht entstanden durch in der Marktstruktur angelegte Interessenkonflikte vorhersehbare Manipulationen zulasten anderer Marktteilnehmer. Durch die Kartellverfahren wurden die konkreten Folgen der Manipulationen Einzelner aufgedeckt. Noch wichtiger erscheint aber die Offenlegung der in der Marktstruktur angelegten Schwächen.[651] Das Erfordernis eines Informationsaustausches zwischen Wettbewerbern über einen Wert, der letztlich nur für Spezialisten mit Zugang zu internen Bankdaten nachvollziehbar war und somit außerhalb einer wirksamen Kontrolle von außen lag, begünstigte Kartellabsprachen. Kontrollmechanismen hätten insoweit vor allem bankenintern eingreifen müssen.[652] Die Banken hatten hingegen ein weitreichendes Eigeninteresse an der Aufrechterhaltung der Absprachen, sei es wegen der Auswirkungen auf die nach außen dargestellte eigene Kreditwürdigkeit oder wegen der Profite, die erzielt werden konnten.[653] Die Kartellrechtspraxis konnte insoweit eine Anstoßfunktion für weitergehende Regulierungsmaßnahmen liefern.[654]

---

[647] Vgl. *Sajnovits*, Financial-Benchmarks, S. 108–120.

[648] *Hoops*, WM 2018 (Heft 48), 2214, 2217.

[649] ErwG 1, 3 BMR.

[650] Art. 29 BMR; *Sajnovits*, Financial-Benchmarks, S. 101–102 spricht daher von einem indirekten Verbot für Finanzinstrumente, die auf Referenzwerten beruhen, die nicht den Vorgaben der BMR entsprechen.

[651] So auch *Brosig*, Benchmark-Manipulation, S. 278 mit Akzentuierung des Kronzeugenprogramms der Kommission, welches die Aufdeckung der LIBOR-Manipulationen erst ermöglichte.

[652] Monopolkommission, XX. Hauptgutachten, Rn. 2080–2100.

[653] Monopolkommission, XX. Hauptgutachten, Rn. 2077–2078, 2087.

[654] *Freund*, in: LMRKM, Europäisches Recht, 8. Teil, B. Banken, Fn. 17 bei Rn. 8; *Grundmann*, in: Staub, HGB, Band 11/1, Teil 5, Rn. 53, 125, 132, Fn. 204 bei Rn. 101,

Entsprechend der Abgrenzung zwischen Kartell- und Regulierungsrecht[655] wurden die identifizierten Fehler ausgeräumt. In den Entscheidungen der Kommission wurde das vergangene Verhalten der Wettbewerber sanktioniert, anknüpfend an ein Fehlverhalten gegenüber Wettbewerbern durch die Koordination des Marktverhaltens. Für die Zukunft wurde hingegen ein regulierungsrechtliches Verbot der Marktmanipulation installiert, das *ex ante* Vorschriften für das Verhalten Einzelner aufstellt.[656] Zugleich wurde begonnen, ein umfassendes Regelungswerk zu schaffen, um die Marktstruktur zu verändern und insbesondere das identifizierte Marktversagen infolge von Informationsasymmetrien zugunsten der Referenzwertkontributoren zu beseitigen.[657] Hierfür wurde zunächst eine bisher bestehende Schutzlücke im Kapitalmarktrecht geschlossen und mit Art. 12 Abs. 1 lit. d) MAR eine Regelung eingeführt, die Referenzwertmanipulationen verbietet.[658] Weitergehend und präventiv wurden durch die BMR die Interessenkonflikte, die zur Manipulation der Referenzwerte geführt hatten, eingedämmt und den beteiligten Unternehmen die Grundlage für die Referenzwertmanipulationen entzogen.[659] Im Sinne des komplementären Verhältnisses zwischen Kartell- und Regulierungsrecht wurden durch die Regulierungsmaßnahmen die Rahmenbedingungen geschaffen, die unverfälschten Wettbewerb erst ermöglichen.[660]

2. *Wettbewerbsförderndes Regulierungsrecht*

Zugleich wurde ein wettbewerbsfördernder oder zumindest nicht wettbewerbshindernder Mechanismus eingebaut. Neben der natürlichen Fortgeltung des

---

jeweils zur BMR, Teil 6, Rn. 432, 453 zur MAR; *Plank*, ZWeR 2016, 415, Fn. 33 auf S. 420: „notable interdependence with regulation".

[655] Siehe oben S. 33 ff.

[656] Zu dieser Kausalität vgl. ErwG 44 MAR und insbesondere den Änderungsvorschlag der Europäischen Kommission v. 27.12.2012 für eine Verordnung des europäischen Parlaments und des Rates über Insider-Geschäfte und Marktmanipulation (Marktmissbrauch), COM(2012) 421 final, S. 2.

[657] Vgl. Europäische Kommission, Vorschlag für eine Verordnung des Europäischen Parlaments und des Rates über Indizes, die bei Finanzinstrumenten und Finanzkontrakten als Benchmark verwendet werden, COM(2013) 641 final, S. 2: „Eine rein auf Sanktionsregelungen beschränkte Änderung [der MAR] bewirkt jedoch keine Verbesserung der Art und Weise, wie Benchmarks ermittelt und verwendet werden; Sanktionen beseitigen nicht die Manipulationsrisiken, die aus einer unzureichenden Steuerung des Benchmark-Prozesses im Falle von Interessenkonflikten und Problemen des Ermessensspielraums erwachsen."

[658] *Brosig*, Benchmark-Manipulation, S. 281. Zur strittigen Frage, ob tatsächlich eine Schutzlücke bestand oder nicht etwa § 20a WpHG einschlägig war, vgl. etwa *Fleischer/Bueren*, DB 2012, 2561, 2563–2564; *Sajnovits*, Financial-Benchmarks, S. 128–135.

[659] *Sajnovits*, Financial-Benchmarks, S. 125.

[660] Vgl. *Brosig*, Benchmark-Manipulation, S. 371, die in der BMR, komplementiert durch die MAR, einen „Nährboden für mehr Wettbewerb" sieht.

Kartellverbots infolge der Normenhierarchie[661] berücksichtigen die Regeln der BMR die durch die Regulierung verursachten Kosten. In den Art. 17–26 BMR wird zwischen verschiedenen Referenzwerten anhand der Art der Eingabedaten und des Handelsvolumens der referenzwertbasierten Finanzinstrumente differenziert und die Reichweite der Regelungen entsprechend Wichtigkeit und voraussichtlicher Genauigkeit der Daten angepasst. Durch diese Differenzierung in der Reichweite der Regelungen wird der Wettbewerb gefördert; jedenfalls sollen kleinere Wettbewerber nicht infolge hoher Regulierungskosten verdrängt werden.[662]

Zugunsten des Wettbewerbs um Produkte, die auf Referenzwerten basieren, bestimmt Art. 22 BMR (und identisch Erwägungsgrund 38), dass der Administrator eines kritischen Referenzwertes[663] „[u]nbeschadet der Anwendung des Wettbewerbsrechts“ Zugang zum entsprechenden Referenzwert zu FRAND-Bedingungen gewähren muss. Art. 22 BMR gliedert sich damit nahtlos in die Entscheidungen in Sachen *CDS Information Market* und die darauffolgende Regulierung in Art. 37 Abs. 3 MiFIR ein,[664] indem der persönliche Anwendungsbereich der Zugangsansprüche erweitert wird. Kritische Referenzwerte sollen demnach „allen Nutzern“ zugänglich gemacht werden, während die Regelung des Art. 37 Abs. 3 MiFIR lediglich Handelsplätzen und zentralen Gegenparteien Zugang zu entsprechenden Daten einräumt.

3. Kapitalmarktrechtliche Durchsetzungsdefizite auf europäischer Ebene

Neben der bloßen Regelungslücke, die durch die Gesetzgebungsakte geschlossen wurde, könnte das Defizit auch im Fehlen einer europäischen Aufsichtsbehörde gesehen werden. Die dezentrale Durchsetzung des Regulierungsrechts auf nationaler Ebene erfolgt durch Behörden, die durch nationale Haushalte ausgestattet werden und die in ihrem Aufgabenbereich auf die Überwachung inländischer Finanzinstitute begrenzt sind. Gleiches gilt für den nationalen und europäischen Gesetzgeber.[665] Die Banken hingegen sind international aufgestellt und können hierdurch Ressourcen effizienter einsetzen. Nicht zuletzt die Causa Wirecard[666] zeigt auf, dass nationale Aufsichtsbehörden mitunter den Anforderungen an die globalisierte (Finanz-)Wirtschaft nicht gewachsen sind.[667]

---

[661] Ausdrücklich ErwG 80 MAR.

[662] *Brosig*, Benchmark-Manipulation, S. 335–336.

[663] Kritisch ist ein Referenzwert gemäß Art. 20 Abs. 1 BMR unter anderem, wenn er mehrheitlich von Kontributoren aus einem Mitgliedstaat erstellt wird oder als Grundlage für Finanzinstrumente im Wert von über EUR 500 Mrd. dient.

[664] Siehe unten S. 201 ff.

[665] *Engel*, Systemrisikovorsorge, S. 9–10.

[666] Siehe etwa www.zdf.de/nachrichten/wirtschaft/wirecard-bilanzskandal-faq-100.html.

[667] In diese Richtung insb. mit Blick auf externe IT-Dienstleister, Gesetzentwurf der Bundesregierung, Entwurf eines Gesetzes zur Stärkung der Finanzmarktintegrität (Finanzmarkt-

Die Kommission konnte hingegen in weiteren Fällen des kapitalmarktbezogenen Informationsaustauschs – wiederum auf Grundlage von Kronzeugenanträgen – eingreifen und empfindliche Bußgelder verhängen.[668] Angestellte Wertpapierhändler einiger auch in den Libor-Verfahren beteiligten Banken hatten ihre Marktaktivitäten koordiniert, um durch ein gemeinsames Tätigwerden die Währungsschwankungen und somit die Preismechanismen im Währungshandel auszuhebeln beziehungsweise zu ihren Gunsten zu nutzen. Die Kommission verhängte infolge der Zuwiderhandlungen gegen Art. 101 Abs. 1 AEUV beim Währungshandel Bußgelder i.H.v. EUR 1,07 Milliarden;[669] im Zusammenhang mit europäischen Staatsanleihen Bußgelder in Höhe von EUR 371 Millionen.[670] Vor diesem Hintergrund verwundert es umso mehr, dass im Libor-Verfahren – anders als etwa in den USA – keine Kooperation zwischen Kartell- und Aufsichtsbehörden stattfand, die die Tatsachenermittlung hätte erleichtern können.[671] Indes könnte durch eine institutionalisierte Zusammenarbeit die Abgrenzung von Kompetenzen, die Koordinierung und gegenseitige Berücksichtigung von Strafen und deren Höhen verbessert[672] sowie die wettbewerblichen Auswirkungen neuer Regulierung berücksichtigt werden.[673]

IV. Fazit und Ausblick zu Referenzwertmanipulationen

Die kartellrechtliche Aufarbeitung der Libor-Manipulation und die entsprechenden regulatorischen Antworten zeigen in prototypischer Weise das Zusammenspiel von Kartell- und Regulierungsrecht auf. Die Regulierung gibt Verhaltensvorgaben auf, die von den Marktteilnehmern einzuhalten sind und somit die Marktstrukturen prägen, während das Kartellrecht wettbewerbsbezogenes Fehlverhalten rückwirkend bestraft, ohne weiter in den Markt

---

integritätsstärkungsgesetz – FISG), BT-Drs. 19/26966, S. 56, 58, 90–93 (insb. Auslagerung von Unternehmensteilen in Drittstaaten). Vgl. zu einem Vorschlag für einen „European Single Market Supervisor" anstelle der 27 nationalen Aufsichtsbehörden *Krahnen/Langenbucher*, SAFE Policy Report 88/2020. Für eine verbesserte internationale Zusammenarbeit auch *Cejnar/Duke*, ECLR 34 (2013), 583, 585–589.

[668] Europäische Kommission, E. v. 16.5.2019, AT.40.135 – *Forex – Essex Express, Forex – Three Way Banana Split*; E. v. 20.5.2021, COMP/AT.40.324 – *EGB* (jeweils nicht veröffentlicht).

[669] Europäische Kommission, Zusammenfassung des Beschlusses v. 16.5.2019, AT.40.135 – *Forex – Essex Express*, ABl. 2020 C 219/8 und *Forex – Three Way Banana Split*, ABl. 2020 C 226/5; Pressemitteilung v. 16.5.2019, IP/19/2568.

[670] Europäische Kommission, Pressemitteilung v. 20.5.2021, IP/21/2565.

[671] *Carletti/Smolenska*, OECD Background note, DAF/COMP/WP2(2017)8, Blauer Kasten bei Rn. 76.

[672] Ausführlich jeweils *Huizing*, JAE 2015, 173, 188–200; *Steinhaeuser*, Die Manipulation von Referenzzinsen wie LIBOR und EURIBOR, S. 172–186. Knapp *Pascall*, World Competition 39 (2016), 161, 189; *Sajnovits*, Financial-Benchmarks, S. 149.

[673] Hierzu ausführlich unten S. 240 ff. Siehe auch *Huizing*, JAE 2015, 173, 200–203; *Carletti/Smolenska*, OECD Background note, DAF/COMP/WP2(2017)8, Rn. 76–79.

einzugreifen. Angestoßen (auch) durch die kartellrechtlichen Verfahren, wurden diejenigen Rahmenbedingungen geschaffen, innerhalb derer Verstöße gegen das Kartellrecht zumindest nicht mehr durch die Strukturen geradezu herausgefordert werden.

Zugleich wurden – entsprechend der zeitlichen Reihenfolge von Kartellverfahren im Libor-Fall und darauffolgender Regulierung – die Vorteile des kartellrechtlichen Instrumentariums deutlich: Durch lohnenswerte Kronzeugenprogramme, abschreckende (hohe) Strafen und Ermittlungsmöglichkeiten auf EU-Ebene über nationale Grenzen hinweg konnte die Kommission widerrechtliches Verhalten und dessen in der Marktstruktur angelegte Gründe besser nachvollziehen als nationale Aufsichtsbehörden und hierdurch den Boden für eine Regulierung bereiten. Hierin ist zugleich ein Schwachpunkt im Verhältnis der beiden Materien zu sehen. In einer optimalen Situation sollten die Marktstrukturdefizite bereits erkannt werden, bevor diese von Unternehmen ausgenutzt werden. Insbesondere in Konstellationen, in denen das kartellrechtliche Instrumentarium nicht ausreicht, die Fehlverhalten offenzulegen und zu sanktionieren, wie etwa den unternehmensinternen Absprachen über Handelspositionen und entsprechend erwünschten Libor-Veränderungen, bedarf es eines eigenständigen Überwachungsmechanismus, der entsprechend den kartellrechtlichen Instrumenten Anreize bietet, das Fehlverhalten offenzulegen und zu beenden oder gar von Vornherein zu unterlassen.

Im Lichte dieser Bestrebungen wurde in Einklang mit den Vorgaben der BMR beschlossen, von den bisherigen manipulationsanfälligen Referenzzinswerten abzukehren. Der CHF LIBOR soll bis spätestens Ende 2023 nicht mehr genutzt werden.[674] Andere Werte wie der EURIBOR wurden überarbeitet oder ganz abgelöst (etwa der Euro Overnight Index Average [EONIA]).[675] Mangels wirksamer Durchsetzungsmechanismen für die spezialgesetzlichen Regelungen des Kapitalmarktrechts wird die Generaldirektion Wettbewerb der Kommission voraussichtlich weiterhin mit Wettbewerbsbeschränkungen auf den Kapitalmärkten entsprechend der Konstellation im Währungshandel beschäftigt bleiben.

C. Fallbeispiel 3: Sonderbedingungen Online-Banking

Neben den beschriebenen Verfahren auf europäischer Ebene befasste sich in Deutschland das Bundeskartellamt und nachfolgend das OLG Düsseldorf mit einer Konstellation im Spannungsfeld zwischen Kartellrecht und Finanzmarktregulierung. In der Entscheidung zu den Sonderbedingungen Online-Banking[676] stellte sich die Frage, inwieweit die Online-Banking-Bedingungen, die

---

674 Siehe Europäische Kommission, Statement v. 30.11.2020, STATEMENT/20/2270.

675 *Beißer/Read*, ZBB 2020, 304, 309–313.

676 BKartA, Beschluss v. 29.6.2016, B4-71/10 – *Sonderbedingungen Online-Banking*, bestätigt durch OLG Düsseldorf, Urt. v. 30.1.2019, *Zahlungsauslösedienste*, VI-Kart 7/16 (V).

die Spitzenverbände der deutschen Kreditwirtschaft ihren Mitgliedern zur Nutzung empfohlen hatten, (vor allem) darauf abzielten, das Geschäftsmodell der Zahlungsauslösedienste faktisch zu verbieten, indem den Kunden überzogene Anforderungen an die Nutzung der Sicherheitsmerkmale (PIN und TAN) auferlegt wurden. Insbesondere sollte die Nutzung der Sicherheitsmerkmale bei Drittdiensten wie Zahlungsauslösediensten verhindert werden.[677] Die Konstellation konnte zum einen unter Kartellrecht als wettbewerbsbeschränkende Absprache oder jedenfalls abgestimmte Verhaltensweise gemäß Art. 101 AEUV, § 1 GWB oder als missbräuchliche Ausnutzung einer marktbeherrschenden Stellung gemäß § 19 GWB behandelt werden. Zum anderen enthält die im Laufe dieses Verfahrens erlassene Zweite Zahlungsdiensterichtlinie (PSD2), insbesondere deren Art. 66 Abs. 4, Vorschriften zum Verhältnis zwischen Zahlungsauslösediensten und kontenführenden Banken.

I. Kartellrechtliche Bewertung der Sonderbedingungen Online-Banking

1. Sachverhalt der Kartellamtsentscheidung

Im Verfahren des Bundeskartellamts wurden die Deutsche Kreditwirtschaft (im Folgenden DK) sowie die Spitzenverbände der deutschen Kreditwirtschaft adressiert. Bei Letzteren handelt es sich um Zusammenschlüsse der jeweiligen Bankengruppen, also der genossenschaftlichen Raiffeisen-/Volksbankengruppe, der Sparkassen und der Privatbanken. Die DK ist der Zusammenschluss (unter anderem) der genannten Bankenverbände und vertritt deren gebündelte Interessen.[678] In dieser Funktion treibt sie maßgeblich die technische und rechtliche Vereinheitlichung des Zahlungsverkehrs voran. Insbesondere war sie an der Entwicklung der Sicherheitsmerkmale und der korrespondierenden Geschäftsbedingungen für das Online-Banking beteiligt.[679] Zwischen 2006 und 2009 erarbeitete der zuständige Arbeitskreis ein Muster der Sonderbedingungen für das Online-Banking, in dem ein Verbot der Eingabe personalisierter Sicherheitsmerkmale außerhalb gesondert vereinbarter Internetseiten vor-

---

Nachdem das OLG die Revision nicht zugelassen hatte, wies der BGH eine Nichtzulassungsbeschwerde zurück, BGH, Beschluss v. 7.4.2020, KVR 13/19.

[677] Zahlungsauslösedienste, wie etwa die „Sofort“, die das Verfahren durch eine Beschwerde ausgelöst hatte, sind Dienste, die auf das Online-Banking des Kunden zugreifen und darin den Zahlungsvorgang auslösen, Art. 4 Nr. 15 PSD2. Hierdurch können sie die Kontodeckung überprüfen und dem Zahlungsempfänger den Erfolg der Transaktion garantieren, BKartA, Beschluss v. 29.6.2016, B4-71/10 – *Sonderbedingungen Online-Banking*, Rn. 20.

[678] BKartA, Beschluss v. 29.6.2016, B4-71/10 – *Sonderbedingungen Online-Banking*, Rn. 11–16.

[679] BKartA, Beschluss v. 29.6.2016, B4-71/10 – *Sonderbedingungen Online-Banking*, Rn. 93–106.

gesehen war.[680] Bei Zuwiderhandlung wäre dem Kontoinhaber und Nutzer der Drittseiten grobe Fahrlässigkeit im Falle von nicht autorisierten Zahlungsvorgängen vorzuwerfen, sodass die Bank nicht zu haften hätte.[681] Nach den Feststellungen des Bundeskartellamts sollte hierdurch faktisch die Nutzung von Zahlungsauslösediensten und anderen Intermediären verhindert werden,[682] oder – ausweislich der Erklärung in einer Fußnote in den Arbeitsfassungen der Musterbedingungen – „Einfluss auf die Tätigkeiten von Intermediären genommen werden".[683] Die Verbände empfohlen ihren Mitgliedern die Nutzung der erarbeiteten Sonderbedingungen, was praktisch ausnahmslos befolgt wurde.[684]

Neben der Gestaltung der Sonderbedingungen soll die DK durch Pressearbeit und Gerichtsverfahren den Versuch unternommen haben, die Geschäftsmodelle der bankenfremden Dienstleister zu diskreditieren.[685]

2. *Wesentliche rechtliche Erwägungen*

Infolge dieses Sachverhaltes traf das Bundeskartellamt (bestätigt durch das OLG Düsseldorf) eine Feststellungsentscheidung nach § 32 Abs. 3 GWB, wonach der Beschluss der DK über die Annahme der Sonderbedingungen, sowie die Beschlüsse der weiteren Spitzenverbände über die Annahme und die Bekanntmachung und Empfehlung der Sonderbedingungen an die Verbandsmitglieder rechtswidrig seien. Die Regelungen verstoßen gegen Art. 101 Abs. 1 AEUV und § 1 GWB sowie gegen § 19 Abs. 3 i.V.m. Abs. 1, 2 Nr. 1 GWB.

Im Einzelnen wurde festgestellt, dass es sich bei den Beschlüssen um Beschlüsse von Unternehmensvereinigungen handle, ungeachtet der Rechtsform der DK als nicht rechtsfähigem Zusammenschluss der Spitzenverbände und der rechtlichen oder bloß faktischen Verbindlichkeit der gefassten Beschlüsse. Die flächendeckende Verwendung der Sonderbedingungen infolge der Empfehlungsbeschlüsse reiche entsprechend der einschlägigen Rechtsprechung aus,

---

[680] BKartA, Beschluss v. 29.6.2016, B4-71/10 – *Sonderbedingungen Online-Banking*, Rn. 206–218.

[681] Der Wortlaut der Muster-Bedingungen ist wiedergegeben bei BKartA, Beschluss v. 29.6.2016, B4-71/10 – *Sonderbedingungen Online-Banking*, Rn. 2 oder OLG Düsseldorf, Urt. v. 30.1.2019, *Zahlungsauslösedienste*, VI-Kart 7/16 (V), Rn. 8–17 nach juris.

[682] Vgl. BKartA, Beschluss v. 29.6.2016, B4-71/10 – *Sonderbedingungen Online-Banking*, Rn. 6.

[683] BKartA, Beschluss v. 29.6.2016, B4-71/10 – *Sonderbedingungen Online-Banking*, Rn. 218.

[684] BKartA, Beschluss v. 29.6.2016, B4-71/10 – *Sonderbedingungen Online-Banking*, Rn. 219–232.

[685] BKartA, Beschluss v. 29.6.2016, B4-71/10 – *Sonderbedingungen Online-Banking*, Rn. 233–242.

um trotz fehlender rechtlicher Verbindlichkeit von einem tatbestandsmäßigen Beschluss im Sinne der Art. 101 Abs. 1 AEUV und § 1 GWB auszugehen.[686]

Durch die Beschlüsse werde eine Wettbewerbsbeschränkung bezweckt. Die Verbände hätten das grundsätzlich legitime Interesse an der Ausarbeitung eines Sicherheitskonzepts beim Online-Banking „als Vorwand genutzt [...], um bankenfremden Zahlungsauslösediensten den Marktzutritt zu erschweren."[687] Etwaige Sicherheitsbedenken hätten die Regelung in dieser Form nicht rechtfertigen können; sie seien lediglich ein Vorwand, um den wettbewerbsbeschränkenden Zweck zu verdecken. Die Privilegierung bankeneigener Zahlungsauslösedienste und Kontoinformationsdienste – bei diesen war die Eingabe der Sicherheitsmerkmale über verschiedenste Internetzugänge weiterhin erlaubt – zeige eindrücklich auf, dass es sich bei den Regelungen nicht um Sicherheitsregeln zum Schutze des Bankkunden handle, sondern vielmehr um Regelungen zur Begünstigung der bankeneigenen Onlinedienste gegenüber Drittangeboten.[688] Auch unabhängig vom Verhältnis bankennaher und bankenfremder Dienstleister seien die Sicherheitsbedenken allenfalls vorgeschoben; diesen hätte auf andere, weniger wettbewerbsbeschränkende Art und Weise, begegnet werden können.[689] Der Blick auf die entsprechenden Regelungen der PSD2 zeige, dass auch der Gesetzgeber von anderen Lösungsmöglichkeiten ausginge.[690]

In einer Art *obiter dictum* stellt das Bundeskartellamt weiterhin fest, dass eine Wettbewerbsbeschränkung ebenfalls bewirkt würde. Infolge der Maßnahmen der DK sei in einem Zeitraum von mehr als zehn Jahren der Wettbewerbsdruck sowohl bezüglich der Preise als auch der Innovation erheblich eingeschränkt gewesen. Außerdem hätten die Anbieter von Drittdienstleistungen neben der Entwicklung ihres Produkts erhebliche Aufwendungen auf die Abwehr der Angriffe seitens der DK und ihrer Mitglieder aufwenden müssen.[691]

---

[686] OLG Düsseldorf, Urt. v. 30.1.2019, *Zahlungsauslösedienste*, VI-Kart 7/16 (V), Rn. 100–104 nach juris m.w.N.

[687] OLG Düsseldorf, Urt. v. 30.1.2019, *Zahlungsauslösedienste*, VI-Kart 7/16 (V), Rn. 107 nach juris.

[688] BKartA, Beschluss v. 29.6.2016, B4-71/10 – *Sonderbedingungen Online-Banking*, Rn. 347, 351–353, 355, 358; OLG Düsseldorf, Urt. v. 30.1.2019, *Zahlungsauslösedienste*, VI-Kart 7/16 (V), Rn. 133–134 nach juris. Der BGH stellte ebenfalls mit knappen Worten klar, dass BKartA und OLG Düsseldorf die bezweckte Wettbewerbsbeschränkung entsprechend den Vorgaben des EuGH korrekt bewertet hätten, BGH, Beschluss v. 7.4.2020, KVR 13/19, Rn. 13. Hierzu kritisch mit Blick auf das Geschäftsmodell der Zahlungsauslösedienste *Bunte*, EWiR 2020, 511; *Zahrte*, BKR 2021, 79, 84.

[689] OLG Düsseldorf, Urt. v. 30.1.2019, *Zahlungsauslösedienste*, VI-Kart 7/16 (V), Rn. 119–129.

[690] OLG Düsseldorf, Urt. v. 30.1.2019, *Zahlungsauslösedienste*, VI-Kart 7/16 (V), Rn. 121–122.

[691] BKartA, Beschluss v. 29.6.2016, B4-71/10 – *Sonderbedingungen Online-Banking*, Rn. 393–395.

Weiter führte das Bundeskartellamt aus, dass weder die Voraussetzungen vorlägen, um die Online-Banking-Sonderbedingungen als bloße Nebenabrede zu betrachten, die nicht dem Anwendungsbereich des Kartellverbots unterfielen, noch die Voraussetzungen einer Freistellung nach Art. 101 Abs. 3 AEUV erfüllt seien. In Anknüpfung an die Begründung der bezweckten Wettbewerbsbeschränkung fehle es jeweils an der Unerlässlichkeit der Sonderbedingungen in der konkreten Ausgestaltung für die Durchführung einer Hauptmaßnahme beziehungsweise zur Erzielung von Effizienzgewinnen im Sinne des Art. 101 Abs. 3 AEUV. Es seien jeweils weniger wettbewerbsbeschränkende Maßnahmen mit gleichwertiger Wirkung denkbar.[692]

Zuletzt sei auch ein Verstoß gegen § 19 Abs. 3 i.V.m. Abs. 1, 2 Nr. 1 GWB denkbar. Die Erstellung der Banken-AGB als Branchenstandard biete eine Grundlage, das Verhalten am Maßstab des § 19 Abs. 3 i.V.m. Abs. 1 GWB zu messen. Die Möglichkeit, in rechtlich zulässiger Weise in den Markt einzugreifen, etwa durch die Schaffung von Branchenstandards, finde ihre Grenzen, wenn diese Position missbräuchlich ausgenutzt wird. In den zu Art. 101 Abs. 1 AEUV gemachten Feststellungen zur Errichtung von Marktzutrittsschranken für bankenfremde Zahlungsdienste sei zugleich ein Behinderungsmissbrauch im Sinne des § 19 Abs. 2 Nr. 1 GWB zu sehen.[693]

II. Regelungen der PSD2

Neben der Kartellamtsentscheidung finden sich auch in der PSD2 Vorschriften zur Behandlung vorgenannter Konstellation. Zunächst stellt Erwägungsgrund 69 PSD2 abstrakt heraus, dass Sicherheitsvorkehrungen zum Schutz personalisierter Sicherheitsmerkmale nicht davon abhalten sollen, dass Zahlungsauslösedienste genutzt werden können.[694] Um den grundsätzlich bestehenden Sicherheitsbedenken durch Angriffe auf die IT-Infrastruktur, aber auch

---

[692] BKartA, Beschluss v. 29.6.2016, B4-71/10 – *Sonderbedingungen Online-Banking*, Rn. 404–436.

[693] BKartA, Beschluss v. 29.6.2016, B4-71/10 – *Sonderbedingungen Online-Banking*, Rn. 437–443.

[694] ErwG 69 PSD2: „Die Verpflichtung, personalisierte Sicherheitsmerkmale vor unbefugtem Zugriff zu schützen, ist äußerst wichtig, um die Gelder des Zahlungsdienstnutzers zu schützen und Betrugsrisiken und den unbefugten Zugriff auf das Zahlungskonto zu begrenzen. *Die Geschäftsbedingungen oder andere dem Zahlungsdienstnutzer durch Zahlungsdienstleister auferlegte Pflichten zum Schutz personalisierter Sicherheitsmerkmale vor unbefugtem Zugriff sollten jedoch nicht so abgefasst sein, dass Zahlungsdienstnutzer davon abgehalten werden, die Vorteile der durch andere Zahlungsdienstleister angebotenen Dienste, einschließlich Zahlungsauslösedienste und Kontoinformationsdienste, zu nutzen.* Ferner sollten solche Geschäftsbedingungen keine Bestimmungen enthalten, die die Nutzung von Zahlungsdiensten anderer gemäß dieser Richtlinie zugelassener oder registrierter Zahlungsdienstleister in irgendeiner Weise erschweren." (Hervorhebung durch den Verf.).

gegenüber den Zahlungsauslösediensten selbst,[695] dennoch angemessen Rechnung zu tragen, wurden die Zahlungsauslösedienste dem Anwendungsbereich der PSD2 unterstellt.[696] Hierdurch wurde die Legalität des Geschäftsmodells der Zahlungsauslösedienste einerseits ausdrücklich anerkannt, andererseits aber einem – bisher nicht bestehenden – Regelungsregime unterworfen.[697]

Entsprechend Erwägungsgrund 69 kodifiziert Art. 66 Abs. 1 PSD2 das Recht des Kontoinhabers, „die in Anhang I Nummer 7 genannten Zahlungsdienste [Zahlungsauslösedienste] über einen Zahlungsauslösedienstleister zu nutzen“, sofern das Zahlungskonto online zugänglich ist. Gemäß Art. 66 Abs. 5 PSD2 ist dieses Recht unabhängig vom Bestand eines Vertrags zwischen kontoführender Bank und Zahlungsauslösedienst. Durch letzteres Kriterium soll – in Anlehnung an die kartellrechtlichen Bedenken – verhindert werden, dass die Zahlungsauslösedienste durch eine Blockadehaltung bei Vertragsverhandlungen seitens der kontoführenden Bank vom Marktzutritt abgehalten werden.[698] Darüber hinaus unterwirft die PSD2 sowohl die kontoführenden als auch die bankenfremden Zahlungsdienstleister einem weitergehenden Regelungsregime und stellt in Art. 66 Abs. 3 und 4 spezielle Anforderungen an Zahlungsauslösedienste und kontoführende Institute und deren Zusammenarbeit. Maßgeblich im Zusammenhang mit der Kartellamtsentscheidung steht die Vorschrift des Art. 66 Abs. 4 lit. c) PSD2,[699] wonach das kontoführende Institut einem Gleichbehandlungsgebot unterworfen wird mit Blick auf Zahlungsaufträge, die von einem Zahlungsauslösedienst übermittelt werden. Diese dürfen – außer bei Vorliegen objektiver Gründe – nicht anders behandelt werden als Zahlungsaufträge, die der Zahler direkt übermittelt.

---

[695] Siehe etwa die Bedenken des ehemaligen Syndikus des Deutschen Sparkassen- und Giroverbandes *Zahrte*, in: Bunte/Zahrte, AGB-Banken, 4. Teil, Abschnitt VI., Rn. 24, 31–31a, 72b, der den Zahlungsauslösediensten unterstellt, unter Verstoß gegen Datenschutzregeln die Kontodaten der Nutzer systematisch auszuwerten, ungeachtet zeitlicher Beschränkungen bzgl. des Kontozugriffs zur (ausschließlichen) Auslösung des jeweiligen Zahlungsvorganges. Die Entscheidung des BKartA hält er deswegen für „zahlungsdiensterechtlich nicht haltbar“, Fn. 88 bei Rn. 24 und Fn. 5 bei Rn. 72b. Freilich hatte das BKartA diese Bedenken berücksichtigt und – zurecht – darauf verwiesen, dass es nicht Sache der Wettbewerber sei, etwaige Datenschutzverstöße durch Vereinbarungen zu unterbinden, BKartA, Beschluss v. 29.6.2016, B4-71/10 – *Sonderbedingungen Online-Banking*, Rn. 258, 259, 366, 423.

[696] Art. 2 Abs. 1 i.V.m. Art. 4 Nr. 3 i.V.m. Anhang I Nr. 7 PSD2; Europäische Kommission, Vorschlag für eine Richtlinie des Europäischen Parlaments und des Rates über Zahlungsdienste im Binnenmarkt, zur Änderung der Richtlinien 2002/65/EG, 2013/36/EU und 2009/110/EG sowie zur Aufhebung der Richtlinie 2007/64/EG, COM(2013) 547 final, S. 14.

[697] *Zahrte*, in: Bunte/Zahrte, AGB-Banken, 4. Teil, Abschnitt VI., Rn. 24.

[698] *Linardatos*, in: MüKoHGB, Bd. 6, Teil 1, Abschnitt K, Rn. 288.

[699] Umgesetzt in § 48 Abs. 1 Nr. 3 ZAG. Generell zu den Art. 66 PSD2 umsetzenden §§ 48–52 ZAG etwa *Werner*, ZBB 2017, 345–347; *Zahrte*, BKR 2019, 484, 485.

Nachdem diese Richtlinienvorschrift in Deutschland in §§ 48–52 ZAG umgesetzt wurde, änderten die kontoführenden Institute die Sonderbedingungen.[700] In der Neufassung dieser Bedingungen heißt es nun in Ziffer 7.2 Abs. 1 S. 3:

„Die Geheimhaltungspflicht bezüglich der Personalisierten Sicherheitsmerkmale nach Satz 1 gilt nicht für den Inhaber eines Zahlungskontos und dessen Bevollmächtigte gegenüber Zahlungsauslösediensten und Kontoinformationsdiensten (siehe Nummer 1 Absatz 1 Satz 3), wenn diese Zahlungsaufträge über einen Zahlungsauslösedienst auslösen oder Zahlungskontoinformationen über einen Kontoinformationsdienst anfordern."

Dies korrespondiert mit den Vorschriften der §§ 675f Abs. 3, 675l Abs. 2 BGB zugunsten der Zahlungsdienstenutzer. § 675f Abs. 3 BGB räumt dem Kunden das Recht zur Nutzung der Zahlungsauslösedienste ein. In § 675l Abs. 2 BGB wird das Gebot für Zahlungsdienstleister postuliert, Bedingungen zur Nutzung ausgegebener Zahlungsinstrumente sachlich, verhältnismäßig und nicht benachteiligend auszugestalten; andernfalls seien die Bedingungen unwirksam. Auch hieraus folgt, dass (insbesondere) die Online-Banking-Bedingungen die Nutzung von Drittdiensten nicht untersagen oder erschweren dürfen.[701]

III. Zusammenspiel zwischen dem Verfahren des Bundeskartellamts und der Genese der PSD2

Kartellverfahren und Genese der PSD2 überschneiden sich im Falle der Zahlungsauslösedienste inhaltlich wie zeitlich. Das Bundeskartellamt ebenso wie die Gerichte berücksichtigten das Inkrafttreten der PSD2 an verschiedenen Punkten.[702] Umgekehrt konnte die Kommission in ihrem Vorschlag für die PSD2 einzelne Erkenntnisse aus dem Kartellverfahren nutzen.[703]

1. Einfluss der kartellrechtlichen Untersuchungen auf das Gesetzgebungsverfahren

Anhaltspunkte für eine Berücksichtigung des deutschen Kartellverfahrens bei der Richtliniengestaltung ergeben sich an mehreren Stellen. Zunächst führt die Kommission in ihrem Richtlinienvorschlag an, sie habe „Wettbewerbsverfahren auf europäischer und nationaler Ebene" berücksichtigt.[704] Dies bedingt sich

---

[700] OLG Düsseldorf, Urt. v. 30.1.2019, *Zahlungsauslösedienste*, VI-Kart 7/16 (V), Rn. 65 nach juris.

[701] *Werner*, ZBB 2017, 345, 346–347.

[702] *Franck/Linardatos*, in: Linardatos, Rechtshandbuch Robo Advice, § 12, Rn. 53–55.

[703] *Franck/Linardatos*, in: Linardatos, Rechtshandbuch Robo Advice, § 12, Rn. 47–52; vgl. auch *Zahrte*, BKR 2019, 484, 485 zur deutschen Umsetzung im ZAG: „kartellrechtlich motiviert".

[704] Europäische Kommission, Vorschlag für eine Richtlinie des Europäischen Parlaments und des Rates über Zahlungsdienste im Binnenmarkt, zur Änderung der Richtlinien

durch die Rolle der Generaldirektion Wettbewerb, die – wie bereits bei der MIF-VO[705] – mitverantwortliche Stelle im Gesetzgebungsverfahren war.[706] In dieser Funktion konnte sie zum einen ihre Kenntnisse vom Verfahren des Bundeskartellamts aus den Besprechungen im Rahmen des Europäischen Wettbewerbsnetzwerkes einbringen.[707] Auch in der Impact Study zur Vorgängervorschrift PSD1 hatte die Kommission die Rechtsauffassung des Bundeskartellamts zu den Sonderbedingungen bereits berücksichtigt.[708] Zum anderen hatte die Generaldirektion Wettbewerb selbst ein Verfahren gegen den European Payment Council, das europäische Äquivalent zur DK, eingeleitet. Hierin untersuchte sie ebenfalls, ob durch privatrechtliche Standardisierungsvereinbarungen Anbieter von Zahlungsdiensten aus dem Wettbewerb ausgeschlossen würden.[709] Allerdings konnte dieses Verfahren ohne Entscheidung gegen den EPC abgeschlossen werden, da dieser sein Vorhaben nach Rücksprache mit der Kommission einstellte.[710] Es liegt nahe, dass die Kommission die Erkenntnisse aus den Kartellverfahren in den Gesetzgebungsprozess einfließen ließ.[711]

Das Bundeskartellamt selbst hatte hinsichtlich des Regelungsrahmens für Online-Bezahldienste in der PSD2 ebenfalls versucht, „seine Marktkenntnis aus Kartellverfahren [...] in die Diskussionen im Rat einzubringen, um die wettbewerblichen Vorteile der Integration bestehender Bezahlverfahren am Markt in den Rechtsrahmen zur Beaufsichtigung solcher Unternehmen und auf die sich daraus ergebenden Vorteile für den Wettbewerb hinzuweisen.“[712] Für einen Erfolg dieses Vorgehens spricht der bereits genannte Erwägungsgrund 69 PSD2, der die Konstellation der Kartellamtsentscheidung deckungsgleich wiedergibt und für die Zukunft vergleichbares Verhalten verhindern will. Nicht zuletzt decken sich die Regelungsziele sowohl der Kartellamtsentscheidung als auch der Regulierung in einem weiteren Sinne.[713] Beide zielen

---

2002/65/EG, 2013/36/EU und 2009/110/EG sowie zur Aufhebung der Richtlinie 2007/64/EG, COM(2013) 547 final, S. 5.

[705] Siehe S. 195.

[706] Verfahrensschritte zur Schaffung der PSD2, Ordentliches Gesetzgebungsverfahren 2013/0264/COD: „Mitverantwortliche Dienststelle: Generaldirektion Wettbewerb“.

[707] BKartA, Beschluss v. 29.6.2016, B4-71/10 – *Sonderbedingungen Online-Banking*, Rn. 256.

[708] Study on the impact of Directive 2007/64/EC on payment services in the internal market and of the application of Regulation (EC) No 924/2009 on cross-border payments in the Community, Februar 2013, S. 106, abrufbar unter www.ec.europa.eu/info/sites/info/files/study-impact-psd-24072013_en.pdf.

[709] Europäische Kommission, Pressemitteilung v. 26.9.2011, IP/11/1076.

[710] Europäische Kommission, Memo v. 13.6.2013, MEMO/13/553.

[711] *Franck/Linardatos*, in: Linardatos, Rechtshandbuch Robo Advice, § 12, Rn. 52.

[712] BKartA, Tätigkeitsbericht 2013/2014, S. 79, rechte Spalte.

[713] *Franck/Linardatos*, in: Linardatos, Rechtshandbuch Robo Advice, § 12, Rn. 43.

darauf ab, den Wettbewerb zwischen verschiedenen Zahlungsdienstleistern zu ermöglichen und Innovation auf diesem Feld zu fördern.[714]

2. Ermessensleitende Funktion des Regulierungsrechts für die Kartellbehörden

Nachdem die PSD2 am 12. Januar 2016 und damit vor der Entscheidung des Bundeskartellamts in Kraft trat, sah dieses sich bemüßigt, die neu geschaffenen Vorschriften zu berücksichtigen. Erwägungsgrund 33 PSD2 sieht vor, dass die Mitgliedstaaten, Kommission, EZB und EBA bereits vor Anwendung der Vorschriften der PSD2 „den fairen Wettbewerb in diesem Markt [d.h. dem Markt für Zahlungsdienste] sicherstellen und dabei eine ungerechtfertigte Diskriminierung der vorhandenen Marktteilnehmer vermeiden" sollen. Art. 115 Abs. 6 PSD2 gibt den Mitgliedstaaten zudem vor, dass in der Übergangsphase zwischen Inkrafttreten der Richtlinie und der Erarbeitung der technischen Standards zur Sicherung der Personalisierten Sicherheitsmerkmale die weitere Nutzbarkeit von Zahlungsauslösediensten sichergestellt werden muss.

Daher sei aus dem Effektivitätsgebot eine Verpflichtung des Bundeskartellamts als nationaler Verwaltungsbehörde abzuleiten, keine dem Zweck der PSD2 gegenläufigen Entscheidungen zu erlassen beziehungsweise positiv formuliert das Regelungsziel der PSD2 zu berücksichtigen;[715] „aus der Reichweite der PSD2 heraus [seien] diese diskriminierenden Regelungen daher in den Sonderbedingungen durch die deutschen Aufsichtsbehörden abzustellen".[716] Um dem einerseits gerecht zu werden und die Zulässigkeit der Weitergabe von PIN und TAN an Zahlungsauslösedienste klarzustellen, andererseits aber der PSD2 nichts vorwegzunehmen, beschränkte sich das Bundeskartellamt auf die Feststellung der Rechtswidrigkeit der Klauseln, ohne Abhilfemaßnahmen anzuordnen.[717]

Diese Aussagen zur Vorwirkung von Richtlinien oder europäischen Rechtsakten insgesamt auf die Anwendung des Kartellrechts muss man jedoch im Kontext der besonderen Entstehungsgeschichte der Entscheidung und der PSD2 betrachten. Zunächst sind die Kartellbehörden an die materiellen Voraussetzungen der Kartellverbote gebunden. Des Weiteren kommt ihnen ein Aufgreif- und Entscheidungsermessen zu; sie können also entscheiden, welche Verhalten sie verfolgen wollen und auf welche Art und Weise (Opportunitäts-

---

[714] Ausdrücklich zum Wettbewerbsziel etwa ErwG 33, 52, 67 PSD2.

[715] BKartA, Beschluss v. 29.6.2016, B4-71/10 – *Sonderbedingungen Online-Banking*, Rn. 371.

[716] BKartA, Beschluss v. 29.6.2016, B4-71/10 – *Sonderbedingungen Online-Banking*, Rn. 373.

[717] BKartA, Beschluss v. 29.6.2016, B4-71/10 – *Sonderbedingungen Online-Banking*, Rn. 372, 451.

prinzip).[718] Bereits aus der mehrfach angesprochenen Normenhierarchie im Verhältnis zum EU-Kartellrecht ergibt sich zudem, dass der Richtliniengeber keine Vorgaben zur Anwendung des Art. 101, 102 AEUV machen kann. Dies gilt ebenso für die nationalen Kartellbehörden, soweit sie die AEUV-Vorschriften anwenden (müssen).[719]

Eine ermessensleitende Funktion der Regulierung kommt insoweit nur in Einzelfallkonstellationen in Betracht, in denen aufgrund der zeitlichen Verschränkung zwischen Kartell- und Gesetzgebungsverfahren eine kohärente Herangehensweise notwendig wird. Mit Blick auf den Verhältnismäßigkeitsgrundsatz wäre es in der Tat bedenklich, Maßnahmen anzuordnen, die kurze Zeit später infolge einer Regulierungslösung hinfällig würden.[720] Dies beschränkt sich allerdings auf die konkreten Rechtsfolgen. Eine Handlungspflicht mit Blick auf eine Verfahrenseinleitung ist weder rechtlich geboten[721] noch mit Blick auf die typische Verfahrensdauer der Kartellbehörden sinnvoll, wenn der Gesetzgebungsprozess bereits gestartet wurde. Das Bundeskartellamt hätte stattdessen auch schlichtweg im normalen Verfahrensgang und zeitlichen Rahmen entscheiden und somit die „Einbeziehung" der PSD2 vermeiden können. Dadurch hätte der lange Verfahrenszeitraum von sechs Jahren zwischen Beschwerde und Entscheidung unter Umständen vermieden werden können.

3. Regulierungsunabhängige Anwendbarkeit des Kartellrechts

Ebenso wenig können die aufsichtsrechtlichen Vorschriften die Anwendbarkeit der kartellrechtlichen Regeln aussetzen. Dies wird in § 52 Abs. 2 S. 4 ZAG klargestellt, demzufolge die „Aufgaben und Zuständigkeiten anderer Behörden, insbesondere der Kartellbehörden nach dem Gesetz gegen Wettbewerbsbeschränkungen [...] unberührt [bleiben]". Hierauf rekurriert auch die Gesetzesbegründung zu den §§ 48–52 ZAG. Diese lautet auszugsweise wie folgt:

„Die in § 48 geregelten Pflichten des kontoführenden Zahlungsdienstleisters schützen das Interesse des Zahlungsauslösedienstleisters an der Ausübung seines Geschäfts und sollen diesen vor Vermögensschäden bewahren. [...] Etwaige Verstöße des kontoführenden

[718] *Bechtold/Bosch*, GWB, § 32, Rn. 4; *Gey/Schwedler*, in: Kamann/Ohlhoff/Völcker, Kartellverfahren und Kartellprozess, § 10, Rn. 1–2.

[719] Art. 3 Abs. 1 VO 1/2003.

[720] Ähnlich BKartA, Beschluss v. 29.6.2016, B4-71/10 – *Sonderbedingungen Online-Banking*, Rn. 451 mit Verweis auf die Vielzahl von denkbaren Abhilfemaßnahmen.

[721] Vgl. mit Blick auf das vom EuGH postulierte Frustrationsverbot *Franck/Linardatos*, in: Linardatos, Rechtshandbuch Robo Advice, § 12, Rn. 54, wonach nicht einmal der nationale Gesetzgeber verpflichtet ist, vor Ablauf der Umsetzungsfrist dem Regelungsziel entgegenstehende Vorschriften abzuändern.

Zahlungsdienstleisters gegen § 48 sind zudem mit den Mitteln der allgemeinen Missbrauchsaufsicht durch die Kartellbehörden aufgreifbar."[722]

„Zu § 52 (Zugang zu Zahlungskonten)

[...] Mit dem Zahlungskonto verfügt der kontoführende Zahlungsdienstleister über eine Infrastruktur, auf deren Zugänglichkeit sowohl Zahlungsauslösedienstleister und als auch Kontoinformationsdienstleister angewiesen sind, um ihre Dienste zu erbringen. [...]

Die Vorschrift stellt zudem klar, dass die kartellbehördlichen Aufgaben und Zuständigkeiten nach dem Gesetz gegen Wettbewerbsbeschränkungen (GWB) [...] durch dieses Gesetz nicht berührt werden. Daher kann die Zugangsverweigerung des kontoführenden Zahlungsdienstleisters zum Beispiel als missbräuchliches Verhalten kartellbehördlich verfolgt werden, wenn dieser eine marktbeherrschende Stellung innehat und die weiteren Voraussetzungen des § 19 Absatz 2 GWB vorliegen. Insbesondere bei der Prüfung, ob eine unbillige Zugangsverweigerung vorliegt, kann eine behördliche Zusammenarbeit der jeweils zuständigen Behörde nach § 50c Absatz 2 GWB erforderlich sein. Etwaige Fälle von systematischen Zugangsverzögerungen oder falscher bzw. verzögerter Informationen etc. seitens der kontoführenden Zahlungsdienstleister etwa in Bezug auf § 49 sind auch weiterhin mit den Mitteln der allgemeinen Missbrauchsaufsicht durch die Kartellbehörden aufgreifbar."[723]

Obwohl Verstöße gegen die Zugangsverpflichtung nach § 64 Abs. 3 Nr. 14 ZAG bußgeldbewehrt sind und eine Beschwerdemöglichkeit für Zahlungsdienstleister nach § 60 ZAG besteht, hält die Gesetzesbegründung an gleicher Stelle fest, dass ausweislich § 4 Abs. 4 FinDAG kein subjektives Recht auf ein Einschreiten der BaFin bestehe. Daher seien die Zivilgerichte anzurufen oder es wird auf die Kartellbehörden verwiesen. Dies legt den Schluss nahe, dass der deutsche Gesetzgeber die Zugangsverweigerung nach wie vor als kartellrechtliches Problem ansieht und die Zuständigkeit zur öffentlichen Durchsetzung der Zugangsansprüche dementsprechend (zumindest teilweise) beim Bundeskartellamt verortet.[724] Die Anwendbarkeit der kartellrechtlichen Vorschriften wird durch die Regulierung jedenfalls nicht berührt. In diesem Sinne führte die Kommission nach Inkrafttreten der PSD2 Untersuchungen zum verweigerten Zugang zu Konteninformationen durch.[725] Hieraus scheint sich nach bisherigem Stand kein Verfahren ergeben zu haben.

---

[722] Gesetzentwurf der Bundesregierung, Entwurf eines Gesetzes zur Umsetzung der Zweiten Zahlungsdiensterichtlinie, BT-Drs. 18/11495, S. 134.

[723] Gesetzentwurf der Bundesregierung, Entwurf eines Gesetzes zur Umsetzung der Zweiten Zahlungsdiensterichtlinie, BT-Drs. 18/11495, S. 138.

[724] In diese Richtung bereits Gesetzentwurf der Bundesregierung, Entwurf eines Gesetzes zur Umsetzung der aufsichtsrechtlichen Vorschriften der Zahlungsdiensterichtlinie (Zahlungsdiensteumsetzungsgesetz), BT-Drs. 16/11613, S. 45–46. Dies erinnert an die Vorgehensweise beim Zugang zum Wertpapierhandel nach § 9 BörsG, siehe oben S. 88 f.

[725] Europäische Kommission, Memo v. 6.10.2017, MEMO/17/3761; Commission Staff Working Document, Report on Competition Policy 2018, SWD(2019) 297 final/2, S. 69 (S. 79 der deutschen Fassung); nach *Stolarski*, ECLR 39 (2018), 124, 127 betrafen die Vorwürfe ausschließende Verhaltensweisen kontoführender Banken in Polen und den Niederlanden.

IV. Fazit

Der Fall der Sonderbedingungen Online-Banking stellt eine Sonderkonstellation wechselseitiger Beeinflussung von Gesetzgebung und Kartellrechtsanwendung dar, der zudem durch das Vorgehen auf verschiedenen Rechtsetzungs- und -anwendungsebenen verkompliziert wird.

Die gegenseitige Berücksichtigung hat einerseits erfreuliche Konsequenzen in Gestalt eines kohärenten Regelungs- und Entscheidungsgefüges, bringt andererseits aber erhebliche Nachteile mit sich in Form eines (besonders) lang andauernden Prozesses bis zum Abschluss der jeweiligen Verfahren. Aus Sicht der am prominentesten Betroffenen „Sofort" hatte dies nur eingeschränkte Konsequenzen insoweit, als diese ihr Geschäftsmodell unbeirrt des Drucks von Seiten der etablierten Marktteilnehmer weiterverfolgte und dies mit Erfolg. Auch weitere Marktteilnehmer wie PayPal (wenngleich mit anderem Geschäftsmodell) oder der Markteintritt von AfterPay in Deutschland zeigen, dass der Wettbewerb um den Zahlungsdienstemarkt nicht entschieden ist. Nichtsdestoweniger ist schwer abzuschätzen, wie sich die Situation für andere, weniger glückliche Unternehmen im Speziellen[726] und die Wettbewerbssituation auf dem Markt für alternative Zahlungsdienste im Allgemeinen bei einem schnelleren Verfahrensabschluss entwickelt hätte.

Erneut lässt sich an der Fallkonstellation aufzeigen, dass die Wettbewerbsbehörden mit ihren weitreichenden Ermittlungsbefugnissen das Potenzial innehaben, Marktprobleme aufzudecken, die über den Einzelfall hinaus Relevanz entfalten. Allerdings wird ebenfalls ersichtlich, dass die komplementäre Anwendung von Wettbewerbs- und Regulierungsrecht insbesondere dann gut funktionieren kann, wenn Kartellbehörde und Regulierungsgeber „unter einem Dach" sitzen, wie im Falle der Kommission. Je weiter die unterschiedlichen Behörden institutionell getrennt sind, desto umständlicher gestaltet sich die Zusammenarbeit. Bis Informationen über das ECN an die Generaldirektion Wettbewerb und von dort in den Gesetzgebungsprozess oder über die Anbindung des Bundeskartellamts im BMWi zur Aussprache im Rat gelangen, mag es in anderen Fällen bereits zu widersprüchlichen Entscheidungen gekommen sein.

D. Synthese: Kooperationen zwischen Effizienz und Missbrauch

Den in §§ 8 und 9 besprochenen Fallkonstellationen lassen sich wiederkehrende Prinzipien entnehmen. Zunächst wird deutlich, dass die Marktteilnehmer von der Kooperation auf Finanzmärkten profitieren, da einheitliche Standards und gemeinsame Produktangebote und Plattformen die Markteffizienz er-

---

[726] Nach *Röhrig*, in: Bunte, Kartellrecht, Bd. 2, Sonderbereich V Kreditwirtschaft, Rn. 51 (zuvor bereits *Schulze*, in: Langen/Bunte, Kartellrecht, Bd. 2 (13. Auflage 2018), Syst. VII Kreditwirtschaft, Rn. 20), mussten einige bankenunabhängige Zahlungsauslösedienste ihr Geschäft aufgeben.

höhen. Dieser marktübergreifend gültige Grundsatz gilt auf den Finanzmärkten umso mehr, da sowohl die Marktteilnehmer als auch die Dienstleistungen sehr weitgehend untereinander verknüpft sind.[727] Faktisch führte dies zu den vielfältigen beschriebenen Standards und Kooperationsangeboten.

Parallel zum erhöhten Aufkommen von Kooperationen lässt sich eine Tendenz hin zum Missbrauch dieser Strukturen feststellen. Die vertikale Integration vieler Infrastrukturen ebenso wie die hohen regulatorischen Anforderungen an die Marktteilnehmer befördern diese Tendenz, da der Marktzutritt erschwert ist.

Entsprechend schwierig gestaltet sich vor diesem Hintergrund die genaue Abgrenzung, ab wann der effizienzfördernde Teil der Abrede überschritten wird. Zudem sind die kartellrechtswidrigen Abreden der Marktteilnehmer häufig mit weiteren Varianten von Marktversagen verbunden oder werden durch diese ermöglicht. Kartellbehörden können diese weitergehenden Marktprobleme mithilfe ihrer weitreichenden Ermittlungsbefugnisse identifizieren. Hingegen ist die Reaktion auf weiteres Marktversagen neben den Wettbewerbsverzerrungen dem Gesetzgeber zugewiesen.

I. Kartellrechtliche Zulässigkeit von Kooperationen

Den besprochenen Entscheidungen ist gemein, dass die Wettbewerbsbeschränkungen aus der Kooperation mehrerer Wettbewerber entstanden. VISA und MasterCard wurden als Joint Venture verschiedener Banken gegründet, die Libor-Werte entstanden als Produkt gemeinsamer Eingaben verschiedener Banken und die Bankenverbände stellen institutionalisierte Interessenvertretungen der zusammengeschlossenen Banken dar.

Dies stellt für sich genommen keinen Grund für eine Intervention auf Grundlage des Kartellrechts dar. Vielmehr hat der EuGH in der *Asnef-Equifax*-Entscheidung Kriterien aufgestellt, wann eine Kooperation zwischen Wettbewerbern zulässig sein kann. Gegenstand des Verfahrens war ein Informationsaustausch zwischen Wettbewerbern über Kreditausfallrisiken auf einer gemeinsamen Plattform. Diese sei kartellrechtlich unbedenklich, wenn (1) das Angebot auf dem jeweiligen Markt zersplittert ist, (2) die Gläubiger nicht namentlich benannt oder identifizierbar sind und (3) der Zugang zu den Informationen diskriminierungsfrei gewährt wird. Dann sei der Informationsaustausch nicht geeignet, eine Wettbewerbsbeschränkung zu bewirken.[728]

Will man diese Kriterien auf andere Bereiche übertragen, ist zu berücksichtigen, dass der Informationsaustausch in dieser Konstellation lediglich eine Hilfestellung bot, um Kreditausfallrisiken zu minimieren und somit die

---

[727] Siehe oben S. 57 f.

[728] EuGH, Urt. v. 23.11.2006, *Asnef-Equifax*, C-238/05, EU:C:2006:734, Rn. 58–61.

Kreditvergabe effizienter zu gestalten.[729] Es wurde kein neues Produkt geschaffen, sondern lediglich der Wettbewerb zwischen vielen Kreditgebern derart modifiziert, dass besonders riskante Nachfrager leichter zu identifizieren waren. Versucht man dennoch, dem Urteil eine allgemeine Aussage zu entnehmen, lässt sich jedenfalls ableiten, dass bei Kooperationen zum einen das Selbständigkeitspostulat[730] (erst recht) umfassende Anwendung findet und zum anderen die Zusammenarbeit nicht dazu genutzt werden darf, potenziellen Wettbewerbern den Marktzutritt zu erschweren.[731]

Außerdem lässt sich der Arbeitsgemeinschaftsgedanke heranziehen. Kann das einzelne Unternehmen ein neues Produkt oder eine Qualitätsverbesserung nicht allein anbieten, wird durch die Zusammenarbeit Wettbewerb nicht beschränkt. Der Wettbewerb wird vielmehr durch das Auftreten des neuen oder besseren Produktes gefördert.[732] Hierbei ist ebenso das Selbständigkeitspostulat zu beachten. Die Zusammenarbeit darf nicht über das hinausgehen, was objektiv für den Marktzutritt erforderlich ist.[733] Lediglich wirtschaftlich vorteilhafte Kooperationen sind hingegen an Art. 101 Abs. 3 AEUV zu messen.[734] Die Finanzmärkte bieten großes Potenzial für Standardisierung und Rationalisierung, wobei das Kartellrecht die Grenzen setzt.[735]

II. Abgrenzung der genutzten Eingriffsmethoden

Kooperationen können vielfältige Effekte zeitigen. Diese reichen von Effizienzvorteilen durch die Erzielung von Skalen- und Netzwerkeffekten, wie etwa durch die Schaffung großer Abwicklungssysteme für Zahlungen und Wertpapiertransaktionen, bis hin zu die Gesamtwirtschaft gefährdenden neuartigen Finanzprodukten, die unreguliert außerhalb der Börsen gehandelt werden, wie

---

[729] Vgl. *Müller*, in: BeckOK Kartellrecht, Art. 101 Abs. 1 AEUV, Rn. 11: Informationsaustausch als „Vorstufe einer Wettbewerbsbeschränkung".

[730] Siehe zum Selbständigkeitspostulat beim Informationsaustausch etwa EuGH, Urt. v. 26.1.2017, *Duravit*, C-609/13 P, EU:C:2017:46, Rn. 71, Urt. v. 19.3.2015, *Dole*, C-286/13 P, EU:C:2015:184, Rn. 119, jeweils m.w.N.

[731] Vgl. für das Retail-Banking Europäische Kommission, Mitteilung v. 31.1.2007, Untersuchung des Retail-Bankgeschäfts gemäß Artikel 17 der Verordnung (EG) Nr. 1/2003 (Abschlussbericht), KOM(2007) 33 endgültig, Rn. 9.

[732] Grundsätzlich Europäische Kommission, Horizontal-LL, Rn. 30; *Säcker/Zorn*, in: MüKoWettbR, Bd. 1, Art. 101 AEUV, Rn. 215. Am Beispiel syndizierter Kreditvergabe, *Europe Economics/Euclid Law*, EU loan syndication on competition and its impact in credit markets, Final Report, S. 148–149, abrufbar unter www.doi.org/10.2763/738938.

[733] *Säcker/Zorn*, in: MüKoWettbR, Bd. 1, Art. 101 AEUV, Rn. 217. Ausführlich am Beispiel syndizierter Kreditvergabe, *Europe Economics/Euclid Law*, EU loan syndication on competition and its impact in credit markets, Final Report, S. 148–199, abrufbar unter www.doi.org/10.2763/738938.

[734] *Säcker/Zorn*, in: MüKoWettbR, Bd. 1, Art. 101 AEUV, Rn. 215.

[735] *Röhrig*, in: Bunte, Kartellrecht, Bd. 2, Sonderbereich V Kreditwirtschaft, Rn. 58, 60.

etwa den CDS, oder der Möglichkeit, die Interbanken-Liquidität zu verschleiern.

Die beschriebenen Entscheidungen zeigen auf, wie auf überschießende Kooperationen zu reagieren ist. Entsprechend der beschriebenen Abgrenzung zwischen Kartell- und Regulierungsrecht[736] sollte das Kartellrecht rückwirkend die Verstöße sanktionieren, während Regulierungsrecht für die Zukunft Vorgaben für das Verhalten machen sollte, um etwaiges Marktversagen zu beseitigen. Das Kartellrecht kann hierbei nur als Abhilfemaßnahme dienen, wenn auch tatsächlich Verstöße gegen Kartellrecht im Raum stehen. Bei Vorliegen anderer Regulierungsgründe ist die Lösungsfindung dem Gesetzgeber zu überlassen. Gerade auch beim generellen Ausbleiben von Wettbewerb ist das Kartellrecht nicht geeignet, diesen anzustoßen.[737] Der Versuchung, per Verpflichtungszusage[738] oder anderweitigen Maßnahmen die Marktstruktur zu verändern oder sonstiges der Wettbewerbsbeschränkung zugrundeliegendes Marktversagen mitzuregulieren, sollte nicht nachgegeben werden.

Vorbildhaft lässt sich dies an den Reaktionen auf die Libor-Manipulationen darstellen. Die kartellrechtswidrigen Absprachen wurden per Abstellungsverfügung und Bußgeldbescheid sanktioniert, während der europäische Gesetzgeber die Verhaltensweisen zukünftig spezifischen Verhaltensregeln unterstellte, die zum einen konkretere Verbotsnormen, zum anderen aber auch konkrete Vorgaben zu zulässigem und wünschenswertem Verhalten statuierten. Ähnlich funktionierte das Zusammenspiel bei den Regeln für den Zugriff auf Online-Banking-Daten durch die Bankenverbände. Das Bundeskartellamt griff in den wettbewerbshindernden Prozess durch die Bankenverbände ein. Die konkrete Ausgestaltung zukünftigen Verhaltens wurde dem Gesetzgeber im Rahmen der Novellierung der Zahlungsdiensterichtlinie überlassen.

Als Negativbeispiel dient hingegen die kartellrechtliche Reaktion auf die Interbankenentgelte. Die Generaldirektion Wettbewerb versuchte, durch weitreichende Verpflichtungszusagen die Marktstruktur zu verändern, anstatt dies der Gesetzgebung zu überantworten.

III. Kartellrecht als Instrument für die Marktanalyse

Fast alle der besprochenen Entscheidungen wurden in Regulierungsrecht überführt. Hieran lässt sich das besondere Potenzial der Wettbewerbsbehörden bei der Identifizierung von Marktversagen erkennen. Mithilfe ihrer Befugnisse können sie einerseits die wettbewerbsbeschränkenden Verhaltensweisen beseitigen und sanktionieren. Andererseits, und im Falle der Finanzmärkte gar wichtiger, können sie einen wertvollen Beitrag leisten, die Wettbewerbsstrukturen auf komplexen Märkten zu verstehen und somit die Grundlage für effiziente

---

[736] Siehe oben S. 33–43.

[737] *Laguna de Paz*, ECLR 33 (2012), 77, 78.

[738] Siehe oben S. 39 ff. und am Beispiel der Interbankenentgelte (insb.) S. 191 ff.

Regulierungsmaßnahmen zu schaffen. Entscheidend wäre daher, dass der Gesetzgeber ebenso wie Regulierungsbehörden auf diese Kenntnisse zurückgreifen, um etwaigen Regulierungsbedarf zu identifizieren und entsprechende Lösungen für die Marktprobleme zu finden.[739]

Insoweit stellt das Kartellrecht eine wichtige Ergänzung im Aufsichtsgefüge dar. Die makroprudenzielle Aufsicht überblickt die Marktverhältnisse insgesamt auf ihre Stabilität und versucht, systemische Risiken zu identifizieren und zu verhindern.[740] Hierzu werden ebenfalls Informationen gesammelt. Einerseits werden beim ESRB die Informationen der einzelnen Aufsichtsbehörden gebündelt, die im Rahmen der mikroprudenziellen Aufsicht bei diesen Behörden auflaufen.[741] Andererseits hat die EZB weitreichende Möglichkeiten, Informationen bei den Marktteilnehmern oder bei anderen Aufsichtsbehörden abzufragen.[742] Hierzu stehen ihr zusätzliche Untersuchungsmöglichkeiten zur Verfügung, entsprechend den Befugnissen der Kartellbehörden.[743] Die erlangten Informationen sind jeweils strikt zweckgebunden für die Aufsichtsaufgaben gemäß Art. 4 SSM-VO zu nutzen.

Diese Informationen beziehen sich allerdings lediglich auf die einzelnen Institute beziehungsweise werden auf dieser Grundlage aggregiert. Keine Informationen werden hingegen über die Marktverhältnisse im Sinne des Kartellrechts erlangt. Die Informationen bei den Aufsichtsbehörden beziehen sich entweder auf das einzelne Institut oder auf den Gesamtmarkt. Die Austauschbeziehungen zwischen den Unternehmen und die Marktmacht auf einzelnen Teilmärkten werden nicht erfasst. Insoweit überblicken die Kartellbehörden einen mehr oder minder unbeaufsichtigten Teil der Finanzmärkte.

So stellt etwa die Ermittlung der verschiedenen Dienstleistungsebenen bei Wertpapiertransaktionen gegenüber den Einzelfallentscheidungen den wichtigeren Beitrag für die Wettbewerbspolitik dar. Erst auf dieser Grundlage konnte der Bedarf für die Entkoppelung von Handels- und Nachhandelsdienstleistungen sichtbar gemacht werden und durch entsprechende regulatorische Maßnahmen reagiert werden. Entsprechendes gilt für die Behandlung der Referenzwertmanipulationen.

Gerade mit Blick auf die stabilitätsbezogenen Wirkungen von Netzwerkeffekten und hieraus folgender Marktmacht oder auf die negativen Auswirkungen von Informationsasymmetrien bedingt dies einen Kooperationsbedarf. Sowohl die Aufsichtsbehörden als auch der Gesetzgeber können von den Informationen der Kartellbehörden profitieren.

---

[739] Zu entsprechenden Ansätzen siehe unten S. 241 ff.

[740] ErwG 10 ESRB-VO; ErwG 15 SSM-VO. Zum Verhältnis zwischen EZB und ESRB etwa *Bergk*, Makroprudentielle Aufsicht, S. 157–158.

[741] Art. 3 Abs. 2 lit. a), 15 ESRB-VO; *Bergk*, Makroprudentielle Aufsicht, S. 252–264.

[742] Art. 6 Abs. 2, Art. 10 SSM-VO; *Bergk*, Makroprudentielle Aufsicht, S. 264–270.

[743] Art. 11–13 SSM-VO.

4. Teil

Aufgaben- und Kompetenzverteilung

Aus dem vorangehenden Kapitel ergibt sich, dass Finanzdienstleistungen durch Kartell- und Regulierungsrecht weitgehend komplementär, häufig aber auch überschneidend geregelt werden. Verknüpfendes Element beider Materien ist auf Ebene der EU die Ausrichtung auf das Binnenmarktziel.

Mit Ausnahme der Entscheidungen zu den Libor-Manipulationen ist in der finanzmarktbezogenen Entscheidungspraxis der Generaldirektion Wettbewerb die Tendenz erkennbar, die Kartellverfahren als Instrument zur Öffnung des Binnenmarkts zu nutzen.[1] Nicht nur die Regulierung, sondern auch das Kartellrecht wurde verwendet, um die Fragmentierung des Binnenmarkts bei der Erbringung von Finanzdienstleistungen entlang nationaler Grenzen zu beseitigen.

Dies ist im Ausgangspunkt nicht weiter verwunderlich. Der Wortlaut der beiden primärrechtlichen Verbotstatbestände bezieht sich mit den Worten „Mit dem Binnenmarkt unvereinbar“ auf den Binnenmarkt. Im systematischen Zusammenhang dazu sieht Protokoll Nr. 27 zu den Europäischen Verträgen den Wettbewerb als Teil des Binnenmarktsystems.[2] Nicht zuletzt dient das Wettbewerbsrecht als unternehmensbezogener Komplementär zu den Grundfreiheiten, die (vor allem) die Mitgliedstaaten adressieren.[3]

Dennoch ist der Fokus auf die Marktöffnung beachtlich. Nicht nur die Anwendung des Kartellrechts im Einzelfall, sondern bereits die Auswahl der Fälle zeigt die besondere Ausrichtung der Kommissionsprioritäten. Seit der *Lombard Club*-Entscheidung[4] wurden kaum mehr Fälle aufgegriffen, die nationale und internationale Hardcore-Verstöße betrafen.[5] Erst die durch Kronzeugen-

---

[1] Ähnlich *Jestaedt/Pollard*, JECLAP 2 (2011), 371, 378; allgemein bzgl. sektorspezifischer Regulierung und Kartellrecht auf EU-Ebene, *Ottanelli*, CompLRev 12 (2016), 53, 55; *Tridimas*, YEL 28 (2009), 216, 282.

[2] Protokoll Nr. 27 v. 9.5.2008 über den Binnenmarkt und den Wettbewerb zu den Verträgen, ABl. 2008 C 115/309.

[3] *Mestmäcker/Schweitzer*, Europäisches Wettbewerbsrecht, § 1, Rn. 27–28.

[4] Europäische Kommission, E. v. 11.6.2002, COMP/36.571/D-1 – *Österreichische Banken („Lombard Club“).*

[5] Siehe etwa die Suchergebnisse mit der Case Search-Funktion der GD Wettbewerb mit den Parametern Policy Area: „Antitrust/Cartels“; Economic Sector: „K.64 - Financial service activities, except insurance and pension funding; K.66 - Activities auxiliary to financial services and insurance activities“ (inklusive aller zugehöriger Unterkategorien).

anträge ausgelösten Verfahren zu den Referenzwertmanipulationen und zum Währungshandel[6] betrafen typische Koordinierungsfälle im Sinne der Regelbeispiele des Art. 101 Abs. 1 AEUV. Im Anschluss hieran folgten weitere Untersuchungen und Entscheidungen zu Fallkonstellationen, die in ihrem Erscheinungsbild an die Absprachen zu Referenzwerten angelehnt sind.[7]

Bei allen weiteren Fällen mit Finanzmarktbezug orientierte sich die Kommission hingegen an Fallgruppen, die – wie gesehen – später mithilfe der Ermächtigungsgrundlagen für Harmonisierungsmaßnahmen (Art. 53 und 114 AEUV) in Regulierungsrecht zur Beseitigung der fragmentierten nationalen Rechtsordnungen mündeten.[8]

Das Spannungsverhältnis zwischen Stabilitätserwägungen und möglichst verzerrungsfreiem Wettbewerb wirkt an dieser Stelle fort. Widersprüche können sich ergeben, wo kartellrechtliche Entscheidungen den Fokus auf maximale Wettbewerbsfreiheit legen, während die regulierungsrechtlichen Vorgaben Beschränkungen des Wettbewerbs zugunsten der Systemstabilität hinnehmen. Um dies zu vermeiden und Rechtssicherheit zu gewährleisten, bedarf es einer klaren Aufgaben- und Kompetenzverteilung.[9]

Anknüpfungspunkte zur Gewährleistung eines kohärenten Systems lassen sich auf materieller ebenso wie auf institutioneller Ebene finden. Auf materieller Ebene (hierzu § 10) kann versucht werden, durch die Bildung von Rangverhältnissen zwischen den Regelungen eine Abgrenzung vorzunehmen. Anhaltspunkte hierfür lassen sich dem Regulierungsrecht der Netzwirtschaften entnehmen, das im Zuge der Deregulierungsbestrebungen das Nebeneinander von Kartell- und Regulierungsrecht bereits lange kennt.

Auf institutioneller Ebene (hierzu § 11) ist eine Formalisierung der Kooperation zwischen Aufsichts- und Kartellbehörden und dem Gesetzgeber denkbar. Ebenfalls erscheint eine Anleihe an das britische Modell denkbar. In Großbritannien wurde die Finanzaufsichtsbehörde mit wettbewerbsrechtlichen Kompetenzen ausgestattet. Damit einhergehend wurden der Behörde Anwendungsprioritäten für die verschiedenen Instrumente vorgegeben. Weitere Ansätze umfassen die Schaffung unionseigener Finanzmarkteinrichtungen, die

---

[6] Europäische Kommission, Zusammenfassung des Beschlusses v. 16.5.2019, AT.40.135 – *Forex – Essex Express*, ABl. 2020 C 219/8 und *Forex – Three Way Banana Split*, ABl. 2020 C 226/5; Pressemitteilung v. 16.5.2019, IP/19/2568.

[7] Europäische Kommission, E. v. 20.5.2021, COMP/40.324 – *EGB*, Bußgeld i.H.v. EUR 371 Mio.; E. v. 28.4.2021, COMP/40.346 – *SSA Bonds*, Bußgeld i.H.v. EUR 28 Mio. (jeweils nicht veröffentlicht). Siehe hierzu Pressemitteilungen v. 20.5.2021, IP/21/2565 und v. 28.4.2021, IP/21/2004.

[8] Allgemein zur Überschneidung zwischen kartellrechtlichen Maßnahmen und Art. 114 AEUV, *Ibáñez Colomo*, in: Garben/Govaere, The Division of Competences between the EU and the Member States, S. 112, 120.

[9] *Ottanelli*, CompLRev 12 (2016), 53, 55.

(insbesondere) von der EZB betrieben werden und somit dem Wettbewerb entzogen sind.

§ 10 Materielle Kompetenzabgrenzung

Trotz der übergeordneten gemeinsamen Zielsetzung der Binnenmarktintegration sind Kartellrecht und Regulierung voneinander abzugrenzen. Dies ergibt sich sowohl aus der Warte der belasteten Regelungsadressaten als auch der rechtsetzenden Seite, die je nach Abgrenzung in ihrem Handlungsspielraum eingeschränkt sein kann. Für die Regelungsadressaten stellt der Regulierungsrahmen typischerweise eine entscheidende Weichenstellung für das Geschäftsmodell dar. Für den nationalen und europäischen Gesetzgeber ebenso wie für Kartell- und Regulierungsbehörden ergeben sich regelmäßig Fragen nach der Reichweite ihrer Kompetenzen. Vor diesem Hintergrund soll im folgenden Abschnitt untersucht werden, inwieweit die primärrechtlichen Vorgaben der Art. 101 und 102 AEUV die Kompetenzen der jeweiligen Akteure beschränken. Insbesondere soll dargelegt werden, ob und inwieweit der Unionsgesetzgeber als maßgeblicher Akteur bei der Schaffung von Finanzmarktregulierung durch das Kartellrecht eingeschränkt wird. Der Fokus auf den europäischen Gesetzgeber ergibt sich aus dem Folgenden:

Auf der Durchsetzungsebene besteht kein echtes Gleichordnungsverhältnis zwischen kartellbehördlichen Entscheidungen und sekundärrechtlicher Regulierung. Dies ergibt sich erst aus den konkreten rechtlichen Auswirkungen. Zwar sind die verfahrensbeendenden Entscheidungen der Kommission in Kartellverfahren als Beschlüsse im Sinne des Art. 288 Abs. 4 AEUV ebenso wie die Regulierungsakte in Form von Verordnungen und Richtlinien sekundärrechtlicher Natur.[10] Allerdings wirken sie nur gegenüber dem Adressaten und nicht rechtsnormartig abstrakt-generell.[11] Insoweit können kartellrechtliche Entscheidungen als solche der Schaffung von Regulierungsrecht nicht entgegenstehen.

Dennoch wirken die Entscheidungen als Präzedenzfälle normprägend. Durch Einzelfallentscheidungen wird die genaue Reichweite der Art. 101, 102 AEUV präzisiert und für den Normanwender oder sonstige interessierte Parteien handhabbar. Entscheidungen der Kommission dienen der Praxis daher als Anhaltspunkt zur Auslegung der Vorschriften. Noch weitreichender können letztinstanzliche Entscheidungen des EuGH zur Auslegung der Art. 101, 102 AEUV an der primärrechtlichen Wirkung der Vorschriften teilnehmen, soweit

---

[10] *Anweiler*, in: LMRKM, Kartellrecht, Art. 7 VO 1/2003, Rn. 1.

[11] Sog. adressatengerichtete Beschlüsse, *Geismann*, in: von der Groeben/Schwarze/Hatje, Europäisches Unionsrecht, Art. 288 AEUV, Rn. 60.

der EuGH in der Entscheidung den Grundsatz des institutionellen Gleichgewichts wahrt.[12]

Relevant wird dies im Rahmen der Kompetenz- und Aufgabenabgrenzung bei der Vergleichsgruppenbildung. Naheliegender Ausgangspunkt wäre es auf den ersten Blick, Behördenentscheidungen aus Kartellrecht und Finanzmarktregulierung zu vergleichen. Aufgrund der Konkretisierungsfunktion der kartellrechtlichen Entscheidungen kommen diese im Ergebnis jedoch trotz ihrer Individualwirkung der Rechtsetzung näher. Die Abgrenzung soll daher im Folgenden durch einen Abgleich zwischen den durch Entscheidungen ausgeprägten Art. 101, 102 AEUV und der Schaffung finanzmarktbezogenen Sekundärrechts erfolgen.

Sekundärrecht kann nur erlassen werden, wenn die Verträge eine Ermächtigungsgrundlage beinhalten und die Regelungen nicht vertragswidrig sind.[13] Daher sollen als mögliche Instrumente zur Kompetenzabgrenzung Art. 5 EUV, die Ermächtigungsnormen sowie der allgemeine Verhältnismäßigkeitsgrundsatz herangezogen werden, jeweils mit Blick auf die durch das Kartellrecht prädeterminierte Rechtslage.

A. Kompetenzen im Verhältnis zu den Mitgliedstaaten

I. Verbandskompetenz der Union

Die EU kann Sekundärrecht nach dem Prinzip begrenzter Einzelermächtigung nur erlassen, wenn ihr hierzu die Kompetenz von den Mitgliedstaaten übertragen wurde, Art. 5 Abs. 2 EUV.

Sie besitzt für den Bereich des Wettbewerbs mit zwischenstaatlichem Bezug gemäß Art. 3 Abs. 1 lit. b) AEUV die ausschließliche Zuständigkeit. Bei grenzüberschreitenden Sachverhalten mit Wettbewerbsbezug wird eine umfassende Regulierung durch Sekundärrecht ermöglicht.[14] Allerdings soll dies nur für die Ermächtigungsgrundlagen aus dem Kapitel über die Wettbewerbsregeln[15] gelten.[16] Dies relativiert die Reichweite der ausschließlichen Zuständigkeit, da auf

---

[12] Am Beispiel des Kartellschadensersatzes *Franck*, ELRev 43 (2018), 837, 842–843; *ders.*, in: Immenga/Mestmäcker, Bd. 2. GWB, Vor § 33 GWB, Rn. 11–20. Hiernach sind Auslegungsergebnisse des EuGH zu Art. 101 f. AEUV i.V.m. dem Effektivitätsgebot aus Art. 4 Abs. 3 EUV sowohl von den Mitgliedstaaten als auch vom Unionsgesetzgeber bei der Schaffung von Sekundärrecht zu berücksichtigen.

[13] *Geismann*, in: von der Groeben/Schwarze/Hatje, Europäisches Unionsrecht, Art. 288 AEUV, Rn. 25–26.

[14] *Mestmäcker/Schweitzer*, Europäisches Wettbewerbsrecht, § 4, Rn. 6–7.

[15] Dies sind Art. 103, 105 Abs. 3, 106 Abs. 3, 108 Abs. 4, 109 AEUV.

[16] So die wohl h.L., *Calliess*, in: Calliess/Ruffert, EUV/AEUV, Art. 3 AEUV, Rn. 9; *Häde*, in: FK-EuropaR, Art. 3 AEUV, Rn. 6; *Streinz*, in: Streinz, EUV/AEUV, Art. 3 AEUV, Rn. 6. Zur Gegenauffassung siehe *Nettesheim*, in: Grabitz/Hilf/Nettesheim, Das Recht der Europäischen Union, Art. 3 AEUV, Rn. 14; jeweils m.w.N.

Grundlage dieser Kompetenznormen nur die Ausgestaltung der Verfahrensvorschriften sowie eine inhaltliche Konkretisierung, nicht aber eine Erweiterung der Wettbewerbsvorschriften zulässig ist.[17] Im Kontext der Finanzmarktregulierung ist diese Kompetenz also zu vernachlässigen. Vielmehr ist hierfür die geteilte Kompetenz für den Binnenmarkt nach Art. 4 Abs. 2 lit. a) AEUV einschlägig. Diese bezieht sich auf die Verwirklichung des Binnenmarkts im Sinne des Art. 26 Abs. 2 AEUV.[18] Die Nutzung der Binnenmarktkompetenz ist mit verschiedenen Einschränkungen der Rechtsetzungsbefugnisse der Union verbunden.

1. Schranken der Kompetenzausübung

Im Bereich der geteilten Zuständigkeit ist die Union durch den Subsidiaritätsgrundsatz gemäß Art. 5 Abs. 3 EUV in ihrer Gesetzgebungstätigkeit eingeschränkt.[19] Hiernach wird die Union nur gesetzgeberisch tätig, wenn die dezentralen Maßnahmen der Mitgliedstaaten nicht zur Erreichung der jeweiligen Ziele ausreichen.

Daneben gilt der Grundsatz der Verhältnismäßigkeit aus Art. 5 Abs. 4 EUV. Hierdurch soll, wie durch das das Subsidiaritätsprinzip, die Souveränität der Mitgliedstaaten gesichert werden.[20] Anders als der Subsidiaritätsgrundsatz gilt dies auch bei ausschließlichen Kompetenzen der Union, um die Mitgliedstaaten etwa vor hohem Verwaltungsaufwand zu bewahren.[21]

2. Reichweite der Ermächtigungsgrundlage

Weiterhin könnte eine Abgrenzung anhand der Ermächtigungsgrundlage für das Regulierungsrecht erfolgen.

Finanzmarktbezogene Regelungen werden weitgehend auf die Rechtsangleichungskompetenz aus Art. 114 AEUV gestützt. Diese gilt in allen binnenmarktbezogenen Kompetenzbereichen der Union mit Ausnahme weniger in Art. 114 Abs. 2 AEUV genannter Ausnahmebereiche.[22] Voraussetzung für die Schaffung neuer Vorschriften ist, dass diese „tatsächlich zur Beseitigung von Hemmnissen des freien Warenverkehrs und der Dienstleistungsfreiheit sowie

---

[17] *Jung*, in: Calliess/Ruffert, EUV/AEUV, Art. 103 AEUV, Rn. 8.

[18] *Nettesheim*, in: Grabitz/Hilf/Nettesheim, Das Recht der Europäischen Union, Art. 4 AEUV, Rn. 11.

[19] I.V.m. Protokoll Nr. 2 v. 9.5.2008 über die Anwendung der Grundsätze der Subsidiarität und der Verhältnismäßigkeit, ABl. 2008 C 115/206.

[20] *Bast*, in: Grabitz/Hilf/Nettesheim, Das Recht der Europäischen Union, Art. 5 EUV, Rn. 66; *Saurer*, JZ 2014, 281, 285.

[21] *Calliess*, in: Calliess/Ruffert, EUV/AEUV, Art. 5 EUV, Rn. 48; *Kadelbach*, in: von der Groeben/Schwarze/Hatje, Europäisches Unionsrecht, Art. 5 EUV, Rn. 50.

[22] Sog. Querschnittskompetenz, siehe etwa *Tietje*, in: Grabitz/Hilf/Nettesheim, Das Recht der Europäischen Union, Art. 114 AEUV, Rn. 32.

von [spürbaren] Wettbewerbsverzerrungen beiträgt".[23] Die bloße Beseitigung von Unterschieden in den nationalen Rechtsordnungen mit abstraktem Gefährdungspotenzial reicht nicht aus.[24]

3. Würdigung

Sowohl mit Blick auf den Subsidiaritäts- als auch den Verhältnismäßigkeitsgrundsatz könnte man den Standpunkt einnehmen, dass Regulierungsrecht immer dann kompetenzwidrig erlassen wird, wenn das entsprechende Problem durch die Anwendung von EU-Wettbewerbsrecht gelöst werden kann. Als zusätzliche Belastung neben den ohnehin schon existenten Kartellrechtsvorschriften könnten weitere Vorschriften als unverhältnismäßig oder gegenüber nationalen Maßnahmen subsidiär angesehen werden. Auch mit Blick auf Art. 114 AEUV lässt sich diskutieren, ob neben dem Kartellrecht weiteres Regulierungsrecht erforderlich ist, wenn die jeweiligen Hindernisse für Handel und Wettbewerb im Sinne der EuGH-Rechtsprechung bereits durch die Anwendung der kartellrechtlichen Vorschriften beseitigt werden (können). So könnte man argumentieren, dass ein Sachverhalt, etwa der Zugang zu Nachhandelsdienstleistungen, rein formal betrachtet frei von Wettbewerbsverzerrungen ist, wenn der kartellrechtliche Zugangsanspruch etwaige Marktzutrittshindernisse beseitigen kann. Mit Blick auf die unmittelbare Anwendbarkeit des Kartellrechts auch vor nationalen Gerichten, stünde es Betroffenen jederzeit frei, sich auf diese Vorschriften zu berufen.[25]

Allerdings ist hierbei der Fokus auf das „tatsächliche" Vorliegen von Wettbewerbsverzerrungen oder Handelshemmnissen zu legen. Konnte ein bestimmtes Marktversagen trotz Existenz der kartellrechtlichen Vorschriften nicht beseitigt werden, besteht eben gerade ein Wettbewerbshindernis. Gleiches gilt für den Subsidiaritätsgrundsatz: Konnten die identifizierten Probleme auf Dauer nicht durch nationale Maßnahmen beseitigt werden, kann der Unionsgesetzgeber tätig werden. In diesem Sinne argumentierte die Kommission etwa in ihrem Vorschlag zur MIF-VO: Trotz jahrelanger Kartellverfahren hatte sich die Gebührenstruktur bei Interbankenentgelten nach ihrer Ansicht nicht ausreichend

[23] EuGH, Urt. v. 5.10.2000, *Deutschland/Parlament u.a.*, C-376/98, EU:C:2000:544, Rn. 95, 106. Kritisch etwa *Davies*, in: Garben/Govaere, The Division of Competences between the EU and the Member States, S. 74, 77–81, nach dem so gut wie alle nationalen Unterschiede für den Adressaten zu einem tatsächlichen Handelshindernis führen, sodass die Kriterien letztlich kaum einschränkend wirken. Vgl. bereits *Barents*, CMLR 30 (1993), 85, 107, nach dem der heutige Art. 114 AEUV ein *„loi de plein pouvoir"* darstellt, also eine Blankettermächtigung.

[24] EuGH, Urt. v. 5.10.2000, *Deutschland/Parlament u.a.*, C-376/98, EU:C:2000:544, Rn. 84.

[25] St. Rspr., EuGH, Urt. v. 30.1.1974, *BRT/SABAM*, Rs. 127/73, ECLI:EU:C:1974:6, Rn. 15/17; Urt. v. 13.7.2006, *Manfredi*, C-295/04 bis C-298/04, EU:C:2006:461, Rn. 31.

verändert.[26] Ähnliches lässt sich letztlich in sämtlichen besprochenen Konstellationen beobachten. In den Zugangsfällen blieben die jeweiligen Märkte für Zahlungsdienste oder Nachhandelsdienste trotz der kartellbehördlichen Entscheidungen entlang der nationalen Grenzen fragmentiert;[27] im Bereich des Online-Bankings wurde trotz der frühzeitig geäußerten kartellrechtlichen Bedenken gegenüber dem European Payment Council[28] erst mit der PSD2 ein zuverlässiger Rechtsrahmen für neuartige Zahlungsdienstleister geschaffen.[29]

Zum anderen ist die Einschätzungsprärogative des Gesetzgebers zu beachten. Aufgrund des prognosehaften Charakters von gesetzgeberischen Entscheidungen ist diesen eine Ungewissheit inhärent. Der Erfolg oder Misserfolg gesetzgeberischer Maßnahmen kann im Vorfeld durch die Gerichte nur sehr eingeschränkt überprüft werden.[30] Hält dieser ein gesetzgeberisches Einschreiten für notwendig, ist hiergegen kaum etwas vorzubringen. Insoweit ist aufgrund der weiten Einschätzungsprärogative des Gesetzgebers eine eingrenzende Funktion der Vorschrift kaum feststellbar.[31]

II. Beschränkungen der mitgliedstaatlichen Rechtsetzungsbefugnisse

Trotz der originären Kompetenzen der Mitgliedstaaten in allen Bereichen, die nicht ausdrücklich auf die Union übertragen wurden,[32] sind auch diese aus Perspektive der EU nicht gänzlich frei in ihren Gesetzgebungsvorhaben. Es besteht ein Vorrang des europäischen Rechts.[33]

Dies gilt insbesondere mit Blick auf das Wettbewerbsziel. Im Verhältnis zu den primärrechtlichen Regelungen der Art. 101, 102 AEUV sind die Mitgliedstaaten durch Art. 106 Abs. 1 AEUV mit Blick auf öffentliche Unternehmen verpflichtet, keine den Wettbewerbszielen gegenläufigen Maßnahmen zu erlassen oder beizubehalten.[34] Ergänzt wird diese Pflicht durch Art. 101 f. AEUV i.V.m. dem Effektivitätsgebot aus Art. 4 Abs. 3 UAbs. 2 EUV, wonach auch

---

[26] Siehe oben S. 195 f. Europäische Kommission, 24.7.2013, Vorschlag für eine Verordnung des Europäischen Parlaments und des Europäischen Rates über Interbankenentgelte für kartengebundene Zahlungssysteme, COM(2013) 550 final, S. 7.

[27] Europäische Kommission, Mitteilung v. 24.9.2020, EU-Strategie für den Massenzahlungsverkehr, COM(2020) 592 final, S. 4; ErwG 4 CSDR.

[28] Europäische Kommission, Memo v. 13.6.2013, MEMO/13/553.

[29] Siehe oben S. 210 ff.

[30] *Pache*, in: FK-EuropaR, Art. 5 EUV, Rn. 100–101.

[31] Siehe etwa *Brüggemeier*, Harmonisierungskonzepte im europäischen Kapitalmarktrecht, S. 54–56; *Moloney*, EU Securities and Financial Markets Regulation, S. 885–888; siehe auch oben S. 51 f.

[32] Art. 4 Abs. 1 EUV.

[33] Grundlegend EuGH, Urt. v. 15.7.1964, *Costa ENEL*, Rs. 6/64, EU:C:1964:66, Sammlung 1964, 1253, zum Anwendungsvorrang S. 1269–1271. Zum Fehlen einer echten grundgesetzlichen Bindung des nationalen Gesetzgebers an Unionsrecht, *Erdmann*, EuR 2021, 62.

[34] *Bechtold/Bosch/Brinker*, EU-Kartellrecht, Art. 106 AEUV, Rn. 34–35.

sonstige mitgliedstaatliche Maßnahmen keine Kartellrechtsverstöße vorschreiben oder erleichtern dürfen.[35] Ausnahmen von diesem Grundsatz gelten lediglich nach Art. 106 Abs. 2 AEUV.[36]

B. Verhältnismäßigkeitsgrundsatz als beschränkendes Element

Als weiteres beschränkendes Element bezüglich der Schaffung von Regulierungsrecht kommt der Grundsatz der Verhältnismäßigkeit in Betracht. Der Verhältnismäßigkeitsgrundsatz kann auf zwei Ebenen fruchtbar gemacht werden. Neben den beschriebenen Beschränkungen gegenüber den Mitgliedstaaten gilt er ungleich wichtiger im Verhältnis zu den Regelungsunterworfenen, deren Rechtspositionen (insbesondere die unternehmerische Freiheit aus Art. 16 GrCh) nur im Wege einer angemessenen Zweck-Mittel-Relation einschränkbar sind.[37] Maßnahmen der Union müssen danach „zur Erreichung der mit der betreffenden Regelung zulässigerweise verfolgten Ziele geeignet [sein] und nicht über das dazu Erforderliche hinausgehen".[38]

I. Verhältnismäßigkeit von Regulierungsmaßnahmen

1. Ausgangspunkt für die Abgrenzung: Identisches Ziel

Ausgangspunkt bei der Prüfung der Verhältnismäßigkeit ist die Ermittlung des legitimen Ziels, das durch eine Maßnahme verfolgt wird.[39] Verfolgen zwei Regelungen unterschiedliche Ziele, bietet es sich von vornherein nicht an, diese anhand ihrer Eingriffsintensität abzugrenzen. Dies kann nur innerhalb derselben Zielkategorie erfolgen. Bereits an dieser Stelle wird eine Abgrenzung häufig scheitern. Während Kartellrecht das Wettbewerbsziel verfolgt, sind dem Regulierungsrecht häufig weitere Komponenten beigefügt, im Bereich der Finanzmärkte etwa die Sicherung der Systemstabilität.

---

[35] EuGH, Urt. v. 9.9.2003, *CIF*, C-198/01, EU: C:2003:430, Rn. 46–47 m.w.N.

[36] Siehe oben S. 73.

[37] Art. 52 GrCh (iVm Art. 6 Abs. 1 EUV). Auch st. Rspr., siehe etwa EuGH, Urt. v. 8.12.2020, *Polen/Europäisches Parlament*, C-626/18, EU:C:2020:1000, Rn. 94 m.w.N.; Urt. v. 11.7.1989, *Schräder*, Rs. 265/87, EU:C:1989:303, Rn. 21; ebenfalls jeweils mit umfassenden Rspr.-Nachweisen, *Bast*, in: Grabitz/Hilf/Nettesheim, Das Recht der Europäischen Union, Art. 5 EUV, Rn. 68; *Pieper*, in: Dauses/Ludwigs, Handbuch des EU-Wirtschaftsrechts, B. I., Rn. 115.

[38] EuGH, Urt. v. 8.12.2020, *Polen/Europäisches Parlament*, C-626/18, EU:C:2020:1000, Rn. 94. Zur unterschiedlich strengen Kontrolldichte im Einzelfall bei der Anwendung des Verhältnismäßigkeitsgrundsatzes *Hartlieb*, Verpflichtungszusagen im europäischen Kartellrecht, S. 170–183.

[39] *Frenz*, Handbuch Europarecht, Bd. 5, Rn. 755.

2. *Regulierungsrecht als eingriffsintensivere Maßnahme?*

Ein identisches Regelungsziel zwischen Regulierungs- und Kartellrecht unterstellt, etwa bei Zugangsansprüchen zu wesentlichen Einrichtungen, sind die verschiedenen Handlungsoptionen anhand des Erforderlichkeitsgrundsatzes abzuwägen. Mit dem EuGH ist, „wenn mehrere geeignete Maßnahmen zur Auswahl stehen, die am wenigsten belastende zu wählen".[40] Hiernach könnte man annehmen, dass Regulierung als zusätzliche Regelung neben dem primärrechtlichen Kartellrecht immer mit zusätzlichen Belastungen einhergeht, seien sie inhaltlicher oder auch „nur" bürokratischer Natur. Jede dem Kartellrecht gleichgerichtete Regel wäre daher automatisch unvereinbar mit dem Verhältnismäßigkeitsgrundsatz.

Gegen eine solche pauschale Betrachtungsweise lassen sich zwei Argumente vorbringen. Zunächst erscheint es bereits fernliegend, dass zwei unterschiedliche Maßnahmen im Rahmen einer *ex ante*-Bewertung gleich effektiv im Sinne der Erforderlichkeit sind. Zieht man Gesichtspunkte wie die lange Verfahrensdauer bei den Kartellbehörden heran,[41] lassen sich Argumente finden, wonach Kartellrecht im Vergleich zu Regulierung mit einem fristgebundenen Verfahren weniger effektiv ist.

Ebenso erscheint die Einordnung zusätzlichen Regulierungsrechts als weniger mildes Mittel zu pauschal. Eine Regel mit gleichem Ziel wie das Kartellrecht muss nicht zwingend eine zusätzliche Belastung für die Betroffenen darstellen. Vielmehr kann Regulierungsrecht mit konkreteren Vorgaben gar eine Verbesserung des *status quo* darstellen insoweit, als die Adressaten sich besser auf die Rechtslage einstellen können und klare Kriterien zur Hand haben, welche Regelungen sie betreffen. Durch die klare Ausgestaltung von Regeln werden Auslegung und Verständnis der Regeln durch den Normunterworfenen erleichtert.

Dieser Befund wird durch den Grundsatz der Rechtssicherheit unterstützt, nach denen Unionsregeln so klar gestaltet sein müssen, dass Rechte und Pflichten der Betroffenen eindeutig erkennbar sind.[42] Vor diesem Hintergrund sind die Aufgabe und auch die Pflicht des Gesetzgebers zu berücksichtigen, verschiedene Grundrechtspositionen durch die Gesetze in Ausgleich zu bringen.[43]

---

[40] St. Rspr., siehe etwa EuGH, Urt. v. 6.5.2021, *Bayer/Kommission*, C-499/18, EU:C:2021:367, Rn. 166 m.w.N.

[41] Siehe etwa die Kritik bzgl. des fünf Jahre andauernden Verfahrens im Verfahren *CDS information market* (vom 20.4.2011 bis zum 20.7.2016), oben S. 150 f.

[42] EuGH, Urt. v. 11.6.2009, *Nijemeisland*, C-170/08, EU:C:2009:369, Rn. 44. Im deutsche Verfassungsrecht sog. Grundsatz der Normenklarheit, siehe etwa BVerfG, Beschluss v. 9.8.1995, 1 BvR 2263/94, 1 BvR 229/95, 1 BvR 534/95, BVerfGE 93, 213, 238, Rn. 55.

[43] Siehe etwa *Seedorf*, in: Jestaedt/Lepsius, Verhältnismäßigkeit, S. 129, 132, 144.

Durch die sekundärrechtliche Ausgestaltung können Unklarheiten ausgeräumt und Primärrecht konkretisiert werden.[44]

Es ist also nicht definitiv festzustellen, dass jede Regulierung mit gleichem Ziel wie das Kartellrecht eingriffsintensiver ist als die Anwendung der dortigen Generalklauseln.[45] Vielmehr kann es betroffene Unternehmen entlasten, wenn durch Regulierungsrecht klare Verhaltensvorgaben geschaffen werden, die die Unsicherheiten über die Reichweite der generalklauselartigen Art. 101, 102 AEUV beseitigen.

3. Drei-Kriterien-Test bei der Zugangsregulierung

Eine Fallgruppe, bei der sich die Regelungsziele von Kartell- und Regulierungsrecht weitgehend überschneiden, ist die Zugangsregulierung. Sowohl mit Kartell- als auch Regulierungsrecht wird versucht, die *bottleneck*-Ressource zugänglich zu machen, um Wettbewerb auf dem nachgelagerten Markt zu ermöglichen, sodass der Verhältnismäßigkeitsgrundsatz besondere Bedeutung finden kann.

Zur Ausfüllung insbesondere des Kriteriums der Erforderlichkeit im Rahmen der Verhältnismäßigkeitsprüfung lässt sich auf das Recht der Netzwirtschaften, konkreter das Telekommunikationsrecht, zurückgreifen. Dieses hält in § 10 Abs. 2 S. 1 TKG den sogenannten Drei-Kriterien-Test vor.[46] Mit diesem Test soll bestimmt werden, ab wann anstelle der Kartellrechtsanwendung (insbesondere) eine Entgelt- und Zugangsregulierung in Betracht kommt. Umgekehrt soll Regulierung entfallen, wo die *ex post*-Intervention des Kartellrechts eine ausreichende Abhilfe darstellt.[47] Die Regelung des § Abs. 2 S. 1 TKG lautet wie folgt:

> „Für eine Regulierung nach diesem Teil kommen Märkte in Betracht, die durch beträchtliche und anhaltende strukturell oder rechtlich bedingte Marktzutrittsschranken gekennzeichnet sind, längerfristig nicht zu wirksamem Wettbewerb tendieren und auf denen die Anwendung des allgemeinen Wettbewerbsrechts allein nicht ausreicht, um dem betreffenden Marktversagen entgegenzuwirken."

---

[44] *Frenz*, Handbuch Europarecht, Bd. 5, Rn. 813–814.

[45] Zum generalklauselartigen Charakter der Art. 101 ff. AEUV etwa *Ibáñez Colomo*, in: Garben/Govaere, The Division of Competences between the EU and the Member States, S. 112, 115–117.

[46] Basierend auf Art. 67 Abs. 1 Richtlinie (EU) 2018/1972 des Europäischen Parlaments und des Rates vom 11. Dezember 2018 über den europäischen Kodex für die elektronische Kommunikation.

[47] So ausdrücklich ErwG 29 Richtlinie (EU) 2018/1972 des Europäischen Parlaments und des Rates vom 11. Dezember 2018 über den europäischen Kodex für die elektronische Kommunikation.

Diese Regelung stellt eine Ausprägung des Verhältnismäßigkeitsgrundsatzes dar[48] und ist in leicht abgewandelter Form auch für die Finanzmärkte fruchtbar zu machen.[49] Wo das einzelfall-reaktive Kartellrecht aufgrund der Marktstrukturen keine dauerhafte Lösung anbietet, sollte auf eine Regulierung zurückgegriffen werden, die potenziellen Marktteilnehmern für die Zukunft klare Vorgaben für den Markteintritt aufzeigt. Die Regulierung findet auf europäischer Ebene zwar nicht durch eine Fachbehörde statt, sondern durch den Gesetzgeber. Während die Bundesnetzagentur das Vorliegen dieser Voraussetzungen in jedem Einzelfall feststellen muss,[50] ist dieser aufgrund seiner Einschätzungsprärogative[51] nicht durch die Kriterien gebunden. Dennoch könnten ihm die drei Kriterien (1) strukturelle Marktzutrittsschranken, (2) längerfristiges Ausbleiben wirksamen Wettbewerbs und (3) fehlende Wirksamkeit des Wettbewerbsrechts als rechtspolitische Leitlinie an die Hand gegeben werden.

Bei Vorliegen der Voraussetzungen stellt Regulierung die einzig effektive Maßnahme dar. Hierbei kann entweder mit einer Entflechtungsmaßnahme oder mit Zugangsregulierung reagiert werden. Durch die Entflechtung, also die rechtliche und organisatorische Abspaltung der *bottleneck*-Einrichtung, wird versucht, das Anreizproblem bei vertikal integrierten Unternehmen zu lösen. Die Bevorzugung von Konzerngesellschaften oder eigener Produkte gegenüber Drittunternehmen, die für den Marktzutritt auf die *bottleneck*-Ressource zugreifen müssen, soll hierdurch verhindert werden. Durch die Ausgliederung soll also der Anreiz für eine Ungleichbehandlung verbundener und nicht verbundener Unternehmen entfallen. Allerdings stellt dies einen schwerwiegenden Eingriff in das Eigentum des Infrastrukturbetreibers dar. Für die dauerhafte Behandlung der „Symptome" der *bottleneck*-Situation ist hingegen die Regulierung gegenüber dem Kartellrecht vorzuziehen. Im Regulierungsrecht kann für die wiederkehrende Situation eines Zugangsbegehrens im Vorhinein eine Zugangs- und Entgeltregelung getroffen werden, die den Marktteilnehmern Klarheit bietet, sodass zeit- und kostenintensive Kartellverfahren vermieden werden.

---

[48] *Möschel*, MMR 2008, 503, 504.

[49] Zur Idee der Übertragung des Drei-Kriterien-Tests auf die Digitalmärkte siehe BKartA, Hintergrundpapier AK Kartellrecht 2018, S. 11. Darin wird u.a. thematisiert, ob die Marktstrukturen auf den Digitalmärkten ebenso strukturell verfestigt sind wie in Netzmärkten. Für die Finanzmärkte wird man dies in Teilen bejahen können.

[50] *Kirchner/Mayen/Käseberg*, in: Scheurle/Mayen, TKG, § 10, Rn. 39. Kritisch zur bisherigen Anwendung des Tests durch die BNetzA allerdings *Haucap/Coenen*, in: FS Möschel, S. 1005, 1015–1016. Nach den Autoren bejahen Regulierungsbehörden das Vorliegen der drei Kriterien bereits aufgrund struktureller Vorzüge der *ex ante*-Regulierung, ohne die Effektivität der Wettbewerbsregeln einzelfallbezogen tatsächlich in Betracht zu ziehen. Ähnlich bzgl. des UK, *Dunne*, Competition Law and Economic Regulation, S. 269 m.w.N. in Fn. 22; *Graham*, JECLAP 7 (2016), 407, m.w.N. in Fn. 4.

[51] Dazu sogleich S. 238 f.

In Entsprechung dieser Kriterien sollte auf den Finanzmärkten hinsichtlich natürlicher oder faktischer Monopole eine Zugangsregulierung erfolgen, wenn tatsächlich dauerhafte strukturelle Probleme dazu führen, dass kein oder kaum Wettbewerb stattfindet.

4. Einschätzungsprärogative des Unionsgesetzgebers

Trotz des vorstehend beschriebenen Prüfungsprogramms besitzt der Unionsgesetzgeber eine weitreichende Einschätzungsprärogative.[52] Gerade in Bereichen, in denen politische, wirtschaftliche und soziale Entscheidungen mit komplexen Auswirkungen zu beurteilen sind, räumt der EuGH dem Gesetzgeber ein weites Ermessen ein. Überprüft wird vom EuGH lediglich, ob eine Maßnahme „zur Erreichung des Ziels, das das zuständige Organ verfolgt, offensichtlich ungeeignet ist".[53]

Aufzeigen lässt sich dies am Beispiel des Schutzes der Systemstabilität von Infrastrukturen. Wie bereits im Rahmen des kartellrechtlichen Zugangsanspruchs angesprochen, kann die Kartellbehörde das Kriterium der Systemstabilität bei der Bewertung von Zugangsansprüchen nicht letztverantwortlich überprüfen. Es ist als Besonderheit der Finanzmärkte bei der sachnäheren Aufsichtsbehörde zu verorten.[54]

Andererseits bietet dies nicht zwingend Anlass, ein gesondertes Regelwerk für den Zugang zu einer wesentlichen Einrichtung unter besonderer Berücksichtigung der Stabilitätskriterien aufzustellen. Von gänzlich innovativen Finanzmarktdienstleistern abgesehen, unterliegen sämtliche Marktteilnehmer auf den Finanzmärkten ohnehin der Regulierung und werden sowohl bei der Zulassung als auch danach von der zuständigen Aufsichtsbehörde überwacht.[55] Insoweit sollten bereits durch diese Hürden beim Marktzutritt systemische Risiken ausgesondert werden. Der Gesetzgeber könnte hier zu dem Schluss kommen, dass durch die Beaufsichtigung des Marktzutritts ein ausreichender Sicherungsmechanismus geschaffen wurde und eine weitere Berücksichtigung von Stabilitätskriterien bei der Regulierung des Zugangs zu Infrastrukturen nicht erforderlich ist. Ob dieser Prüfungsmaßstab ausreichend ist und wie auf

---

[52] *Pache*, in: FK-EuropaR, Art. 5 EUV, Rn. 150.

[53] EuGH, Urt. v. 18.6.2015, *Estland/Parlament u. Rat*, C-508/13, EU:C:2015:403, Rn. 29; Ebenso Urt. v. 7.7.2009, *S.P.C.M. u. a.*, C-558/07, EU:C:2009:430, Rn. 42; Urt. v. 10.12.2002, *British American Tobacco u.a.*, C-491/01, EU:C:2002:741, Rn. 123 m.w.N.

[54] Siehe oben S. 134.

[55] § 32 KWG, § 10 ZAG beinhalten in Umsetzung der entsprechenden Richtlinien umfassende Anforderungen für die Zulassung zur Erbringung von Bankgeschäften, Finanz- und Zahlungsdienstleistungen. Zudem müssen die Unternehmen die Vorgaben der CRR über die Vorhaltung von Kapital einhalten.

etwaige Bedenken zu reagieren ist, bleibt der Einschätzung des Gesetzgebers überlassen.[56]

Aufgrund der Reichweite potenzieller weiterer Regulierungsgründe neben dem Vorliegen von Wettbewerbsverzerrungen infolge natürlicher Monopole und der geringen Kontrolldichte für Aktivitäten des Gesetzgebers bietet die Einschränkung der Regulierungstätigkeit anhand der Verhältnismäßigkeit keine besonders aussagekräftige Hilfestellung. Zwar erscheint eine Vorgehensweise angelehnt an den Drei-Kriterien-Test bei der Regulierung natürlicher Monopole sinnvoll. Dennoch kann der Gesetzgeber davon abweichen und trotz struktureller Defizite auf das Kartellrecht verweisen. Ebenso lässt sich für eine primär wettbewerbsschützende Regulierung auch ohne dauerhafte strukturelle Wettbewerbsprobleme eine Begründung finden, die die Vorschrift trotz Existenz des Kartellrechts rechtfertigt.

II. Verhältnismäßigkeit kartellrechtlicher Entscheidungen

Daneben gilt der Grundsatz der Verhältnismäßigkeit auch bei der Anwendung des Kartellrechts. Die Abhilfemaßnahmen müssen verhältnismäßig sein in dem Sinne, dass die mildeste Maßnahme zur Abstellung des Verstoßes gegen Kartellrecht gewählt wird.[57] Aufgrund der Ausrichtung des Kartellrechts auf die Bewertung individuellen vergangenen Verhaltens lassen sich hierdurch weitreichende Eingriffe in den Markt abwenden, wenngleich dies in den beschriebenen Konstellationen durch den Einsatz der Verpflichtungszusagen umgangen wurde.[58]

C. Kein überzeugender materieller Maßstab auffindbar

Der Verhältnismäßigkeitsgrundsatz kann grundsätzlich sowohl aus der Perspektive des Regulierungsgesetzgebers als auch der Kartellbehörden als einschränkendes Element bei der Marktordnung dienen. In der Tendenz lässt sich eine Abgrenzung am ehesten bei der Frage des Zugangs zu einer (wesentlichen) Einrichtung vornehmen. Aufgrund des weitgehend gleichgerichteten Regelungsziels, die *bottleneck*-Einrichtung für den Wettbewerb zur Verfügung zu stellen, lässt sich ein Verhältnis darstellen, in dem Regulierung die eingriffsintensivere Maßnahme bedeutet.

Bei konsequenter Anwendung wird Regulierungsrecht danach nur geschaffen, wo das Kartellrecht nicht ausreicht, um Marktversagen auszugleichen. Kartellrecht wird hingegen nur in einer Art und Weise eingesetzt, die konkrete

---

[56] Zum weiten Ermessensspielraum insbesondere bei komplexen technischen Besonderheiten EuGH, Urt. v. 22.1.2014, *Vereinigtes Königreich/Parlament u. Rat*, C-270/12, EU:C:2014:18, Rn. 102–103.

[57] Art. 7 VO 1/2003.

[58] Siehe oben S. 40 f. und speziell zu den Interbankenentgelten ausführlich S. 191 ff.

Fehlverhalten sanktioniert und beseitigt, ohne weitergehend in den Markt einzugreifen. Zumindest die Beschränkung kartellrechtlicher Rechtsfolgenanordnungen dürfte durch eine gerichtliche Kontrolle gewährleistet sein. Der Gesetzgeber wird aufgrund der geringen Kontrolldichte und der weiten Fassung der Kompetenznormen hingegen kaum eingeschränkt.

Hinsichtlich der Regulierungstätigkeit durch den Gesetzgeber ist hinzunehmen, dass aufgrund der Vielgestaltigkeit des wirtschaftlichen Lebens keine eindeutige Abgrenzung vorgenommen werden kann, wann er tätig werden darf. Versteht man Kartell- und Regulierungsrecht als komplementäre Ordnungen, die gemeinsam (auch) dem Wettbewerbsziel verschrieben sind und dies mit unterschiedlichen Mitteln zu erreichen suchen,[59] stellt dies allerdings auch kein echtes Problem dar, weder rechtlich noch tatsächlich. Es verbleibt insoweit, das Marktversagen oder das Regulierungsobjekt zu analysieren und die passgenaue Lösung im Einzelfall anhand der oben genannten Kriterien zur Abgrenzung zwischen Kartell- und Regulierungsrecht[60] zu analysieren: Reicht eine Sanktionierung vergangenen Verhaltens aus oder bedarf es neuer Regelungen für die Zukunft? Bedarf es einer dauerhaften Aufsicht? Muss in die Marktstruktur eingegriffen werden, da sie Fehlverhalten begünstigt oder gar fördert?

Die Beantwortung dieser Fragen ist pauschal nicht möglich und hängt vom Einzelfall ab. Wichtiger als eine klare Trennung der Gebiete auf materieller Ebene erscheint daher das institutionelle Gefüge, also die Aufteilung von Kompetenzen zwischen verschiedenen Behörden und insbesondere deren Zusammenarbeit an den Schnittstellen, um widersprüchliche Entscheidungen zu vermeiden, Rechtssicherheit zu gewährleisten und umgekehrt nicht einzelne Bereiche zu übersehen, in denen Regelungsbedarf besteht.[61] Sowohl bei der Ermittlung von Eingriffsbedarf als auch bei der Auswahl des Eingriffsinstruments müssen daher klare Vorgaben zur Aufgaben- und Kompetenzverteilung bestehen sowie Kooperationsmechanismen geschaffen werden, um die jeweiligen Kenntnisse und Fähigkeiten an der richtigen Stelle zum Einsatz zu bringen.

§ 11 Institutionelle Ansätze

Auf institutioneller Ebene ist eine Vielzahl von Handlungs- und Organisationsformen bei der Aufgabenverteilung und Kompetenzabgrenzung zwischen Behörden untereinander und dem Gesetzgeber denkbar.[62] Diese reichen von

---

[59] So etwa *de Streel/Larouche*, NCT Expert Study, S. 13–14.

[60] Siehe oben S. 33–39.

[61] *Dabbah*, Cambridge LJ 70 (2011), 113, 132.

[62] Siehe etwa *Möschel*, WuW 2002, 683, 684 mit verschiedenen Varianten.

informellen Kooperationen[63] über den gesetzlich normierten Informationsaustausch[64] bis hin zur Frage des institutionellen Aufbaus. Letzteres umfasst die Aufgabenzuweisung, aber auch die Ausstattung mit Ressourcen und Befugnissen zur Umsetzung der zugewiesenen Aufgaben.

Insbesondere im Bereich der Kooperationsprojekte mehrerer Wettbewerber ist diese institutionalisierte Form der Zusammenarbeit der Behörden maßgeblich. Aufgrund der weitgestreuten Wirkungen der Kooperationen von der „einfachen" Wettbewerbsbeschränkung bis hin zu systemgefährdenden Informationsasymmetrien ist eine Aufgabenabgrenzung zwischen Kartell- und Regulierungsrecht als mehr oder weniger eingriffsintensive Maßnahme nachrangig. Entscheidend ist es vielmehr, die richtige Kombination aus umfassender, struktureller Regulierung und Durchsetzung des Kartellrechts zu finden.[65]

Hierzu bedarf es eines gegenseitigen Austauschs und einer Koordinierung zwischen Kartellbehörden und Regulierungsgeber, um einen Ausgleich zwischen den Wettbewerbszielen auf der einen Seite und (insbesondere) der Einschränkung von unternehmerischer Freiheit zur Risikokontrolle auf der anderen Seite zu schaffen.[66] Ebenfalls hilfreich erscheint ein Ansatz, in dem die marktbezogenen Ermittlungsbefugnisse, insbesondere die Sektoruntersuchung, als Instrument genutzt werden, um neben kartellrechtlichen Maßnahmen aufsichtsrechtliche Maßnahmen zu stützen und Gesetzgebungsakte vorzubereiten.[67]

A. Verbesserte Kooperation zwischen Gesetzgeber und Kartellbehörden

I. Status quo

Im Gesetzgebungsverfahren auf Ebene der EU ist eine Berücksichtigung der Wettbewerbsverhältnisse vorgesehen. Dies geschieht sowohl bei der Identifizierung des Regulierungsbedarfs als auch im Rahmen der Folgenabschätzung.

---

[63] Vorbild ist etwa die FTC, welche seit ihrer Gründung (auch) als „convenor" agiert, also als Initiator von formellen wie informellen Zusammenkünften zum Austausch über die Entwicklung von Märkten und sonstigem (Sonder-)Wissen verschiedener Marktakteure und Behörden, *Kovacic*, Colorado Technology LJ 13 (2015), 17.

[64] Siehe etwa § 50f GWB (bis zur 10. GWB-Novelle § 50c GWB). Diese Möglichkeit ist aber lediglich auf die Zusammenarbeit im Einzelfall beschränkt und begründet keine institutionalisierte Form der Kooperation, vgl. *Bergmann*, in: FK-KartR (Stand: August 2015, 84. Ergänzungslieferung), Bd. V, § 50c GWB [a.F.], Rn. 28–38.

[65] *Carletti/Smolenska*, OECD Background note, DAF/COMP/WP2(2017)8, Rn. 24; *Morais/Feteira*, in: Di Porto/Podszun, Abusive Practices in Competition Law, S. 109, 125.

[66] *Jenny*, World Competition 32 (2009), 449, 453–454.

[67] *Carletti/Smolenska*, OECD Background note, DAF/COMP/WP2(2017)8, mit dem Beispiel der CMA-Marktstudie für das Retail Banking, welche insbesondere Markteintrittsbarrieren identfizierte (Rn. 46), dem Beispiel der Studie der kanadischen Wettbewerbsbehörde zur FinTech-Regulierung (Rn. 53) und weiteren Staaten (Rn. 54); *Morais/Feteira*, in: Di Porto/Podszun, Abusive Practices in Competition Law, S. 109, 126.

So wird als Ausgangspunkt für die Identifizierung von Regulierungsbedarf neben anderen Gesichtspunkten Marktversagen als übergeordnete Kategorie von Wettbewerbsstörungen genannt.[68]

Weiterhin sind in der Folgenabschätzung die Auswirkungen einer Vorschrift auf die Wettbewerbsverhältnisse zu berücksichtigen.[69] Hierfür wird eine Checkliste genutzt, in der anhand von vier Kriterien ein potenzieller Einfluss auf den Wettbewerb ermittelt werden soll. Diese Kriterien beziehen sich zunächst auf die Angebotsseite und stellen auf die Anzahl der Lieferanten (lit. A), deren Wettbewerbsfähigkeit (lit. B) sowie deren Anreize zum wettbewerblichen Tätigwerden (lit. C) ab. Danach wird die Verbraucherseite hinsichtlich deren Informations- und Entscheidungsfreiheit (lit. D) in den Blick genommen. Werden eines oder mehrere der Kriterien als problematisch angesehen, soll in eine vertiefte Prüfung eingestiegen werden.[70]

Per se wird durch diesen Prozess eine ausreichende Berücksichtigung von Wettbewerbsbelangen sichergestellt. Allerdings stellt das beschriebene Verfahren lediglich eine *best practice* dar und ist nicht sichergestellt, dass das Verfahren eingehalten wird.[71] Zudem wird diese Checkliste von Mitarbeitern der federführenden Generaldirektion bearbeitet. Hierbei erscheint es nicht fernliegend, dass es den jeweiligen Sachbearbeitern an der Fachkenntnis fehlt, um potenzielle wettbewerbliche Wirkungen einer Vorschrift zu identifizieren, oder jedenfalls, dass anderen Belangen der Vorzug eingeräumt wird und deshalb die wettbewerblichen Bedenken beiseitegeschoben werden.

---

[68] Commission Staff Working Document, Better Regulation Guidelines, SWD(2017) 350, S. 18. Auch die Vorgängerleitlinie sah die Berücksichtigung von Wettbewerbsbelangen vor, Europäische Kommission, Impact Assessment Guidelines, SEC(2009) 92, S. 21 (gelber Kasten).

[69] Wenngleich dies in Instrument #23 des Instrumentariums für eine bessere Rechtsetzung (abrufbar unter www.ec.europa.eu/info/sites/info/files/better-regulation-toolbox_2.pdf) ein wenig versteckt geregelt wird. In den allgemeinen Leitlinien für die Gesetzgebung wird hingegen lediglich auf die Wettbewerbsfähigkeit der EU als Kriterium hingewiesen, nicht auf den Wettbewerb innerhalb der Union, Commission Staff Working Document, Better Regulation Guidelines, SWD(2017) 350, S. 3, 31 („competitiveness in the global economy", „negative impact on sectoral EU competitiveness"). Dieser Wortlaut legt eher einen Bezug zu Art. 173 AEUV als zu den Wettbewerbsregeln nahe.

[70] Instrument #23 des Instrumentariums für eine bessere Rechtsetzung, Abschnitt 2, S. 163–164, abrufbar unter www.ec.europa.eu/info/sites/info/files/better-regulation-toolbox_2.pdf.

[71] Commission Staff Working Document, Better Regulation Guidelines, SWD(2017) 350, S. 3; Instrument #1 des Instrumentariums für eine bessere Rechtsetzung, S. 8, abrufbar unter www.ec.europa.eu/info/sites/info/files/better-regulation-toolbox_2.pdf. „Users of the Toolbox are not expected to read and apply each individual tool but to use the Toolbox selectively and with common sense when they need additional guidance."

Zuletzt besteht die Möglichkeit, dass entsprechende Bedenken bei der Beschlussfassung im Kollegium der Kommissare adressiert werden.[72] Allerdings erfolgt die Beschlussfassung in einfacher Mehrheit,[73] sodass Bedenken auch an dieser Stelle ignoriert werden können. Gerade in Krisenzeiten, in denen das Wettbewerbsprinzip häufig zugunsten kurzfristig stabilisierender Maßnahmen zurückgestellt wird,[74] ist denkbar, dass eine Einflussnahme über diesen Mechanismus nicht funktioniert.

II. Formalisierte Beteiligung der Generaldirektion Wettbewerb

Es besteht also kein zwingender, formalisierter Prozess, in dessen Rahmen die wettbewerblichen Auswirkungen neuer Regulierung im Sinne einer Vorher-Nachher-Folgeneinschätzung durch die Generaldirektion Wettbewerb überprüft werden. Dies könnte man ändern und die Wettbewerbsbehörde(n) in den Prozess einbeziehen, wie es etwa in Frankreich geschieht.[75]

1. Einbindung in das Gesetzesinitiativverfahren

So wäre etwa denkbar, einen Mechanismus entsprechend Art. 23 Abs. 5a Geschäftsordnung der Kommission zu entwickeln. Nach diesem muss die für Wirtschaft und Finanzen zuständige Generaldirektion (ECFIN) immer gehört werden, wenn Maßnahmen „das Wachstum, die Wettbewerbsfähigkeit oder die wirtschaftliche Stabilität in der Europäischen Union" betreffen oder sich darauf auswirken können. Entsprechend könnte die Generaldirektion Wettbewerb bei wettbewerbsrechtlich bedeutsamen Beschlüssen vorab konsultiert werden. Gesetzgebungsmaßnahmen wären bei wettbewerblich bedeutsamen Themen einer Kontrolle durch die Generaldirektion Wettbewerb unterworfen. Dies würde eine Verschiebung des bisher vorgesehenen Prozederes auf eine höhere Ebene in der Normenhierarchie bedeuten, wenngleich nach wie vor im Bereich der internen Verwaltungsvorschriften. Gleichwohl käme der wettbewerblichen Beurteilung dann eine höhere Bedeutung zu und würde weg von der federführenden Generaldirektion hin zur spezialisierten Abteilung ausgelagert.

Bei Verstößen gegen die neu geschaffene Anhörungspflicht aus der Geschäftsordnung könnte als *ultima ratio* mit einer Nichtigkeitsklage wegen der „Verletzung wesentlicher Formvorschriften" im Sinne des Art. 263 Abs. 2 AEUV reagiert werden.[76] Somit stünde die Beteiligungsvorschrift mit Blick

---

[72] Zur gemeinsamen politischen Verantwortung bereits EuGH, Urt. v. 23.9.1986, *AKZO*, Rs. 5/85, EU:C:1986:328, Rn. 30.

[73] Art. 250 AEUV; Art. 8 Abs. 3 Geschäftsordnung der Kommission.

[74] *Cejnar/Duke*, ECLR 34 (2013), 583, 585–586.

[75] *Carletti/Smolenska*, OECD Background note, DAF/COMP/WP2(2017)8, Rn. 40.

[76] Zur Geschäftsordnung als wesentlicher Vorschrift, *Dörr*, in: Grabitz/Hilf/Nettesheim, Das Recht der Europäischen Union, Art. 263 AEUV, Rn. 166–168. Hierbei stellt sich die Frage, ob eine einzelne Generaldirektion entsprechend dem deutschen Intraorganstreit

auf die Rechtsfolgen auf einer Ebene mit der herausgestellten Rolle der EZB,[77] deren Beteiligung am Gesetzgebungsverfahren in Art. 127 Abs. 4 und Art. 282 Abs. 5 AEUV primärrechtlich zugesichert ist und bei Verstößen ebenfalls zur Nichtigkeitsklage nach Art. 263 Abs. 3 AEUV berechtigt.[78]

2. Einbindung in die vorbereitende Arbeit auf Ebene der Fachbehörden

Abgesehen von der politischen Schwierigkeit, eine derart prominente Rolle der Generaldirektion Wettbewerb im Gesetzgebungsverfahren durchzusetzen, stellt sich auch die Frage nach den Erfolgsaussichten eines Intervenierens zu einem Zeitpunkt, in dem viele Problempunkte in informellen Vorgesprächen schon geklärt worden sein dürften. Erfolgversprechender erscheint eine Einbindung der Generaldirektion Wettbewerb zu einem früheren Zeitpunkt, in Zusammenarbeit mit den Fachbehörden. Wirken diese bei der Erarbeitung eines potenziellen Regulierungsbedarfs zusammen, kann bereits der Ausgangspunkt der Diskussion durch wettbewerbsrechtliche Wertungen mitgeprägt sein, sodass es gar nicht mehr auf nachträgliche Korrekturen ankäme.[79]

Auf nationaler Ebene sind mit § 50f Abs. 2 GWB und § 17 Abs. 2 WpHG gesetzliche Rahmenbedingungen für einen Informationsaustausch und eine Kooperation zwischen BaFin, Bundesbank und Bundeskartellamt vorgesehen. Dies gilt aber lediglich für die Kooperation in einzelnen Verfahren und ist unterhalb der Gesetzgebungsebene angesiedelt.[80]

Auf europäischer Ebene stößt eine Kooperation mit den Wettbewerbsbehörden zudem auf weitere Schwierigkeiten. Aufgrund der komplexen Struktur der Finanzmarktaufsichtsbehörden ist der Aufbau eines Kooperationsmechanismus nicht einfach. Je nach Größe und Situation eines Instituts können unterschiedliche Behörden für die Aufsicht zuständig sein.[81] Vorrangig wird die Durchsetzung der Finanzmarktregeln auf nationaler Ebene durch die dortigen Behörden veranlasst, sodass die Organisation eines Austauschmechanismus bereits durch die reine Anzahl an potenziellen Teilnehmern komplex wäre. Auf Sachebene kämen die nationalen Unterschiede hinzu. Daher erscheint eine Sammlung und Bündelung dieser Kooperationsmechanismen über die euro-

---

klageweise gegen einen Rechtsakt vorgehen kann, der unter Verletzung ihrer (Teil-)Organrechte geschaffen wurde.

[77] Siehe zu positiven Effekten dieser Beteiligung etwa bei der Schaffung der SEPA, *Karpf*, in: von der Groeben/Schwarze/Hatje, Europäisches Unionsrecht, Art. 22 EZB-Satzung, Rn. 26.

[78] *Häde*, in: Calliess/Ruffert, EUV/AEUV, Art. 127 AEUV, Rn. 55.

[79] In diese Richtung für UK, *Kirkpatrick*, ECJ 14 (2018), 152, 156. Er verweist zudem darauf, dass bei rechtzeitiger Beteiligung weniger intensive Hinweise auf potenzielle Wettbewerbsschäden bereits ausreichen, *Kirkpatrick*, a.a.O., S. 168.

[80] *Bergmann*, in: FK-KartR (Stand: August 2015, 84. Ergänzungslieferung), Bd. V, § 50c GWB [a.F.], Rn. 28–38.

[81] *Carletti/Smolenska*, OECD Background note, DAF/COMP/WP2(2017)8, Rn. 36.

päischen Behörden zielführender, wie es über die ESMA oder die EBA ermöglicht wird. ESMA und EBA führen einerseits die Aufsicht über die nationalen Regulierungsbehörden, sammeln deren Informationen und veröffentlichen Handlungsempfehlungen.[82] Andererseits sind sie aber auch beratend für Kommission, Rat und Parlament tätig.[83]

Auf europäischer Ebene können Informationen über Wettbewerbsbeschränkungen über das bei der Generaldirektion Wettbewerb angesiedelte ECN gesammelt werden und hierüber gebündelt in den Austausch eingebracht werden.[84]

Ein Einfallstor auf europäischer Ebene wäre demnach etwa der Gemeinsame Ausschuss der Europäischen Aufsichtsbehörden, der nach Maßgabe der jeweiligen Art. 54 der EBA- und der ESMA-VO errichtet wurde. Gemäß Art. 55 Abs. 2 der jeweiligen Verordnungen wohnt den Sitzungen des Gemeinsamen Ausschusses ohnehin ein Mitglied der Kommission bei. Hierzu, und in die Unterausschüsse gemäß Art. 57, könnten Mitarbeiter der Generaldirektion Wettbewerb entsendet werden und zu den wettbewerblichen Auswirkungen verschiedener Maßnahmen beraten. Wettbewerbsrelevante Gesichtspunkte wie Regulierungsarbitrage und sektorübergreifende Wettbewerbsverhältnisse zwischen Adressaten verschiedener Regulierungen könnten hier zielgenau adressiert werden.[85] Umgekehrt könnten Erkenntnisse über die jeweiligen Märkte als Ausgangspunkt für vertiefte wettbewerbsrechtliche Untersuchungen dienen.[86]

Neben der Festschreibung dieser Kooperationen in den Verordnungen erscheint auch der Abschluss eines Memorandum of Understanding denkbar, also einer nicht-bindenden (häufig bilateralen) Absichtserklärung der betroffenen Institutionen. Dies ist wiederum ein Instrument, das im Vereinigten

---

[82] Art. 8, 31 EBA-VO; Art. 8, 31 ESMA-VO.

[83] Art. 34 EBA-VO; Art. 34 ESMA-VO. Allgemeiner zur Rolle der Unionsagenturen, bzw. insb. der EBA, *Züll*, in: Schorkopf u.a., Gestaltung der Freiheit, S. 237. Die EBA sei eine „eher nach dem Modell einer unabhängigen Aufsichtsbehörde zur Rechtsdurchsetzung konzipiert […], denn als alleinverbindliche Gestalterin im Finanzmarktsektor", *Züll*, a.a.O., S. 252.

[84] Als Vorbild für eine entsprechende Sammlung mag etwa das „Information Paper on Competition Enforcement in the Payments Sector, March 2012" dienen, das von der ECN Subgroup Banking and Payments erarbeitet wurde, abrufbar unter www.ec.europa.eu/competition/sectors/financial_services/information_paper_payments_en.pdf.

[85] ErwG 11 EBA-VO; ErwG 11 ESMA-VO; Art. 1 SSM-VO. Vgl. Commission Staff Working Document, European Financial Stability and Integration Review, April 2015, SWD(2015) 98 final, S. 179. Die Generaldirektion Finanzstabilität, Finanzdienstleistungen und Kapitalmarktunion (FISMA) fordert an dieser Stelle ebenfalls mehr Abstimmung bei der Durchsetzung des Wettbewerbsrechts und der Finanzmarktregulierung.

[86] Vgl. zur Erstellung wirtschaftlicher Analysen der Märkte Art. 1 Abs. 5 UAbs. 2 der jeweiligen ESA-VOen.

Königreich genutzt wird, aber auch in der EU von Bedeutung ist.[87] Beispielhaft hierfür ist etwa das Memorandum of Understanding zwischen ESMA, EZB und den nationalen Aufsichtsbehörden über Informationsaustausch und Kooperation.[88]

III. Sektoruntersuchungen als Grundlage für Regulierung

Ein Instrument mit besonderem Potenzial für die Verknüpfung von kartellrechtlichen Maßnahmen und Gesetzgebung ist die Sektoruntersuchung nach Art. 17 VO 1/2003. Deren Ergebnisse können als Grundlage für Regulierungsmaßnahmen dienen, die vorgefundene Marktstrukturen über den Einzelfall hinaus verbessern. Die aktuelle Regelung für Sektoruntersuchungen unterliegt jedoch Beschränkungen, die im Folgenden aufgezeigt werden sollen. Zur effektiven Nutzung etwaiger Untersuchungsergebnisse bedürfte es einer Reform der bisherigen Regelung.[89] Als Vorbild kann hierfür das Vereinigte Königreich dienen. In verschiedenen Fällen konnte das Sonderwissen aus Marktuntersuchungen als Grundlage für Empfehlungen und Einflussnahmen auf Gesetzgebungsverfahren genutzt wurde.[90]

1. Bisherige Nutzung der Sektoruntersuchungen und Marktstudien auf den Finanzmärkten

Teilweise konnten Erkenntnisse aus Sektoruntersuchungen auch in der EU für Regulierungsmaßnahmen fruchtbar gemacht werden. Die beschriebenen Regulierungsmaßnahmen auf den Finanzmärkten gehen (unter anderem) auf Marktuntersuchungen der Generaldirektion Wettbewerb zurück. Die Sektoruntersuchung Retail-Banking 2007 verwies umfassend auf die Problematik der Interbankenentgelte[91] und der Zugangsregelungen zu Kartenzahlungssystemen.[92] Diese mündeten in die Verfahren gegen VISA, MasterCard oder CB.[93] Doch auch für regulatorische Maßnahmen wurde der Grund gelegt, etwa für die

---

[87] Hierzu etwa *Adamski*, ELRev 45 (2020), 100; *Karatzia/Konstadinides*, ELRev 44 (2019), 447.

[88] ESMA, Pressemitteilung v. 8.2.2016, abrufbar unter www.esma.europa.eu/press-news/esma-news/esma-national-securities-regulators-and-ecb-exchange-information.

[89] Zu entsprechenden Vorschlägen für die Erweiterung des bisherigen Instrumentariums, insbesondere für die Digitalmärkte, *Fletcher*, JECLAP 12 (2021), 44; *OECD*, Using market studies to tackle emerging competition issues, 2020.

[90] *Kirkpatrick*, ECJ 14 (2018), 152, 159–167.

[91] Commission Staff Working Document, Accompanying the Communication from the Commission – Sector Inquiry under Art 17 of Regulation 1/2003 on retail banking (Final Report) [COM(2007) 33 final], SEC(2007) 106, S. 109–117.

[92] Commission Staff Working Document, Accompanying the Communication from the Commission – Sector Inquiry under Art 17 of Regulation 1/2003 on retail banking (Final Report) [COM(2007) 33 final], SEC(2007) 106, S. 135–141.

[93] Ebenso *Jungermann*, in: FK-KartR, Bd. III, Art. 17 VO 1/2003, Rn. 19.

Zugangsansprüche zu Zahlungssystemen in den Zahlungsdiensterichtlinien oder für die SEPA-Verordnung.[94]

Entsprechendes gilt für das Arbeitspapier der Generaldirektion Wettbewerb zum Wettbewerb im Markt für Wertpapierhandel und Nachhandelsdienstleistungen.[95] Darin wurde bereits umfassend auf die Wettbewerbsprobleme bei Clearing und Settlement hingewiesen und vorgeschlagen, regulatorische Schritte einzuleiten, die den Nachhandelsmarkt öffnen. In der Folge wurden (insbesondere) die oben beschriebenen Zugangsansprüche aus Art. 7, 8 EMIR, Art. 35 MiFIR und Art. 33, 50–52 CSDR geschaffen.[96]

2. *Einschränkungen bei der Ermittlung und Nutzung von Erkenntnissen aus Sektoruntersuchungen*

Obwohl im Bereich der Finanzmärkte bereits positiver Nutzen aus Marktuntersuchungen gezogen wurde, lässt die aktuelle Fassung des Art. 17 VO 1/2003 grundsätzlich keine weitreichende Nutzung der Sektoruntersuchung als Vorbereitung von Regulierung zu. Die von der Kommission gesammelten Untersuchungsergebnisse unterliegen einer Zweckbindung, die eine Nutzung für die Gesetzgebung weitgehend ausschließt.

a) Voraussetzungen für eine Sektoruntersuchung

Zunächst ist Art. 17 VO 1/2003 auf Grundlage des Art. 103 AEUV erlassen und somit (ausschließlich) auf die „Verwirklichung der in den Artikeln 101 und 102 niedergelegten Grundsätze“[97] gerichtet. Es besteht eine Zweckbindung hinsichtlich der Durchsetzung der Art. 101, 102 AEUV.[98] Die Kommission darf eine Sektoruntersuchung nur einleiten, wenn die Vermutung besteht, dass zumindest auch unternehmerisches Fehlverhalten im Sinne der Art. 101, 102 AEUV zu den Wettbewerbsstörungen führt.[99] Voraussetzung für die Eröffnung einer Sektoruntersuchung ist also das Vorliegen eines Anfangsverdachts für eine Wettbewerbsstörung, wenngleich dieser sich nicht auf eine konkrete wettbewerbsbeschränkende Maßnahme eines spezifischen Unternehmens beziehen

---

[94] Commission Staff Working Document, Accompanying the Communication from the Commission – Sector Inquiry under Art 17 of Regulation 1/2003 on retail banking (Final Report) [COM(2007) 33 final], SEC(2007) 106, S. 149–160. Zu den Zugangsansprüchen zu Zahlungssystemen siehe oben S. 104 ff.

[95] Europäische Kommission, Competition in EU securities trading and post-trading Issues Paper.

[96] Siehe oben S. 85, 143, 144.

[97] Art. 103 Abs. 1 AEUV.

[98] *Barthelmeß/Rudolf*, in: LMRKM, Kartellrecht, Art. 17 VO 1/2003, Rn. 12.

[99] *de Bronett*, WuW 2010, 258, 262.

muss.[100] Nicht ausreichend ist hingegen, dass ausschließlich sonstige Marktstörungen oder Marktversagen vermutet werden oder gar nur ein generelles Interesse daran besteht, Kompetenzen hinsichtlich bestimmter Märkte aufzubauen.[101]

Solche anlasslosen Untersuchungen wären rechtswidrig.[102] Dies folgt aus der Reichweite der Handlungsmöglichkeiten der Kommission bei der Nutzung der Sektoruntersuchung. Art. 17 Abs. 3 VO 1/2003 eröffnet der Kommission umfassende Frage- und Nachprüfungsrechte, ebenso wie bei Untersuchungen in einem Einzelverfahren.

b) Beschränkungen in der Verwertung von Ergebnissen

Doch auch bei der Verwertung der erlangten Informationen ergeben sich Beschränkungen. Lediglich diejenigen Informationen, die in den Abschlussberichten der Sektoruntersuchung zulässigerweise veröffentlicht werden, dürfen für anderweitige Gesetzgebungsmaßnahmen genutzt werden, nicht jedoch die individualisierten Informationen aus einzelnen Untersuchungsmaßnahmen.[103] Da die Gesetzgebungsmaßnahmen jedoch eher den strukturellen Rahmen betreffen und nicht individuelles Verhalten angreifen (dürfen), dürften aggregierte Daten oder zusammengefasste Erkenntnisse zu potenziellen Regulierungsfällen typischerweise ausreichen, um dem Gesetzgeber eine hinreichende Grundlage für Gesetzesinitiativen oder diese vorbereitende Maßnahmen zu bieten.[104]

---

[100] *Hennig*, in: Immenga/Mestmäcker, Bd. 1. EU, Art. 17 VO 1/2003, Rn. 7–8; *Miersch*, in: Dalheimer/Feddersen/Miersch, EU-Kartellverfahrensverordnung, Art. 17, Rn. 4.

[101] Zu *market inquiries* im Allgemeinen siehe etwa *Dunne*, Competition Law and Economic Regulation, S. 279–294; *Indig/Gal*, in: Drexl/Di Porto, Competition Law as Regulation, S. 89; zu sog. *competence-building studies* im Speziellen *Indig/Gal*, a.a.O., S. 94.

[102] *de Bronett*, WuW 2010, 258, 262.

[103] *Hennig*, in: Immenga/Mestmäcker, Bd. 1. EU, Art. 17 VO 1/2003, Rn. 45. Ebenso mit Blick auf Art. 28 Abs. 1 VO 1/2003, *Bischke/Neideck*, in: MüKoWettbR, Bd. 1, Art. 17 VO 1/2003, Rn. 8. Vgl. aber EuGH, Urt. v. 12.10.1989, *Dow Benelux*, Rs. 85/87, EU:C 1989:379, Rn. 19, wonach zufällig erlangte Informationen aus anderen Verfahren jedenfalls genutzt werden können, um weitere Untersuchungsmaßnahmen einzuleiten. Siehe auch *Schweitzer*, NCT Expert Report, S. 26–27, die unter Verweis auf diese Rspr. eine eingeschränkte Nutzbarkeit zufällig erlangter Kenntnisse befürwortet, insbesondere für Ermittlungsmaßnahmen zur Einleitung eines Verfahrens unter dem ehemals geplanten New Competition Tool.

[104] A.A. (wohl) *Hennig*, in: Immenga/Mestmäcker, Bd. 1. EU, Art. 17 VO 1/2003, Rn. 45, nach dem die Ergebnisse im Abschlussbericht allenfalls ergänzenden Charakter für potenzielle Gesetzgebungsverfahren haben.

3. Vorteile der weitreichenden Verwendung der Ergebnisse

Als Kehrseite ist hervorzuheben, dass trotz der Beschränkungen bei der Nutzung der Sektoruntersuchung ein weiterer Blickwinkel eingenommen werden kann. Neben rückliegenden Wettbewerbsbeschränkungen können zukünftige wahrscheinliche Entwicklungen identifiziert werden. Sofern das Kriterium des Anfangsverdachts für unternehmensbezogene wettbewerbswidrige Verhaltensweisen überschritten ist, können trotz der grundsätzlichen Beschränkung generelle Wettbewerbsprobleme und Marktversagenskonstellationen identifiziert werden.[105] Insoweit kann die Generaldirektion Wettbewerb durch das Instrument der Sektoruntersuchung eine lenkende Funktion einnehmen, um Wettbewerbsprinzipen in die weitergehende Politik der Kommission einzubetten.[106] Durch die Möglichkeit, regulatorisches Vorgehen in konkretisierter Weise jedenfalls zu empfehlen,[107] kann der Abschlussbericht einer Sektoruntersuchung als Leitinstrument und Verknüpfung zwischen Kartellbehörde und Gesetzgeber genutzt werden.[108]

4. Marktuntersuchungen ohne Rechtsgrundlage?

Besonderes Augenmerk ist an dieser Stelle noch einmal auf das Arbeitspapier der Generaldirektion Wettbewerb zum Wettbewerb im Markt für Wertpapierhandel und Nachhandelsdienstleistungen zu legen. Dieses wurde auf Grundlage einer freiwilligen Marktbefragung erarbeitet, also ohne Nutzung der Eingriffsgrundlagen der VO 1/2003.[109]

Aus rechtlicher Perspektive dürfte nichts gegen die Vornahme freiwilliger Befragungen einzuwenden sein. Zwar hat die Kommission die Möglichkeit aus Art. 18 Abs. 2 (i.V.m. Art. 17 Abs. 3) VO 1/2003, einfache Auskunftsverlangen zu übersenden. Diese sind jedoch mit Hinweisen zu versehen, insbesondere auf die Möglichkeit (beträchtlicher) Geldbußen bei Falschbeantwortung.[110] Werden die Unternehmen hingegen auf die Freiwilligkeit der Beantwortung sowie die geplante Nutzung der Antworten hingewiesen, dürften formlose Anfragen der Kommission zulässig sein. Ob die Unternehmen die Fragebögen beantworten, steht ihnen frei. Gleichwohl ist der Wert der erhaltenen Antworten kritisch zu hinterfragen, da die Falschbeantwortung ohne Sanktionsmöglichkeiten bleibt. Dies birgt einerseits das Risiko, dass Unternehmen über die

---

[105] *OECD*, Using market studies to tackle emerging competition issues, 2020, S. 19–20.

[106] *Kroes*, Rede v. 26.3.2007, Fact-based competition policy – the contribution of sector inquiries to better regulation, priority setting and detection, SPEECH/07/186.

[107] *OECD*, Using market studies to tackle emerging competition issues, 2020, S. 21.

[108] *Dunne*, Competition Law and Economic Regulation, S. 281–282.

[109] Europäische Kommission, Competition in EU securities trading and post-trading Issues Paper, Rn. 5.

[110] Bis zu 1 % des im vorausgegangenen Geschäftsjahr erzielten Gesamtumsatzes, Art. 23 Abs. 1 lit. a) VO 1/2003.

Fragebögen eigene Vorteile suchen. Auch können kleinere Marktteilnehmer ohne entsprechende Ressourcen unterrepräsentiert sein, während große Marktakteure regelmäßig über einen entsprechenden Apparat für Öffentlichkeits- oder Lobbyarbeit verfügen. Andererseits besteht die Möglichkeit, Fragen offener zu gestalten und Informationen über Erwartungen für die Zukunft oder auch bloße Wünsche zu erhalten, die im Rahmen formaler Verfahren nicht zu erhalten sind, da sie für die rückblickende kartellrechtliche Beurteilung nicht von Bedeutung sind.

Zur ernsthaften Nutzung eines solchen Instruments als Vorbereitung für die Gesetzgebung bedarf es dennoch einer Formalisierung, zum einen um die Qualität und Quantität der Auskünfte zu sichern, die Beteiligung aller relevanten Marktteilnehmer notfalls erzwingen zu können und zum anderen um diese Auskünfte in einem rechtssicheren Rahmen verwerten zu können.[111] Zudem ist die Einbindung weiterer Beteiligter, insbesondere der gesetzgebenden Stellen, notwendig, um eine effektive Implementierung der Untersuchungsergebnisse zu gewährleisten.[112]

IV. Schaffung originär kartellrechtlicher Vorschriften in der Finanzmarktregulierung

In engem Zusammenhang mit regulierungsvorbereitenden Sektoruntersuchungen stehen (angeblich) originär kartellrechtliche Regulierungsvorschriften, wie etwa § 57 ZAG, der nach der Gesetzesbegründung kartellrechtlicher Natur ist,[113] und § 58a ZAG, der jedenfalls Anleihen an das Kartellrecht nimmt.[114]

Bei der Schaffung solcher Vorschriften, und dies ist mit Nachdruck zu betonen, sollte der Gesetzgeber kartellrechtliche Expertise hinzuziehen. Die beschriebenen Nachteile „schlechter" Wettbewerbsregulierung durch fehlende Ermittlung der Marktverhältnisse[115] und damit einhergehende Überregulierung sind vor dem Hintergrund umfassend bestehender Expertise bei den Kartellbehörden jedenfalls vermeidbar.

---

[111] In diese Richtung auch *OECD*, Using market studies to tackle emerging competition issues, 2020, S. 23.

[112] *OECD*, Using market studies to tackle emerging competition issues, 2020, S. 25.

[113] Bzgl. § 57 ZAG, Gesetzentwurf der Bundesregierung, Entwurf eines Gesetzes zur Umsetzung der Zweiten Zahlungsdiensterichtlinie, 13.3.2017, BT-Drs. 18/11495, S. 141. Vgl. zu weiteren Beispielen solcher „hybrider" Ansätze aus den USA und Australien, *Dunne*, Competition Law and Economic Regulation, S. 297–314.

[114] Vgl. FDP-Bundestagsfraktion, Bericht des Finanzausschusses zu dem Gesetzentwurf der Bundesregierung – Drucksache 19/13827 – Entwurf eines Gesetzes zur Umsetzung der Änderungsrichtlinie zur Vierten EU-Geldwäscherichtlinie, BT-Drs. 19/15196, S. 12.

[115] Insbesondere bei § 58a ZAG, siehe oben S. 118 f., v.a. die Beispiele in 3. Teil, Fn. 188.

B. Kooperation bei der Durchsetzung von Kartell- und Regulierungsrecht

Neben der Ebene der Gesetzgebung könnten Kooperationen auch auf der Durchsetzungsebene stattfinden. In Betracht kommen verschiedene Ansätze. Möglich ist etwa die wechselseitige Beteiligung der jeweils anderen Behörden, wenn entweder kartellrechtsrelevante Sachverhalte von den Fachbehörden aufgegriffen werden oder umgekehrt die Kartellbehörden auf den Finanzmärkten tätig werden.

I. Einvernehmen, Informationsaustausch, Stellungnahmen

Zunächst sind die auf nationaler Ebene angelegten Vorschriften für die Zusammenarbeit mit den Fachbehörden heranzuziehen. Wie bereits beschrieben, kann im Einzelfall gemäß § 50f GWB und § 17 Abs. 2 WpHG eine Kooperation zwischen Bundeskartellamt, BaFin und Bundesbank bei der Bearbeitung von Einzelfällen stattfinden. Dies kann jedenfalls in Zugangsfällen nach dem GWB hilfreich sein, wenn das Kriterium der Systemstabilität bei einer Zugangsverweigerung als Rechtfertigungsgrund angeführt wird.[116]

Weitere Ansätze sind in § 123 Abs. 1 TKG oder § 28 Abs. 2 Agrarmarktstrukturgesetz auffindbar. Hiernach werden Entscheidungen im Einvernehmen, also mit Zustimmung der jeweils anderen Behörde,[117] erlassen. § 123 Abs. 1 TKG sieht je nach Eingriffsinstrument aber auch bloße Stellungnahmerechte vor, die lediglich in die Meinungsbildung des Organs einfließen müssen.[118] Ebenfalls wird hier eine „einheitliche und den Zusammenhang mit dem Gesetz gegen Wettbewerbsbeschränkungen wahrende Auslegung" vorgeschrieben.

In Anbetracht obig beschriebener Kritik zur Vernachlässigung des Kriteriums der „wesentlichen Einrichtung" bei finanzmarktbezogenen Zugangsvorschriften[119] sind derartige Kooperationsmechanismen wenig hilfreich. Wo die gesetzlichen Vorschriften kartellrechtliche Wertungen bereits vernachlässigen, ist das sprichwörtliche Kind bereits in den Brunnen gefallen; die Einflussmöglichkeiten der Kartellbehörden sind insoweit faktisch nicht existent. Die Kartellbehörden können sich nicht aus wettbewerblichen Gesichtspunkten über den Wortlaut der Vorschriften hinwegsetzen.

Auch fehlt es auf europäischer Ebene an entsprechenden Vorschriften, sodass eine Kooperation bereits hieran scheitert. Allenfalls die erwähnte Beschlussfassung im Kollegium der Kommissare[120] ermöglicht eine Einflussnahme durch die Generaldirektion Wettbewerb, allerdings mit der beschriebenen Einschränkung, dass diese vom Kollegium ignoriert werden kann.

---

[116] Zur fehlenden Fachkompetenz der Kartellbehörden bei der Beurteilung dieser Kriterien, siehe oben S. 136 f.

[117] *Gramlich*, in: Scheurle/Mayen, TKG, § 123, Rn. 5.

[118] *Gramlich*, in: Scheurle/Mayen, TKG, § 123, Rn. 6.

[119] Siehe oben S. 129 ff.

[120] Siehe oben S. 243.

II. Zuweisung kartellrechtlicher Kompetenzen zur Aufsichtsbehörde

Eine weitere Option zur Koordination kartell- und regulierungsrechtlicher Maßnahmen stellt die Betrauung der Finanzaufsichtsbehörden mit der Durchsetzung kartellrechtlicher Vorschriften dar.[121] Anstatt einen Austausch zwischen verschiedenen Behörden zu institutionalisieren, welcher die Reaktionsgeschwindigkeit auf sich verändernde Märkte weiter verlangsamt, könnte man die Kompetenzen bei einer Behörde bündeln. Im Falle der Finanzmärkte wäre es etwa denkbar, Wettbewerbskompetenzen zur sachnäheren Finanzaufsicht zu ziehen und somit eine Verknüpfung von Marktkenntnis und kartellrechtlichen Kompetenzen zu erzielen.[122] Diese Behörde hätte dann die Möglichkeit, zwischen den verschiedenen Eingriffsinstrumenten zu entscheiden, oder könnte sich an Vorgaben orientieren, wann auf die eine oder andere Materie zurückzugreifen ist. Zugleich ist eine Kooperation mit der Wettbewerbsbehörde weiterhin möglich. Als Vorbild kann insoweit das britische Modell dienen, wie im Folgenden beschrieben.

1. Parallele Anwendung des Kartellrechts durch britische Finanzaufsichtsbehörden

Im Vereinigten Königreich wurde entsprechend dortiger Tradition aus den Netzwirtschaften[123] eine konkurrierende Zuständigkeit zwischen Kartell- und Fachbehörde geschaffen. Die Financial Conduct Authority (FCA) sowie der neu geschaffene Payment Systems Regulator (PSR) wurden ermächtigt, aber zugleich auch verpflichtet, kartellrechtliche Maßnahmen zu treffen.[124] Die entsprechenden Regeln lauten wie folgt:

„62 Duty to consider exercise of powers under Competition Act 1998

(1) Before exercising any power within subsection (2), the Payment Systems Regulator must consider whether it would be more appropriate to proceed under the Competition Act 1998.

[...]

(3) The Payment Systems Regulator must not exercise the power if it considers that it would be more appropriate to proceed under the Competition Act 1998.“

---

[121] *OECD*, Competition enforcement and regulatory alternatives, 2021, S. 20–21.

[122] *Carletti/Smolenska*, OECD Background note, DAF/COMP/WP2(2017)8, Rn. 66; für Deutschland *Goldmann*, Kapitalmarkttransaktionen als Kartellrechtsverstoß; *Seier*, Kartellrechtsrelevante Marktmanipulationen, S. 65–67. Dagegen *Hellwig*, MPI Discussion Paper 2018/7, S. 24, der befürchtet, dass durch eine solche Verknüpfung das Problem einer *regulatory capture* auf die Kartellbehörde abfärbt.

[123] Siehe etwa *Dunne*, Modern Law Review 77 (2014), 254, 256–263; *dies.*, Competition Law and Economic Regulation, S. 267–272; *Graham*, JECLAP 7 (2016), 407.

[124] Für die FCA siehe Sec. 234K subsec. 2, 3 Financial Services and Markets Act 2000; für den PSR Sec. 62 subsec. 1, 3, Financial Services (Banking Reform) Act 2013.

„234K Duty to consider exercise of powers under Competition Act 1998

(1) Before exercising a power listed in subsection (3), the FCA must consider whether it would be more appropriate to proceed under the Competition Act 1998.

(2) The FCA must not exercise such a power if it considers that it would be more appropriate to proceed under the Competition Act 1998."

Die in Bezug genommenen Sondervorschriften (*power within subsection (2)*) beinhalten die Ermächtigung für den PSR, Zugang, Entgelte und Systemregeln der Zahlungssysteme positiv zu regulieren und oder gar eine Entflechtung anzuordnen.[125] Bei der FCA beziehen sich die regulatorischen Befugnisse auf die Eingriffsnormen zur Durchsetzung ihrer *operational objectives* (Verbraucherschutz, Systemschutz und Wettbewerb).[126]

Begleitet werden diese Normen durch verschiedene gesetzliche[127] und untergesetzliche Maßnahmen beziehungsweise Bekanntmachungen,[128] in denen Regeln zur gemeinsamen Durchsetzung des Wettbewerbsrechts durch die verschiedenen Behörden festgelegt wurden.[129] In diesen Bekanntmachungen ist vorgesehen, die jeweils parallel zuständige Behörde zu informieren, bevor Befugnisse aus Kartellrecht eingesetzt werden. Zudem soll ein Austausch über den Fortgang der Verfahren stattfinden, soweit gesetzlich zulässig. Darüber hinaus sind weitere Kooperationsmechanismen vorgesehen, wie etwa der Austausch von Mitarbeitern im Rahmen von Secondments in der jeweils anderen Behörde.[130] FCA und PSR sind außerdem Mitglied im UK Competition

---

[125] Sec. 54–58 Financial Services (Banking Reform) Act 2013. Detailliert zu den Befugnissen des PSR, *Malinauskaite*, ECLR 36 (2015), 415, 417–419.

[126] Sec. 1B subsec. 3, Sec. 1C–1E Financial Services and Markets Act 2000. Insbesondere zum *competition objective*, *Herron*, Competition LJ 13 (2014), 248, 251.

[127] Competition Act 1998 (Concurrency) Regulations 2014.

[128] CMA, Regulated industries: Guidance on concurrent application of competition law to regulated industries, März 2014, abrufbar unter www.gov.uk/government/publications/guidance-on-concurrent-application-of-competition-law-to-regulated-industries; CMA and PSR memorandum of understanding, December 2015, abrufbar unter www.gov.uk/government/publications/cma-and-psr-memorandum-of-understanding; CMA and FCA memorandum of understanding – competition powers, July 2019, abrufbar unter www.gov.uk/government/publications/cma-and-fca-memorandum-of-understanding; FCA, Finalised Guidance 15/08, abrufbar unter www.fca.org.uk/publication/finalised-guidance/fg15-08.pdf.

[129] Für einen Überblick siehe *Carletti/Smolenska*, OECD Background note, DAF/COMP/WP2(2017)8, Kasten bei Rn. 69.

[130] CMA and PSR memorandum of understanding, December 2015, abrufbar unter www.gov.uk/government/publications/cma-and-psr-memorandum-of-understanding; CMA and FCA memorandum of understanding – competition powers, July 2019, abrufbar unter www.gov.uk/government/publications/cma-and-fca-memorandum-of-understanding, jeweils Rn. 21–23; zu Secondments Rn. 53–57.

Network, sodass auch auf dieser Ebene ein interinstitutioneller Austausch stattfinden kann.[131]

2. *Übertragung des Modells auf die EU?*

Entsprechend wäre es denkbar, die Durchsetzung der Wettbewerbsvorschriften in den EU-Mitgliedstaaten auch den Finanzaufsichtsbehörden zu übertragen. Die Mitgliedstaaten können ihre zuständigen Behörden autonom bestimmen. Die Textfassung des Art. 35 Abs. 1 VO 1/2003 sieht ausdrücklich vor, dass (entsprechend dem englischen Modell) mehrere Behörden zur Anwendung der Art. 101, 102 AEUV bestimmt werden können.[132]

a) Vorteile

Die Vorteile eines solchen Vorgehens scheinen auf der Hand zu liegen. Durch die Erstverantwortung der Sektorbehörde für die Durchsetzung (auch) des Wettbewerbsrechts, kann diese ihre Befugnisse in einer konsistenten Weise, im Rahmen einer Gesamtstrategie, ausüben und somit den Markt nach einem einheitlichen Konzept gestalten. Divergenzen zwischen den Eingriffen der sektorspezifischen Behörde und dem Vorgehen der Kartellbehörden werden vermieden.[133] Zugleich wird die Gefahr gegenläufiger Entscheidungen ausgeschlossen.

Für eine Verschiebung der Wettbewerbskompetenzen wird zudem angeführt, die Fachbehörden hätten eine bessere Sachkenntnis und einen besseren Überblick über die betroffenen Märkte.[134]

b) Argumente gegen eine konkurrierende Anwendung der Wettbewerbsvorschriften

Damit gehen korrespondierende Nachteile Hand in Hand: Zum einen stehen der besseren Marktkenntnis schlechtere beziehungsweise keine Kenntnisse hinsichtlich des Wettbewerbsrechts gegenüber. Das Plus an Sektorkenntnis geht zulasten der Kartellrechtskenntnis.[135] Es müssen bei der sachnäheren

---

[131] *Jones/Bethell/Cameron*, Competition LJ 14 (2015), 179, 186; *Malinauskaite*, ECLR 36 (2015), 415, 421.

[132] Die deutsche Fassung lautet „Die Mitgliedstaaten bestimmen die für die Anwendung der Artikel 81 und 82 des Vertrags zuständige*(n)* Wettbewerbsbehörde*(n)*“; die englische „The Member States shall designate the competition authority *or authorities*“; die französische „Les États membres désignent l'autorité *ou les autorités* de concurrence“ (Hervorhebung jeweils nur hier).

[133] *Dabbah*, Cambridge LJ 70 (2011), 113, 120–121.

[134] *Dabbah*, Cambridge LJ 70 (2011), 113, 120; *Dunne*, Modern Law Review 77 (2014), 254, 272, jedoch mit Gegenargumenten.

[135] *Dunne*, Modern Law Review 77 (2014), 254, 272; *dies.*, Competition Law and Economic Regulation, S. 271.

Behörde also zusätzliche Ressourcen aufgebaut werden, insbesondere Mitarbeiter eingestellt oder besonders geschult werden.[136]

Zum anderen erhöht sich durch die Verquickung von Aufsicht und Kartellrechtsdurchsetzung das Risiko sogenannter *regulatory capture*.[137] Durch die dauerhafte Interaktion können Mitarbeiter der Regulierungsbehörden den Bedürfnissen der regulierten Unternehmen zu viel Gehör schenken und durch die Regulierungsunterworfenen vereinnahmt werden, sodass die Effektivität der Aufsicht verloren geht.[138] Für eine effektive Durchsetzung kartellrechtlicher Verbotsnormen ist ein solches Verhältnis nicht geeignet.[139] Insbesondere die Hemmschwelle zur Nutzung der weitreichenden Ermittlungsmaßnahmen und die generelle Aufgreifschwelle bei Verdacht auf Kartellrechtsverstöße könnten hierdurch steigen.

---

[136] Siehe etwa *Jones/Bethell/Cameron*, Competition LJ 14 (2015), 179, 182, wonach die FCA zur Anwendung der neuen Kompetenzen eine Competition Division, bestehend aus 80 teils neuen, teils alten Mitarbeitern, eingesetzt hat. *Dunne*, Modern Law Review 77 (2014), 254, 272 berichtet insoweit von Problemen bei der Anwerbung qualifizierten Personals.

[137] *Dabbah*, Cambridge LJ 70 (2011), 113, 118; *Dunne*, Competition Law and Economic Regulation, S. 266; *Hellwig*, MPI Discussion Paper 2018/7, S. 10 f., 24; a.A. für die BaFin (wohl) *Goldmann*, Kapitalmarkttransaktionen als Kartellrechtsverstoß; *Seier*, Kartellrechtsrelevante Marktmanipulationen, S. 69–71, der keine Nachweise für *capture* bei der BaFin ausmacht. Zum Begriff *Posner*, in: Carpenter/Mass, Preventing Regulatory Capture, S. 49–56. Er weist insbesondere auf die begriffliche Ungenauigkeit zwischen dem *regulatory capture*-Prozess, bezogen auf die Vereinnahmung einer Behörde durch die Regelungsunterworfenen, und die *capture theory* hinsichtlich der Schaffung von Regulierungsrecht als durch die potenziellen Regelungsadressaten beeinflussten Vorgang hin. So „ungenau" etwa *Leschke*, in: Fehling/Ruffert, Regulierungsrecht, § 6, Rn. 80; *Schulz*, Kartellrecht als „Regulierungsinstrument", S. 260–262. Freilich ist die sprachliche Ungenauigkeit auch den Unterschieden in den Rechtsordnungen geschuldet. Die nationalen Regulierungsbehörden, wie die Bundesnetzagentur, können eigenständig Regulierungsrecht setzen, sodass Vereinnahmung der Behörde und Beeinflussung des Rechtsetzungsverfahrens sich überschneiden. Zum *capture*-Prozess grundlegend *Bernstein*, Regulating Business by Independent Commission; zur *capture theory* im engeren Sinne, *Stigler*, Bell Journal of Economics and Management Science 2 (1971), 3; *Peltzman*, JLE 19 (1976), 211.

[138] *Bernstein*, Regulating Business by Independent Commission, S. 87: „The commission becomes accepted as an essential part of the industrial system. As the program of regulation becomes broader in scope and impinges more directly on the functions of management, the stakes become greater. Hence the struggle to control the formulation of regulatory policies and to influence the conditions surrounding the regulatory process becomes more carefully calculated. The commission becomes more concerned with the general health of the industry and tries to prevent changes which adversely affect it." Siehe auch *Möschel*, WuW 2002, 683, 687.

[139] In diese Richtung für Beihilfen im Nachgang der Finanzkrise, *Jenny*, World Competition 32 (2009), 449, 457–458.

Zuletzt werden die Fachbehörden gerade aufgebaut, um mit den sektorspezifischen Besonderheiten und dem jeweiligen Marktversagen umzugehen.[140] Die Fachbehörden sind etwa im Bereich der Netzwirtschaften (auch) für die Versorgungssicherheit zuständig, im Bereich der Finanzmärkte für die Systemstabilität. Diese Sonderaufgaben rechtfertigen ein System organisatorischer und personeller Trennung, in dem eine Behörde ihre Positionen mit Nachdruck gegenüber der jeweils anderen vertritt. So ist sichergestellt, dass in Abwägungssituationen keine der Positionen vernachlässigt wird.[141] Zudem wurde das sektorspezifische Regime geschaffen, gerade weil die Anwendung der Wettbewerbsvorschriften nicht ausreichte, um den Wettbewerb zu stimulieren.[142]

c) Spezifische Probleme auf europäischer Ebene

Neben diesen allgemeinen Bedenken gegen eine Verlagerung kartellrechtlicher Kompetenzen an die Fachbehörde sprechen Spezifika der europäischen Finanzaufsicht gegen eine Übertragung des britischen Modells.

Die europäische Finanzmarktaufsicht ist stark segmentiert, der Behördenaufbau komplex.[143] Bereits jetzt sind Kompetenzen gestreut zwischen europäischen und nationalen Behörden. Auf europäischer Ebene sind je nach Regelungsadressat und -materie die ESMA, die EBA oder die EZB zuständig. Auf nationaler Ebene zieht sich diese Unterteilung weiter fort. Wenngleich in Deutschland mit der BaFin grundsätzlich eine einheitliche Finanzaufsichtsbehörde geschaffen wurde, sind daneben dennoch die Bundesbank oder die Financial Intelligence Unit als Teil des Zolls zuständig. In anderen Mitgliedstaaten zieht sich die Unterteilung nach Sektoren, entsprechend der Unterteilung zwischen ESMA und EBA, weiter fort. Nicht zuletzt bestehen auch zwischen den mitgliedstaatlichen Behörden Unterschiede im Aufbau und in Kompetenzen.[144]

Es entstünde eine Struktur mit Wettbewerbskompetenzen bei der Europäischen Kommission, nationalen Kartellbehörden und daneben je nach Ausgestaltung entsprechenden Kompetenzen bei nationalen (und europäischen) Finanzaufsichtsbehörden. Dies würde eine Vervielfachung der personellen

---

[140] *Stern*, JCLE 11 (2015), 881, 897; in diese Richtung auch *Vives*, Competition and Stability in Banking, S. 239.

[141] *Stern*, JCLE 11 (2015), 881, 898. Ebenso *Dabbah*, Cambridge LJ 70 (2011), 113, 120 am Beispiel einer ausschließlichen Zuständigkeit der sektorspezifischen Behörde für Wettbewerbsrecht.

[142] *Dunne*, Modern Law Review 77 (2014), 254, 272–273.

[143] Vgl. *Vives*, Competition and Stability in Banking, S. 240.

[144] *Iglesias-Rodríguez*, Fordham International LJ 41 (2018), 589, 645–646.

Ressourcen bei den jeweiligen Behörden und somit eine Erhöhung der Kosten nach sich ziehen.[145]

3. Vorzug einer Kooperationslösung

Sinnvoller erscheint daher die skizzierte Kooperationslösung im Bereich der Gesetzgebung und deren Vorbereitung, mit effizienten Kommunikationskanälen auf verschiedenen Ebenen: zum einen auf nationaler Ebene zwischen den dortigen Kartell- und Finanzaufsichtsbehörden, entsprechend der Kooperation etwa zwischen Bundeskartellamt und Bundesnetzagentur;[146] zum anderen auf europäischer Ebene in gesammelter Form zwischen Generaldirektion Wettbewerb, EZB und EBA/ESMA, und jeweils im Vertikalverhältnis zwischen nationalen und europäischen Fachbehörden.[147]

Hierdurch würde, jeweils entsprechend der nationalen Marktgegebenheiten, ein Dialog zwischen Regulierungs- und Kartellbehörde stattfinden. Durch den Austausch mit den übergeordneten europäischen Stellen können grenzüberschreitende Problematiken identifiziert und zentralisiert angegangen werden. Maßgeblich für das Funktionieren dieses Kooperationsmechanismus ist das Gespür für wettbewerbliche Fragen bei den Fachaufsichtsbehörden.

C. Unionseinrichtungen

Eine dritte Variante der Zusammenführung kartell- und regulierungsrechtlicher Belange wird durch einen Rückgriff auf bekannte und bewährte Verhaltensweisen aus den Netzwirtschaften erzielt, die staatliche Monopolisierung wesentlicher Infrastrukturen. Der Ausgleich zwischen Stabilitätsinteressen und funktionierenden Wettbewerbsverhältnissen wurde so in Teilbereichen der Finanzmärkte durch die Schaffung unionseigener beziehungsweise nationaler Infrastrukturen hergestellt.

Beispiele hierfür sind die Infrastrukturen, die von der EZB bereitgestellt werden. Hierunter fällt T2S im Bereich der Wertpapiernachhandelsdienstleistungen, das Zahlungsabwicklungssystem TARGET Instant Payment Settlement (TIPS) oder der Referenzwert Euro short-term rate (€STR). Ähnliches gilt für den Bereich der Datenbereitstellungsdienste, für den bereits im Prozess der Regulierung vorgesehen wurde, eine staatliche beziehungsweise Unionseinrichtung zu schaffen, sollte sich kein privater Betreiber finden.[148]

Hierbei stellt sich wiederum die Frage, ob dies mit der Verpflichtung auf das Wettbewerbsziel und zum anderen mit der Kompetenzverteilung innerhalb

---

[145] *Dabbah*, Cambridge LJ 70 (2011), 113, 118.

[146] § 50f Abs. 1 GWB.

[147] Im Vertikalverhältnis würde sich also nichts verändern. Wettbewerbsbehörden würden weiterhin den Austausch im European Competition Network suchen; und die nationalen Aufsichtsbehörden an EBA, ESMA und EZB berichten.

[148] ErwG 117 MiFID II; siehe oben S. 162.

der Union und zwischen Union und Mitgliedstaaten vereinbar, insbesondere von der genutzten Rechtsgrundlage, gedeckt ist.

I. Kompetenzen der EZB am Beispiel TARGET2/TARGET2-Securities

Staatliche oder unionale Einrichtungen stellen eine Möglichkeit dar, Wettbewerbs- und Stabilitätsgesichtspunkte in Ausgleich zu bringen. Durch T2S und die damit verbundene Anbindung des Wertpapierhandels an Zentralbankkonten und die typischerweise schnelle Abrechnung werden Liquiditätsrisiken vermindert. Zugleich wird durch die Schaffung objektiver Zugangskriterien allen Marktteilnehmern diskriminierungsfreier Zugang zu den Abwicklungsdienstleistungen gewährt.[149] Nichtsdestoweniger stellen Unionseinrichtungen zwangsläufig eine Veränderung der Wettbewerbsverhältnisse dar, wenn privatwirtschaftliche Lösungen verfügbar wären.

1. T2S zwischen Stabilität und Wettbewerb

T2S ist eine Plattform, die es ermöglicht, Wertpapiertransaktionen grenzüberschreitend zwischen verschiedenen Zentralverwahrern gegen Zentralbankgeld abzuwickeln.[150] T2S ist selbst kein Zentralverwahrer, sondern verbindet diese untereinander.[151] In dieser Funktion nimmt T2S die Rolle eines natürlichen Monopols ein.[152] Über T2S wird eine direkte Verknüpfung zu den Zentralbankgeldkonten geschaffen, was nur der EZB und den nationalen Zentralbanken möglich ist.[153]

Ziel der Bereitstellung des T2S ist die europäische Integration der Nachhandelsdienstleistungen.[154] Es ermöglicht den Marktteilnehmern, über eine Plattform grenzüberschreitend Nachhandelsdienstleistungen zu erlangen, ohne auf verschiedene, komplexe Netzwerke nationaler Banken oder Zweigstellen zurückgreifen zu müssen.[155] Durch die entfallenden Transaktionskosten erhöht dies die Effizienz grenzüberschreitenden Settlements. Zudem wird das Ausfall-

---

[149] Vgl. ErwG 8 a.E. T2S-LL.

[150] Art. 1 Abs. 1 T2S-LL.

[151] EZB, A single currency – an integrated market infrastructure, S. 11; *Tridimas*, YEL 28 (2009), 216, 220.

[152] *Weller*, T2S Special Series 1/2012, 1, 3. Daneben wirken Netzwerkeffekte, sodass die Herausbildung eines faktischen Monopols zu erwarten ist.

[153] Vgl. *von Bogdandy/Bast*, Euredia 2006, 365, 393.

[154] ErwG 2 T2S-LL; ebenso *Krarup*, Economy and Society 48 (2019), 107, 111–112; *Tridimas*, YEL 28 (2009), 216, 222.

[155] Vgl. Zu diesem Szenario vor T2S *Krarup*, Economy and Society 48 (2019), 107, 115. Um ein Wertpapier im EU-Ausland zu settlen, musste man im jeweiligen Mitgliedstaat entweder eine Zweigniederlassung gründen und über diese ein Konto beim jeweiligen Zentralverwahrer einrichten oder mit einer lokalen Bank mit bestehendem Zugang zum jeweiligen Zentralverwahrer kooperieren.

risiko durch die Abwicklung über Zentralbankgeldkonten in Echtzeit minimiert.

Die wettbewerblichen Auswirkungen sind ambivalent zu beurteilen. Einerseits wurde das Einschreiten der EZB durch die Wettbewerbsstruktur des Marktes gefördert, aus der aufgrund der unterschiedlichen Interessen der Marktteilnehmer kein länderübergreifendes System geschaffen wurde.[156] Andererseits verhindert das Einschreiten der EZB weiteren Wettbewerb um die grenzüberschreitende Abwicklung, indem es die Rollen der großen vorhandenen Marktteilnehmer manifestiert.[157] Hierbei ist zu berücksichtigen, dass T2S ausschließlich kostendeckend arbeitet, sodass ein potenzieller Gewinnaufschlag entfällt.[158] Gleichwohl wird hierdurch nicht ausgeschlossen, dass ein Wettbewerber das System in effizienterer Weise betreiben könnte.[159] Dass mehrere Systeme parallel bestehen können, lässt sich am Zahlungsabwicklungssystem TARGET2 aufzeigen, dem Vorbild für T2S. Neben diesem bestehen die privatwirtschaftlich organisierten Abwicklungssysteme der EBA Clearing, STEP2 für Massenzahlungen und EURO1 für Großgeldbeträge.[160]

2. *Reichweite der Ermächtigungsgrundlage*

Die Möglichkeit, Unionseinrichtungen zu schaffen, folgt für die EZB aus Art. 22 EZB-Satzung:[161]

> „Die EZB und die nationalen Zentralbanken können Einrichtungen zur Verfügung stellen und die EZB kann Verordnungen erlassen, um effiziente und zuverlässige Verrechnungs- und Zahlungssysteme innerhalb der Gemeinschaft und im Verkehr mit dritten Ländern zu gewährleisten."[162]

---

[156] Europäische Kommission, 7.3.2012, Vorschlag für eine Verordnung des Europäischen Parlaments und des Rates zur Verbesserung der Wertpapierabrechnungen in der Europäischen Union und über Zentralverwahrer sowie zur Änderung der Richtlinie 98/26/EG, COM(2012) 73 final, S. 3.

[157] *Krarup*, Economy and Society 48 (2019), 107, 122.

[158] ErwG 8 T2S-LL: „Zwar zielt das Finanzregime von T2S auf vollständige Kostendeckung ab, allerdings werden die T2S-Dienstleistungen nicht gewinnorientiert erbracht."

[159] Zur entsprechenden Kontroverse bei der Planung von T2S, *Krarup*, Economy and Society 48 (2019), 107, 119–121.

[160] *Herresthal*, in: MüKoHGB, Bd. 6, Teil 1, Abschnitt A, Rn. 126–130.

[161] Die EZB-Satzung wurde gemäß Art. 129 Abs. 2 AEUV in einem Protokoll zu den Verträgen (Protokoll Nr. 4 über die Satzung des europäischen Systems der Zentralbanken und der europäischen Zentralbank, ABl. 2016 C 202/230, erstmals Teil des Vertrags von Maastricht, ABl. 1992 C 191/68) erlassen und nimmt somit gemäß Art. 51 EUV am Primärrechtsrang teil. Dies gilt sogar nach Änderungen der Satzung, die teilweise im ordentlichen Gesetzgebungsverfahren erfolgen können, Art. 129 Abs. 3 AEUV, siehe etwa *Häde*, in: Calliess/Ruffert, EUV/AEUV, Art. 129 AEUV, Rn. 4–6.

[162] T2S und TIPS wurden etwa auf dieser Grundlage geschaffen, vgl. Präambel und ErwG 2 T2S-LL; Präambel Leitlinie (EU) 2018/1626 der Europäischen Zentralbank. Eine

Diese Kompetenz präzisiert die Befugnisse der EZB nach Art. 127 AEUV, insbesondere in dessen Abs. 2 4. Gedankenstrich, worin der EZB die Aufgabe übertragen wird, „das reibungslose Funktionieren der Zahlungssysteme zu fördern". Gerade der Zusammenhang mit dem vierten Gedankenstrich führte zu Streitigkeiten um die Reichweite der Ermächtigung aus Art. 22 EZB-Satzung. Das EuG hatte sich diesbezüglich mit der Frage auseinanderzusetzen, ob neben (Geld-)Zahlungssystemen auch Verrechnungssysteme für Wertpapiere umfasst seien.[163] Gegenstand des Rechtsstreits war eine Bekanntmachung der EZB, in der Vorgaben für den Sitz von CCPs gemacht wurden.

Das EuG urteilte insoweit, dass die EZB lediglich befugt sei, Regelungen für die „Geldseite" eines Abwicklungssystems, nicht aber für die „Wertpapierseite" zu treffen.[164] Für eine weitergehende Kompetenz sei es erforderlich, die EZB-Satzung entsprechend dem Verfahren aus Art. 129 Abs. 3 AEUV zu ergänzen.[165] Da eine entsprechende Satzungsänderung bisher nicht erfolgte, könnte die Errichtung eines Systems zur Abwicklung der Wertpapierseite der Transaktionen kompetenzwidrig sein.

Allerdings war das Urteil des EuG auf eine Regelung spezifisch zu CCPs bezogen, also ohne Bezug zur Geldseite einer Abwicklung.[166] T2S übernimmt hingegen nicht originäre Abwicklungsdienstleistungen wie eine CCP, sondern ermöglicht lediglich die Abwicklung der Transaktionen beim jeweiligen Zentralverwahrer gegen die Leistung von Zentralbankgeld („Delivery vs Payment").[167] Der Fokus des Systems liegt also auf dem gesicherten Transfer der

---

weitere Möglichkeit zur Errichtung von Unionseinrichtungen bietet Verordnung (EG) Nr. 58/2003 des Rates vom 19. Dezember 2002 zur Festlegung des Statuts der Exekutivagenturen, die mit bestimmten Aufgaben bei der Verwaltung von Gemeinschaftsprogrammen beauftragt werden, ABl. 2003 L 11/1. Zu Nachteilen dieser Variante siehe *Tridimas*, YEL 28 (2009), 216, 259–261.

[163] EuG, Urt. v. 4.3.2015, *Vereinigtes Königreich u.a./EZB*, T-496/11, EU:T:2015:133, Rn. 87–110. Infolge einer Übereinkunft zwischen der Bank of England und der EZB legte die EZB kein Rechtsmittel gegen das Urteil ein, *Wolfers/Voland*, JIBLR 30 (2015), 670, 677.

[164] EuG, Urt. v. 4.3.2015, *Vereinigtes Königreich u.a./EZB*, T-496/11, EU:T:2015:133, Rn. 97–101. Zur gegenteiligen Ansicht der EZB siehe etwa EZB, Monthly Bulletin April 2002, S. 47, 52, linke Spalte, die zur Sicherung der Systemstabilität Asymmetrien zwischen Geld- und Wertpapierseite verhindern will.

[165] EuG, Urt. v. 4.3.2015, *Vereinigtes Königreich u.a./EZB*, T-496/11, EU:T:2015:133, Rn. 108–109. Hiergegen wiederum EZB, Monthly Bulletin April 2002, S. 47, 52, rechte Spalte, nach der eine weite Auslegung des Art. 22 EZB-Satzung vorzuziehen sei. Es sei unvernünftig, diese Vorschrift, immerhin mit Primärrechtsrang ausgestattet, regelmäßig ändern zu müssen.

[166] Gegen eine generelle Kompetenz zur Bereitstellung und Regelung von Wertpapierverrechnungssystemen *von Bogdandy/Bast*, Euredia 2006, 365, 374–382; möglich sei dies hingegen, wenn das System maßgeblich zum Funktionieren des Zahlungssystems beitrage, wie bei T2S der Fall, *von Bogdandy/Bast*, a.a.O., S. 382–389.

[167] *Karpf*, in: von der Groeben/Schwarze/Hatje, Europäisches Unionsrecht, Art. 22 EZB-Satzung, Rn. 19.

Geldleistung, sodass die Beschränkungen aus dem EuG-Urteil jedenfalls für die Schaffung von T2S nicht gelten dürften. Die Teilnahmebedingungen für die CSDs hingegen könnten je nach Inhalt und Reichweite das Mandat der EZB überschreiten.[168]

3. Wettbewerbsbindung der EZB

Eine weitere Schranke für die Errichtung von Unionseinrichtungen könnten die Wettbewerbsvorschriften der Art. 101 f. AEUV (i.V.m. dem Effektivitätsgebot aus Art. 4 Abs. 3 EUV) sowie die Verpflichtung auf das Wettbewerbsziel aus Art. 127 Abs. 1 S. 3 AEUV sein.

a) Wettbewerb als Sekundärziel der EZB

Das Mandat der EZB ist primär auf die Gewährleistung von Preisstabilität gerichtet, Art. 127 Abs. 1 S. 1 AEUV.[169] Lediglich nachrangig ist die EZB an den Grundsatz einer offenen Marktwirtschaft mit freiem Wettbewerb gebunden, Art. 127 Abs. 1 S. 3 AEUV.[170] Für vergleichbare Vorschriften, die die Mitgliedstaaten auf den Grundsatz einer offenen Marktwirtschaft mit freiem Wettbewerb verpflichten, hat der EuGH festgehalten, dass diese

> „keine Bestimmungen [seien], die den Mitgliedstaaten klare und unbedingte Verpflichtungen auferlegen, auf die sich die Einzelnen vor den nationalen Gerichten berufen können. Es handelt sich dabei nämlich um einen allgemeinen Grundsatz, dessen Anwendung komplexe wirtschaftliche Beurteilungen erfordert, die in die Zuständigkeit des Gesetzgebers oder der nationalen Verwaltung fallen."[171]

Dies gilt hinsichtlich der wortlautidentischen Vorschriften für die EZB entsprechend. Der EZB steht daher ein weiter Ermessensspielraum zu, inwieweit auf marktwirtschaftliche Mechanismen vertraut wird.[172] Nichtsdestoweniger ist die EZB, ebenso wie andere Unionsorgane, an das Ziel freien Wettbewerbs gebunden.

---

[168] *von Bogdandy/Bast*, Euredia 2006, 365, 391–393, machen dies vor allem am Begriff des „Bereitstellens" fest.

[169] *Manger-Nestler*, in: FK-EuropaR, Art. 127 AEUV, Rn. 3–5.

[170] I.V.m. Art. 119 Abs. 2 AEUV. Zum Nachrang der Verpflichtung auf den Marktwirtschaftsgrundsatz etwa *Kempen*, in: Streinz, EUV/AEUV, Art. 127 AEUV, Rn. 2, 5; *Selmayr*, in: von der Groeben/Schwarze/Hatje, Europäisches Unionsrecht, Art. 282 AEUV, Rn. 54.

[171] Zu Art. 3a, 102a EGV (Vertrag von Maastricht), EuGH, Urt. v. 3.10.2000, *Échirolles Distribution SA/Association du Dauphiné u. a. („Nationale Buchpreisregelung")*, C-9/99, EU:C:2000:532, Rn. 25.

[172] *Selmayr*, in: von der Groeben/Schwarze/Hatje, Europäisches Unionsrecht, Art. 282 AEUV, Rn. 53.

b) Bedeutung der Wettbewerbsbindung

In Anlehnung an das zitierte Urteil des EuGH und den daraus abgeleiteten Ermessensspielraum der EZB stellt sich die Frage, inwieweit die EZB durch eigene Dienstleistungsangebote in den Wettbewerbsprozess eingreifen darf. Neben der allgemeinen Verpflichtung auf Marktwirtschaft und Wettbewerb aus Art. 119, 120 und 127 Abs. 1 S. 3 AEUV können die kartellrechtlichen Vorschriften Anhaltspunkte liefern.[173]

Grundsätzlich adressieren diese Vorschriften ausschließlich Unternehmen, und im Falle des Art. 101 AEUV Unternehmensvereinigungen. Nichtsdestoweniger ergibt sich für die Mitgliedstaaten aus dem Gebot loyaler Zusammenarbeit die Verpflichtung, Maßnahmen zu unterlassen, mit denen ein Unternehmen gegen Art. 101 f. AEUV verstoßen würde. Nach dem EuGH „liegt eine Verletzung der Artikel 10 EG und 81 EG [heutige Art. 4 Abs. 3 UAbs. 2 EUV und Art. 101 AEUV] vor, wenn ein Mitgliedstaat gegen Artikel 81 EG verstoßende Kartellabsprachen vorschreibt oder erleichtert oder die Auswirkungen solcher Absprachen verstärkt".[174]

Entsprechendes sollte für die Unionsorgane und insbesondere auch die EZB gelten.[175] Das Wettbewerbsprinzip wird an verschiedenen Stellen der Europäischen Verträge festgeschrieben; es ist wesentlicher Teil des Binnenmarkts, welchen die Union errichtet. Protokoll Nr. 27 über den Wettbewerb bestimmt insoweit nicht nur eine Bindung der Vertragsparteien an das Wettbewerbsprinzip, sondern hält fest, dass „für diese Zwecke die Union […] tätig wird." Die Union und ihre Organe sind daraus verpflichtet, ein System unverfälschten Wettbewerbs zu gewährleisten, mithin nicht durch eigene Maßnahmen Verfälschungen herbeizuführen. Ebenso gilt im Bereich der Grundfreiheiten, die zunächst die Mitgliedstaaten adressieren, dass die Union durch diese gebunden wird.[176] Die Art. 101, 102 AEUV können daher zumindest als Anhaltspunkt für ein marktkonformes Verhalten der Unionsorgane dienen, sofern dem nicht andere primärrechtliche Ziele entgegenstehen.[177]

Für eine Rechtfertigung abweichender Maßnahmen kommt das Primat der Preisstabilität im Tätigwerden der EZB in Betracht. Allerdings ist die EZB hierdurch nicht generell vom Wettbewerbsprinzip entbunden, vielmehr ist

---

[173] Vgl. *Tridimas*, YEL 28 (2009), 216, 274.

[174] EuGH, Urt. v. 9.9.2003, *CIF*, C-198/01, EU: C:2003:430, Rn. 46–47 m.w.N.

[175] Vgl. EZB, Legal Assessment 2008, PSSC/2008/226, S. 12: „In this respect, the Court of Justice decisions on the rules in Articles 81 and 82 of the Treaty will be applied analogously, as they can, in general terms, be deemed to reflect the general principles of an open market economy." Ebenso *Tridimas*, YEL 28 (2009), 216, 268–270.

[176] Zur Warenverkehrsfreiheit etwa EuGH, Urt. v. 9.8.1994, *Meyhui NV/Schott Zwiesel Glaswerke AG*, C-51/93, EU:C:1994:312, Rn. 11 m.w.N. Siehe auch *Rosenfeldt/Würdemann*, EuR 2016, 453, 456–463.

[177] EZB, Legal Assessment 2008, PSSC/2008/226, S. 12; im Ergebnis ebenso *Tridimas*, YEL 28 (2009), 216, 274.

dieses ein sekundäres Ziel. Je weiter sich die EZB in ihrem Handeln von ihrem Primärziel Preisstabilität entfernt, umso bedeutsamer muss das Sekundärziel werden. So wird das Primat der Preisstabilität und die entsprechende Nachrangigkeit des Marktwirtschaftsgrundsatzes vor allem auf die „Ausgestaltung der einheitlichen Geld- und Wechselkurspolitik" bezogen,[178] nicht auf jedes generelle Tätigwerden der EZB. Wo die EZB abseits ihrer originären und hauptsächlichen Zuständigkeit in den Wettbewerbsprozess eingreift, um eigene Dienstleistungen anzubieten, die für die Preisstabilität zumindest nicht maßgeblich sind, muss das Wettbewerbsziel umso mehr an Gewicht gewinnen. Die Sonderstellung der EZB rechtfertigt sich nur aus ihrer besonderen Aufgabe. Wo sie sich dieser Aufgabe nicht widmet, ist sie gleich allen anderen Organen allgemeinen Grundsätzen unterworfen.

In diesem Sinne ist auf den vorrangigen Integrationszweck von T2S hinzuweisen. Ziel bei der Planung und Aufsetzung von T2S war es nicht, ein Risiko für die Preisstabilität in der Union abzusichern, sondern eine grenzüberschreitende Plattform für Nachhandelsdienstleistungen zu schaffen. Die Verminderung von Risiken wurde allenfalls als positiver Nebeneffekt wahrgenommen.[179] Der Fokus auf das originär zentralbankspezifische Mandat wurde erst im Nachhinein betont.[180] Insoweit war das Wettbewerbsziel in besonderer Weise zu berücksichtigen.

c) Wettbewerbsbelange als Hindernis?

Diese Wertungen zugrunde gelegt, ist die Unionsrechtskonformität von T2S zu hinterfragen. Die Errichtung eines Monopols qua staatlichen Eingriffs ist jedenfalls mit der nichtwettbewerblichen Erlangung einer Monopolstellung vergleichbar und somit nicht mit dem Wettbewerbsprinzip im Sinne der Art. 101, 102 AEUV vereinbar.

Gleichwohl steht mit Art. 22 EZB-Satzung eine Vorschrift mit Primärrechtsrang bereit, die zur Schaffung von Verrechnungssystemen ermächtigt.

---

[178] *Selmayr*, in: von der Groeben/Schwarze/Hatje, Europäisches Unionsrecht, Art. 282 AEUV, Rn. 54.

[179] EZB, Pressemitteilung v. 7.7.2006, The Eurosystem is evaluating opportunities to provide settlement services for securities transactions, abrufbar unter www.ecb.europa.eu/press/pr/date/2006/html/pr060707.en.html; EZB, TARGET2-Securities – Economic feasibility, S. 11: „The key arguments in favour of T2S can be summarised as follows: the existing infrastructure is expensive because it is fragmented and lacks competition", und S. 12: „There are, however, a number of indirect benefits. These include: [...] reduced systemic risk owing to extended use of real-time gross settlement (RTGS) for DvP transactions. These aspects have not been quantitatively considered in this study, but would in any case increase the desirability of the project." Siehe auch *Karpf*, in: von der Groeben/Schwarze/Hatje, Europäisches Unionsrecht, Art. 22 EZB-Satzung, Rn. 21.

[180] *Weller*, T2S Special Series 1/2012, 1, insb. 7–8 (safety benefits).

Auch wird den Unionsorganen ein weites Ermessen bei der Bewertung komplexer ökonomischer Sachverhalte beigemessen.[181]

Vor diesem Hintergrund liegt es fern, dass die EZB durch die Errichtung des T2S-Systems gegen primärrechtliche Vorgaben verstoßen haben soll. Zum einen ist der Bewertungsspielraum der EZB so weit gefasst, dass man den Vorwurf einer offenkundig fehlgeleiteten Entscheidung nicht erheben kann. Durch die Verknüpfung der Nachhandelsdienstleistungen mit der Abwicklung gegen Zentralbankgeld ist eine hinreichende Nähe zu den Zahlungssystemen im Sinne von Art. 127 AEUV geschaffen.[182]

Zum anderen sind wettbewerbliche Vorteile, die nicht zuletzt gemäß Art. 101 Abs. 3 AEUV berücksichtigungsfähig wären, auch zugunsten der EZB maßgeblich.[183] Ziel von T2S ist die Schaffung grenzüberschreitenden Wettbewerbs sowie die Hebung von Effizienzvorteilen, die auch Verbrauchern zugutekommen. Allein der „Vorwurf", dies nicht marktwirtschaftlichen Mechanismen in der Privatwirtschaft überlassen zu haben, kann einen Verstoß gegen primärrechtliche Vorgaben zum Wettbewerb kaum begründen. Durch die Schaffung von T2S werden die Voraussetzungen für Wettbewerb geschaffen, nicht ein funktionierender Markt dem Wettbewerb entzogen. Zum anderen ist die Teilnahme an T2S nach wie vor freiwillig.[184] Den Marktakteuren wurde weder ein Benutzungszwang auferlegt, noch ist es ihnen verwehrt, ein eigenes System zu entwickeln, das – wie etwa die Clearing-Systeme der EBA Clearing – neben dem von der Zentralbank bereitgestellten System operiert.

4. Fazit

Es verbleibt mit Blick auf diese Gemengelage lediglich der erneute Hinweis auf die Notwendigkeit einer verbesserten Koordination zwischen Wettbewerbs- und Regulierungsbehörden. Die EZB kann im Rahmen ihres Mandats, insbesondere mit Bezug zum Funktionieren der Zahlungssysteme, Eingriffe in den Wettbewerbsrahmen vornehmen, solange und soweit die Nutzung der geschaffenen Institutionen freiwillig ist. Die Planung und Schaffung von T2S ist primärrechtskonform erfolgt. Gleichwohl wäre eine verbesserte Kooperation mit der Generaldirektion Wettbewerb sinnvoll und wünschenswert gewesen.

---

[181] EuGH, Urt. v. 3.10.2000, *Échirolles Distribution SA/Association du Dauphiné u. a. („Nationale Buchpreisregelung")*, C-9/99, EU:C:2000:532, Rn. 25.

[182] In diese Richtung auch EuG, Urt. v. 4.3.2015, *Vereinigtes Königreich u.a./EZB*, T-496/11, EU:T:2015:133, Rn. 94, 95 unter Verweis auf Art. 3 lit. h), Art. 4 Nr. 6 PSD1 (heute abgesehen von redaktionellen Anpassungen wortlautidentisch Art. 3 lit. h), Art. 4 Nr. 7 PSD2). Die Nutzung eines Zahlungssystems durch Wertpapierabwicklungssysteme ändere nichts an der Definition des Zahlungssystems.

[183] EZB, Legal Assessment 2008, PSSC/2008/226, S. 13–15; *Tridimas*, YEL 28 (2009), 216, 296–297.

[184] ErwG 7 T2S-LL. Zur Pflicht, die Teilnahme freiwillig auszugestalten, *von Bogdandy/Bast*, Euredia 2006, 365, 391–393.

Während die EZB bereits in der Planungsphase für T2S war, setzte die Generaldirektion Wettbewerb in Zusammenarbeit mit den Marktteilnehmern auf den Code of Conduct und auf Marktkräfte zur Schaffung grenzüberschreitenden Wettbewerbs.[185] Durch die zeitnah folgende Ankündigung von T2S wurden entsprechende Anreize für die Marktteilnehmer jedoch genommen, sodass die Bemühungen der Kommission insoweit ins Leere liefen. Durch eine verbesserte Kooperation wäre zumindest die Einsparung von Ressourcen und Arbeitsaufwand ermöglicht worden.

II. Berücksichtigung der Wettbewerbsverhältnisse: Beispiel der Datenbereitstellungsdienste

Eine entsprechende Konstellation lässt sich im Bereich der Datenbereitstellungsdienste identifizieren, wobei allerdings nicht die EZB, sondern die Kommission treibende Kraft ist.[186] Wie beschrieben, strebt die Kommission zur Schaffung von Transparenz einen einheitlichen europäischen Datenbereitstellungsdienst für Wertpapierhandelsdaten an. Trotz Bereitstellung des regulatorischen Rahmens[187] wollte kein privater Anbieter die Einrichtung übernehmen.[188]

Bereits während der Genese der zugehörigen Vorschriften hatte Streit über die Ausgestaltung der CTPs bestanden, insbesondere bezüglich der Frage, ob man Wettbewerb zwischen mehreren privaten Anbietern ermöglichen oder nur einen einzigen Anbieter zulassen sollte.[189] Hier setzte sich als Kompromiss die jetzige Lösung durch, Wettbewerb im Rahmen der Regulierungsvorgaben zuzulassen, mit der Option auf zukünftige Markteingriffe durch die unionsgestützte Errichtung eines Monopolisten.[190] In diesem Sinne hat der Gesetzgeber im Rahmen seiner Möglichkeiten versucht, eine wettbewerbliche Lösung zu schaffen.

Dass sich eine solche nicht entwickelte, ist den strukturellen Marktgegebenheiten geschuldet. Die Datenmärkte werden durch verschiedene Unternehmen

---

[185] Siehe oben S. 90.

[186] Gleichwohl unterstützt die EZB das Vorhaben, vgl. bereits EZB, Stellungnahme v. 22.3.2012 zum Vorschlag der MiFID II, EMIR, MAD und MAR, ABl. 2012 C 161/3, Rn. 5.2.

[187] Art. 59–66 MiFID II, insb. Art. 65 MiFID II bzw. § 59 WpHG.

[188] Siehe oben S. 162.

[189] Rat der Europäischen Union, Fortschrittsbericht v. 13.12.2012, Ratsdokument 11305/13, Rn. 40. Unter Verweis hierauf *Moloney*, EU Securities and Financial Markets Regulation, S. 494, die auf weitere Optionen aus dem MiFID I-Review hinweist: „public non-profit-making monopoly provider […], a commercial monopoly provider, and a competitive model".

[190] Art. 65 MiFID II; ErwG 117 MiFID II; *Moloney*, EU Securities and Financial Markets Regulation, S. 494.

beherrscht.[191] Gerade die Handelsplätze haben den ersten Zugriff auf die Handelsdaten und vermarkten diese entsprechend.[192] Weitere große Wettbewerber wie Bloomberg oder Reuters haben ebenso wenig Interesse daran, ihre Marktanteile aufzugeben.[193] Zudem haben die Datenbereitsteller keine Anreize, die Daten in einheitlicher, qualitativ hochwertiger Form bereitzustellen, sodass die Schaffung eines *consolidated tape* zusätzlich erschwert wird.[194] Um dieser Problematik zu entgehen, kaufen Marktteilnehmer lediglich die Daten eines Anbieters als Ersatz für die kompletten Daten.[195]

Es handelt sich um ein Marktversagen infolge von Marktmacht. Die positiven Effekte eines einheitlichen Datenstroms[196] werden verhindert durch das Marktverhalten der beherrschenden Unternehmen, ohne dass gegenüber diesen zwingend der Vorwurf des Missbrauchs zu erheben wäre. Infolge dieses Marktverhaltens wird die Markttransparenz gesenkt, Interessenkonflikte der Dateninhaber bleiben bestehen und die Sicherheit des Systems, insbesondere bei Krisen, bliebt auf einem niedrigen Niveau.[197] Um dem entgegenzuwirken, sieht die Kommission als weitergehenden Regulierungsgrund ein Bedürfnis für einen einheitlichen Mechanismus; dieser sei als öffentliches Gut zur Verfügung zu stellen.[198]

Gegenüber der Schaffung von T2S durch die EZB ist positiv zu bewerten, dass die Kommission hierbei versuchte, eine marktwirtschaftliche Lösung herbeizuführen. Ebenso wurde auch bei der Schaffung der Benchmark-VO davon abgesehen, öffentliche Referenzwerte bereitzustellen, da andernfalls der Wettbewerb um Referenzwerte behindert würde.[199] Zudem wird der Betrieb des neuen CTP voraussichtlich in einem öffentlichen Ausschreibungsverfahren an

---

[191] *Market Structure Partners*, The Study on the Creation of an EU Consolidated Tape, Executive Summary, S. VI, abrufbar unter www.doi.org/10.2874/146642.

[192] Erst zuletzt kaufte die LSE den Datendienstleister Refinitiv, siehe Europäische Kommission, Pressemitteilung v. 13.1.2021, IP/21/103, und die Deutsche Börse den Datendienstleister ISS.

[193] *Sajnovits*, ZBB 2019, 162, 178–179; *Schmies/Sajnovits*, EBI Working Paper Series, 2020 - No. 76, S. 31–33.

[194] *Market Structure Partners*, The Study on the Creation of an EU Consolidated Tape, Executive Summary, S. VII, abrufbar unter www.doi.org/10.2874/146642.

[195] *Market Structure Partners*, The Study on the Creation of an EU Consolidated Tape, Executive Summary, S. VI, abrufbar unter www.doi.org/10.2874/146642.

[196] *Market Structure Partners*, The Study on the Creation of an EU Consolidated Tape, Executive Summary, S. V–VI, abrufbar unter www.doi.org/10.2874/146642.

[197] *Sajnovits*, ZBB 2019, 162, 172.

[198] *Lehmann*, in: Lehmann/Kumpan, Art. 66 MiFID II, Rn. 17.

[199] Commission Staff Working Document, Impact Assessment, Accompanying the document Proposal for a Regulation of the European Parliament and of the Councilon indices used as benchmarks in financial instruments and financial contracts, SWD(2013) 336 final, S. 41, 62.

einen privaten Anbieter vergeben.[200] Insoweit ist das Wettbewerbsprinzip in maximaler Weise berücksichtigt worden. Weder der Wettbewerb noch die regulatorischen Rahmenbedingungen konnten eine Marktlösung herbeiführen, sodass die Schaffung einer eigenen Einrichtung als *ultima ratio* angemessen erscheint. In diesem Sinne dient der Fall des CTP als Vorbild für einen wettbewerbskonformen Prozess bei der Schaffung von Unionseinrichtungen.

III. Weitere (potenzielle) Unionseinrichtungen

Ähnliche Entwicklungen zur Bereitstellung von Unionseinrichtungen lassen sich im Bereich der Instant Payments beobachten. Obwohl es nach Angaben des EPC im EWR (mindestens) neun Anbieter für Clearing und Settlement von Instant Payments gibt,[201] bietet die EZB mit TIPS ein eigenes Settlement-System an. Auf nationaler Ebene sind vergleichbare Bestrebungen zu beobachten, eigenständige Angebote vorzuhalten. So ist in Deutschland in Ermangelung eines privatwirtschaftlichen Anbieters geplant, eine staatliche Vergleichswebsite für Zahlungskonten bereitzustellen.[202]

Auch das neue privatwirtschaftlich geplante Projekt eines einheitlichen europäischen Zahlungskartensystems (European Payment Initiative, EPI) unterstützt die EZB unter Verweis auf eine potenzielle Anbindung an TIPS.[203] Dass die EPI nichts anderes als eine Absprache unter Wettbewerbern zur Verdrängung der nationalen Systeme und (wohl vor allem) den Versuch eines konzertierten Angriffs auf VISA und MasterCard darstellt, hat in der bisherigen Beurteilung durch die EZB keine Rolle gespielt. Allenfalls wurden die protektionistischen Tendenzen der EZB unter dem Deckmantel effektiven Wettbewerbs zu verdecken gesucht.[204] Gleichwohl unterstützt die Kommission das Vorhaben

---

[200] ErwG 117 MiFID II.

[201] EPC, Questions & Answers on the SEPA Instant Credit Transfer Scheme, Antwort zu Frage 10, abrufbar unter www.europeanpaymentscouncil.eu/document-library/other/questions-answers-sepa-instant-credit-transfer-scheme.

[202] Siehe etwa Tagesschau online, 8.4.2021, Das Elend mit den Girokonten, abrufbar unter www.tagesschau.de/wirtschaft/verbraucher/girokonto-vergleich-stiftung-warentest-gebuehren-kostenlos-101.html. Die Pflicht zur Bereitstellung einer solchen Seite folgt aus Art. 7 Zahlungskonten-Richtlinie (EU) 92/2014, ABl. 2014 L 257/214.

[203] EZB, Pressemitteilung v. 2.7.2020, ECB welcomes initiative to launch new European payment solution, abrufbar unter www.ecb.europa.eu/press/pr/date/2020/html/ecb.pr200702~214c52c76b.en.html.

[204] Siehe etwa die Aussagen eines Mitglieds des EZB-Vorstands Panetta, Rede v. 22.10.2020, On the edge of a new frontier: European payments in the digital age, abrufbar unter www.ecb.europa.eu/press/key/date/2020/html/ecb.sp201022~d66111be97.en.html. Zu den Hintergründen, insb. der schleichenden Übernahme des Bankensektors durch Big Tech-Unternehmen infolge der Informationsvorteile, de la Mano/Padilla, JCLE 14 (2019), 494, insb. 504–510.

auf politischer Ebene ebenfalls.[205] Auch die Generaldirektion Wettbewerb scheint davon auszugehen, dass das Projekt zumindest nach Art. 101 Abs. 3 AEUV freistellungsfähig sein wird.[206] Eine weitere Bewertung wird erst nach Veröffentlichung zusätzlicher Details möglich sein.

In Anlehnung an das Vorgehen bei den CTPs sollten die Unionsorgane Zurückhaltung wahren und nur auf einer ausreichenden Faktengrundlage und unzureichender Reaktion der Marktteilnehmer tätig werden.

D. Fazit

Vorrangiges Instrument bei der Zusammenführung kartell- und regulierungsrechtlicher Vorschriften sollte eine verbesserte Kooperation zwischen Kartellbehörde, Gesetzgeber und Fachbehörden sein, wobei eine Kooperation bei der Ermittlung des Regulierungsbedarfs besonders vielversprechend erscheint. Insoweit wäre eine Erweiterung der Befugnisse bei der Sektoruntersuchung denkbar.

Kooperationsmechanismen bei der Durchsetzung von wettbewerbsbezogenen Regulierungsvorschriften oder umgekehrt von Kartellrecht auf den Finanzmärkten fehlen insbesondere auf europäischer Ebene. Auf nationaler Ebene vorhandene Mechanismen sind zwar potenziell geeignet, eine Zusammenarbeit zu fördern, können allerdings die gesetzgeberischen Versäumnisse nicht beseitigen. Die Übertragung von kartellrechtlichen Befugnissen auf Finanzaufsichtsbehörden, wenngleich rechtlich zulässig, erscheint sowohl mit Blick auf die breite Streuung der Befugnisse innerhalb der EU als auch mit Blick auf die Dopplung von Ressourcen wenig erfolgversprechend.

Bei der Schaffung von Unionseinrichtungen ist das Wettbewerbsprinzip ebenfalls zu berücksichtigen. Allerdings besteht, wie auf gesetzgeberischer Ebene, eine weitreichende Einschätzungsprärogative der handelnden Organe.

---

[205] Europäische Kommission, Statement v. 2.7.2020, European payments: The European Commission welcomes the initiative by a group of 16 banks to launch a European payments initiative (EPI), abrufbar unter www.ec.europa.eu/info/news/200702-european-payments-initiative_en.

[206] *Vestager*, Rede v. 7.12.2020, The Interchange Fee Regulation in a rapidly evolving payment landscape: Impact and way forward: „[T]he project has real potential to lower costs and improve the payments experience for consumers“, abrufbar unter www.ec.europa.eu/commission/commissioners/2019-2024/vestager/announcements/speech-evp-margrethe-vestager-interchange-fee-regulation-rapidly-evolving-payment-landscape-impact_en.

Zusammenfassung der Ergebnisse

1. Teil: Kartell- und Regulierungsrecht – zwei Seiten derselben Medaille?

Zu § 1: Kartellrecht[1]

Kartellrecht dient primär dem Wettbewerbsziel in dem Sinne, dass Verhaltensweisen untersagt werden, die den Wettbewerbsprozess schädigen. Weitere Ziele werden regelmäßig nur mittelbar als Folge des Schutzes des Wettbewerbsprozesses mitumfasst. Der Kommission stehen umfangreiche Ermittlungsbefugnisse ebenso wie weitreichende Sanktionsmechanismen zur Verfügung.

Zu § 2: Regulierungsrecht[2]

Regulierungsrecht ist als Summe derjenigen Vorschriften zu verstehen, die, bezogen auf den jeweiligen Sektor, die Rahmenbedingungen für einen funktionierenden Wettbewerb durch die Beseitigung von Marktversagen schaffen und Gemeinwohlinteressen verfolgen sollen. Unter Marktversagen versteht man Abweichungen vom Modell perfekten Wettbewerbs. Im Vergleich zum Kartellrecht ist es in weiterem Umfang möglich, neben verhaltensbasierten Abweichungen auch strukturelle Marktprobleme durch Regulierung anzugreifen. Darüber hinaus werden weitere, typischerweise soziale Aspekte, wie insbesondere Verteilungsgerechtigkeit berücksichtigt.

Zu § 3 A.–C.: Verhältnis zwischen Regulierung und Kartellrecht[3]

Inhaltliche Überschneidungen hinsichtlich der Regelungsziele zwischen den beiden Materien sind vor allem bei der Zugangs- und Entgeltregulierung natürlicher Monopole aufzufinden. Ansonsten kann das Regulierungsrecht aufgrund der weitgefassten Kategorie der „Gemeinwohlinteressen“ weitergehende Eingriffe in den Marktprozess vornehmen.

Daneben lassen sich die beiden Materien anhand materieller und institutioneller Kriterien abgrenzen. Kartellrecht kann lediglich Marktverhalten sanktionieren, das, rückblickend betrachtet, gegen Verbotsvorschriften des Kartellrechts verstößt. Regulierungsrecht kann hingegen präventiv eingreifen, indem

---

[1] S. 10 ff.
[2] S. 17 ff.
[3] S. 27 ff.

Verhaltensweisen für die Zukunft vorgegeben werden. Zudem unterscheiden sich die Materien in der behördlichen Durchsetzung. Während die Kartellbehörden lediglich zeitweise aus konkretem Anlass mit Unternehmen in Kontakt treten, findet die Durchsetzung des Aufsichtsrechts häufig in einem dauerhaften Kooperationsverhältnis statt.

Zu § 3 D.: Kartellrecht als Regulierungsinstrument[4]

Kartellrecht kann, insbesondere per Verpflichtungszusage, als quasi-regulatorisches Instrument eingesetzt werden. Durch die eingeschränkte gerichtliche Kontrolle, gerade mit Blick auf die Verhältnismäßigkeit der Maßnahmen, wird es der Kommission faktisch ermöglicht, Verpflichtungszusagen für bindend zu erklären, die strukturell in den Markt eingreifen und über das hinausgehen, was zur Abstellung der Wettbewerbsbedenken im Einzelfall vonnöten wäre.

Auf den Energiemärkten wurden Konstellationen ermittelt, in denen die Kommission durch entsprechende Gestaltungen Maßnahmen umsetzte, die zuvor im Gesetzgebungsverfahren durch Parlament und Rat verworfen worden waren. Diese Vorgehensweise verstößt gegen den Grundsatz des institutionellen Gleichgewichts und gegen die Kompetenzordnung der Union. Zudem wird das Instrument der Verpflichtungszusage über Art. 103 AEUV als Vorschrift zur Ausgestaltung des Verfahrens bei Art. 101, 102 AEUV legitimiert. Verpflichtungszusagen dürfen daher nicht über das hinausgehen, was „zur Verwirklichung der in den Artikeln 101 und 102 niedergelegten Grundsätze" notwendig ist.

2. Teil: Finanzmärkte und ihre Regulierung

Zu § 4: Begriff und Funktionen der Finanzmärkte[5]

Finanzmärkte sind der Ort, an dem Angebot von und Nachfrage nach Kapital zusammenfinden. Sie haben eine Hilfsfunktion für die Realwirtschaft inne, indem sie Kapital entsprechend den Fristen- und Risikoerwartungen der Marktteilnehmer effizient verteilen und die Abwicklung von Transaktionen ermöglichen. Hierbei wird das insgesamt verfügbare Kapital durch die Schöpfung von Buchgeld erhöht.

Zu § 5: Finanzmarktregulierung[6]

Die Finanzmärkte sind instabil. Ausgehend von der Funktion des Geldes als reines Tauschmittel ohne echten Gegenwert ist das Finanzsystem auf das Vertrauen der Marktteilnehmer angewiesen. Durch die Verflechtungen innerhalb

---

[4] S. 39 ff.
[5] S. 45 ff.
[6] S. 50 ff.

des Finanzsystems kann der Vertrauensverlust gegenüber einzelnen Marktteilnehmern zu Ansteckungseffekten führen, die das System als Ganzes gefährden. Zur Abwendung dieser Gefahr bedarf es makroprudenzieller Maßnahmen, die über den Schutz des einzelnen Marktteilnehmers hinausgehen. Ergänzt werden diese durch institutsbezogene mikroprudenzielle Maßnahmen.

Die Komplexität des Finanzsystems bedingt Informationsasymmetrien gegenüber Anlegern, sodass der Selektionsmechanismus des Marktes nur eingeschränkt wirkt. Hieraus resultiert ein besonderer Regulierungsbedarf zum Schutz der Anleger.

Finanzmärkte sind zudem durch Netzwerkeffekte geprägt, die eine Monopolisierung der Finanzmarktinfrastrukturen begünstigen. Wenngleich es sich bei diesen nicht um echte natürliche Monopole handelt, kann diesem Phänomen, in Anlehnung an die Netzwirtschaften, durch Kartell- und Regulierungsrecht begegnet werden. Begünstigt werden diese Tendenzen zur Monopolisierung durch die Homogenität der Finanzprodukte, ebenso wie das Erfordernis von Standardisierung. Letzteres führt regelmäßig zur Zusammenarbeit verschiedener Marktteilnehmer, was wiederum die Konzentrationstendenzen bestärkt. Dies ist nicht per se als schädlich anzusehen, kann jedoch sowohl bezüglich der Wettbewerbsverhältnisse als auch der Systemstabilität negative Auswirkungen haben und unter diesen Gesichtspunkten kartell- oder regulierungsrechtlichen Handlungsbedarf auslösen.

Zu § 6: Wettbewerb als Ziel von Regulierungsrecht auf Finanzmärkten[7]

Ökonomische Modelle stellen die Effizienz des Wettbewerbsmodells auf Finanzmärkten infrage, da Marktteilnehmer durch den Wettbewerbsdruck zu überhöhter Risikonahme gedrängt werden. In Verbindung mit den Spezifika der Finanzmärkte verbiete sich daher Wettbewerb. Dem ist nur in Teilen zuzustimmen. Werden die strukturell angelegten Risiken durch Regulierungsmaßnahmen eingehegt, kann der Wettbewerb zu denselben Effizienzen wie auf Gütermärkten führen. Eine generelle Abkehr vom Wettbewerbsprinzip ist daher auf den Finanzmärkten abzulehnen.

In Anlehnung an diese Argumentation wurde in verschiedenen Kartellverfahren argumentiert, dass das Kartellrecht auf den Finanzmärkten insgesamt nicht anzuwenden sei. Dem erteilte der EuGH eine Absage, vielmehr bejahte er die Anwendbarkeit des Kartellrechts in langjähriger Rechtsprechung.

3. Teil: Finanzmärkte zwischen Kartellrecht und Regulierung

In der Kartellrechtspraxis auf den Finanzmärkten lassen sich im Wesentlichen drei Grundkonstellationen identifizieren, die kartellrechtswidrige Handlungen – ob unilateral bei Art. 102 AEUV oder multilateral bei Art. 101 AEUV –

---

[7] S. 65 ff.

begünstigen: (1) Zugangsprobleme bei Infrastruktureinrichtungen, (2) die Kooperation unter Wettbewerbern zur Setzung von Standards und (3) zur Schaffung gemeinsamer Produktangebote.

Zu § 7: Zugangsansprüche zu Infrastruktureinrichtungen[8]

Die erste Fallgruppe betrifft Praktiken, bei denen Wettbewerber von wesentlichen Infrastrukturen ausgeschlossen werden, die von einem (Quasi-)Monopolunternehmen beherrscht werden. Im Unterschied zu den Kooperationsfällen beruhen die wettbewerbsschädigenden Praktiken auf autonomen Entscheidungen der Inhaber von Finanzmarktinfrastrukturen, die ähnlich den Netzen in den netzgebundenen Sektoren nicht wirtschaftlich sinnvoll reproduzierbar sind. Dies betrifft zunächst den Fall *Clearstream*. Auch eine potenzielle Entscheidung zu *Apple Pay* könnte in diese Kategorie fallen.

Die Fallgruppen der Kooperationen und der einseitigen Zugangsverweigerung sind nicht klar abgrenzbar. Vielmehr haben sie Schnittmengen, wenn die Kooperation zur Schaffung wesentlicher Einrichtungen führt, zu denen Zugang begehrt wird. Deutlich wird das etwa an der Entscheidung *Morgan Stanley/VISA*. VISA entstand als Joint Venture verschiedener Banken. Die Zugangsverweigerung ist hier Folge der Kooperation.

Zu § 7 A.: Zugang zu Clearing und Settlement[9]

Die Abwicklungsinfrastrukturen im Wertpapierhandel verfügen regelmäßig über die Stellung eines Monopols. Dem kann, wie in den Netzwirtschaften, durch die *ex post*-Kontrolle nach Art. 102 AEUV begegnet werden wie auch durch präventive Zugangsregulierung. Mit der CSDR wurde die Entscheidung zugunsten einer Zugangsregulierung getroffen, wobei Art. 102 AEUV als Primärrecht parallel anwendbar bleibt.

Die Regulierung rechtfertigt sich durch das Hinzutreten zusätzlicher Aspekte. Zum einen sind die Abwicklungsstrukturen als zentrale Verbindungsglieder im Wertpapierhandel für die Systemstabilität wichtig, sodass eine zusätzliche Regulierung den besonderen Bedürfnissen der Risikovorsorge gerecht werden kann. Zum anderen schuf die EZB mit TARGET2S eine technische Infrastruktur, deren Funktionalität von einer einheitlichen Regulierungslösung abhängt. In diesem Rahmen war es jedenfalls zweckmäßig, wenn auch nicht zwingend erforderlich, Zugangsfragen in die Regulierung zu überführen. Nicht stabilitätsrelevante Bereiche bleiben hingegen weiterhin dem Kartellrecht vorbehalten, wie etwa Preishöhenmissbräuche.

Die kartellrechtliche Entscheidung in *Clearstream* diente der Regulierung als Vorbild, indem sie zum einen als Faktengrundlage für die Marktabgrenzung

---

[8] S. 78 ff.

[9] S. 79 ff.

und zum anderen als Leitfaden für die Wettbewerbsprobleme im Markt dienen konnte.

Zu § 7 B.: Zugang zu Zahlungssystemen[10]

In den Entscheidungen *Morgan Stanley/VISA* und *Groupement des Cartes Bancaires* wurden die Zugangsbedingungen an die Teilnehmer für die Mitgliedschaft in dem jeweiligen Zahlungssystem als wettbewerbsbeschränkende Absprache im Sinne des Art. 101 AEUV eingestuft. Hieraus ergab sich die Verpflichtung, Zugang zu den Systemen zu angemessenen Bedingungen zu gewähren. Dessen ungeachtet dürften die großen Zahlungssysteme auch als wesentliche Einrichtungen im Sinne der *essential facilities*-Doktrin einzuordnen sein und somit Zugangsansprüche aus Art. 102 AEUV ermöglichen.

§ 57 ZAG und Art. 35 PSD2 gewähren einen parallel anwendbaren Zugangsanspruch aus Regulierungsrecht, der die Berücksichtigung von Stabilitätsgesichtspunkten ermöglicht. Allerdings ist die Ausgestaltung dieses Mechanismus missglückt, soweit eine behördliche Überprüfung der risikovermindernden Anforderungen an die Zugangspetenten unterbleibt; diese sind auf den ordentlichen Rechtsweg verwiesen, wenn sie die Anforderungen als unverhältnismäßig oder diskriminierend erachten. Hierdurch vermindert sich die Legitimität der Regulierungslösung, da deren Vorteile (verbesserte Durchsetzbarkeit des Zugangsanspruchs und erhöhtes Schutzniveau für die Systemstabilität) nur marginal wirken. Dem stehen wettbewerbsschädigende Wirkungen der Regulierungslösung gegenüber, insbesondere die faktische Bevorzugung bereits etablierter Marktteilnehmer.

Zu § 7 C.: Apple Pay[11]

In ähnlicher Weise wie § 57 ZAG schafft der neu geschaffene Anspruch aus § 58a ZAG die Möglichkeit, auf Zahlungs(hilfs)infrastrukturen zuzugreifen. Im Gegensatz zu Konstellationen im Anwendungsbereich des § 57 ZAG dürften die betroffenen Einrichtungen kaum einmal tatsächlich eine wesentliche Marktstellung innehaben; vielmehr geht es wie in weiteren Gesetzesinitiativen auf europäischer und nationaler Ebene zu den Digitalmärkten darum, einen Marktmachttransfer von den angrenzenden Endgerätemärkten zu verhindern.

Hierbei wurde auf eine wettbewerbliche Beurteilung weitgehend verzichtet und den Besorgnissen der alteingesessenen Marktteilnehmer auf den Zahlungsmärkten Gehör geschenkt, mit der Folge, dass eine innovationshemmende Regelung geschaffen wurde, die die Wettbewerbssituation eher verschlechtern als verbessern dürfte. Auch potenziell unerwünschte Nebeneffekte, wie die Erleichterung des Marktzutritts für bisher nicht auf dem Zahlungsmarkt tätige

---

[10] S. 99 ff.
[11] S. 114 ff.

große Digitalunternehmen, wurden nicht berücksichtigt. Eine Rückbesinnung auf kartellrechtliche Grundwertungen wäre insofern wünschenswert gewesen und gibt Anlass für eine verbesserte Einbeziehung der Wettbewerbsbehörden in den Regulierungsprozess auf den Finanzmärkten. Die Entwicklung ist noch nicht abgeschlossen. Vielmehr sind die Ergebnisse der europäischen Kartellverfahren ebenso wie entsprechende legislative Maßnahmen abzuwarten.

Zu § 7 D.: Besonderheiten der Finanzmarktinfrastrukturen bei der Anwendung der essential facilities-Doktrin[12]

Die Marktcharakteristika der Finanzmärkte begünstigen Konzentrationstendenzen bei Finanzmarktinfrastrukturen. Ausgeprägte Netzwerk- und Skaleneffekte ebenso wie homogene oder gar uniforme Produktangebote führen zu einer Monopolisierung der Infrastrukturdienstleister.

Diesen Marktgegebenheiten kann durch die Kartellrechtsanwendung in ausreichender Form begegnet werden. Eine Modifikation der Voraussetzungen kartellrechtlicher Zugangsansprüche ist nicht geboten, auch nicht, wenn korrespondierendes Regulierungsrecht geschaffen wurde. Vielmehr ist die Voraussetzung der Unentbehrlichkeit einer Einrichtung für den Marktzugang ein wichtiges Korrektiv zwischen kurz- und langfristigen Wettbewerbswirkungen, die im Regulierungsprozess (mehr) Berücksichtigung finden sollte. Gerade in innovationsgeprägten Märkten können vorschnelle Regulierungslösungen dem Markt mehr schaden als nutzen. Dennoch mögen sich Konstellationen ergeben, in denen eine Regulierungslösung von Nutzen ist. Diese sollten unter Mitwirkung der hierauf spezialisierten Kartellbehörden identifiziert werden.

Das Kriterium der Systemstabilität sollte keinen Eingang in die Kartellrechtsanwendung finden. Grundsätzlich besteht im Rahmen der *essential facilities*-Doktrin mit dem Kriterium der objektiven Rechtfertigung der Zugangsverweigerung ein Anknüpfungspunkt, an dem man die Systemstabilität berücksichtigen könnte. Jedoch verhindern die Beweislastverteilung ebenso wie die fehlende Expertise bei der Kartellbehörde eine angemessene Beurteilung dieses Kriteriums. Daher sollten etwaige stabilitätsbezogene Fragestellungen bei der jeweiligen Fachbehörde angeknüpft werden. Lediglich in Ausnahmefällen, wie etwa einer offenkundig bevorstehenden Insolvenz des Zugangspetenten, kann das Kriterium der Systemstabilität einer kartellrechtlichen Zugangsverpflichtung entgegenstehen.

Zu § 8: Standardisierung von Finanzmarktprodukten

Auf den Finanzmärkten herrscht ein besonderer Bedarf nach Standardisierung. Der Transfer und die Verteilung von Kapital in weltweit verknüpften Märkten setzt voraus, dass die vielen verschiedenen Marktteilnehmer unter Zuhilfe-

---

[12] S. 123 ff.

nahme einheitlicher Kennziffern und Regeln zusammenwirken. Hierdurch können Transaktionskosten gesenkt und die Gesamteffizienz des Marktes erhöht werden.

Zu § 8 A.: Daten für den CDS-Börsenhandel[13]

Die koordinierte Setzung standardisierter Regelwerke kann ein effizientes Korrektiv zur Ausfüllung von Regelungslücken im Regulierungsrecht darstellen. Als negative Folge des Selbstregulierungsprozesses kann Marktmacht auf Seiten der Regelgeber entstehen, welche wiederum zum Ausschluss von Wettbewerbern genutzt werden kann. Dem ist durch die Anwendung des Kartellrechts zu begegnen.

Im Bereich des CDS-Börsenhandels traten neben das Wettbewerbsproblem (Ausschluss von Wettbewerbern durch Vorenthalten wesentlicher Inputs) weitere Regulierungsgründe. Durch das unkontrollierte Wachstum vor allem des CDS-Handels entstand eine intransparente Marktsituation hinsichtlich der tatsächlich existenten Liquiditäts- und Ausfallrisiken. Diesem Problem waren die zeitgleich geschaffenen Regulierungsvorschriften gewidmet.

Im Kartellverfahren wurde versucht, den Regulierungsmaßnahmen per Verpflichtungszusage den Boden zu bereiten, indem einzelne Elemente der Regulierung vorweggenommen wurden. Dies hatte zur Folge, dass Sinn und Zweck des Verpflichtungsverfahrens, eine schnelle, einvernehmliche Verfahrensbeendigung herbeizuführen, verfehlt wurde. Vielmehr wurde parallel zum langsam voranschreitenden Gesetzgebungsverfahren gearbeitet, wodurch für die Zusagen kaum noch ein Anwendungsbereich verblieb. Durch die Verquickung wettbewerblicher und regulatorischer Ziele wurde der Wettbewerbsschutz faktisch geschwächt.

Zu § 8 B.: Kennziffern für Wertpapiere[14]

Auch in den Entscheidungen gegen Reuters und S&P wurde der Bedarf nach Standardisierung auf den Finanzmärkten deutlich. Die kartellrechtlichen Entscheidungen öffneten bezüglich der durch die Standardisierung entstandenen Monopolgüter den nachgelagerten Markt, indem sie unangemessene Zugangskonditionen oder Wettbewerb gänzlich ausschließende Nutzungsregeln beseitigten. Die Effizienz der Kartellrechtsanwendung wird hierbei untermalt durch das Ausbleiben einer nachfolgenden Regulierungslösung.

Ebenfalls lässt sich aufzeigen, dass eine verfrühte Regulierung zur Festlegung auf einen Standard ineffizient sein kann. Der politische Wunsch nach einem einheitlichen *consolidated tape*, das die Handelspreise verschiedener

---

[13] S. 138 ff.
[14] S. 154 ff.

Marktplätze konsolidiert, konnte allein durch die Schaffung regulatorischer Rahmenbedingungen nicht erfüllt werden.

Zu § 9: Kooperationen unter Wettbewerbern[15]

Bei der dritten großen Fallgruppe handelt es sich um Konstellationen, in denen verschiedene Marktteilnehmer zusammenarbeiten (mussten), um neue Produkte zu schaffen. Dies trifft auf die Fälle der Interbankenentgelte, Referenzwertmanipulationen, AGB Banken, aber auch auf den Fall des CDS-Börsenhandels zu. Die Zahlungssysteme von VISA und MasterCard wurden ursprünglich als Gemeinschaftsunternehmen teilnehmender Banken geschaffen. Hierzu setzten sich die teilnehmenden Unternehmen Regelwerke, die verschiedene Wettbewerbsprobleme, sowohl hinsichtlich des Zugangs zu den jeweils betriebenen Zahlungssystemen als auch hinsichtlich der Systementgelte, mit sich brachten. Die Libor-Manipulationen konnten erst infolge des eigens aufgestellten Verfahrens zur Indexerstellung stattfinden. Die AGB Banken nutzten als Kooperationsmechanismus zwar kein Gemeinschaftsunternehmen, dafür aber die übergeordneten Verbände für den Ausschluss neuer Anbieter von Zahlungsdienstleistungen.

Zu § 9 A.: Interbankenentgelte in Zahlungskartensystemen[16]

Die Konstellation der Interbankenentgelte zeichnet sich durch zwei institutionelle Besonderheiten aus. Die Generaldirektion Wettbewerb nahm über einen längeren Zeitraum verschiedene regulierungsgleiche Verpflichtungszusagen an und handelte entsprechend einer Regulierungsbehörde. Hierdurch nahm sie eine Rolle ein, die ihr unter den kartellrechtlichen Vorschriften nicht zugeordnet ist.

Bei der Beurteilung der Interbankenentgelte wurde deutlich, dass die Nutzung ökonometrischer Modelle lediglich einen Anhaltspunkt geben kann, wie Märkte funktionieren. Die fehlende Berücksichtigung der Grundannahmen des jeweiligen Modells kann zu schwerwiegenden Fehleinschätzungen hinsichtlich der angemessenen rechtlichen Reaktion führen. Die Nichtberücksichtigung der wirtschaftlichen Interessen des Systembetreibers und dessen eigenes Profitinteresse sind gewichtige Faktoren für die Beurteilung der Interbankenentgelte. Dies wurde von der Kommission übersehen.

Die Abhilfemaßnahme muss bei Verpflichtungszusagen der Beseitigung der Wettbewerbsbedenken dienen. Das Verfahren bei der Annahme einer Verpflichtungszusage eignet sich nicht, um lediglich die Voraussetzungen des Art. 101 Abs. 3 AEUV herbeizuführen. Im Falle der Interbankenentgelte wurde die verfahrensauslösende Wettbewerbsbeschränkung letztlich ignoriert.

---

[15] S. 163 ff.
[16] S. 165 ff.

Der Wettbewerb der Acquirer um die Händler ist nach wie vor durch ein einheitliches Niveau der Interbankenentgelte beeinträchtigt. Die vermeintliche Verbesserung der Gesamtwohlfahrt durch die Annahme von Verpflichtungszusagen ist mangels Berücksichtigung der Lizenzgebühren des Systembetreibers bis heute nicht nachgewiesen.

Zugleich beeinflusste die Kommission maßgeblich den Regulierungsprozess. Die Fehler in der ökonomischen Analyse der Interbankenentgelte fanden unveränderten Eingang in die neugeschaffene MIF-VO. Durch die institutionelle Verflechtung innerhalb der Kommission in ihrer Rolle als Teil von Exekutive und Legislative können Fehler bei der Beurteilung oder auch nur Präferenzen für eine gewünschte Lösung aus dem Kartellrecht in Regulierungsrecht übernommen werden.

Insbesondere die in den jüngeren Entscheidungen der Kommission vorgenommene Differenzierung zwischen den Kosten von *point of sale*- und Online-Zahlungen sollte im Rahmen der Entgeltregulierung durch die MIF-VO berücksichtigt werden.

Zu § 9 B.: Referenzwertmanipulationen[17]

Im Gegensatz zur Konstellation der Interbankenentgelte zeigt die Behandlung der Referenzwertmanipulation das Optimalbild des Zusammenspiels von Kartell- und Regulierungsrecht auf. Während durch die kartellrechtlichen Entscheidungen vergangene Fehlverhalten sanktioniert wurden, setzte der Gesetzgeber verschiedene Maßnahmen um, die das Verhalten der Marktteilnehmer im Einzelfall ebenso wie die strukturellen Besonderheiten der Referenzwerte berücksichtigen, wodurch zukünftig ein effektiver Aufsichtsrahmen besteht. Das Kartellrecht konnte somit durch die Ermittlung der problematischen Marktstrukturen einen gewichtigen Beitrag zur Verbesserung der Regulierung liefern, beschränkte sich in der Rechtsfolge aber auf die kompetenzgemäßen Befugnisse.

Gleichwohl verbleiben Bedenken hinsichtlich der effektiven Durchsetzung des Aufsichtsrechts, insbesondere für die Kapitalmärkte. Zum einen fehlen Mechanismen zur Aufdeckung schwerwiegender Verstöße, wie das kartellrechtliche Kronzeugenprogramm. Zum anderen sind mit der Durchsetzung nationale Aufsichtsbehörden betraut, die aufgrund der Ressourcenzuteilung aus einem nationalen Budget einen strukturellen Nachteil gegenüber weltweit agierenden Konzernen mit integrierten Rechtsabteilungen haben.

---

[17] S. 201 ff.

Zu § 9 C.: Sonderbedingungen Online-Banking[18]

Die Entscheidung des Bundeskartellamts zu den Sonderbedingungen Online-Banking zeigt in ähnlicher Weise die herausgehobene Stellung der Kartellbehörden bei der Ermittlung wettbewerblicher Strukturprobleme. Die ermittelte Konstellation fand umfassende Berücksichtigung in der Novellierung der 2. Zahlungsdiensterichtlinie, die das Problem behob.

Zugleich kann das Verfahren nur eingeschränkt als Vorbild für das Verhältnis zwischen Regulierungs- und Kartellrecht dienen. Die Rücksicht des Bundeskartellamts auf die bevorstehende Änderung der Zahlungsdiensterichtlinie war rechtlich nicht geboten, wenngleich sie zweckmäßig erscheint. Nachteilig wirkte sich dies freilich auf die Verfahrensdauer beim Bundeskartellamt aus, das eine Entscheidung erst sechs Jahre nach Eingang der Beschwerde eines Zahlungsauslösedienstleisters erließ.

Zu § 9 D.: Kooperationen zwischen Effizienz und Missbrauch[19]

Kooperationen verstoßen nicht zwangsläufig gegen Kartellrecht. Vielmehr können durch sie neue Produkte geschaffen werden und, allgemeiner gesprochen, Wohlfahrtsgewinne erzielt werden. Gleichwohl sind Kooperationen nicht grenzenlos zulässig. Das Selbständigkeitspostulat muss so weit wie möglich gewahrt werden.

Führen Kooperationen zu Marktversagen, stellt sich die Frage nach dem wirksamen Werkzeug, diesem zu begegnen. Vielfach wird es ausreichen, die Kooperationsabsprachen mithilfe des Kartellrechts auf das für die Erzielung von Wohlfahrtsgewinnen Notwendige zurückzuführen und Wettbewerbsprobleme (erhöhte Gebühren, Ausschluss von Wettbewerbern) zu beseitigen. Stehen hingegen andere Regulierungsgründe im Raum, etwa Informationsasymmetrien oder Gefährdungen für die Systemstabilität, ist das kartellrechtliche Instrumentarium nicht ausreichend. Eine künstliche Ausweitung der kartellrechtlichen Befugnisse, insbesondere durch die Nutzung der Verpflichtungszusage, sollte vermieden werden. Vielmehr ist der Gesetzgeber gefragt.

Die Kartellbehörden können diesen allerdings unterstützen, wenn sie mithilfe ihrer besonderen Kenntnisse und Instrumente die Marktverhältnisse analysieren und bewerten und so eine hinreichende Faktengrundlage für einen effektiven Regulierungsprozess bereitstellen. Gerade der Fokus auf marktwirtschaftliche Interaktionen stellt ein Alleinstellungsmerkmal der Kartellbehörden gegenüber dem entweder instituts- oder stabilitätsbezogenen Ansatz der Finanzmarktaufsicht dar, der einen anderen Blickwinkel erlaubt.

---

[18] S. 210 ff.

[19] S. 221 ff.

4. Teil: Aufgaben- und Kompetenzverteilung

Zu § 10: Materielle Kompetenzabgrenzung[20]

Der Versuch, Aufgaben und Kompetenzen zwischen Kartell- und Regulierungsrecht anhand materieller Kriterien, insbesondere anhand der Belastungswirkungen für die Marktteilnehmer, abzugrenzen, ist wenig erfolgversprechend. Das Kriterium der Verhältnismäßigkeit ist zu unpräzise, um eine klare Abgrenzung vorzunehmen.

Zum einen wird es bereits kaum einmal Situationen geben, in denen kartellrechtliche und regulierungsrechtliche Maßnahmen ein exakt identisches Ziel verfolgen. Allenfalls im Bereich der Zugangsregulierung kann der Verhältnismäßigkeitsmaßstab herangezogen werden. Zum anderen kann nicht der einen oder anderen Materie *per se* eine höhere Belastungswirkung zugeordnet werden, sodass nicht bestimmt werden kann, ob Regulierung im Verhältnis zum Kartellrecht eine mildere oder eingriffsintensivere Maßnahme im Sinne des Erforderlichkeitsgrundsatzes darstellt. Ebenso wenig ist es möglich, die Effektivität der jeweiligen Maßnahmen *ex ante* derart gewiss zu bestimmen, dass man verschiedene Maßnahmen als gleichrangig einordnen könnte.

Zuletzt werden gesetzgeberische Maßnahmen jedenfalls in Europa keiner strikten Kontrolle unterworfen, vielmehr wird dem Gesetzgeber vom EuGH in wirtschaftlich komplexen Fragen ein weiter Einschätzungsspielraum eingeräumt.

Zu § 11: Institutionelle Ansätze[21]

Zu § 11 A.: Verbesserte Kooperation zwischen Gesetzgeber und Kartellbehörden[22]

Auf institutioneller Ebene bietet sich eine verbesserte Zusammenarbeit zwischen Kartellbehörden und Gesetzgeber an. Hierzu könnten besondere Beteiligungserfordernisse für die Kartellbehörden im Gesetzgebungsverfahren geschaffen werden. Der Gesetzgebung vorgelagert erscheint eine verbesserte Kooperation zwischen Aufsichtsbehörden und Kartellbehörden naheliegend. Hierdurch könnte bereits die Diskussionsgrundlage für Gesetzentwürfe im Sinne einer wettbewerbsorientierten Betrachtungsweise vorgeprägt werden, wodurch nachträgliche Kontrollmechanismen obsolet würden.

Ebenfalls denkbar wäre der Einsatz der Sektoruntersuchung als Instrument zur Vorbereitung legislativer Maßnahmen. Diese bietet mit den weitreichenden Ermittlungsmaßnahmen in Verbindung mit der Sachkenntnis der Kartellbehörden bei der Ermittlung von Wettbewerbsstörungen ein hohes Potenzial.

---

[20] S. 229 ff.
[21] S. 240 ff.
[22] S. 241 ff.

Allerdings bedürfte eine erweiterte Nutzung der Untersuchungsergebnisse einer gesetzlichen Grundlage, um die damit verbundenen Eingriffe zu rechtfertigen.

Zu § 11 B.: Kooperation bei der Durchsetzung von Kartell- und Regulierungsrecht[23]

Kooperationsmechanismen zwischen Kartell- und Aufsichtsbehörden bei der Durchsetzung der Schnittstellenregelungen, ebenso wie eine Verschiebung kartellrechtlicher Kompetenzen zu den Aufsichtsbehörden erscheinen hingegen wenig erfolgversprechend. Bereits jetzt wird das Wettbewerbsrecht dezentral durchgesetzt. Eine weitere Diversifizierung bedeutet eine Verdoppelung oder Verdreifachung von Ressourcen, die letztlich überflüssig erscheint. Entscheidender sind der Austausch und das Gespür für wettbewerbsschädigende Verhaltensweisen bei den Fachbehörden, sodass eine ergiebige Kooperation stattfinden und eine Art interbehördliches Hinweisgebersystem etabliert werden kann.

Zu § 11 C.: Unionseinrichtungen[24]

Sehen nationale oder Unionsorgane einen besonderen Handlungsbedarf, um einen Ausgleich zwischen Wettbewerb und Stabilität zu schaffen, können sie selbst als Marktakteur tätig werden und eigene Einrichtungen zur Verfügung stellen. Je weiter sie sich hierbei von ihrem politischen Mandat entfernen, umso mehr sind sie an das Wettbewerbsprinzip gebunden, das dem Binnenmarkt zugrunde liegt. Insbesondere die EZB, deren primäres Mandat die Sicherung der Preisstabilität betrifft, hat marktwirtschaftliche Prinzipien zu achten, wenn sie nicht im Rahmen dieser Primäraufgabe tätig wird. Dies gilt ebenso für weitere Unionsorgane. Jedoch besitzen die Unionsorgane regelmäßig ein weites Ermessen bei der Umsetzung entsprechender Maßnahmen, ähnlich dem Gesetzgeber.

---

[23] S. 251 ff.
[24] S. 257 ff.

Literaturverzeichnis

Adamski, Dariusz: Memoranda of understanding in the governance of European financial institutions, ELRev 45 (2020), 100–112

Ahlborn, Christian/Evans, David: The Microsoft Judgment and its Implications for Competition Policy towards Dominant Firms in Europe, Antitrust LJ 75 (2009), 887–932

Ahrend, Rüdiger/Arnold, Jens/Murtin, Fabrice: Prudential Regulation and Competition in Financial Markets, OECD Economics Department Working Papers No. 735, ECO/WKP(2009)76, abrufbar unter www.dx.doi.org/10.1787/220117664431

Akerlof, George: The Market for „Lemons": Quality Uncertainty and the Market Mechanism, Quarterly Journal of Economics 84 (1970), 488–500

Alfes, André: Central Counterparty – Zentraler Kontrahent – Zentrale Gegenpartei, Berlin 2005, zugl. Mainz, Univ., Diss., 2004

Allen, Franklin/Carletti, Elena: What is Systemic Risk?, JMCB 45, Supplement 1 (August 2013), 121–127

Andreangeli, Arianna: Interoperability as an „essential facility" in the Microsoft case – encouraging competition or stifling innovation?, ELRev 2009, 584–611

Anginer, Deniz/Demirguc-Kunt, Asli/Zhu, Min: How Does Bank Competition Affect Systemic Stability?, World Bank Policy Research Working Paper No. 5981, abrufbar unter www.documents.worldbank.org/curated/en/943621468167965155/pdf/WPS5981.pdf

Areeda, Phillip: Essential facilities: an epithet in need of limiting principles, Antitrust LJ 58 (1989), 841–853

Armour, John/Awrey, Dan/Davies, Paul/Enriques, Luca/Gordon, Jeffrey N./Mayer, Colin/ Payne, Jennifer: Principles of Financial Regulation, Oxford 2016

Assmann, Heinz-Dieter/Schneider, Uwe H./Mülbert, Peter: Wertpapierhandelsrecht, 7. Auflage, Köln 2019

Assmann, Heinz-Dieter/Schütze, Rolf/Buck-Heeb, Petra: Handbuch des Kapitalanlagerechts, 5. Auflage, München 2020

Athanassiou, Phoebus: T2 securities: an overview of the Eurosystem's aims and competence, JIBLR 23 (2008), 585–594

Aubry, Nathalie: Regulating the plumbing of Europe, JIBLR 23 (2008), 578–584

Backhaus, Maximilian: Anwendbarkeit und Anwendung des Kartellrechts auf den Kapitalmarkt sowie dessen Verhältnis zum Kapitalmarktrecht, Berlin 2019, zugl. Düsseldorf, Heinrich-Heine-Univ., Diss., 2018

Bank for International Settlement, Global systemically important banks: updated assessment methodology and the higher loss absorbency requirement, Basel 2013, abrufbar unter www.bis.org/publ/bcbs255.pdf

Barents, Rene: The international market unlimited: some observations on the legal basis of Community legislation, CMLR 30 (1993), 85–109

Basedow, Jürgen: Zielkonflikte und Zielhierarchien im Vertrag über die Europäische Gemeinschaft, in: Ole Due/Marcus Lutter/Jürgen Schwarze (Hrsg.), Festschrift für Ulrich Everling, Band 1, Baden-Baden 1995, S. 49–68

ders.: Wirtschaftsregulierung zwischen Beschränkung und Förderung des Wettbewerbs, in: Fuchs, Andreas/Schwintowski, Hans-Peter/Zimmer, Daniel (Hrsg.), Wirtschafts- und Privatrecht im Spannungsfeld von Privatautonomie, Wettbewerb und Regulierung, Festschrift für Ulrich Immenga zum 70. Geburtstag, München 2004, S. 3–19

Bauerschmidt, Jonathan: Finanzstabilität als Ziel der Bankenunion, ZHR 183 (2019), 476–502 (in englischer Sprache *ders.*, Financial Stability as the Objective of the Banking Union, ECFR 2020, 155–183)

Baxter, William: Bank Interchange of Transactional Paper: Legal and Economic Perspectives, JLE 26 (1983), 541–588

Bechtold, Rainer/Bosch, Wolfgang: Gesetz gegen Wettbewerbsbeschränkungen, 10. Auflage, München 2021

Bechtold, Rainer/Bosch, Wolfgang/Brinker, Ingo: EU-Kartellrecht, 3. Auflage, München 2014

Beck, Thorsten: Bank Competition and Financial Stability: Friends or Foes?, World Bank Policy Research Working Paper No. 4656, abrufbar unter www.documents.worldbank.org/curated/en/673071468314707800/pdf/wps4656.pdf

Becker, Carsten/Zapfe, Charlotte: Energiekartellrechtsanwendung in Zeiten der Regulierung, ZWeR 2007, 419–445

Beck'scher Onlinekommentar Kartellrecht: hg. von Bacher, Klaus/Hempel, Rolf/Wagner-von Papp, Florian, 5. Edition, Stand: 1.7.2022, München 2022 (zitiert als: *Bearbeiter/in*, in: BeckOK Kartellrecht)

Beißer, Jochen/Read, Oliver: Die Reform der Referenzzinssätze EONIA und EURIBOR, ZBB 2020, 304–316

Bellamy, Christopher/Child, Graham: Bellamy & Child. European Union Law of Competition, begründet von Bellamy, Christopher/Child, Graham, hg. von Bailey, David/John, Laura Elizabeth, 8. Auflage, Oxford 2018 (zitiert als: *Bearbeiter/in*, in: Bellamy & Child, European Union Law of Competition)

Bergk, Vincenz: Makroprudentielle Aufsicht. Eine rechtliche und ökonomische Analyse, Baden-Baden 2019, zugl. Halle-Wittenberg, Univ., Diss., 2018

Berliner Kommentar zum Energierecht: hg. von Säcker, Franz Jürgen, Band 1 Energiewirtschaftsrecht – Energieplanungsrecht – Energiesicherungsgesetz, 4. Auflage, Frankfurt 2019 (zitiert als: *Bearbeiter/in*, in: BerlKommEnergR)

Bernstein, Marver: Regulating Business by Independent Commission, Princeton 1955

Binder, Jens-Hinrich: The European Banking Union – Rationale and Key Policy Issues, in: Binder, Jens-Hinrich/Gortsos, Christos (Hrsg.), The European Banking Union, Baden-Baden 2016

Blankart, Charles B./Knieps, Günter: Kommunikationsgüter ökonomisch betrachtet, in: Tietzel, Manfred, Ökonomik der Standardisierung. HOMO OECONOMICUS XI(3), München 1994

von Bogdandy, Armin/Bast, Jürgen: Scope and limits of ECB powers in the field of securities settlement. An analysis in the view of the proposed „TARGET2-Securities" system, Euredia 2006, 365–396

Bolt, Wilko/Jonker, Nicole/Plooij, Mirjam: Tourist test or tourist trap? Unintended consequences of debit card interchange fee regulation, DNB Working Paper No. 405, December 2013, Amsterdam 2013, abrufbar unter www.dnb.nl/en/binaries/working Paper 405_tcm47-301519.pdf *dies.*: European Retail Payments Systems: Cost, Pricing, Innovation and Regulation, in: Beck, Thorsten/Casu, Barbara (Hrsg.): The Palgrave Handbook of European Banking, London 2016, S. 159–186

Boos, Karl-Heinz/Fischer, Reinfrid/Schulte-Mattler, Hermann (Hrsg.): KWG, CCR-VO. Kommentar zu Kreditwesengesetz, VO (EU) 575/2013 (CRR) und Ausführungsvorschriften, Band 1, 5. Auflage, München 2016

Börestam, Ann/Schmiedel, Heiko: Interchange fees in payment systems, European Central Bank occasional paper series No. 131, September 2011, abrufbar unter www.ecb.europa.eu/pub/pdf/scpops/ecbocp131.pdf

Borowicz, M. Konrad: Contracts as regulation: the ISDA Master Agreement, CMLJ 16 (2021), 72–94

Böttcher, Matthias: „Clearstream" – Die Fortschreibung der Essential Facilities-Doktrin im Europäischen Wettbewerbsrecht, Beiträge zum Transnationalen Wirtschaftsrecht, Heft 102, Halle 2011, abrufbar unter www.telc.jura.uni-halle.de/sites/default/files/altbestand/Heft_102.pdf)

Botteman, Yves/Patsa, Agapi: Towards a more sustainable use of commitment decisions in Article 102 TFEU cases, JAE 1 (2013), 347–374

Brambring, Maximilian: Zentrales Clearing von OTC-Derivaten. Zugleich ein Beitrag zur Regulierung systemischer Risiken im Finanzmarktrecht, Tübingen 2017, zugl. Hamburg, Bucerius Law School, Diss., 2016

Brenner, Tobias: Regulierung mithilfe des Kartellrechts? – Verpflichtungszusagen der Europäischen Kommission, EuR 2014, 671–697

Breuer, Ludger: Das EU-Kartellrecht im Kraftfeld der Unionsziele. Die finale Programmierung der Unionstätigkeit durch die Querschnittsklauseln am Beispiel des Art. 101 AEUV, Baden-Baden 2013, zugl. Bonn, Univ., Diss., 2012

Broemel, Roland: Strategisches Verhalten in der Regulierung. Zur Herausbildung eines Marktgewährleistungsrechts in den Netzwirtschaften, Tübingen 2010, zugl. Hamburg, Univ., Diss., 2010

ders.: Zugang zu technischen Infrastrukturleistungen nach § 58a ZAG n.F., RdZ 2020, 100–106

Brosig, Isabella: Benchmark-Manipulation. Eine ökonomische und regulatorische Analyse des LIBOR-Manipulationsskandals, Baden-Baden 2018, zugl. Augsburg, Univ., Diss., 2018

Brüggemeier, Alexander: Harmonisierungskonzepte im europäischen Kapitalmarktrecht, Tübingen 2018, zugl. Hamburg, Bucerius Law School, Diss., 2017

Brümmerhoff, Dieter/Büttner, Thiess: Finanzwissenschaft, 12. Auflage, Berlin 2018

Buchanan, James M.: The limits of liberty. Between anarchy and Leviathan, Chicago 1967

Buckley, Ross P./Arner, Dougles/Veidt, Robin/Zetzsche, Dirk: Building Fintech Ecosystems: Regulatory Sandboxes, Innovation Hubs and Beyond Hubs and Beyond, Wash. Univ. J. L & P 61 (2020), 55–98

Buck-Heeb, Petra: Kapitalmarktrecht, 12. Auflage, Heidelberg 2022

Budzinski, Oliver/Haucap, Justus: Kartellrecht und Ökonomik: Institutions matter!, in: Haucap, Justus/Budzinski, Oliver (Hrsg.), Recht und Ökonomie, Baden-Baden 2020, S. 331–361

Bueren, Eckart: Kopplung und Kursstabilisierung bei Neuemissionen zwischen Kapitalmarkt- und Kartellrecht, WM 2013 (Heft 13), 585–595

Bueren, Eckart/Weck, Thomas: Warehousing in Kapitalmarkt- und Kartellrecht, BB 2014, 67–75

Bufton, Rosalind/Martínez Rivero, Eduardo: Clearstream: General Court confirms Commission Decision, EC Competition Policy Newsletter 1/2010, S. 28–31

Buigues, Pierre-André: Competition versus Regulation, in: American Bar Association, Section of Antitrust Law, Issues in Competition Law and Policy, Volume 1, Chicago 2008, S. 189–207 (zitiert als *Buigues*, in: ABA, Issues in Competition Law and Policy)

Bumke, Christian: Kapitalmarktregulierung. Eine Untersuchung über Konzeption und Dogmatik des Regulierungsverwaltungsrechts, Die Verwaltung 41 (2008), 227–257

Bundesbank: Geld und Geldpolitik, Frankfurt 2017

Bundesfinanzministerium, Eckpunktepapier des BMF vom 6.11.2015 zu Zahlungen mit EC-Karte, ZIP 2015, Heft 47, A 92 abrufbar unter www.bafin.de/SharedDocs/Downloads/DE/Auslegungsentscheidung/dl_ae_interbankenentgelte_eckpunkte_bmf.html

Bundeskartellamt: Zugang zu Netzen und anderen wesentlichen Einrichtungen als Bestandteil der kartellrechtlichen Mißbrauchsaufsicht, Arbeitsunterlage für die Sitzung des Arbeitskreises Kartellrecht am 9. und 10. Oktober 1997, abrufbar unter www.bundeskartellamt.de/DE/UeberUns/Veranstaltungen/ArbeitskreisKartellrecht/arbeitskreiskartellrecht_node.htm

dass.: Stellungnahme vom 11.4.2012 zum Grünbuch der Kommission „Ein integrierter europäischer Markt für Karten-, Internet- und mobile Zahlungen“, abrufbar unter www.bundeskartellamt.de/SharedDocs/Publikation/DE/Stellungnahmen/Stellungnahme%20-%20Gr%C3%BCnbuch%20der%20Kommission.html

dass.: Was kann und soll die kartellrechtliche Missbrauchsaufsicht? Hintergrundpapier, Tagung des Arbeitskreises Kartellrecht, 4. Oktober 2018, abrufbar unter www.bundeskartellamt.de/SharedDocs/Publikation/DE/Diskussions_Hintergrundpapier/AK_Kartellrecht_2018_Hintergrundpapier.html

dass.: Offene Märkte und nachhaltiges Wirtschaften – Gemeinwohlziele als Herausforderung für die Kartellrechtspraxis, Hintergrundpapier, Virtuelle Tagung des Arbeitskreises Kartellrecht, 1. Oktober 2020, abrufbar unter www.bundeskartellamt.de/SharedDocs/Publikation/DE/Diskussions_Hintergrundpapier/AK_Kartellrecht_2020_Hintergrundpapier.html?

Bunte, Hermann-Josef: Die Angriffe gegen das Regionalprinzip der Sparkassen im Lichte des BGH-Urteils vom 6.10.2015 = WM 2016, 878 zum Presse-Grosso, WM 2016 (Heft 20), 905–914

ders.: Kartellrechtswidrigkeit der Online-Banking-Bedingungen der Deutschen Kreditwirtschaft zur Geheimhaltung von PIN und TAN, zugl. Anmerkung zu BGH, 7.4.2020, KVR 13/19, EWiR 2020, 511–512

ders.: Kartellrecht. Band 2: Europäisches Kartellrecht, Vergaberecht (GWB) und Sonderbereiche, 14. Auflage, Köln 2022 (zitiert als *Bearbeiter/in*, in: Bunte, Kartellrecht)

Bunte, Hermann-Josef/Zahrte, Kai: AGB-Banken. AGB-Sparkassen. Sonderbedingungen, 5. Auflage, München 2019 (zitiert als *Bearbeiter/in*, in: Bunte/Zahrte, AGB-Banken)

Calliess, Christian/Ruffert, Matthias: EUV/AEUV, Das Verfassungsrecht der Europäischen Union mit Europäischer Grundrechtecharta, 6. Auflage, München 2022

Carletti, Elena/Smolenska, Agnieszka: 10 years on from the Financial Crisis: Cooperation between Competition Agencies and Regulators in the Financial Sector, Background note, OECD Working Party No. 2 on Competition and Regulation on 4 December 2017, DAF/COMP/WP2(2017)8, abrufbar unter www.one.oecd.org/document/DAF/COMP/WP2(2017)8/en/pdf

Carletti, Elena/Vives, Xavier: Regulation and Competition Policy in the Banking Sector, in: Vives, Xavier, Competition Policy in the EU: Fifty Years on from the Treaty of Rome, S. 260–282

Carlson, Mark A./Correia, Sergio/Luck, Stephan: The Effects of Banking Competition on Growth and Financial Stability: Evidence from the National Banking Era, Version v. 31.1.2020, abrufbar unter www.dx.doi.org/10.2139/ssrn.3202489

Casper, Matthias/Terlau, Matthias (Hrsg.): Zahlungsdiensteaufsichtsgesetz (ZAG). Das Aufsichtsrecht des Zahlungsverkehrs und des E-Geldes. Kommentar, 2. Auflage, München 2020

Cecchetti, Stephen G./Schoenholtz, Kermit L.: Money, Banking, and Financial Markets, 6. Auflage, New York 2021

Cejnar, Leela/Duke, Arlen: Competition policy and the banking sector: the need for greater international co-operation, ECLR 34 (2013), 583–589

Corbae, Dean/Levine, Ross: Competition, Stability, and Efficiency in Financial Markets, Discussion Paper for the Kansas City Fed Economic Policy Forum, 23.–25.8.2018, abrufbar unter www.kansascityfed.org/~/media/files/publicat/sympos/2018/jh091418.pdf

Cremer, Hans-Joachim: § 5 Regulierung und Freiheit, in: Fehling, Michael/Ruffert, Matthias (Hrsg.): Regulierungsrecht, Tübingen 2010, S. 212–280

Dabbah, Maher: The relationship between competition authorities and sector regulators, Cambridge LJ 70 (2011), 113–143

Dalheimer, Dorothe/Feddersen, Christoph/Miersch, Gerald: EU-Kartellverfahrensverordnung. Kommentar zur VO 1/2003. Sonderausgabe aus Grabitz/Hilf, Das Recht der Europäischen Union. Nach Art. 83 EGV, München 2005

Dauses, Manfred/Ludwigs, Markus: Handbuch des EU-Wirtschaftsrechts, begründet von Dauses, Manfred, hg. von Ludwigs, Markus, Loseblatt, Stand: April 2022 (56. Ergänzungslieferung), München 2022

Davies, Gareth: The Competence to Create an Internal Market: Conceptual Poverty and Unbalanced Interests, in: Garben, Sacha/Govaere, Inge (Hrsg.), The Division of Competences between the EU and the Member States: Reflections on the Past, the Present and the Future, Oxford 2017, S. 74–89

de Bronett, Georg-Klaus: Sektoruntersuchungen, WuW 2010, 258–268

ders.: Europäisches Kartellverfahrensrecht. Kommentar zur VO 1/2003, 2. Auflage, Köln 2011

de Haan, Jakob/Schoenmaker, Dirk/Wierts, Peter: Financial markets and institutions. A European perspective, 4. Auflage, Cambridge 2020

de la Mano, Miguel/Padilla, Jorge: Big tech banking, JCLE 14 (2019), 494–526

de Larosière, Jacques/Balcerowicz, Leszek/Issing, Otmar/Masera, Rainer/McCarthy, Callum/Nyberg, Lars/Pérez, José/Ruding, Onno: Bericht der High-Level Group on Financial Supervision in the EU, Brüssel, 25.2.2009, abrufbar unter www.ec.europa.eu/economy_finance/publications/pages/publication14527_en.pdf

De Matteis, Andrea/Giordano, Simone: Payment Cards and Permitted Multilateral Interchange Fees (MIFs): Will the European Commission Harm Consumers and the European Payment Industry?, JECLAP 6 (2015), 85–95

de Streel, Alexandre/Larouche, Pierre: Interplay between the New Competition Tool and Sector-Specific Regulation in the EU, Expert study, Luxemburg 2020, abrufbar unter www.doi.org/10.2763/521287 (zitiert als *de Streel/Larouche*, NCT Expert Study)

Demsetz, Harold: Toward a theory of property rights, American Economic Review 57 (1967), 347–359

Deregulierungskommission: Marktöffnung und Wettbewerb. Berichte 1990 und 1991, Stuttgart 1991

Di Porto, Fabiana: Abuses of information and informational remedies: rethinking exchange of information under competition law, in: Drexl, Josef/Di Porto. Fabiana (Hrsg.), Competition Law as Regulation, Cheltenham 2015, S. 296–338

Diamond, Douglas/Dybvig, Philip: Bank Runs, Deposit Insurance, and Liquidity, Journal of Political Economy 91 (1983), 401–419

Dreher, Meinrad: Die Kontrolle des Wettbewerbs in Innovationsmärkten. Marktabgrenzung und Marktbeherrschung in innovationsgeprägten Märkten, ZWeR 2009, 149–175

Dreyer, Dominik/Delgado-Rodriguez, Pantaleon: On Venue Trading und die Zukunft des OTC-Handels nach MiFID II, in: Temporale, Ralf (Hrsg.), Europäische Finanzmarktregulierung. Handbuch zu EMIR, MiFID II/MiFIR, PRIIPs, MAD/MAR, OTC-Derivaten und Hochfrequenzhandel, Stuttgart 2015, S. 39–54

Duke, Arlen/Cejnar, Leela: Competition and the banking sector: friend or foe?, LFMR 7 (2013), 152–158

Dunne, Niamh: Between competition law and regulation: hybridized approaches to market control, JAE 2 (2014), 225–269

dies.: Commitment Decisions in EU Competition Law, JCLE 10 (2014), 399–444

dies.: Recasting Competition Concurrency under the Enterprise and Regulatory Reform, Modern Law Review 77 (2014), 254–276

dies.: Competition Law and Economic Regulation. Making and Managing Markets, Cambridge 2015

dies.: Regulating Prices in the European Union, YEL 37 (2018), 344–394

dies.: Dispensing with Indispensability, JCLE 16 (2020), 74–115

Dürig, Günter/Herzog, Roman, Scholz, Rupert: Grundgesetz-Kommentar, Band III, Art. 17–28, begründet von Maunz, Theodor/Dürig, Günter, hg. von Herzog, Roman/Herdegen, Matthias/Scholz, Rupert/Klein, Hans H., Loseblatt, Stand: Januar 2022 (97. Ergänzungslieferung), München 2020

Ehlenz, Christian: FRAND-Lizenz nach Sisvel/Haier – was wissen wir und wohin geht die Reise, NZKart 2020, 470–472

Ellenberger, Jürgen/Bunte, Hermann-Josef (Hrsg.): Bankrechts-Handbuch, Band I und II, 6. Auflage, München 2022 (zitiert als *Bearbeiter/in*, in: Ellenberger/Bunte, Bankrechts-Handbuch)

Emmerich, Volker/Lange, Knut Werner: Kartellrecht, 15. Auflage, München 2021

Engel, Christopher/Heine, Klaus: The dark side of price cap regulation: a laboratory experiment, Public Choice 173 (2017), 217–240

Engel, Tim: Systemrisikovorsorge durch Bankaufsicht, Bankgesellschaft und Bankvorstand, Tübingen 2020, zugl. Mannheim, Univ., Diss., 2019

Erdmann, Max: Gesetzgebungsautonomie und Unionsrecht. Das grundgesetzliche Loyalitätsgebot als Maßstab der Bundesgesetzgebung, EuR 2021, 62–78

Erlei, Mathis/Leschke, Martin/Sauerland, Dirk: Institutionenökonomik, 3. Auflage, Stuttgart 2016

Eufinger, Alexander: Das sparkassenrechtliche Regionalprinzip aus europarechtlicher Sicht, EWS 2014, 253–257

Europäische Kommission: Competition in EU securities trading and post-trading, Issues Paper, Working document of the Commission services, Brüssel 2006, abrufbar unter www.ec.europa.eu/competition/sectors/financial_services/securities_trading.pdf

dies.: Survey on merchants' costs of processing cash and card payments, Final results, Luxemburg 2015, abrufbar unter www.doi.org/10.2763/548925
dies.: Co-operation between Competition Agencies and Regulators in the Financial Sector – Note by the European Union, OECD Working Party No. 2 on Competition and Regulation on 4 December 2017, DAF/COMP/WP2(2017)6, abrufbar unter www.one.oecd.org/document/DAF/COMP/WP2/WD(2017)26/en/pdf
dies.: Bericht über die Wettbewerbspolitik 2017, Luxemburg 2018
dies.: Antitrust Manual of Procedures. Internal DG Competition working documents on procedures for the application of Articles 101 and 102 TFEU, Brüssel 2019, abrufbar unter www.doi.org/10.2763/267952
dies.: Study on the application of the Interchange Fee Regulation, Final Report, Luxemburg 2020, abrufbar unter www.doi.org/10.2763/137970
Europäische Zentralbank: The role of the Eurosystem in payment and clearing systems, Monthly Bulletin April 2002, S. 47–59, abrufbar unter www.ecb.europa.eu/pub/pdf/mobu/mb200204en.pdf
dies.: Legal Assessment 2008, PSSC/2008/226, abrufbar unter www.ecb.europa.eu/ecb/access_to_documents/document/pa_document/shared/data/ecb.dr.par2021_0016_legal_assessment_TARGET2008.en.pdf?
dies.: A single currency – an integrated market infrastructure, Frankfurt 2010, abrufbar unter www.ecb.europa.eu/pub/pdf/other/marketinfraintegration1010en.pdf
dies.: Study on the payment attitudes of consumers in the euro area (SPACE), Frankfurt a.M. 2020, abrufbar unter www.ecb.europa.eu/pub/pdf/other/ecb.spacereport202012~bb2038bbb6.en.pdf
Evans, David S.: The Antitrust Economics of Multi-Sided Platform Markets, YJReg 20 (2003), 325–381
Evans, David S./Schmalensee, Richard: The economics of interchange fees and their regulation: an overview, MIT Sloan Working Paper 4548-05, abrufbar unter www.dx.doi.org/10.2139/ssrn.744705
Ezrachi, Artiel: Comment on Clearstream, JECLAP 1 (2009), 125–126

Falconi, Fabio/Suhr, Lars: The Application of European Competition Law in the Financial Services Sector, JECLAP 9 (2018), 604–616
Faull, Jonathan/Nikpay, Ali (Hrsg.): The EU law of competition, 3. Auflage, Oxford 2014 (zitiert als *Bearbeiter/in*, in: Faull/Nikpay, The EU law of competition)
Fasoula, Vasiliki: The Legal Effects of Commitment Decisions under Article 9(1) of Regulation 1/2003 on Antitrust Proceedings before National Courts, CoRe 2018, 60–64
Fehling, Michael: § 20 Instrumente und Verfahren, in: Fehling, Michael/Ruffert, Matthias (Hrsg.): Regulierungsrecht, Tübingen 2010, S. 1087–1147
Fetzer, Thomas: Staat und Wettbewerb in dynamischen Märkten. Eine juristisch-ökonomische Untersuchung unter besonderer Berücksichtigung der sektorspezifischen Telekommunikationsregulierung in Deutschland und den USA, Tübingen 2013, zugl. Mannheim, Univ., Habilitationsschrift, 2009
Fleischer, Holger/Bueren, Eckart: Die Libor-Manipulation zwischen Kapitalmarkt- und Kartellrecht, DB 2012, 2561–2568
dies.: Cornering zwischen Kapitalmarkt- und Kartellrecht, ZIP 2013, 1253–1264
Fletcher, Amelia: Market Investigations for Digital Platforms: Panacea or Complement?, JECLAP 12 (2021), 44–55
Foer, Albert Allen/Durst, Arthur: The Multiple Goals of Antitrust, Antitrust Bull. 63 (2018), 494–508

Foerster, Max: Marktbeherrschende Stellung und Förderung fremden Wettbewerbs, WuW 2015, 233–245

Forest, Dominique/Vaigauskaite, Dovile: EC competition policy in the payments area: new developments in MIFs for cards and SEPA direct debit, EC Competition Policy Newsletter 2/2009, S. 38–43

Franchoo, Thomas/Pollard, Marcus: The Application of European Competition Law in the Financial Services Sector, JECLAP 3 (2012), 371–384

Franck, Jens-Uwe: Striking a balance of power between the Court of Justice and the EU legislature: the law on competition damages actions as a paradigm, ELRev 43 (2018), 837–857

ders.: Wettbewerbsschutz durch Kartellrecht: Normative Grenzen einer am ökonomischen Anspruch ausgerichteten Marktordnung, in: Haucap, Justus/Budzinski, Oliver (Hrsg.), Recht und Ökonomie, Baden-Baden 2020, S. 235–272

ders.: Open Markets in the Era of Fintech and Big Tech: Lessons for the Institutional Design of Competition Policy, Discussion Paper No. 367, September 2022, CRC TR 224, abrufbar unter www.dx.doi.org/10.2139/ssrn.4218097

Franck, Jens-Uwe/Linardatos, Dimitrios: Germany's 'Lex Apple Pay': Payment Services Regulation Overtakes Competition Enforcement, JECLAP 16 (2021), 68–81 (vorab veröffentlicht als Discussion Paper No. 173, May 2020, CRC TR 224, abrufbar unter www.ssrn.com/abstract=3634484)

dies.: Schutz der Robo Advisor vor Marktbarrieren: Zugriffsrechte auf Banken-Schnittstellen, in: Linardatos, Dimitrios (Hrsg.), Rechtshandbuch Robo Advice. Automatisierte Finanz- und Versicherungsdienste, München 2020, S. 284–323

Franck, Jens-Uwe/Peitz, Martin: Market definition and market power in the platform economy, CERRE Report, Mai 2019, abrufbar unter www.cerre.eu/sites/cerre/files/2019_cerre_market_definition_market_power_platform_economy.pdf

Franck, Jens-Uwe/Stock, Nils: What is 'Competition Law'? – Measuring EU Member States' Leeway to Regulate Platform-to-Business Agreements, YEL 39 (2020), 320–386

Frankel, Alan/Shampine, Allan: The economic effects of interchange fees, Antitrust LJ 73 (2006), 627–673

Frankfurter Kommentar zu EUV, GRC und AEUV: hg. von Pechstein, Matthias/Nowak, Carsten/Häde, Ulrich, Band 1, EUV und GRC, Tübingen 2017 (zitiert als *Bearbeiter/in*, in: FK-EuropaR)

Frankfurter Kommentar zum Kartellrecht: hg. von Jaeger, Wolfgang/Kokott, Juliane/Pohlmann, Petra/Schroeder, Dirk,
– Band III, Art. 102–106 AEUV, VO (EG) Nr. 1/2003, Art. 1–3 FKVO,
– Band IV, Art. 4–26 FKVO, §§ 1–27 GWB
– Band V, §§ 28–50f GWB,
– Band VII, §§ 90–186 GWB, Sonderbereiche, Auslandsrechte,
jeweils Loseblatt, Stand: April 2022 (102. Ergänzungslieferung), Köln 2022 (zitiert als *Bearbeiter/in*, in: FK-KartR)

Frenz, Walter: Handbuch Europarecht, Band 5 Wirkungen und Rechtsschutz, Berlin 2010

Fritsch, Michael: Marktversagen und Wirtschaftspolitik. Mikroökonomische Grundlagen staatlichen Handelns, 10. Auflage, München 2018

Fuchs, Andreas: Effizienzorientierung im Wettbewerbs- und Kartellrecht, in: Fleischer, Holger/Zimmer, Daniel (Hrsg.), Effizienz als Regelungsziel im Handels- und Wirtschaftsrecht, Frankfurt a.M. 2008, S. 69–89

ders.: Kartellrecht und Regulierungsrecht als Marktrecht, in: Körber, Torsten (Hrsg.): Wettbewerbsbeschränkungen auf staatlich gelenkten Märkten, Referate der 4. Göttinger

Kartellrechtsgespräche vom 13. Juni 2014 anlässlich des 80. Geburtstags von Prof. Dr. Dr. h.c. Ulrich Immenga, Baden-Baden 2015, S. 9–36

Giersdorf, Fabian: Der informelle Trilog. Das Schattengesetzgebungsverfahren der Europäischen Union, Berlin 2019, zugl. Erlangen-Nürnberg, Univ., Diss., 2018/2019

Gilmartin, Patrick: Multibank Settlement in CDS Manipulation Suit, Ausschnitt aus: Developments in Banking Law, Rev. Banking & Finance Law 35 (2015–2016), 415–613, S. 470–481

Goldmann, Julius: Kapitalmarkttransaktionen als Kartellrechtsverstoß? Eine vergleichende Analyse von Kapitalmarktrecht und Kartellrecht als Steuerungsinstrumente für Verhaltensweisen auf dem Primärmarkt und dem Sekundärmarkt, Berlin 2019, zugl. München, Univ., Diss., 2018

Górka, Jakub: Interchange Fee Economics. To Regulate or Not to Regulate?, Cham 2018

Grabitz, Eberhard/Hilf, Meinhard: Das Recht der Europäischen Union, 40. Auflage, München 2009

Grabitz, Eberhard/Hilf, Meinhard/Nettesheim, Martin: Das Recht der Europäischen Union, 71. Ergänzungslieferung, Stand August 2020, München 2020

Graham, Cosmo: UK: The Concurrent Enforcement by Regulators of Competition Law and Sector-Specific Regulation, JECLAP 7 (2016), 407–413

Gregory, Jon: Central Counterparties. Mandatory Clearing and Bilateral Margin Requirements for ORC Derivatives, Chichester 2014

von der Groeben, Hans/Schwarze, Jürgen/Hatje, Armin: Europäisches Unionsrecht, Band 2. Art. 67 bis 105 AEUV, 7. Auflage, Baden-Baden 2015

Grundmann, Stefan: The European Banking Union and Integration, in: Grundmann, Stefan/Micklitz, Hans-W. (Hrsg.), The European Banking Union and Constitution. Beacon for Advanced Integration or Death-Knell for Democracy, Oxford 2019, S. 85–120

Gütte, Kristina: Regulierung finanzieller Referenzwerte. Der aufsichtsrechtliche Rahmen zur Verhinderung von Referenzwertmanipulationen – eine Analyse der Benchmark Regulation, Tübingen 2020, zugl. Bayreuth, Univ., Diss., 2019

Gyselen, Luc: EU Antitrust Law in the Area of Financial Services – Capita Selecta for the Caitous Shaping of a Policy, in: Hawk, Barry, 1996 Fordham Corporate Law Institute. International Antitrust Law & Policy, Yonkers 1997, S. 329–393

Harrison, David: Competition Law and Financial Services, Oxford 2014

Hartlieb, Johannes: Verpflichtungszusagen im europäischen Kartellrecht und der Grundsatz der Verhältnismäßigkeit, Baden-Baden 2020, zugl. Wien, Wirtschaftsuniv., Diss., 2017

Hartmann-Wendels, Thomas/Pfingsten, Andreas/Weber, Martin: Bankbetriebslehre, 7. Auflage, Berlin 2019

Haselmann, Rainer/Krahnen, Jan/Wahrenburg, Mark: Evaluierung gesamt- und finanzwirtschaftlicher Effekte der Reformen europäischer Finanzmarktregulierung im deutschen Finanzsektor seit der Finanzkrise, SAFE Policy Report No. 1, Frankfurt, März 2019, abrufbar unter www.safe-frankfurt.de/fileadmin/user_upload/SAFE_Studie_Finanzmarktregulierung.pdf

Haucap, Justus/Coenen, Michael: Regulierung und Deregulierung in Telekommunikationsmärkten: Theorie und Praxis, in: Bechtold, Stefan/Jickeli, Joachim/Rohe, Mathias (Hrsg.), Recht, Ordnung und Wettbewerb, Festschrift zum 70. Geburtstag von Wernhard Möschel, Baden-Baden 2011, S. 1005–1026

von Hayek, Friedrich: Der Wettbewerb als Entdeckungsverfahren, Kiel 1968

Healey, Deborah/Nicholls, Rob: Should Stability Reign? The Consumer Downside of Foregone Competition in Retail Banking Markets, BFLR 32 (2016), 69–101

Heise, Michael: Das Verhältnis von Regulierung und Kartellrecht im Bereich der Netzwirtschaften. Zur Frage der Herausbildung eines eigenständigen Netzwirtschaftsrechts, Berlin 2008, zugl. Hamburg, Univ., Diss., 2008

Hellwig, Martin: Finanzmarktregulierung – Welche Regelungen empfehlen sich für den deutschen und europäischen Finanzsektor? – Finanzkrise und Reformbedarf – Gutachten E, in: Verhandlungen des 68. Deutschen Juristentages Berlin 2010, Band I Gutachten, München 2010

ders.: Bargeld, Giralgeld, Vollgeld: zur Diskussion um das Geldwesen nach der Finanzkrise, ZfgK 2018, 403–407

ders.: Competition Policy and Sector-Specific Regulation in the Financial Sector, Discussion Papers of the Max Planck Institute for Research on Collective Goods Bonn 2018/7, abrufbar unter www.homepage.coll.mpg.de/pdf_dat/2018_07online.pdf (zitiert als *Hellwig*, MPI Discussion Paper 2018/7)

Henry, David: Clarifying and Settling Access to Clearing and Settlement in the EU, EBLR 17 (2006), 999–1020

Herron, Molly: A New Era for Competition Law Scrutiny of Financial Services in the UK, Competition LJ 13 (2014), 248–261

Heun, Werner: Finanzaufsicht im Wandel, JZ 2012, 235–242

Hirsbrunner, Simon: Settlements in EU-Kartellverfahren – Kritische Anmerkungen nach den ersten Anwendungsfällen, EuZW 2011, 12–16

Hohmann, Holger: Die essential facility doctrine im Recht der Wettbewerbsbeschränkungen. Eine Untersuchung der allgemeinen Zugangsregelung zu Netzen und anderen Infrastruktureinrichtungen gem. § 19 Abs. 4 Nr. 4 GWB unter Berücksichtigung US-amerikanischer, europäischer und sektorspezifischer Erfahrungen, Baden-Baden 2001, zugl. Tübingen, Univ., Diss., 2001

ders.: Regulierung im Wandel, in: Körber, Torsten (Hrsg.): Wettbewerbsbeschränkungen auf staatlich gelenkten Märkten, Referate der 4. Göttinger Kartellrechtsgespräche vom 13. Juni 2014 anlässlich des 80. Geburtstags von Prof. Dr. Dr. h.c. Ulrich Immenga, Baden-Baden 2015, S. 59–66

Hoops, Christian: Die Regulierung von Index- und Referenzdaten, WM 2018 (Heft 47), 2214–2225

Horváth, Botond: Development of the applicability of European competition law on banks as undertakings, ECLR 38 (2017), 423–429

Huizing, Pieter: Parallel enforcement of rate rigging: lessons to be learned from LIBOR, JAE 3 (2015), 173–204

Ibáñez Colomo, Pablo: On the Application of Competition Law as Regulation: Elements for a Theory, YEL 29 (2010), 261–306

ders.: EU Competition Law in the Regulated Network Industries, LSE Law, Society and Economy Working Papers 08/2016, abrufbar unter www.dx.doi.org/10.2139/ssrn.2747785 (zitiert als *Ibáñez Colomo*, LSE Working Paper 08/2016)

ders.: The EU's Exclusive Competence in Competition Law, in: Garben, Sacha/Govaere, Inge (Hrsg.), The Division of Competences between the EU and the Member States: Reflections on the Past, the Present and the Future, Oxford 2017, S. 112–132

Iglesias-Rodríguez, Pablo: Supervisory Cooperation in the Single Market for Financial Services: United in Diversity?, Fordham International LJ 41 (2018), 589–668

Immenga, Ulrich/Mestmäcker, Ernst-Joachim: Wettbewerbsrecht, begründet von Immenga, Ulrich/Mestmäcker, Ernst-Joachim, hg. von Körber, Torsten/Schweitzer, Heike/Zimmer, Daniel
– Band 1. EU. Kommentar zum Europäischen Kartellrecht, 6. Auflage, München 2019,
– Band 2. GWB. Kommentar zum Deutschen Kartellrecht, 6. Auflage, München 2020,
– Band 3. Fusionskontrolle. Kommentar zum Europäischen und Deutschen Kartellrecht, 6. Auflage, München 2020
(zitiert als: *Bearbeiter/in*, in: Immenga/Mestmäcker)

Indig, Tamar/Gal, Michal: New powers – new vulnerabilities? A critical analysis of market inquiries performed by competition authorities, in: Drexl, Josef/Di Porto. Fabiana (Hrsg.), Competition Law as Regulation, Cheltenham 2015, S. 89–117

Jenny, Frédéric: The Economic and Financial Crisis, Regulation and Competition, World Competition 32 (2009), 449–464

Jestaedt, Thomas/Pollard, Marcus: The Application of European Competition Law in the Financial Services Sector, JECLAP 1 (2010), 348–356

dies.: The Application of European Competition Law in the Financial Services Sector, JECLAP 2 (2011), 371–378

Jones, Deborah/Bethell, Mark/Cameron, Ingrid: Competition at the Financial Conduct Authority, Competition LJ 14 (2015), 179–188

Joosen, Bart/Lehmann, Matthias: Proportionality in the Single Rule Book, in: Chiti, Mario/Santoro, Vittorio (Hrsg.), The Palgrave Handbook of European Banking Union Law, Cham 2019, S. 65–90

Jung, Peter/Bischof, Elias: Europäisches Finanzmarktrecht. Die Regulierung von Märkten, Unternehmen und Dienstleistungen durch die Europäische Union, Baden-Baden 2015

Kahneman, Daniel: Thinking, Fast and Slow, New York 2011

Kahneman, Daniel/Tversky, Amos: Prospect Theory: An Analysis of Decision under Risk, Econometrica 47 (1979), 263–292

von Kalben, Jonas: Verpflichtungszusagen im EU-Wettbewerbsrecht. Eine Untersuchung der Funktionen und Grenzen von Verpflichtungsbeschlüssen nach Art. 9 VO 1/2003 unter besonderer Berücksichtigung des Energiesektors, Baden-Baden 2018, zugl. Berlin, Freie Univ., Diss., 2016

Kamann, Hans-Georg/Ohlhoff, Stefan/Völcker, Sven (Hrsg.): Kartellverfahren und Kartellprozess, München 2017

Karatzia, Anastasia/Konstadinides, Theodore: The legal nature and character of memoranda of understanding as instruments used by the European Central Bank, ELRev 44 (2019), 447–467

Katz, Michael L./Shapiro, Carl: Network Externalities, Competition, and Compatibility, The American Economic Review, 75 (1985), 424–440

Kaufhold, Ann-Kathrin: Systemaufsicht. Anforderungen an die Ausgestaltung einer Aufsicht zur Abwehr systemischer Risiken entwickelt am Finanzmarktrecht, Tübingen 2016, zugl. Freiburg (Breisgau), Univ., Habilitationsschrift, 2015

Kerber, Wolfgang: Ökonomik privatrechtlicher Regelsetzung, in: Möslein, Florian (Hrsg.), Regelsetzung im Privatrecht, Tübingen 2019, S. 59–94

Kerkemeyer, Andreas: Möglichkeiten und Grenzen bei der Regulierung von Derivaten. Eine Untersuchung zur Kapitalverkehrs- und Dienstleistungsfreiheit, Tübingen 2018, zugl. Bielefeld, Univ., Diss., 2017

Kirchner, Christian: Wettbewerbsrecht versus Regulierung, in: Assmann, Heinz-Dieter/Isomura, Tamotsu/Kansaku, Hiruyuki/Kitagawa, Zentaro/Nettesheim, Martin (Hrsg.), Markt und Staat in einer globalisierten Wirtschaft. Japanisch-deutsches Symposium in Kyoto vom 18. Bis 20. September 2008, Tübingen 2010, S. 41–50

Kirkpatrick, John: Making the case for competition in policymaking – lessons from CMA advocacy 2014–2018, ECJ 14 (2018), 152–173

Klees, Andreas: Europäisches Kartellverfahrensrecht mit Fusionskontrollverfahren, Köln 2005

Kling, Michael/Thomas, Stefan: Kartellrecht, 2. Auflage, München 2016

Knieps, Günter: Der disaggregierte Regulierungsansatz der Netzökonomie, in: Knieps, Günter/Brunekreeft, Gert (Hrsg.), Zwischen Regulierung und Wettbewerb. Netzsektoren in Deutschland, 2. Auflage, Heidelberg 2003, S. 9–24

ders.: Wettbewerbsökonomie. Regulierungstheorie, Industrieökonomie, Wettbewerbspolitik, 3. Auflage, Berlin 2008

Kokkoris, Ioannis: Competition vs. financial stability in the aftermath of the crisis in the UK, Antitrust Bull. 59 (2014), 31–53

Kokott, Juliane/Dittert, Daniel: Außerwettbewerbliche Aspekte bei Entscheidungen nach Art. 101 AEUV, insbesondere im Licht der Querschnittsklauseln des AEUV, in: Monopolkommission (Hrsg.), Politischer Einfluss auf Wettbewerbsentscheidungen. Wissenschaftliches Symposium anlässlich des 40-jährigen Bestehens der Monopolkommission am 11. September 2014 in der Rheinischen Friedrich-Wilhelms-Universität Bonn, Baden-Baden 2015, S. 15–20

Kölner Kommentar zum Kartellrecht: hg. von Busche, Jan/Röhling, Andreas,
– Band 1, §§ 1–34a GWB, Köln 2017,
– Band 3, Art. 101–106 AEUV, Gruppenfreistellungsverordnungen, Köln 2017,
– Band 4, VO Nr. 1/2003, FKVO (VO Nr. 139/2004), Besondere Wirtschaftszweige, Köln 2013
(zitiert als *Bearbeiter/in*, in: KK-KartR)

Kopp, Thomas/Pross, Achim: Zinsswaps im nationalen und internationalen Steuerrecht der USA, RIW 1994, 488–500

Körber, Torsten: Regulierung der Netzindustrien: Übergangsstadium oder Daueraufgabe des Staates? – zum Verhältnis von Kartell- und Regulierungsrecht, in: Bechtold, Stefan/Jickeli, Joachim/Rohe, Mathias (Hrsg.), Recht, Ordnung und Wettbewerb, Festschrift zum 70. Geburtstag von Wernhard Möschel, Baden-Baden 2011, S. 1043–1056

Köster, Thomas: Das Kartellvergleichsverfahren der Europäischen Kommission, EuZW 2015, 575–579

Kounadis, Gerry: European Market Infrastructure Regulation and central clearing: a conceptual, legal and compliance perspective, JIBLR 29 (2014), 556–568

Kovacic, William: The Federal Trade Commission as Convenor: Developing Regulatory Policy Norms without Litigation or Rulemaking, Colorado Technology LJ 13 (2015), 17–30

Krahnen, Jan/Langenbucher, Katja: The Wirecard lessons: A reform proposal for the supervision of securities markets in Europe, SAFE Policy Letter 88/2020, abrufbar unter www.safe-frankfurt.de/policy-center/policy-publications/policy-publ-detailsview/publicationname/the-wirecard-lessons-a-reform-proposal-for-the-supervision-of-securities-markets-in-europe.html

Krarup, Troels: Between competition and centralization: the new infrastructures of European finance, Economy and Society 48 (2019), 107–126

Kroes, Neelie: Competition policy and the crisis – the Commission's approach to banking and beyond, Antitrust Bull. 55 (2010), 715–726

Kühling, Jürgen: Sektorspezifische Regulierung in den Netzwirtschaften. Typologie. Wirtschaftsverwaltungsrecht. Wirtschaftsverfassungsrecht, München 2004, zugl. Bonn, Univ., Habilitationsschrift, 2002

Kühne, Gunther: Das Verhältnis zwischen allgemeinem und sektorspezifischem (Sonder-) Kartellrecht beim Zugang zu wesentlichen Einrichtungen, in: Fuchs, Andreas/Schwintowski, Hans-Peter/Zimmer, Daniel (Hrsg.), Wirtschafts- und Privatrecht im Spannungsfeld von Privatautonomie, Wettbewerb und Regulierung, Festschrift für Ulrich Immenga zum 70. Geburtstag, München 2004, S. 243–259

Laguna de Paz, Jose Carlos: Regulation and competition law, ECLR 33 (2012), 77–83

Langen, Eugen/Bunte, Hermann-Josef (Hrsg.): Kartellrecht. Band 2: Europäisches Kartellrecht, 13. Auflage, Köln 2018 (zitiert als *Bearbeiter/in*, in: Langen/Bunte, Kartellrecht)

Lehmann, Matthias/Kumpan, Christian: European Financial Services Law. Article-by-Article Commentary, Baden-Baden 2019

Lehmann, Matthias/Manger-Nestler, Cornelia: Das neue Europäische Finanzaufsichtssystem, ZBB 2011, 2–24

Leinonen, Harry: Debit Card Interchange Fees Generally Lead to Cash-Promoting Cross-Subsidisation, ECJ 7 (2011), 527–557

Lenz, Carl Otto/Borchardt, Klaus-Dieter (Hrsg.): EU-Verträge Kommentar, EUV, AEUV, GrCH, 6. Auflage, Köln 2012

Lepsius, Oliver: § 19 Ziele der Regulierung, in: Fehling, Michael/Ruffert, Matthias (Hrsg.): Regulierungsrecht, Tübingen 2010, S. 1055–1086

ders.: § 4 Verfassungsrechtlicher Rahmen der Regulierung, in: Fehling, Michael/Ruffert, Matthias (Hrsg.): Regulierungsrecht, Tübingen 2010, S. 143–211

ders.: Regulierung in sozialpolitischer Perspektive, in: Schmidt-Preuß, Matthias/Körber, Torsten (Hrsg.), Regulierung und Gemeinwohl. Vorträge auf dem Bonner Symposium der Wissenschaftlichen Vereinigung für das gesamte Regulierungsrecht am 18./19. Juni 2015, Baden-Baden 2016, S. 102–142

Leschke, Martin: § 6 Regulierungstheorie aus ökonomischer Sicht, in: Fehling, Michael/Ruffert, Matthias (Hrsg.): Regulierungsrecht, Tübingen 2010, S. 280–331

Lichtenberg, Tim: Die Bedingungen des App Stores auf dem Prüfstand, NZKart 2021, 551–554

Liikanen, Erkki/Bänziger, Hugo/Campa, José Manuel/Gallois, Louis/Goyens Monique/Krahnen, Jan Pieter/Mazzucchelli, Marco/Sergeant, Carol/Tuma, Zdenek/Vanhevel, Jan/Wijffels, Herman: High-level Expert Group on reforming the structure of the EU banking sector, Final report, 2 October 2012, Brüssel 2012, abrufbar unter www.ec.europa.eu/info/sites/info/files/liikanen-report-02102012_en.pdf

Lista, Andrea: Card Payment Systems and Competition Concerns: Multilateral Interchange Fees and No-Discrimination Rules, a Necessary Evil?, JBL 2008(7), 688–715

ders.: EU Competition law and the financial services sector, Abingdon 2013

Loewenheim, Ulrich/Meessen, Karl/Riesenkampff, Alexander/Kersting, Christian/Meyer-Lindemann, Hans Jürgen: Kartellrecht, 4. Auflage, München 2020 (zitiert als *Bearbeiter/in*, in: LMRKM, Kartellrecht)

Lundqvist, Björn: Competition la was the limit to standard-setting, in: Drexl, Josef/Di Porto. Fabiana (Hrsg.), Competition Law as Regulation, Cheltenham 2015, S. 365–395

Luz, Günther/Neus, Werner/Schaber, Mathias/Schneider, Peter/Wagner, Claus-Peter/Weber, Max (Hrsg.): ZAG. Kommentar zum Zahlungsdiensteaufsichtsgesetz, 1. Auflage, Stuttgart 2019 (zitiert als *Bearbeiter/in*, in: Luz u.a., ZAG)

Maes, Stan/Kiljanski, Kamil: Competition and the financial markets: Financial sector conditions and competition policy, EC Competition Policy Newsletter 1/2009, S. 12–16

Malinauskaite, Jurgita: Payment Systems Regulator – a new body to improve competition in the UK payments sector, ECLR 36 (2015), 415–422

Mankiw, N. Gregory/Taylor, Mark P.: Economics, 5. Auflage, Andover, Hampshire 2020

Marchetti, Juan: Technical standard-setting in the financial sector, in: Delimatsis, Panagiotis (Hrsg.), The Law, Economics and Politics of International Standardisation, Cambridge 2015, S. 137–159

Massari, Philipp: Das Wettbewerbsrecht der Banken. Die Regulierung des Wettbewerbs der Banken durch Kartellrecht, Bankaufsichtsrecht und Lauterkeitsrecht, Berlin 2006, zugl. Berlin, Humboldt-Univ., Diss., 2005

Mathis, Joseph Dale: European competition law and multilateral interchange fees in the market for payment cards: a critical outlook, ECLR 34 (2013), 139–159

Maudos, Joaquín/Vives, Xavier: Competition Policy in Banking in the European Union, Rev. Ind. Organ. 55 (2019), 27–46

McColgan, Peter: lex Apple Pay – Technikregulierung am kartellrechtlichen Limit, NZKart 2020, 515–521

McKee, Michael/Whittaker, Chris/Millar, Neil: PSD2 and open banking – rewiring the plumbing of the European payments ecosystem, JIBLR 35 (2020), 85–93

McMartin, Mairi: Thomson Reuters: Article 9 commitments to interoperate with news and financial datafeeds, JECLAP 5 (2014), 82–84

Mendelsohn, Juliane K.: Systemrisiko und Wirtschaftsordnung im Bankensektor. Zum Ende von Too Big To Fail, Baden-Baden 2018, zugl. Berlin, Freie Universität, Diss., 2018

Mestmäcker, Ernst-Joachim/Schweitzer, Heike: Europäisches Wettbewerbsrecht, 3. Auflage, München 2014

Minsky, Hyman: Stabilizing an unstable economy, New Haven 1986

Mishkin, Frederic S.: The Economics of Money, Banking, and Financial Markets, 13. Auflage, Harlow 2021

Mittwoch, Anne-Christin: Der Entwurf eines Gesetzes zur Einführung elektronischer Wertpapiere – ein Quantensprung für das Zivil- und Finanzmarktrecht?, WM 2021 (Heft 8), 375–383

Mohr, Jochen: Zugangs- und Entgeltregulierung als Aufgaben des Regulierungsrechts: Diskriminierungsfreiheit („Netzneutralität"), Angemessenheitskontrolle und Effizienz als Maßstäbe für die Ex-ante- und Ex-post-Missbrauchskontrolle im Regulierungs- und Wettbewerbsrecht (Art. 102 AEUV), in: Säcker, Franz Jürgen/Schmidt-Preuß, Matthias, Grundsatzfragen des Regulierungsrechts. Vorträge auf dem Gründungskongress der Wissenschaftlichen Vereinigung für das gesamte Regulierungsrecht am 21./22. November 2013 in Berlin, Baden-Baden 2015, S. 94–118

ders.: Energienetzregulierung als Zivilrechtsgestaltung, EuZW, 2019, 229–235

Möllers, Thomas: Die juristische Aufarbeitung der Übernahmeschlacht VW-Porsche – ein Überblick, NZG 2014, 361–369

Moloney, Niamh: EU Securities and Financial Markets Regulation, 3. Auflage, Oxford 2014

Monopolkommission: 2. Sektorgutachten Energie (2009): Energiemärkte im Spannungsfeld von Politik und Wettbewerb (ehemaliges Sondergutachten 54), Bonn 2009 (zitiert als *Monopolkommission*, 54. Sondergutachten)

dies.: Mehr Wettbewerb, weniger Ausnahmen. Achtzehntes Hauptgutachten der Monopolkommission, Bonn 2010 (zitiert als *Monopolkommission*, XVIII. Hauptgutachten)

dies.: Eine Wettbewerbsordnung für die Finanzmärkte. Zwanzigstes Hauptgutachten der Monopolkommission, Bonn 2014 (zitiert als *Monopolkommission*, XX. Hauptgutachten)

dies.: Wettbewerb 2016. Einundzwanzigstes Hauptgutachten der Monopolkommission, Bonn 2016 (zitiert als *Monopolkommission*, XXI. Hauptgutachten)
dies.: Wettbewerb 2018. Zweiundzwanzigstes Hauptgutachten der Monopolkommission, Bonn 2018 (zitiert als *Monopolkommission*, XXII. Hauptgutachten)
Monti, Giorgio: Article 81 EC and Public Policy, CMLR 39 (2002), 1057–1099
Morais, Luís Silva/Feteira, Lúcio Tomé: All's well that ends well? Abuse regulation in the wake of the financial crisis: the interplay between regulation and the application of competition law in the financial sector, in: Di Porto, Fabiana/Podszun, Rupprecht (Hrsg.), Abusive Practices in Competition Law, Cheltenham 2019, S. 109–128
Möschel, Wernhard: Das Wirtschaftsrecht der Banken. Die währungs-, bankaufsichts-, kartell- und EWG-rechtliche Sonderstellung der Kreditinstitute, Frankfurt a.M. 1972, zugl. Bielefeld, Univ., Habilitationsschrift, 1971/72
ders.: Das Verhältnis von Kartellbehörde und Sonderaufsichtsbehörden, WuW 2002, 683–688
ders.: Regulierung und Deregulierung. Versuch einer theoretischen Grundlegung, in: Fuchs, Andreas/Schwintowski, Hans-Peter/Zimmer, Daniel (Hrsg.), Wirtschafts- und Privatrecht im Spannungsfeld von Privatautonomie, Wettbewerb und Regulierung, Festschrift für Ulrich Immenga zum 70. Geburtstag, München 2004, S. 277–290
ders.: Der zukünftige Ordnungsrahmen für die Telekommunikation: Allgemeines Wettbewerbsgesetz statt sektorspezifischer Regulierung!, MMR 2008, 503–508
ders.: Bankenrecht im Wandel, Baden-Baden 2010
Münchener Kommentar zum Bürgerlichen Gesetzbuch: hg. von Säcker, Franz Jürgen/Rixecker, Roland/Oetker, Hartmut/Limperg, Bettina,
– Band 4, §§ 433–534 BGB, Finanzierungsleasing, CISG, 8. Auflage, München 2019,
– Band 13, IPR II, Internationales Wirtschaftsrecht, Art. 50–253 EGBGB, 8. Auflage, München 2021
(zitiert als: *Bearbeiter/in*, in: MüKoBGB)
Münchener Kommentar zum Handelsgesetzbuch: hg. von Schmidt, Karsten, Band 6, Bankvertragsrecht. Recht des Zahlungsverkehrs, Kapitalmarkt- und Wertpapiergeschäft, Ottawa Übereinkommen über Internationales Factoring, 4. Auflage, München 2019 (zitiert als *Bearbeiter/in*, in: MüKoHGB)
Münchener Kommentar zum Wettbewerbsrecht: hg. von Säcker, Franz Jürgen/Bien, Florian/Meier-Beck, Peter/Montag, Frank,
– Band 1, Europäisches Wettbewerbsrecht, 3. Auflage, München 2020
– Band 5, Beihilfenrecht, 4. Auflage, München 2022
(zitiert als *Bearbeiter/in*, in: MüKoWettbR)
Mundt, Andreas: Mehr Markt wagen, in: Körber, Torsten (Hrsg.): Wettbewerbsbeschränkungen auf staatlich gelenkten Märkten, Referate der 4. Göttinger Kartellrechtsgespräche vom 13. Juni 2014 anlässlich des 80. Geburtstags von Prof. Dr. Dr. h.c. Ulrich Immenga, Baden-Baden 2015, S. 67–71
Mundt, Andreas/Buch, Michael: Die Vereinbarkeit von kollektiven Interbankenentgelten in bargeldlosen Zahlungssystemen mit dem Kartellverbot des Art. 81 EGV und § 1 GWB, WM 2001 (Heft 45), 2142–2154
Murdock, Charles: Credit Default Swaps: Dubious Instruments, HBLR online 3 (2013), 133–141

Nettesheim, Martin: Normenhierarchien im EU-Recht, EuR 2006, 737–772
Niels, Gunnar/Barnes, Fod/Van Dijk, Reinder: Unclear and unsettled: the debate on competition in the clearing and settlement of securities trades, ECLR 24 (2003), 634–639

O'Donoghue, Robert/Padilla, Jorge: The Law and Economics of Article 102 TFEU, 3. Auflage, Oxford 2020

OECD: Competition and efficient usage of payment cards, OECD Journal: Competition Law and Policy, Volume 11 (2009), Issue 3, 7–99, abrufbar unter www.doi.org/10.1787/clp-11-5kg9q0zk74vb

dies.: Using market studies to tackle emerging competition issues, 2020, abrufbar unter www.oecd.org/daf/competition/using-market-studies-to-tackle-emerging-competition-issues-2020.pdf

dies.: Competition enforcement and regulatory alternatives, OECD Competition Committee Discussion Paper, 2021, abrufbar unter http://oe.cd/cera

Oechsler, Jürgen: Wettbewerb, Reziprozität und externe Effekte im Kreditkartengeschäft. Kartellrechtliche Grundprobleme des bargeldlosen Zahlungsverkehrs, Heidelberg 1992, zugl. Saarbrücken, Universität des Saarlandes, Diss., 1991/92

ders.: Ein neuer wettbewerblicher Ordnungsrahmen für das Kreditkartengeschäft – MIF-VO, Zahlungsdiensterichtlinie 2 und die Mastercard-Entscheidung des EuGH, WM 2016 (Heft 12), 537–542

ders.: Der Schutz der wettbewerblichen Preisbildung im Kreditkartengeschäft vor Antisteering Provisions – Kritisches zur Anwendung der Lehre vom Two-sided Market durch den U.S. Supreme Court, WM 2019 (Heft 44), 2045–2050

Ottanelli, Marta: Cooperation between National Competition Authorities and National Regulatory Authorities – Issues of Network Interaction at the EU Level, CompLRev 12 (2016), 53–72

Pascall, Alexander: Tail Wagging the Dog: The Manipulation of Benchmark Rates – A Competitive Bone of Contention, World Competition 39 (2016), 161–190

Patz, Anika: Staatliche Aufsicht über Finanzinstrumente. Eine rechtsvergleichende juristisch-ökonomische Analyse zur Begründung einer materiellen staatlichen Aufsicht über Finanzinstrumente, Tübingen 2016, zugl. Berlin, Humboldt-Univ., Diss., 2015

Peltzman, Sam: Toward a More General Theory of Regulation, JLE 19 (1976), 211–240

Picot, Arnold: Unternehmen zwischen Markt und Staat – Regulierung als Herausforderung, Zfbf 2009 (61), 655–678

Plank, René: Antitrust and Financial Services in the EU: Commitments in Credit Default Swaps (CDS), ZWeR 2016, 415–428

Podszun, Rupprecht: Paradigmenwechsel in der kartellbehördlichen Befugnisausübung: Grundlagen, Gefahren, Grenzen, ZWeR 2012, 48–70

ders.: Rethinking competition law after the financial crisis, in: Schmidt, Jessica/Esplugues, Carlos/Arenas García, Rafael (Hrsg.), EU law after the financial crisis, Cambridge 2016, S. 163–186

Poelzig, Dörte: Kapitalmarktrecht, 2. Auflage, München 2021

Posner, Richard A.: The Concept of Regulatory Capture, in: Carpenter, Daniel/Moss, David (Hrsg.), Preventing Regulatory Capture. Special Interest Influence and How to Limit it, Cambridge 2013, S. 49–56

Quandt, Michael: Der App-Store als Kartellrechtsproblem, EuZW 2021, 12–15

Rengier, Lukas: Too Big to Fail als Frage des Kartellrechts. Wettbewerbseffekte, Fusionskontrolle und Entflechtung, Baden-Baden 2014, zugl. Bonn, Univ., Diss., 2013

Ricketts, Martin: Economic regulation: principles, history and methods, in: Crew, Michael A./Parker, David (Hrsg.), International Handbook on Economic Regulation, Cheltenham 2006, S. 34–62

Ridyard, Derek: Compulsory access under EC competition law – a new doctrine of „convenient facilities" and the case for price regulation, ECLR 25 (2004), 669–673

Ringe, Wolf-Georg/Ruof, Christopher: Regulating Fintech in the EU: the Case for a Guided Sandbox, European Journal of Risk Regulation 11 (2020), 604–629

Rochet, Jean-Charles: Interchange fees in payment card systems: price remedies in a two-sided market, in: Lyons, Bruce (Hrsg.): Cases in European competition policy: the economic analysis, Cambridge 2009, S. 179–191

Rochet, Jean-Charles/Tirole, Jean: An Economic Analysis of the Determination of Interchange Fees in Payment Card Systems, RevNE 2 (2003), 69–79

dies.: Must-Take Cards and the Tourist Test, DNB Working Paper No. 127, January 2007, Amsterdam 2007, abrufbar unter https://archief20.archiefweb.eu/archives/archiefweb/20201025083503/https://www.dnb.nl/en/binaries/Working%20Paper%20127-2007_tcm47-146784.pdf

dies.: Competition Policy in Two-Sided Markets, with a Special Emphasis on Payment Cards, in: Buccirossi, Paolo (Hrsg.), Handbook of Antitrust Economics, London 2008, S. 543–582

dies.: Tying in two-sided markets and the honor all cards rule, Int. J. Ind. Organ. 26 (2008), 1333–1347

dies.: Must-Take Cards: Merchant Discounts and Avoided Costs, JEEA 9 (2011), 462–495

Rochet, Jean-Charles/Wright, Julian: Credit card interchange fees, JBF 34 (2010), 1788–1797

Röhl, Hans-Christian: § 18 Finanzmarktaufsicht, in: Fehling, Michael/Ruffert, Matthias (Hrsg.): Regulierungsrecht, Tübingen 2010, S. 1003–1052

Rose, Martin: Die kartellrechtliche Zugangserzwingung zu Zahlungsverkehrsnetzen, Baden-Baden 2014, zugl. Dresden, Technische Univ., Diss., 2013

Rosenfeldt, Herbert/Würdemann, Aike: Schöpfer des Binnenmarktes im Käfig der Verträge – Die grundfreiheitliche Bindung des EU-Gesetzgebers, EuR 2016, 453–472

Roth, Wulf-Henning: Zur Berücksichtigung nichtwettbewerblicher Ziele im europäischen Kartellrecht – eine Skizze –, in: Engel, Christoph/Möschel, Wernhard, Recht und spontane Ordnung. Festschrift für Ernst-Joachim Mestmäcker zum achtzigsten Geburtstag, Baden-Baden 2006, S. 411–436

Ruffert, Matthias: § 3 Völkerrechtliche Impulse und Rahmen des Europäischen Verfassungsrechts, in: Fehling, Michael/Ruffert, Matthias (Hrsg.): Regulierungsrecht, Tübingen 2010, S. 76–94

ders.: § 7 Begriff, in: Fehling, Michael/Ruffert, Matthias (Hrsg.): Regulierungsrecht, Tübingen 2010, S. 332–362

Rysman, Marc/Wright, Julian: The Economics of Payment Cards, RevNE 13 (2015), 303–353

Säcker, Franz Jürgen: Das Verhältnis von Wettbewerbs- und Regulierungsrecht, EnWZ 2015, 531–536

Sajnovits, Alexander: Financial-Benchmarks. Manipulationen von Referenzwerten wie LIBOR und EURIBOR und deren aufsichts- und privatrechtliche Folgen, Berlin 2018, zugl. Mainz, Johannes-Guttenberg-Univ., Diss., 2017/18

ders.: Die MiFID II-Regulierung von Datenbereitstellungsdiensten in Deutschland, ZBB 2019, 162–179

Sasinowska, Beata: Refusal to supply – Is indispensability still indispensable?, EuZW 2013, 539–543

Saurer, Johannes: Der kompetenzrechtliche Verhältnismäßigkeitsgrundsatz im Recht der Europäischen Union, JZ 2014, 281–286

Schäfer, Hans-Bernd/Ott, Claus: Lehrbuch der ökonomischen Analyse des Zivilrechts, 6. Auflage, Berlin 2020

Schalast, Christoph/Abrar, Kamyar: Wettbewerb und Regulierung in Netzsektoren: Modell Breitband-Telekommunikationsmarkt?, ZWeR 2009, 85–104

Scheurle, Klaus-Dieter/Mayen, Thomas (Hrsg.): TKG, 3. Auflage, München 2018

Schlepütz, Volker: Sektorspezifische Regulierung versus Missbrauchsaufsicht. Ein Effizienzvergleich alternativer Strategien der Disziplinierung natürlicher Monopole, Frankfurt a.M. 2005, zugl. Hagen, Fernuniv., Diss., 2005

Schmidt, Stefan A.: Zugang zu Daten nach europäischem Kartellrecht, Tübingen 2020, zugl. Münster, Univ., Diss., 2019/2020

Schmidt-Volkmar, Florian: Das Verhältnis von kartellrechtlicher Missbrauchsaufsicht und Netzregulierung. Eine Untersuchung am Beispiel des EnWG und TKG, Baden-Baden 2010, zugl. Freiburg (Breisgau), Univ., Diss., 2010

ders.: Auswirkungen von Regulierungsverfügungen auf die Anwendung der kartellrechtlichen Missbrauchsaufsicht, ZWeR 2012, 230–242

Schmies, Christian/Sajnovits, Alexander: Data Reporting: Market Structures and Regulatory Framework, EBI Working Paper Series 2020 – No. 76, 1–33, abrufbar unter www.dx.doi.org/10.2139/ssrn.3726054

Schulz, Max: Kartellrecht als „Regulierungsinstrument“. Eine Untersuchung der Kartellrechtsanwendung durch die Europäische Kommission im Energiesektor unter besonderer Berücksichtigung der Zusagenentscheidung nach Art. 9 VO 1/2003, Köln 2018, zugl. Bonn, Rheinische Friedrich-Wilhelms-Univ., Diss., 2017

Schwalbe, Ulrich/Zimmer, Daniel: Kartellrecht und Ökonomie. Moderne ökonomische Ansätze in der europäischen und deutschen Zusammenschlusskontrolle, 3. Auflage, Frankfurt 2021

Schwark, Eberhard/Zimmer, Daniel (Hrsg.): Kapitalmarktrechtskommentar, 5. Auflage, München 2020 (zitiert als *Bearbeiter/in*, in: Schwark/Zimmer, KMRK)

Schweitzer, Heike: Verpflichtungszusagen im Gemeinschaftsrecht, in: Bechtold, Stefan/Jickeli, Joachim/Rohe, Mathias (Hrsg.), Recht, Ordnung und Wettbewerb, Festschrift zum 70. Geburtstag von Wernhard Möschel, Baden-Baden 2011, S. 637–661

dies.: Außerwettbewerbliche Aspekte bei Entscheidungen nach Art. 101 AEUV, insbesondere im Licht der Querschnittsklauseln des AEUV, in: Monopolkommission (Hrsg.), Politischer Einfluss auf Wettbewerbsentscheidungen. Wissenschaftliches Symposium anlässlich des 40-jährigen Bestehens der Monopolkommission am 11. September 2014 in der Rheinischen Friedrich-Wilhelms-Universität Bonn, Baden-Baden 2015, S. 21–38

dies.: The New Competition Tool: Its institutional set-up and procedural design, Expert Report, Luxemburg 2020, abrufbar unter www.doi.org/10.2763/060011 (zitiert als *Schweitzer*, NCT Expert Report)

Schweitzer, Heike/Haucap, Justus/Kerber, Wolfgang/Welker, Robert: Modernisierung der Missbrauchsaufsicht für marktmächtige Unternehmen, Baden-Baden 2018, abrufbar unter www.bmwi.de/Redaktion/DE/Publikationen/Wirtschaft/modernisierung-der-missbrauchsaufsicht-fuer-marktmaechtige-unternehmen.pdf?

Schwennicke, Andreas/Auerbach, Dirk (Hrsg.): Kreditwesengesetz (KWG) mit Zahlungsdiensteaufsichtsgesetz (ZAG) und Finanzkonglomerate-Aufsichtsgesetz (FKAG).

Kommentar, 4. Auflage, München 2021 (zitiert als *Bearbeiter/in*, in: Schwennicke/Auerbach, KWG-Kommentar)

Seedorf, Sebastian: Der Grundsatz der Verhältnismäßigkeit bei der Gesetzgebung, in: Jestaedt, Matthias/Lepsius, Oliver (Hrsg.), Verhältnismäßigkeit, Tübingen 2015

Seier, Sebastian: Kartellrechtsrelevante Marktmanipulationen. Die Europäische Marktmissbrauchsverordnung und der Schutz des Wettbewerbs auf dem Kapitalmarkt, Baden-Baden 2018, zugl. Bayreuth, Univ., Diss., 2017

Shapiro, Carl: Setting Compatibility Standards: Cooperation or Collusion?, in: Dreyfuss, Rochelle/Zimmerman, Diane/First, Harry (Hrsg.), Expanding the Boundaries of Intellectual Property: Innovation Policy for the Knowledge Society, Oxford 2001, S. 81–101

Siems, Mathias: Die Konvergenz der Rechtssysteme im Recht der Aktionäre. Ein Beitrag zur vergleichenden Corporate Governance in Zeiten der Globalisierung, Tübingen 2005, zugl. Düsseldorf, Univ., Habilitationsschrift, 2004

Smith, Adam: An Inquiry into the Nature and Causes of the Wealth of Nations, London 1776, Nachdruck, hg. v. Campbell, R.H./Skinner, A.S., Clarendon Press, Oxford 1976

Spulber, Daniel/Yoo, Christopher: Antitrust, the Internet, and the Economics of Networks, in: Blair, Roger D./Sokol, D. Daniel (Hrsg.), Oxford Handbook of International Antitrust Economics, Vol. 1, New York 2014, S. 380–403

Staub, Hermann (Begr.): Handelsgesetzbuch. Großkommentar, hg. v. Canaris, Claus-Wilhelm/Habersack, Stefan/Schäfer, Carsten,
– Zehnter Band, Bankvertragsrecht, Erster Teilband, Organisation und Kreditwesen, Bank-Kunden-Verhältnis, 5. Auflage, Berlin 2016,
– Elfter Band, Bankvertragsrecht, Erster Teilband, Investment Banking I, 5. Auflage, Berlin 2017
(zitiert als *Bearbeiter/in*, in: Staub, HGB)

Stegemann, Rezah/Berket, Aron: Derivatives. Trading, Clearing, STP, Indirect Clearing and Portfolio Compression, in: Busch, Danny/Ferrarini, Guido (Hrsg.), Regulation of the EU Financial Markets. MiFID II and MiFIR, Oxford 2017, S. 391–437

Steinhaeuser, Philipp: Die Manipulation von Referenzzinsen wie LIBOR und EURIBOR. Eine Analyse kartellrechtlicher Implikationen von koordinierten Referenzwertverfälschungen an der Schnittstelle zum Kapitalmarktrecht, Berlin 2019, zugl. Bonn, Rheinische Friedrich-Wilhelms-Univ., Diss., 2018

Stern, Jon: Sectoral regulation and competition policy: the U.K.'s concurrency arrangements – an economic perspective, JCLE 11 (2015), 881–915

Stigler, George: The Theory of Economic Regulation, The Bell Journal of Economics and Management Science 2 (1971), 3–21

Stöhr, Alexander: Kleine Banken – Too Small to Survive? – Ein Plädoyer für proportionale Regulierung – Teil I, WM 2019 (Heft 22), 993–999

ders.: Kleine Banken – Too Small to Survive? – Ein Plädoyer für proportionale Regulierung – Teil II, WM 2019 (Heft 23), 1041–1046

Stolarski, Konrad: Bank account infrastructure as an indispensable means to provide financial services – the essential facilities doctrine revisited, ECLR 39 (2018), 124–128

Streinz, Rudolf: EUV/AEUV, 3. Auflage, München 2018

Tapia, Javier/Mantzari, Despoina: The regulation/antitrust interaction, in: Lianos, Ioannis/Geradin, Damien (Hrsg.), Handbook on European Competition Law. Substantive Aspects, Cheltenham 2013, S. 588–628

Temple Lang, John: Commitment decisions under Regulation 1/2003: legal aspects of a new kind of competition decision, ECLR 2003, 24 (2003), 347–356

Theobald, Christian/Kühling, Jürgen: Energierecht. Kommentar, Stand: Mai 2022 (116. Ergänzungslieferung), München 2022

Thiele, Alexander: Finanzaufsicht. Der Staat und die Finanzmärkte, Tübingen 2014, zugl. Göttingen, Univ., Habilitationsschrift, 2013

Tieben, Mirja: Das Drei-Säulen-System des Bankenmarktes als regulierungsrechtliche Steuerungsressource, Tübingen 2012, zugl. Hamburg, Bucerius Law School, Diss., 2011

Thomas, Stefan: Die kartellrechtliche Bewertung des sparkassenrechtlichen Regionalprinzips, Tübingen 2015

ders.: Regulierung in sozialpolitischer Perspektive, ZWeR 2017, 113–132 (ebenfalls in einer früheren Fassung abgedruckt in: Schmidt-Preuß, Matthias/Körber, Torsten (Hrsg.), Regulierung und Gemeinwohl. Vorträge auf dem Bonner Symposium der Wissenschaftlichen Vereinigung für das gesamte Regulierungsrecht am 18./19. Juni 2015, Baden-Baden 2016, S. 70–101)

Topel, Julia: Das Verhältnis zwischen Regulierungsrecht und allgemeinem Wettbewerbsrecht nach dem europäischen Rechtsrahmen in der Telekommunikation und dem TKG, ZWeR 2006, 27–48

Tridimas, Takis: Community Agencies, Competition Law, and ECSB Initiatives on Securities Clearing and Settlement, YEL 28 (2009), 216–307

Uebele, Fabian: Datenschutz und Kartellrecht, Berlin 2022, zugl. Mannheim, Univ., Diss., 2021

Veil, Rüdiger (Hrsg.): Europäisches und deutsches Kapitalmarktrecht, 3. Auflage, Tübingen 2022

Viscusi, W. Kip/Harringtion Jr., Joseph E./Sappington, David E. M.: Economics of regulation and antitrust, 5. Auflage, Cambridge (Massachusetts) 2018

Vives, Xavier: Strategic Complementarity, Fragility, and Regulation, RevFS 27 (2014), 3547–3592

ders.: Competition and Stability in Banking. The role of regulation and competition policy, Princeton 2016

Wagner-von Papp, Florian: Best and even better practices in commitment procedures after *Alrosa*: the dangers of abandoning the „struggle for competition law", CMLR 49 (2012), 929–970

Wank, Rolf: Juristische Methodenlehre, München 2019

Weber, Klaus (Hrsg.): Rechtswörterbuch, 28. Edition, Stand: 1.5.2022, München 2022

Weber, Max: Die neue Marktinfrastruktur im OTC Derivatehandel. Eine Untersuchung im Lichte der institutionellen Wechselwirkung von Recht und Finanzwesen mit Bezügen zum deutschen, englischen und U.S.-amerikanischen Recht, Baden-Baden 2019, zugl. Frankfurt a.M., Univ., Diss., 2019

Weck, Thomas: Finanzmärkte und Kartellrecht, WuW 2018, 294–300

ders.: Die Regulierung innovativer Finanzinstrumente. Risiko als Gegenstand des Aufsichtsrechts, Frankfurt 2020, zugl. Bonn, Rheinische Friedrich-Wilhelms-Univ., Habilitationsschrift, 2019

ders.: Am Ende gewinnt immer die Bank – über die Regulierung als Game Changer, in: Haucap, Justus/Budzinski, Oliver (Hrsg.), Recht und Ökonomie, Baden-Baden 2020, S. 213–234

Wellerdt, Alexander: Die Digital Finance Strategy der Europäischen Kommission – ein erster Schritt in die richtige Richtung, EuZW 2021, 52–58

Weller, Ben: T2S benefits: much more than fee reductions, T2S Special Series, Issue 1, June 2012, abrufbar unter www.ecb.europa.eu/paym/intro/publications/pdf/ecb.targetsecspecial120601.en.pdf
Weltbank: The Role of the State in Promoting Bank Competition, Global Financial Development Report 2013, S. 81–100
Werner, Stefan: Neue Möglichkeiten für Zahlungsdienstnutzer im Recht der Zahlungsdienste nach Umsetzung der PSD II, ZBB 2017, 345–354
Wessling, Hendrik: Wettbewerbsbeschränkungen auf Märkten für börsennotierte Aktien und Aktienderivate, Baden-Baden 2019, zugl. Passau, Univ., Diss., 2018
White, Lawrence J.: Antitrust and financial regulation in the wake of Philadelphia National Bank: complements, not substitutes, Antitrust LJ 80 (2015), 413–430
Wieandt, Axel: Nach 5 Jahren Finanzkrise: Hat der Wettbewerb als Ordnungsprinzip auf den Finanzmärkten ausgedient?, in: Körber, Torsten (Hrsg.): Wettbewerbsbeschränkungen auf staatlich gelenkten Märkten, Referate der 4. Göttinger Kartellrechtsgespräche vom 13. Juni 2014 anlässlich des 80. Geburtstags von Prof. Dr. Dr. h.c. Ulrich Immenga, Baden-Baden 2015, S. 107–112
Wiedemann, Gerhard (Hrsg.): Handbuch des Kartellrechts, 4. Auflage, München 2020
Wils, Wouter P.J.: Settlements of EU Antitrust Investigations: Commitment Decisions under Article 9 of Regulation No. 1/2003, World Competition 29 (2006), 345–366
von Winterfeld, Achim: Verpflichtungserklärungen in europäischen Kartellverfahren, in: Ole Due/Marcus Lutter/Jürgen Schwarze (Hrsg.), Festschrift für Ulrich Everling, Band 2, Baden-Baden 1995, S. 1689–1698
Wittinghofer, Sandra: Fachbegriffe aus M & A und Corporate Finance. Credit Default Swaps als Instrument zur Absicherung von Kreditrisiken, NJW 2010, 1125–1127
Wizemann, Simon: Verpflichtungszusagen und Art. 101 Abs. 3 AEUV – Verfahren vs. Wohlfahrt, WuW 2021, 5–9
Wolfers, Benedikt/Voland, Thomas: The almighty ECB?: limits to the ECB's competencies according to the judgment of the General Court of March 4, 2015 on the location policy for financial market infrastructures, JIBLR 30 (2015), 670–677
Wymeersch, Eddie: Objectives of Financial Regulation and their Implementation in the EU, in: Colaert, Veerle/Busch, Danny/Incalza, Thomas (Hrsg.), European Financial Regulation: Levelling the Cross-Sectoral Playing Field, Oxford 2019, S. 39–62

Zahrte, Kai: Neuerungen im Zahlungsdiensterecht, NJW 2018, 337–341
ders.: Die „zweite Stufe" der PSD-2-Umsetzung, BKR 2019, 484–490
ders.: Aktuelle Entwicklungen im Zahlungsdiensterecht (2019–2020), BKR 2021, 79–86
Zimmer, Daniel: Finanzmarktregulierung – Welche Regelungen empfehlen sich für den deutschen und europäischen Finanzsektor?, Gutachten G, in: Verhandlungen des 68. Deutschen Juristentages Berlin 2010, Band I Gutachten, München 2010
ders.: Das WpHG als besonderes Marktordnungsrecht, in: Klöhn, Lars/Mock, Sebastian, Festschrift 25 Jahre WpHG. Entwicklung und Perspektiven des deutschen und europäischen Wertpapierhandelsrecht, Berlin 2019, S. 153–170
Zimmer, Daniel/Rengier, Lukas: Entflechtung, Fusionskontrolle oder Sonderregulierung für systemrelevante Banken? Ansätze zur Lösung des „Too-big-to-fail"-Problems, ZWeR 2010, 105–138
Zimmer, Daniel/Weck, Thomas/Schepp, Nils-Peter: Wiederherstellung des Wettbewerbs als Ordnungsprinzip auf den Finanzmärkten: Ist die „Bankenunion" ein taugliches Mittel hierzu?, in: Körber, Torsten (Hrsg.): Wettbewerbsbeschränkungen auf staatlich gelenkten Märkten, Referate der 4. Göttinger Kartellrechtsgespräche vom 13. Juni 2014 anlässlich

des 80. Geburtstags von Prof. Dr. Dr. h.c. Ulrich Immenga, Baden-Baden 2015, S. 73–101 (als kürzere Vorabfassung abgedruckt in ZWeR 2014, 257–271)

Züll, Thomas: Unpolitische Regulierung des Finanzmarktes? Anmerkungen zur Neuordnung der europäischen Finanzmarktaufsicht, in: Schorkopf, Frank/Schmoeckel, Mathias/Schulz, Günther/Ritschl, Albrecht (Hrsg.), Gestaltung der Freiheit. Regulierung von Wirtschaft zwischen historischer Prägung und Normierung, Tübingen 2013, S. 237–258

Sachregister

Studien zum Regulierungsrecht

Herausgegeben von
Gabriele Britz, Martin Eifert,
Michael Fehling und Johannes Masing

Die Schriftenreihe *Studien zum Regulierungsrecht* (SRR) trägt dem Umstand Rechnung, dass sich die Regulierung als ein wichtiger Baustein der Rechtsordnung etabliert hat. Sie zielt auf Gemeinwohlverwirklichung im Zusammenspiel von Verwaltung und Privaten und tritt neben die anderen zentralen (verwaltungs-)rechtlichen Funktionen der freiheitssichernden Begrenzung staatlicher Macht, der Abwehr von Gefahren, der Regelung unmittelbar staatlicher Leistungserbringung und der generellen Bereitstellung rechtlicher Regeln für die gesellschaftliche Entfaltung. In einem weiten Verständnis umfasst Regulierung die gewollte und rechtlich erfasste staatliche Beeinflussung gesellschaftlicher Prozesse, mit der ein spezifischer Ordnungszweck verfolgt wird. Die Reihe widmet sich dem Verständnis, der systematischen Erfassung und der dogmatischen Verarbeitung solcher Regulierungsregime. Ihre Schriften behandeln Grundfragen, zentrale Elemente und neue Entwicklungen staatlicher Regulierung. Im Zentrum stehen dabei Rechtsregime zur Sicherung gemeinwohlfördernder Ergebnisse von und durch wirtschaftlichen Wettbewerb, wie sie beispielhaft in den Netzwirtschaften und zunehmend etwa im Gesundheitssektor vorliegen.

ISSN: 2191-0464
Zitiervorschlag: SRR

Alle lieferbaren Bände finden Sie unter *www.mohrsiebeck.com/srr*

Mohr Siebeck
www.mohrsiebeck.com